WOLFGANG KRIEGER (HG.)

Und keine Schlacht bei Marathon

Große Ereignisse und Mythen der europäischen Geschichte

KLETT-COTTA

Klett-Cotta
© J. G. Cotta'sche Buchhandlung Nachfolger GmbH, gegr. 1659,
Stuttgart 2005
Alle Rechte vorbehalten
Fotomechanische Wiedergabe nur mit Genehmigung des Verlags
Printed in Germany
Schutzumschlag: Werkstatt München Weiss / Zembsch
Fotos: Vorderseite: akg-images/Erich Lessing; Rückseite: akg-images, akg-images/VISIOARS, akg-images (v.l.n.r.); Klappe: Ullstein Bilderdienst
Gesetzt aus der Rotis von OADF · 71155 Altdorf · www.oadf.de
Auf säure- und holzfreiem Werkdruckpapier gedruckt und gebunden von Clausen & Bosse, Leck
ISBN 3-608-94079-0

Bibliographische Information Der Deutschen Bibliothek
Die Deutsche Bibliothek verzeichnet diese Publikation in der Deutschen Nationalbibliographie; detaillierte bibliographische Daten sind im Internet über http://dnb.ddb.de abrufbar.

Inhalt

Wolfgang Krieger
Einleitung VII

Karl-Joachim Hölkeskamp
Die Schlacht von Marathon –
Strandscharmützel oder Geburtsschrei Europas? 1

Martin Jehne
Über den Rubicon: die Eröffnung des römischen
Bürgerkrieges am 10. Januar 49 v. Chr. 25

Hartmut Leppin
Demut und Macht.
Der Bußakt von Mailand Weihnachten 390 50

Knut Görich
Venedig 1177: Kaiser Friedrich Barbarossa und
Papst Alexander III. schließen Frieden 70

Stefan Weinfurter
Umsturz in Reich und Kirche:
Die Neuordnung am Beginn des 12. Jahrhunderts 92

Heribert Müller
Die Befreiung von Orléans (8. Mai 1429).
Zur Bedeutung der Jeanne d'Arc für
die Geschichte Frankreichs 114

Hartmut Lehmann
Martin Luther und der 31. Oktober 1517 147

Olivier Chaline
Der Böhmische Krieg 1618–1620 170

Erich Pelzer
14. Juli 1789 – Geschichte und Mythos
eines denkwürdigen Tages 187

Carl-Ludwig Holtfrerich
Währungskrisen in der Zwischenkriegszeit 211

Bernhard R. Kroener
Der 20. Juli 1944: ein dramatisches Ereignis
der europäischen Geschichte? 246

Klaus-Jürgen Müller
Der Algerienkrieg: Katastrophe für Paris –
Herausforderung für Bonn 271

Hans-Peter Schwarz
Berlin als Zentrum dramatischer Ereignisse in
der undramatischen Geschichte der
Bundesrepublik Deutschland 292

Anmerkungen 321

Bildnachweis 362

Einleitung

Was ist Ereignisgeschichte? Diese Frage klingt seltsam, denn natürlich geht es in der Geschichte um Ereignisse, deren Hergang uns neugierig macht. Was ist geschehen? Mit welchen Folgen? Was bedeutet es? Wer hat es getan? Warum? Wer steht dahinter? Doch für unsere Vorfahren waren die großen Ereignisse oft keine materiellen Geschehnisse, sondern spirituelle Botschaften, die vom Wirken der Götter in den Menschen handelten. Denken wir an die Beziehungen zwischen dem Volk Israel und seinem biblischen Gott oder an die Vorstellung vom Heilsplan des christlichen Gottes, der sich in der Geschichte ausdrücken sollte. Bei dieser vorwiegend spirituellen Art der Geschichtserzählung ließ man jene Informationen weg, die nicht ins Bild paßten, denn Heilsgeschichte sollten in erster Linie aufzeigen, wie sich die Großen, die Auserwählten für einen besonderen Platz in der Welt qualifiziert hatten. Ihre Taten dienten als Nachweis für eine vorgegebene »Wahrheit«. Deshalb war die korrekte Rekonstruktion der historischen Fakten weniger wichtig als die Botschaft der festgehaltenen, vielleicht auch nur behaupteten Geschehnisse.

In einer verweltlichten Version diente diese Art der *sinnstiftenden* Ereignisgeschichte der Rechtfertigung einer bestimmten Gruppe oder Institution. Wie die Ereignisgeschichte der Bibel dem jüdischen Volk seine Auserwähltheit vor Gott »beweist«, begründet die Eigengeschichte einer Dynastie oder einer Nation ihren »berechtigten« Herrschaftsanspruch. Das gilt von der Antike bis heute. Immer geht es um Geschichte als Rechtfertigung. Ja, die gemeinsame Erinnerung bildet überhaupt erst diese Gemeinschaft, formt den Willen für eine gemeinsame Zukunftsgestaltung.

Ebenso selbstverständlich ist es, daß hier eine bestimmte Version der Geschichte, mit ausgewählten Ereignissen, tradiert wird. Auch hier steht also die exakte Rekonstruktion nicht im Vordergrund, gleichgültig ob es sich um eine Erfolgsgeschichte oder um eine Opfergeschichte handelt. Beide können gemeinschaftsbildend sein. Beide können zum Mythos verklärt werden. Ereignisgeschichte und Mythen liegen nahe beisammen.

Parallel dazu gibt es jedoch eine zweite Form der Ereignisgeschichte, bei der es sehr wohl auf die korrekte Rekonstruktion ankommt. Nehmen wir die historische Aussage, in Polynesien seien noch nie Menschen durch Haifische angegriffen worden – im Unterschied zu den Küstengewässern von Südafrika und Australien. Für einen Touristen, dem man diese Geschichte berichtet, kommt es auf die Vollständigkeit und faktische Korrektheit an, weil sein Leben davon abhängen kann. Ähnliche Ansprüche an den Wahrheitsgehalt erhebt ein Richter, der über den Hergang einer Tat zu urteilen hat, oder ein Notar, der sich über die Entwicklung von Eigentumsverhältnissen klarwerden muß. Man kann hier von der *akribischen* Form der Ereignisgeschichte sprechen, die es quer durch die Zeiten gegeben hat.

Beide Formen der Ereignisgeschichte, die *sinnstiftende* und die *akribische*, haben seit langem ihren Platz in der Geschichte des menschlichen Zusammenlebens. Trotzdem könnte man vermuten, die großen Unterschiede zwischen beiden seien mit der Aufklärung allmählich eingeebnet worden. »Sapere aude« lautet deren Motto: Wage zu wissen, oder salopp übersetzt: »Keine Angst vor unbequemen Fakten«! Wenn das so ist, müßte dann nicht die Geschichtswissenschaft durchgehend den gleichen Maßstab der korrekten Faktenwiedergabe anwenden? Wir kennen die Antwort: Mythen bewahren eine kaum gebrochene Kraft der Sinnstiftung, sogar in den gegenwärtigen Kulturen, Religionen, Völkern, Gruppen und modernen Staaten. Die offizielle Geschichtsschreibung der »stets siegreichen (kommunistischen) Partei« im Ostblock war nichts wesentlich anderes als die sinnstiftende

Polis-Historie der Antike oder die ältere Kirchengeschichte. Sie kam nur viel zu spät, um noch den Charm des Naiven zu verbreiten.

Die moderne Geschichtswissenschaft hat somit einen schweren Stand. Einerseits ist sie dem Ideal der wahrheitsgetreuen Rekonstruktion verpflichtet, andererseits wird sie weitgehend alimentiert als Sinnstifterin von Gemeinschaften, beispielsweise von modernen Staaten samt ihrem staatlich verordneten Geschichtsunterricht. Gewiß schreiben freiheitliche Staaten zumeist nicht vor, zu welchen Ergebnissen die historische Forschung zu kommen hat. Aber sie machen doch bestimmte Vorgaben, vor allem für den Geschichtsunterricht. Dabei mag es sich um einen in der Verfassung verankerten Gründungsmythos handeln, um Vorschriften, welche Art der Geschichte besonders zu pflegen sei, um Schwerpunkte im Lehrplan der Schulen (und damit um den faktischen Ausschluß der übrigen Geschichte) oder um eine Präferenz bei der Vergabe von Stellen und Forschungsmitteln. Fälle wie Japan bilden eine Ausnahme, wo die vom zentralen Schulministerium verordneten Geschichtsbücher die japanischen Kriegsverbrechen in China nach 1931 schlichtweg ableugnen und dafür sogar einen massiven außenpolitischen Konflikt in Kauf nehmen. Aber eine staatliche Geschichtspolitik, samt einer verordneten Erinnerungskultur mit Denkmälern und Feiertagen, gibt es überall, ohne den eventuell peinlichen Rekurs auf die faktische Genauigkeit ihrer historischen Anlässe.

So haben also die »dramatischen« oder »großen« historischen Ereignisse ihre eigene Geschichte, die den aufgeklärten Historiker geradezu herausfordert, dem Wahrheitsgehalt dieser Erinnerungsgeschichte nachzuspüren. Gleichwohl hat sich die jüngste Geschichtswissenschaft mehr und mehr von der Ereignisgeschichte abgewandt und statt dessen die *Hintergründe* des historischen Geschehens in den Mittelpunkt ihrer Forschungsarbeiten gerückt. Nicht die »großen« Taten der Menschen, sondern ihre alltägliche Lebensweise, ihre Kommunikationsformen, ihre Gedanken und Gefühle, ihr Umwelt wurden in zunehmendem Maß zum Gegenstand der Untersuchungen gemacht. Wenn ein scharfzüngiger Brite einmal die soziologisch bestimmte Sozialgeschichte als eine Geschichte ohne Individuen bezeichnet hat, so wäre diese Geschichte der Hintergründe und Umstände – oft als Strukturgeschichte bezeichnet – eine Geschichte ohne Ereignisse zu nennen, jedenfalls ohne große Ereignisse, ohne große Taten von großen historischen Figuren, wie wir sie aus dem Schulunterricht und aus den historischen Serien im Fernsehen kennen. Es wäre eine Geschichte ohne Solon, Alexander den Großen, Thomas von Aquin, Jeanne d'Arc, Dschingis Khan, Napoléon Bonaparte, Bertha von Suttner, Woodrow Wilson, Adolf Hitler, Mao Tse-tung und Anne Frank.

Aber stimmt das überhaupt? Fast könnte man es glauben, jedenfalls dort, wo in der internationalen Zunft der Historiker solche Zuspitzungen erfolgen. Doch derartige theoriebeladene Spezialdiskussionen interessieren die meisten Berufshistoriker wenig. Daß Ereignisse und Strukturen nicht voneinander zu trennen sind, wußten schon Herodot und Thukydides, die Gründerväter der Geschichtswissenschaft. Historische Abläufe lassen sich nur verstehen, wenn man ihre äußeren Umstände, also ihren Kontext und damit auch dessen tiefere Strukturen kennt. Dabei müssen wir zumeist vergleichend arbeiten, um Maßstäbe für ihre Beurteilung zu gewinnen. Ob eine Schlacht wichtig war, läßt sich nur taxieren, wenn man möglichst viele militärische Konflikte aus der gleichen Zeit, in der gleichen Weltgegend kennt. Umgekehrt kommt es häufig vor, daß wir erst durch dramatische Ereignisse etwas über die alltägliche Lebenswelt unserer Vorfahren, über ihre Gedankenwelt, ihre Ängste, Hoffnungen und Überzeugungen erfahren. Die Ereignisgeschichte kann also durchaus der Strukturgeschichte dienlich sein.

Warum das so ist, weiß jeder von uns aus dem Strafrecht. Die Nachricht »Ein Mensch tötete einen anderen Menschen« besagt noch nichts über die Schuldfrage. Ob sich der Handelnde schuldig gemacht hat, hängt von den Umständen ab. Geht es um zwei Soldaten im Krieg? Dann trifft den Täter keine Schuld. War es

Notwehr? Dann ist der Tote der Schuldige. War es Körperverletzung mit Todesfolge? Totschlag? Oder Mord? Jeder dieser drei Fälle hat ein anderes Strafmaß zur Folge. Kurzum, die Erklärung und Bewertung dieser Tat fällt, je nach den Umständen, völlig unterschiedlich aus.

Ein weiterer Grund für den unauflöslichen Zusammenhang zwischen Ereignis und Kontext, jedenfalls aus Sicht des Historikers, findet sich in der schlichten Tatsache, daß die meisten Menschen ihren Alltag weitaus seltener dokumentieren als die ihnen wichtig erscheinenden »großen« Ereignisse. Eine Geburt, eine Hochzeit, ein Todesfall findet häufiger seinen dokumentarischen Niederschlag als der alltägliche Umgang zwischen Männern, Frauen und Kindern. Ein großes Fest, ein hoher Besuch, eine mitreißende Rede, eine Schlacht oder ein Massenaufstand wird eher mündlich oder schriftlich überliefert als der triste Alltag. Und da man Geschichte nur schreiben kann, wenn man schriftliche, mündliche oder sächliche Quellen hat, führt kein Weg daran vorbei, sich mit denjenigen Zeugnissen der Vergangenheit zu befassen, die nun einmal überliefert sind. Deshalb müssen wir immer wieder zu den Berichten über große Ereignisse, über große Taten und Entscheidungen, über dramatische Erlebnisse greifen, um Informationen über den Alltag zu gewinnen, von dem sich das Besondere, eben das große Ereignis, deutlich abhebt. Es gibt somit für die meisten Historiker gar keinen Gegensatz zwischen Ereignis- und Strukturgeschichte. Die »Kunst« liegt vielmehr in der Verbindung dieser beiden.

Was ist nun aber die *Bedeutung* der großen, der dramatischen Ereignisse für die Geschichte? Wo liegt die Grenze zu den Mythen der Geschichte? Inwiefern hilft uns die Rekonstruktion bestimmter Ereignisse beim Verständnis größerer historischer Zusammenhänge? Das sind die zentralen Fragen, um die es in diesem Buch gehen soll. Die Antworten stammen von dreizehn prominenten Historikern, und sie werden auf ganz unterschiedliche Weise gegeben. Zumeist geht es um Großereignisse der Geschichte, die wir gut kennen oder gut zu kennen glauben. Der Ablauf, die Hintergründe und die Auswirkungen erscheinen uns vertraut. Doch bei näherer Betrachtung durch die Spezialisten stellt sich heraus, daß die Nachgeborenen, manchmal sogar die Akteure selbst, ein Bild dieser Ereignisse geformt haben, das mit der historischen Wahrheit nicht in Einklang zu bringen ist. Die sinnstiftende Ereignisgeschichte und ihre akribische Schwester geraten hart aneinander.

In der chronologischen Ordnung beginnt *Karl-Joachim Hölkeskamp* (Universität zu Köln) mit der Schlacht von Marathon (490 v. Chr.), einem bewaffneten Konflikt, der auch in den damaligen Dimensionen kaum eine Schlacht zu nennen ist. Erst die Athenische Politik hat daraus ein Großereignis gemacht, um den Vorrang Athens gegenüber anderen griechischen Stadtstaaten zu postulieren. Da allerdings dieser Mythos bis in unsere Zeit hinein wirksam blieb, beschränken sich die peinlichen Recherchen keineswegs auf die Antike.

Martin Jehne (Technische Universität Dresden) fragt sodann, was an der Überquerung des Rubicon (49 v. Chr.) so bedeutsam war, die übrigens der Hauptakteur Gaius Julius Caesar in der von ihm selbst verfaßten Geschichte der Ereignisse gar nicht erwähnt. Der oft kolportierte Ausspruch »der Würfel ist gefallen« stammt wahrscheinlich nicht von ihm, oder er müßte (nach der griechischen Überlieferung) heißen »der Würfel sei geworfen«, also »ich spiele auf volles Risiko, setze alles auf eine Karte«. Aber weniger der Ausspruch als die Person Caesars, eines hochintelligenten Diktators, sowie der fragile Zustand der Römischen Republik sind noch heute ein politisches Drama von beklemmender Aktualität.

In der Spätantike greift *Hartmut Leppin* (Universität Frankfurt am Main) den Bußakt von Mailand (390 n. Chr.) heraus, um das Verhältnis von Kirche und Kaisertum an einem besonders bezeichnenden Ereignis zu erklären. In einer »stilisierten Begegnung«, einem öffentlich aufgeführten Drama um Schuld und Sühne, maß Kaiser Theodosius seine Kräfte mit Bischof Ambrosius von Mailand. Obgleich dieses Ereignis die Herrschaft des Kaisers nicht beeinträchtigte, favorisierte die historische Überlieferung eine für das Kaisertum ungünstige Sicht, die sehr viel später, von anti-katholischer Seite, als eine bedenkliche Niederlage des Kaisertums und damit den Beginn einer »falschen« Kirchenpolitik gedeutet wurde. Hier als Historiker gegenzusteuern ist ein ebenso schwieriges wie notwendiges Unterfangen.

Zwei hochmittelalterliche Ereignisse führen dieses Thema fort. *Knut Görich* (Universität München) erklärt die komplexen Rituale des Friedensschlusses von 1177, mit dem Papst Alexander III. und Kaiser Friedrich Barbarossa in Venedig befaßt sind. Der magische Ort selbst mag uns vertraut erscheinen, aber die Rituale der Begegnung bedürfen der Entschlüsselung, wobei eine stark expandierende Forschungsrichtung der Herrschaftssymbolik und -rituale zu Wort kommt. Man könnte sagen, die Form dieser Begegnung war der für die Zeitgenossen wesentliche Inhalt. Folglich wissen wir leider wenig über die Gespräche und Verhandlungen im kleinen Kreis, die es zwischen den beiden Führungsfiguren nachweislich gegeben hat.

Stefan Weinfurter (Universität Heidelberg) greift eine von Papst Paschalis II. öffentlich gemachte Vereinbarung mit König Heinrich V. heraus, die anläßlich dessen Krönung zum Kaiser, im Jahr 1111 in Rom, getroffen wurde. Der päpstliche Vorschlag einer kompletten Trennung von Kirche und weltlicher Herrschaft hätte eine veritable Revolution bedeutet, kam aber nicht zum Tragen. Wegen ihrer tiefen Religiosität – man ist versucht, sie fanatisch zu nennen – war den damaligen Menschen ein Gegensatz von Welt und Religion nicht einsichtig zu machen. Die Reichskirche, also die Bischöfe, viele Äbte und andere kirchlichen Wurdenträger im Reich, behielt ihre weltliche Herrschaft – und das für weitere 700 Jahre. So durchleuchten die Ereignisse von 1111 und die unmittelbaren Reaktionen gleichsam die inneren Herrschaftsverhältnisse des Heiligen Römischen Reiches bis zu seinem Ende im Jahr 1803.

Die ungemein detailliert überlieferte Geschichte der Jeanne d'Arc nimmt *Heribert Müller* (Universität Frankfurt am Main) zum Anlaß, um einerseits die verworrene politische Situation des damaligen Frankreichs zu erhellen, andererseits der »Beweisführung« vor allem der Gerichtsakten ebenso wie der Historiographie nachzuspüren. Das eigentliche Großereignis, die Befreiung der Stadt Orléans (1429), sowie der weithin rätselhaft bleibende historische Auftritt des Bauernmädchens Jeanne formte die französische Nationalgeschichte. Ihre Tapferkeit, ihr bis zur Selbstopferung verfolgtes Ziel der »nationalen Befreiung« Frankreichs von den »feindlichen Engländern«, kaschiert nur notdürftig, daß am Ort ihres Scheiterhaufens, in der Hafenstadt Rouen, dem reichsten Bistum Frankreichs, viele Franzosen recht üppig mit den Engländern ihren Handel trieben. Die französische Nation der großen Heldin Jeanne mußte erst noch gefunden werden.

Knapp 90 Jahre später, Ende Oktober 1517, soll Martin Luther seine berühmten Thesen zur Kirchenreform an die Türe der Schloßkirche von Wittenberg geheftet haben. Bildliche Darstellungen und Hinweise in den Geschichts- und Religionsbüchern gibt es in unübersehbarer Zahl. Doch fand dieses für die deutsche Reformation so bedeutende Ereignis überhaupt statt? So ziemlich alles Quellenmaterial spricht dagegen, wie *Hartmut Lehmann* (Max-Planck-Institut für Geschichte, Göttingen) aufzeigt. Wie konnte dann dieses Nicht-Ereignis Eingang in die Überlieferung finden? Die Gedenkkultur des deutschen Protestantismus führt uns tief in einige seiner Wesenszüge, bis weit ins 20. Jahrhundert hinein.

Der französische Historiker *Olivier Chaline* (Université de Paris, Sorbonne) untersucht den Böhmischen Krieg, der das erste große Kapitel des Dreißigjährigen Krieges darstellt. Nach seinem Urteil war die Schlacht am Weißen Berg (1620) keine »tschechische Nationalkatastrophe«, wie die tschechische Nationalhistoriographie immer wieder behauptet hat. Auch hier also gilt es, ein überhöht erinnertes Ereignis auf seine tatsächliche Geschichte, vor allem auf seine tatsächliche Bedeutung zurückzuführen.

Das gilt auch für den Sturm auf die Pariser Bastille (am 14. Juli 1789), der als Mythos für eine Nationalgeschichte, ja für eine welthistorische Sichtweise der politischen Modernität, nicht zu übertreffen ist. Demokratie, Freiheit, Menschenrechte – alles, was gut und teuer ist in der modernen demokratischen Politik wird auf dieses eine Ereignis zurückgeführt. Selbstredend geschieht das eher zu Unrecht, wie *Erich Pelzer* (Universität Mannheim) darlegt. Die Bastille war damals längst zu einem schlecht bewachten Pulverdepot verkommen. Ein Heldenstück konnte die Erstürmung also nicht gewesen sein, trotz der 105 Toten, aber doch ein populäres Symbol für die Politik »der Straße«. Schon kurz nach ihrer »Erstürmung« wurde die Bastille zerlegt. Die Erinnerungstrümmer landeten als Souvenirs auf den Kaminsimsen braver Bürger. Was allerdings dem 14. Juli folgte, war unvergleichlich: eine 26-jährige Tragödie ungeheuren Ausmaßes, die mit Waffengewalt bis Ägypten und nach Moskau vorgetrieben wurde. Somit kaschierte der reichlich harmlose 14. Juli das Ausmaß und die massenhafte Brutalität des Gesamten. Er einte die Franzosen noch (weitgehend), wo der weitere Verlauf der Revolution sie zum gegenseitigen Haß trieb.

Die von *Carl-Ludwig Holtfrerich* (Freie Universität Berlin) untersuchten Währungskrisen zwischen den Weltkriegen kennen eigentlich kein Schlüsselereignis, das alles oder vieles erklären könnte, wenngleich sich dramatische Bankenkrachs und Wechselkursabstürze durchaus benennen lassen. Es handelt sich hier um eine Vielzahl von Einzelentscheidungen, die nur in ihrem unglücklichen, oft genug unbeabsichtigten Zusammenspiel ihre verheerende Wirkung für die Weltwirtschaft, in Deutschland ohne Zweifel den politischen Durchbruch Adolf Hitlers, hervorbringen konnten.

Was folgte, waren dramatische Ereignisse, aus denen man ein besonders wichtiges kaum herauszugreifen braucht, um die Gesamtbedeutung der NS-Zeit und des Zweiten Weltkrieges zu erfassen. So nimmt *Bernhard Kroener* (Universität Potsdam) die

Spur des Generalobersten Fritz Fromm auf, durchleuchtet dessen schwer zu durchschauende Rolle beim Stauffenberg-Attentat vom 20. Juli 1944. Der minuziös recherchierte Handlungsablauf, eingebettet in eine umfangreiche Biographie, drängt uns den unbequemen Schluß auf, daß Fromm, der unmittelbare Vorgesetzte Stauffenbergs, zumindest teilweise dem Widerstand zuzurechnen ist, auch wenn er dem Vorgehen der Attentäter sehr skeptisch gegenüberstand und durch ihre Tat in einen schrecklichen Handlungszwang gestürzt wurde.

Zwei weitere Beiträge behandeln die Zeit der »alten« Bundesrepublik Deutschland. *Klaus-Jürgen Müller* (Universität der Bundeswehr Hamburg) ruft in Erinnerung, was vielen Zeitgenossen der Adenauer-Kabinette nicht klar war: die prekäre Einwirkung des Algerienkrieges auf die deutsch-französischen Beziehungen. In den Schulbuchversionen der Freundschaft zwischen Paris und Bonn findet dieser Konflikt keinen Platz. Beiden Seiten war er allzu peinlich. Mochte der Streit um das Saargebiet noch als eine historische Altlast durchgehen, so ging es beim Algerienkrieg um eine heikle Aktualität, nicht zuletzt weil er die französische Nation zunehmend spaltete. Bonn suchte sich damals in der arabischen Welt zu etablieren, was den beiden Traditionsmächten in dieser Region, nämlich Großbritannien und Frankreich, wenig gefiel. Man wolle der DDR zuvorkommen, so hieß es von offizieller Seite, witterte aber auch Geschäftschancen. Zudem sahen interne Bonner Einschätzungen die Lage Frankreichs pessimistisch. So war die stets beteuerte Loyalität zu Paris (gezwungenermaßen?) ein Stück weit Heuchelei.

Den Abschluß bildet eine Skizze von *Hans-Peter Schwarz* (Universität Bonn) zu den dramatischen Ereignissen in und wegen Berlin. Zwar hingen diese allesamt mit dem delikaten, eigentlich absurden völkerrechtlichen Status von Berlin zusammen, doch nur zwei davon waren wirkliche Krisen um diesen Status selbst, nämlich die Blockade von 1948–1949 und der Mauerbau von 1961. Berlin war zugleich ein Zankapfel alliierter

Deutschlandpolitik und eine Polit-Bühne, auf der die Großmächte ihr politisches Theater aufführen, ihre Kräfte messen konnten. Den heiklen Berlinstatus machte sich die Studentenrevolte ab 1967 zunutze. In Berlin konnte man die Schwäche des Bonner Staates vorführen: Hier hatte Bonn kaum etwas zu melden. Zugleich aber, mit dem Volksaufstand vom 17. Juni 1953 und mit dem Mauerbau, wurde auch die DDR in Berlin vorgeführt, denn ohne die sowjetischen Panzer wäre das Ulbricht-Regime schon damals ruiniert worden, nicht erst 1989, als Moskau seine Panzer nicht mehr zur Verfügung stellen wollte.

Läßt dieses Panorama von dramatischen Ereignissen allgemeinere Schlüsse zu? Die Antwort ist ein bescheidenes »Ja«, zumindest für einen Teil der europäischen Geschichte. Ob allerdings eine Ausweitung auf das ganze geographische Europa ein anderes Bild ergeben würde, bleibt noch zu prüfen. Hier schimmert die Frage durch, ob dieses geographische Europa überhaupt eine historische Einheit bildet.

Wie die nachfolgenden Essays zeigen, kennt die Ereignisgeschichte viele Varianten. Es gibt überschätzte Ereignisse ebenso wie unterschätzte. In beiden Fällen muß man sowohl die Quellen als auch die Historiographie nach den Gründen befragen. Erfundene Ereignisse sind eher selten, stark veränderte jedoch nicht. Auch ihre Genese ist sehr unterschiedlich. Dramatische Ereignisse können durch Einzelentscheidungen, durch eine Kumulation von Entscheidungen, aber auch »aus dem blauen Himmel« kommen. Zu letzteren zählen die großen Naturereignisse wie der Untergang von Pompeji (durch den Vesuv-Ausbruch von 79 n. Chr.) oder das verheerende Erdbeben von Lissabon (1755). Sie bilden einen eigenen Typ von historischer Dramatik, der in diesem Buch leider nicht berücksichtigt werden konnte. Das »Dramatische« hat einerseits mit Überraschung zu tun, andererseits mit dem Ausmaß eines Ereignisses, das sich oftmals nach der Zahl der beteiligten Menschen bemißt. Die gravierende Natur der Auswirkungen spielt ebenfalls eine wichtige Rolle.

Sehr viel enger, präziser sollte man dramatische Ereignisse besser nicht definieren, denn unterschiedliche Sichtweisen des Betrachters führen zu unterschiedlichen Auffassungen darüber, was in der Geschichte wirklich *wichtig* und *dramatisch* ist. So gesehen verändert sich die Geschichte fortlaufend, weil sie nun einmal den Lebenden zu dienen hat. Es sind die Fragen der neu Hinzukommenden mit ihren gewandelten Lebensumständen, die es immer wieder zu beantworten gilt. Was »dramatisch«, was ein »großes Ereignis« ist, läßt sich nicht ein für allemal fixieren.

Ohne Zweifel steigen die Ansprüche an die Entschlüsselung der großen historischen Ereignisse. Wie nachfolgend gezeigt wird, bedarf es hierzu einer mühevollen Detailforschung, gepaart mit einem umfangreichen Wissen. Wenn schon der Satz grundfalsch ist, »man möge die Quellen für sich selbst sprechen lassen«, so ist es erst recht falsch zu glauben, die großen Ereignisse könnten zuverlässig für sich selbst sprechen. Mitnichten! Quellen muß man mit großer Sachkenntnis zum Sprechen bringen, oft genug gegen die Intentionen ihrer Verfasser. Texte, aber auch andere Formen der Überlieferung bedürfen der fachkundigen Übertragung in die Begriffswelt der Leser. Das gleiche gilt für Ereignisse und ihre Protagonisten. Auch sie sprechen zu uns in einer Weise, die sich nicht von selbst erschließt. Welche Möglichkeiten und Probleme es hierbei gibt, hat jeder Autor auf unterschiedliche Weise dargelegt – unterschiedlich wegen der Verschiedenartigkeit der aufgezeigten historischen Fälle, nicht weil es unter Historikern kein Einvernehmen über die wesentlichen Methoden ihres Faches gäbe.

Somit möchte dieses Buch in Anspruch nehmen, zum innerwissenschaftlichen Diskurs über den Nutzen und die Grenzen der Ereignisgeschichte beizutragen. Diese hält nicht nur ihren Nutznießern den Spiegel vor – den Nationen, Religionen, Gruppen, Eliten und Vordenkern – sondern auch den Historikern selbst. Denn oft genug sind sie es, die an den Mythen und Legenden eifrig mitstricken.

Schließlich kehren wir zurück zu den eingangs erwähnten neuesten Strömungen in der Geschichtswissenschaft, welche sich auf die tieferen Strukturen der Geschichte richten und dabei nicht selten von den »oberflächlichen« großen Ereignissen abwenden. Dabei geht es vielen Historikern um das, was man die erlittene Geschichte nennen könnte – im Unterschied zur aktiv gestalteten Geschichte der Großen samt ihren Erfolgen und Leistungen. Strukturgeschichte führt also, wenn auch nicht ausschließlich, zur Geschichte von Leiden, von Unterdrückung, Haß, Unfreiheit, zu den Verlierern der Geschichte. Gewiß hat sich die religiös bestimmte Ereignisgeschichte schon sehr lange mit Anti-Helden beschäftigt. Jesus von Nazareth wird ganz bewußt als Außenseiter, Unangepaßter, als Verlierer im Machtpoker seiner Welt gezeichnet, von den dramatischen Umständen seiner Geburt bis zum Leidensdrama seines menschlichen Todes. Doch die weltliche Historie befaßte sich zumeist mit den Siegern, den Helden der Geschichte, denen die Bösen und die Versager nur gegenübergestellt werden, damit noch mehr Licht auf die Guten fällt.

Ist die Ereignisgeschichte somit eine naiv-ideologische Historie für die Mächtigen, die Erfolgreichen? Um diese Frage angemessen zu beantworten, wäre ein weiteres Buch vonnöten. Gewiß vergißt die alte Variante, die Ereignisgeschichte der »großen Taten großer Männer«, allzu leicht, in welchem Ausmaß die »großen Leistungen« unserer Vorfahren, und damit viele Errungenschaften unserer heutigen Welt, auf der Ausbeutung von Sklaven, auf Entrechtung und Unterdrückung von Völkern an der Peripherie der Macht sowie von Bevölkerungsgruppen in der jeweils eigenen Gesellschaft beruhen. Umgekehrt sollte sich die Geschichtswissenschaft aber nicht jener Modeströmung der post-modernen Politik anpassen, jenem gesellschaftlich-politisch desintegrierenden Wettlauf der Opferrollen, den man in Frankreich als »victimisme« bezeichnet. Ein abschreckendes Beispiel sollte eine jüngst in Deutschland aufgeblühte Opferdebatte sein (zum Thema Luftkrieg, Bombardierung Dresdens), die sich zunehmend vom historischen Kontext der deutschen Verbrechen im Zweiten Weltkrieg ablöst und nicht zufällig gewissen politischen Extremismen Auftrieb gibt. Das Problem liegt nicht in der Ereignisgeschichte selbst, sondern im Gebrauch, den selbstgefällige Populisten unter den Historikern (und Fernseh-Historikern) davon machen.

Für Leser ohne eigene geschichtswissenschaftliche Ambitionen soll dieses Buch zuallererst eine vergnügliche, spannende Lektüre sein. Die Auswahl der Themen mag da und dort verwundern. Jeder Leser wird eine lange Liste von dramatischen Ereignissen aufstellen können, die er hier nicht vorfindet. Wo bleibt der Aufstand des Spartakus (73 v. Chr.)? Die Schlacht von Hastings (1066)? Der preußische Überfall auf Schlesien (1740)? Der Ausbruch des Ersten Weltkrieges (1914), die bolschewistische Oktoberrevolution von 1917, die Öffnung der ungarischen Grenze (1989)? Waren diese Ereignisse nicht viel dramatischer und für die europäische Geschichte viel bedeutender? Mag sein, so ist zu antworten, aber wir richten hier nicht die Europameisterschaft der dramatischen Ereignisse aus, sondern stellen Reflexionen zur Geschichtswissenschaft an, dargeboten für ein interessiertes Publikum jenseits der »Historikerzunft«.

Mit wenigen Ausnahmen gehen die Essays in diesem Buch auf eine Vorlesungsreihe zurück, die im Wintersemester 2002/2003 im Rahmen des »studium generale« an der Universität Marburg stattfand. Im Sommer 2003 war sie im Hessischen Rundfunk zu hören. Jeden Mittwochabend im Semester luden wir einen namhaften Historiker »von außerhalb« ein, der uns sein Lieblingsthema, oder doch eines davon, vorstellte. Meine Marburger Fachkollegen nahmen regen Anteil. Dafür ein herzliches Dankeschön! Der Anstoß zu dieser Veranstaltungsreihe kam von Reinhard Brandt aus dem Fach Philosophie, der das Marburger studium generale seit Jahren leitet und inspiriert: einmal vor, dann wieder hinter den Kulissen; als Herausgeber einiger dieser Vorlesungsreihen; inzwischen sogar aus der Distanz seiner Emeritierung.

Ihm habe ich besonders zu danken. Universitätspräsident Horst Franz Kern sowie der Marburger Universitätsbund stellten Mittel bereit. Auch ihnen danke ich. Mein besonders herzlicher Dank gilt den Marburger Studierenden und dem ebenso zahlreichen wie treuen Marburger Publikum aus Stadt und Land.

Juni 2005 *Wolfgang Krieger*

KARL-JOACHIM HÖLKESKAMP

Die Schlacht von Marathon – Strandscharmützel oder Geburtsschrei Europas?

Im Morgengrauen eines Septembertages des Jahres 490 v. Chr. standen sich in der kleinen Küstenebene in der Nähe des Ortes Marathon im Nordosten Attikas das Aufgebot der schwerbewaffneten Bürger-Soldaten aus Athen und Plataiai und ein persisches Invasionsheer mit Fußtruppen, Reiterei und Bogenschützen gegenüber.[1]

Was dann geschah, stellte sich der bekannte Kriegshistoriker Hans Delbrück um 1900 so vor: »Es wird nicht zu kühn sein, wenn wir uns vorstellen, wie Miltiades ... eine Ansprache an seine Mitbürger gehalten, ihnen gezeigt hat, daß sie durch die Berge gegen die feindliche Reiterei gedeckt seien, ihnen anbefohlen, auszuhalten unter den persischen Pfeilen, bis er das Zeichen gebe, wie er dann zu Pferde in der Phalanx gehalten, um den Augenblick zu wählen, den Arm mit dem Speer in der Hand zu heben und das Kommandowort zu rufen, welches das Trompetensignal laut hallend weitergibt. Alles ist auf diesen Augenblick gestellt – keine Minute zu früh: sonst kommen die Athener ohne Atem und Ordnung an den Feind; keine Minute zu spät: sonst sind bereits zu viele von den Pfeilen getroffen, und die Menge der Stürzenden und Weichenden hemmt und bricht endlich die Kraft des Ansturmes, der wie ein Bergsturz auf den Feind fallen muß, wenn er die Kraft des Sieges geben soll.« Genauso sei es gekommen – und Delbrück beschließt dieses Kapitel seiner *Geschichte der Kriegskunst* mit dem Satz: »Wir werden noch manches Ähnliche, nichts Größeres zu berichten haben.«[2] Hier betritt – um es in die typische Diktion bekannter Historiker der älteren

Generation wie Fritz Schachermeyr[3] und Hermann Bengtson[4] zu kleiden – »der erste bedeutende Feldherr des Abendlandes« die Bühne der Geschichte. Und dies keinen Augenblick zu früh: Für Schachermeyr ist Miltiades die »geniale Natur«, von der »eine große Strahlkraft ausgegangen sein« muß und die nun »an einem weltgeschichtlichen Scheidewege von seltener Bedeutsamkeit den Weg wies« – eben eine, so heißt es bezeichnenderweise an anderer Stelle, »Führerpersönlichkeit« als »Geheimwaffe«.

Denn es ging um alles. Nun begann eine Schlacht, die bis in die jüngste Zeit wie kaum eine andere als epochales Ereignis der europäischen Geschichte begriffen wurde und damit auch – wie man dabei mit bezeichnender Selbstverständlichkeit vorausgesetzt hat – als Markstein der Weltgeschichte zu gelten hatte. Schon seit Hegel und seiner *Philosophie der Geschichte* wird das kurz und schlicht auf einen Nenner gebracht: Marathon ist der erste Sieg des freien zivilisierten Westens gegen die orientalisch-barbarische Despotie.[5] Selbst in dem immer noch gängigen Handbuch von Bengtson finden sich diese Grundideen – und sogar derart ungebrochen und explizit formuliert, daß man sie zitieren muß: Marathon war der erste Sieg »im griechischen Freiheitskampf«, der den Griechen einen kaum zu überschätzenden »moralischen Auftrieb« bescherte. In diesem »großen Ringen« ging es schließlich »um die höchsten Güter des griechischen Menschen und des griechischen Volkes«, ja, der »abendländischen Menschheit« schlechthin, nämlich »um äußere und innere Freiheit«, »geistige Unabhängigkeit«, »Menschenwürde« und »staatliche Autonomie«. Erst nachdem »der Ansturm des Ostens« abgewehrt und »die dunkle Wolke des persischen Despotismus« vertrieben war, konnte »Europa als Idee und Wirklichkeit geboren« werden.[6] Militärisch kurz und bündig bei General John Fuller, dem Strategen des Panzerkrieges und Autor einer *Kriegsgeschichte der westlichen Welt*: Marathon war der »Geburtsschrei Europas«.[7]

Zu diesem Kultstatus scheint ziemlich alles im Widerspruch zu stehen, was nüchterne Historiker über Marathon wissen (oder jedenfalls zu wissen glauben): die Daten und Fakten, die die antike Überlieferung – vor allem natürlich der »Vater der Geschichte«, der große Herodot[8] – über die Schlacht selbst, ihre Vorgeschichte, ihren Verlauf und ihre Folgen liefert; sodann die Einschätzung der politischen und strategischen Bedeutung dieses Ereignisses im Rahmen der Gesamtentwicklung vom Ionischen Aufstand bis zu den Entscheidungen der Jahre 480/479; und schließlich auch das, was wir über die Erinnerung an die Perserkriege allgemein und an Marathon im besonderen aus Dichtung und Geschichtsschreibung, philosophischen Traktaten und politischen Reden, Denkmälern und anderen Monumenten erschließen können. Darum soll es hier in erster Linie gehen.

Versichern wir uns aber zunächst der nüchternen Fakten.[9] Allem Anschein nach war die Invasion der Perser, die nach einem ihrer beiden Befehlshaber zumeist als »Datis-Zug« bezeichnet wird, eine Operation, die keineswegs auf eine flächendeckende Unterwerfung des griechischen Mutterlandes zielte. Eher war es wohl eine Aktion mit einem ganz begrenzten Ziel, nämlich der Bestrafung derjenigen Städte, die den kleinasiatischen Ioniern während ihres Aufstandes gegen die persische Herrschaft einige Jahre zuvor aktive Hilfe geleistet hatten, namentlich Naxos, Eretria und Athen.[10]

Dem begrenzten Ziel entsprachen die vergleichsweise bescheidenen Mittel, die die Perser aufboten. Anders als zehn Jahre später beim Zug des Xerxes haben wir es hier eben nicht mit einer militärisch, administrativ und logistisch langfristig vorbereiteten, weiträumigen kombinierten Land-See-Operation zu tun. Der Datis-Zug war allein ein Flotten- und Landungsunternehmen (Abb. 1). Dabei waren wenig mehr als 15 000 Mann, gedeckt durch eine kleine Anzahl von Kriegsschiffen. Die stereotype Zahl von 600 Dreiruderern oder Trieren ist sicherlich deutlich zu hoch. Entsprechend begrenzt muß der Anteil an Kavallerie gewesen

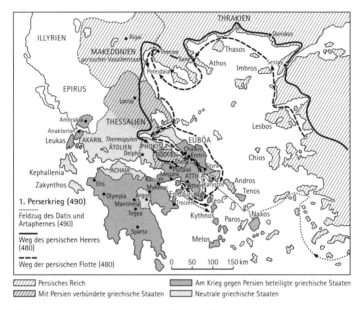

Abb. 1: Griechenland zur Zeit der Perserkriege

sein. Auf den Schiffen können kaum mehr als ein paar hundert Pferde befördert worden sein. Die gewaltigen Zahlen der persischen Heeresmacht – ein Jahrhundert später war von einer halben Million Mann die Rede – sind selbst bereits Teil der Legendenbildung.[11]

Diesem persischen Heer standen etwa 10 000 schwerbewaffnete Fußsoldaten (Hopliten genannt) aus Athen und Plataiai gegenüber. Die persische Überlegenheit war also nicht haushoch, aber doch deutlich. Das paßt auch zu allem anderen, was wir über taktische Aufstellung, Eröffnung und über den konkreten Verlauf der Schlacht wissen oder erschließen können (Abb. 2)[12]: Als es nach mehreren Tagen endlich zum Kampf kam, stellte die athenische Führung, wahrscheinlich auf Vorschlag des Miltiades, die zehn Regimenter und die Plataier so auf, daß sie eine gleich lange Schlachtreihe wie die Perser bildeten, um so der Gefahr der

Die Schlacht von Marathon

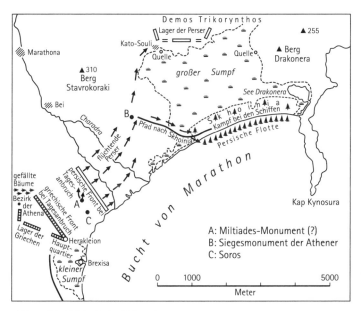

Abb. 2: Die Schlacht bei Marathon

Überflügelung zu begegnen. Dazu mußte man das Zentrum auf wenige, vielleicht vier Reihen ausdünnen, verstärkte aber die Flügel. Der rechte Flügel wurde von dem Oberbefehlshaber, dem *Archon polemarchos* namens Kallimachos befehligt, links standen die Plataier. Wer dann die Schlacht eröffnete, ist bis heute umstritten. Waren es wirklich die Griechen, die nach dem genialen Plan des Miltiades die Initiative ergriffen, den Persern ihre Taktik aufzwangen und bis zur Entscheidung das Gesetz des Handelns allein bestimmten? Oder könnten es nicht vielmehr die Perser gewesen sein, die auf die Stellung der Griechen vorrückten und sie damit überhaupt erst zum Reagieren zwangen?

Die erste Phase der eigentlichen Schlacht war dadurch gekennzeichnet, daß die Griechen den Fernkampf zu vermeiden versuchten, in dem sie den persischen Bogenschützen unterlegen waren, und deren Pfeilhagel durch schnelles Vorrücken der ganzen Schlachtreihe unterliefen. Das geschah allerdings wohl kaum in einem Sturmlauf über 1,5 km, wie Herodot behauptet, sondern allenfalls in einem beschleunigten Schritt über etwa 150 Meter. In der Nähe des späteren Grabhügels, auf den noch zurückzukommen sein wird, trafen sie auf die persische Aufstellung, und das Handgemenge begann, wobei sich die ja für den Nahkampf bestimmte schwere Hoplitenrüstung und Bewaffnung der Griechen der leichteren Ausrüstung der persischen Infanterie als überlegen erwies. Dennoch wurde das griechische Zentrum geschlagen. Doch die verstärkten Flügel blieben siegreich, wandten sich zur Mitte und machten dort den persischen Teilerfolg wieder zunichte. Kavallerie und Leichtbewaffnete spielten dabei anscheinend keine entscheidende Rolle. Verfolgt von den Athenern flohen die Perser daraufhin zu ihren Schiffen, wobei viele in den strandnahen Sumpf gerieten und umkamen. Bei den Schiffen kam es erneut zu einem erbitterten Kampf, in dem der athenische Polemarch und ein Stratege fielen. Die Gesamtverluste betrugen nur 192 Mann, gegenüber mehr als 6000 Persern.

Allerdings verloren die Perser nur sieben Schiffe. Militärisch waren sie keineswegs entscheidend geschlagen. Im Gegenteil! Vielmehr fuhr ihre nach wie vor voll operationsfähige Flotte von der Bucht nach Süden, um das Kap Sunion herum in Richtung Athen. Wahrscheinlich wollten die Perser nun die Stadt selbst direkt angreifen und möglichst einnehmen, bevor noch das athenische Heer dort wieder aufgetaucht war. Als die Flotte bei Phaleron vor Anker ging, mußte die persische Führung allerdings feststellen, daß der Großteil der Hopliten doch bereits in Eilmärschen zurückgekehrt war, denn auch die athenischen Strategen scheinen die Perser keineswegs für besiegt gehalten zu haben. Erst nachdem Datis das festgestellt hatte, brach er das Unternehmen endgültig ab, die Flotte stach in See und kehrte nach Asien zurück.

Griechische Querelen und persische Gefahr

Weder die strategische Gesamtsituation – einschließlich der durch den Datis-Zug erlangten Vorteile durch die Besetzung der Inseln und die Eroberung Eretrias – noch das gewaltige Ungleichgewicht der Kräfte wurde durch Marathon irgendwie verändert. Aus der Sicht des persischen Großkönigs im fernen Susa war Marathon nur ein unbedeutendes Scharmützel am Rande der Welt gewesen, wie Robert Graves es in seinem Gedicht *Persian Version* ironisch-herablassend nannte.[13] Allenfalls war dieser Nadelstich ein Anlaß unter anderen, nun wirklich die gewaltigen Machtmittel des Reiches zu mobilisieren. Darüber vergingen allerdings noch Jahre, in denen sich einiges tat, nicht nur auf persischer Seite, sondern vor allem in Athen und in Griechenland überhaupt: dort ein Thronwechsel, Wirren und Unruhen, hier politische und strategische Grundsatzentscheidungen und Neuorientierungen. In Griechenland bequemte man sich – spät, sehr spät, als die Rüstungen der Perser nicht mehr zu übersehen waren – zu einer gewissen Gemeinsamkeit und schloß sich im sogenannten Hellenenbund zusammen. Dadurch entstand allerdings beileibe keine geschlossene Abwehrfront aller Griechen gegen die Gefahr aus dem Osten, geschweige denn ein »Volk« der »Hellenen«, wie Theodor Mommsen es formulierte. Auch dieser liberale »Alt-Achtundvierziger«, der sonst nationalistischem Pathos ziemlich abhold war, fand gelegentlich (in Festreden) markige Worte über »schweren Kampf und wohlbestandene Gefahr«, aus denen »den Nationen« erst die »Ausgestaltung des Volkstums« zuwachse, und er verstieg sich sogar zu einem Vergleich zwischen Griechenland und Preußen-Deutschland, zwischen Perser- und Siebenjährigem Krieg. (»Hohenfriedberg steht gleichberechtigt neben Marathon.«)[14]

Alles Legende. Die vielen Streitigkeiten der Städte untereinander um ein paar Quadratkilometer Land, ihre permanenten Rivalitäten und ihre oft uralten Feindschaften wurden keineswegs vollständig und flächendeckend beigelegt. Viele Griechen kooperierten sowieso mit den Persern. Der »Hellenenbund« bestand im wesentlichen aus Sparta und seinen Verbündeten im Peloponnesischen Bund, Aigina und eben Athen (vgl. Abb. 1). Und es war Sparta, das jetzt die Führung übernahm, und eben nicht Athen – trotz Marathon. Athen hatte übrigens gerade mit dem Aufbau einer Kriegsflotte begonnen, einem Rüstungsprogramm, das sich zunächst gar nicht gegen die heraufziehende Gefahr eines neuen persischen Angriffs gerichtet hatte, sondern typischerweise gegen die alte Rivalin vor der eigenen Haustür, nämlich Aigina, mit dem man sich mühsam verständigt hatte. Aber jetzt setzte man auch gegen die Perser auf die berühmten »hölzernen Mauern« der Trieren. Mit dieser Interpretation jenes wenig verheißungsvollen, aber (wie üblich) zweideutigen Spruches des berühmten Orakels in Delphi, wonach nichts als eine »hölzerne Mauer« dem persischen Ansturm standhalten und den Athenern, ihren Frauen und Kindern Schutz bieten werde, soll sich der große Stratege Themistokles in der Volksversammlung durchgesetzt haben.[15] Das war auch nötig; denn damit wurde ein radikaler Richtungswechsel eingeleitet. Trotz des Erfolges der Hopliten zu Lande, also auch wieder trotz Marathon, setzte man nun auf die neue Flotte. Erst danach fielen die wirklichen Entscheidungen, ein volles Jahrzehnt nach Marathon, zur See im Golf von Salamis 480 und zu Lande bei dem mittelgriechischen Plataiai im folgenden Jahr. Auch aus griechischer Sicht waren es diese Siege, die den großen Perserkrieg endgültig entschieden und die führenden Städte zu mittelmeerischen Großmächten werden ließen.

Perserkrieg und »kulturelles Gedächtnis«

Da verwundert es nicht, daß Salamis und Plataiai und eben nicht Marathon die eigentlichen Marksteine im »kollektiven« oder (um mit Jan Assmann zu sprechen) »kulturellen Gedächtnis« der Griechen waren. Da in der Folge auf dieses Konzept immer wieder angespielt wird, soll hier zunächst eine Definition gegeben werden.[16] Die Kategorie des »kulturellen Gedächtnisses« bezeichnet das kollektive Wissen einer ganzen Gesellschaft, einen ihr eigentümlichen Bestand an Gewißheiten über sich selbst, ihre Entwicklung und ihre historischen Wurzeln, aus dem sie ihr Selbstverständnis, das Bewußtsein ihrer Eigenart, ihre Einheit und Stabilität über die Zeit bezieht. Daraus speisen sich die akzeptierten Muster der Orientierung in der jeweiligen Gegenwart und der Deutung der gesamten Lebenswelt und damit auch das System der gültigen Werte und Normen. Damit hat das »kulturelle Gedächtnis« konstitutive Bedeutung für die Identität einer sozialen Gruppe oder einer ganzen Gesellschaft, ihren Zusammenhalt und ihre permanente Erneuerung. Denn es hat einerseits eine formativ-erzieherische Funktion, indem es im Sinne des Zusammenhalts der Gruppe auf ihre Mitglieder immer neu, auch über Generationsgrenzen hinweg, disziplinierend und integrierend wirkt. Es dient der Sozialisation und wirkt wie eine Schule. Andererseits hat es eine normative Dimension, indem es Auftrag und verbindliche Anleitung für das richtige Handeln in Gegenwart und Zukunft ist. Beide Seiten sind natürlich untrennbar aufeinander bezogen.

Um diese Funktionen erfüllen zu können, bedarf das »kulturelle Gedächtnis« der beständigen Pflege durch verschiedene Formen der Bewahrung, Aktualisierung und Weitergabe des Vorrats an Wissen und Gewißheiten.[17] Schriftliche Fixierung, etwa das Schreiben der eigenen Geschichte, ist dabei nur ein Medium unter anderen. Auch mündliche Überlieferung und vor allem Bilder und Symbole, Bauten und Denkmäler jeder Art, die das »monumentale Gedächtnis« einer Gesellschaft bilden, gehören dazu und sind sogar wichtiger als eine voraussetzungs- und anspruchsvolle, literarisch geformte »Geschichte«, die nur einer beschränkten Öffentlichkeit zugänglich und bekannt ist. Gerade wegen ihrer großen »Publikumswirksamkeit« dienen daher Gedenktage und Feste, Kulte, Zeremonien und Rituale, etwa an »erinnerungsträchtigen« Orten, der Bewahrung und Vermittlung dieser besonderen Form eines kollektiven Wissens.

Noch Jahrhunderte später waren die Thermopylen natürlich ein solcher »Ort der Erinnerung«. Bis in die Neuzeit zitiert man das berühmte Epigramm: »Fremder, melde den Lakedaimoniern, daß wir hier liegen, ihrem gegebenen Befehl getreu.« Und Leonidas und der heroische Untergang der 300 waren natürlich eine feste Größe im »kulturellen Gedächtnis« der Spartaner, zu dessen Bewahrung auch die Leonideen als jährliches »Erinnerungsfest« dienten.[18]

Auch auf dem Schlachtfeld von Plataiai feierte man solche »Feste der kollektiven Erinnerung« an den entscheidenden Sieg im Perserkrieg: im Abstand von vier Jahren die »Freiheitsspiele« zu Ehren des Zeus Eleutherios und jährlich eine Totenfeier für die in der Schlacht gefallenen Griechen, die noch ein halbes Jahrtausend später, zu Lebzeiten Plutarchs, nicht vergessen waren.[19] Eine Prozession zu den Gräbern der Gefallenen wurde frühmorgens durch ein Trompetensignal eröffnet, das die Atmosphäre und den Geist jener Kriegstage beschwören sollte. Dem Trompeter folgten Wagen mit Myrten und Kränzen zum Schmuck der Grabstelen, dann der zur Opferung bestimmte schwarze Stier. Junge Männer trugen Amphoren mit Milch, Wein und Öl und Gefäße mit Salben. Am Schluß kam der Archon als höchster Beamter der Polis Plataiai, der an diesem Tag ausnahmsweise einen roten Feldherrnmantel und ein Schwert trug. Der Archon vollzog die symbolischen Handlungen. Er salbte die Grabstelen, opferte den Stier, betete zu den Göttern der Unterwelt und vollzog die Trankspenden für die Toten mit den Worten: »Ich trinke den Männern zu, die für die Freiheit der Hellenen gestorben sind.« Selbst bei diesem Fest der Stadt Plataiai geht es ausschließlich um den panhellenischen Sieg des Jahres 479 – und das, obwohl immerhin ein großer Teil des Heeres dieser kleinen Stadt bei Marathon dabeigewesen war.

Auch sonst erscheint Marathon nicht als prominentes Ereignis oder gar als Symbol für den ganzen Krieg. Pindar besang zwar das »glänzende«, »veilchenbekränzte« Athen als »Bollwerk« Griechenlands, spielte auf die Schlacht am Kap Artemision an, »wo der Athener Söhne den glänzenden Sockel der Freiheit aufstellten«, und pries Plataiai als Sieg der Spartaner und Salamis als Sieg der Athener.[20] Aber eben nicht Marathon.

Ja, sogar im Bewußtsein der Athener selbst scheint Marathon zunächst deutlich hinter Salamis zurückgetreten zu sein. So handelt die früheste erhaltene Tragödie des Aischylos, *Perser*, bekanntlich von der einschneidenden Erfahrung der Perserkriege und deren mentaler Bewältigung. Da geht es nicht um Götter und Helden einer fernen, mythischen Epoche, sondern um eine immer noch höchst präsente jüngste Vergangenheit und die aktuelle Gegenwart. Das um 472 aufgeführte Stück spielt am persischen Hof in Susa und dreht sich um die Katastrophe von Salamis – aus persischer Sicht. Wieder spielt Marathon keine Rolle. Es wird bestenfalls *en passant* erwähnt – ja, Aischylos kann den Geist des toten Dareios auftreten lassen und vor einem athenischen Publikum, das nicht nur bei Salamis, sondern auch bei Marathon gekämpft hatte, sogar emphatisch sagen lassen, daß er, Dareios, in seinen Feldzügen niemals solches Unglück über die Perser gebracht habe wie Xerxes durch seine Hybris. Der von Dareios befohlene Datis-Zug ist ganz ausgeblendet.[21]

Um so interessanter ist natürlich die Frage, wie der mentalitäts- und ideengeschichtliche Prozeß eigentlich zu erklären ist, den man in die Frage kleiden könnte: Wie gelangte Marathon zu seinem Kultstatus als »Geburtsschrei Europas«? Warum und wie wurde Marathon überhaupt »erinnert«?

Marathon in der öffentlichen Erinnerung

Tatsächlich begann dieser Prozeß sofort, in den Jahren nach 490, aber er verlief eben nicht geradlinig, nicht unmittelbar nach den Perserkriegen und nicht einmal für Athen, auch nicht in späteren

Epochen. Die Erinnerung an Marathon, die Art und Weise des Erinnerns daran, der Rang des Ereignisses war einem interessanten Auf und Ab unterworfen. Zu bestimmten Zeiten, für bestimmte Gesellschaften und Städte hatte Marathon gewissermaßen Konjunktur, in anderen Kontexten mußte es zurücktreten. Dabei spielte die nüchtern eingeschätzte »objektive« strategisch-politische Bedeutung des Strandscharmützels keineswegs die entscheidende Rolle. Im »kulturellen Gedächtnis« werden Ereignisse nach anderen Kriterien selektiert, aufgearbeitet und eingestuft und mit Bedeutung versehen. Hier geht es um das, was eine Stadt oder ihre Bürgerschaft erinnern will, weil sie es für ihr Bild von sich selbst braucht: Genau das ist es, was wichtig genug ist, um bewahrt, besungen und gefeiert zu werden.

Ein Sieg auf dem Schlachtfeld war für eine griechische Stadt und ihre Bürgerschaft immer wichtig genug – schon längst zuvor und lange danach. Schließlich war man eine »Polis der Hopliten«, so die bekannte Charakterisierung von Max Weber, deren kollektive Identität zumindest auch von ihrem Charakter als »Kriegerzunft« und »Volksversammlung in Waffen« geprägt war.[22] Wie bei solchen Gelegenheiten üblich, stellte man auch in diesem Fall unmittelbar nach der Schlacht ein erstes Siegesdenkmal auf, ein Tropaion. Das war ein einfacher Holzpfahl oder ein Holzkreuz, an dem eine vom besiegten Feind erbeutete Hoplitenrüstung aufgehängt wurde: Helm, Panzer und Waffen. Ein solches provisorisches und vergängliches Denkmal sieht aus wie eine Vogelscheuche. Das Tropaion wurde möglichst genau an der Stelle errichtet, wo beim Aufeinanderprallen der Schlachtreihen die Entscheidung gefallen war, indem die unterlegene Seite zurückgewichen war und sich zur Flucht gewandt hatte. So geschah es auch bei Marathon.

Die sogenannte »Nike des Kallimachos« – eine geflügelte weibliche Figur, ein schon zuvor bekanntes Motiv, hier präsentiert auf einer ionischen Säule (Abb. 3) – war wahrscheinlich ein Siegesdenkmal für Marathon, das in der Stadt selbst, in ihrem sakralen

Zentrum, der Akropolis, aufgestellt wurde. Nach der etwas rätselhaften Weihinschrift in den Kannelüren der Säule wurde das Denkmal anscheinend vom Heimat-Demos des Kallimachos zu Ehren des in der Schlacht gefallenen Polemarchen aufgestellt.[23]

Um die gleiche Zeit, bald nach der Schlacht, folgten dann die ebenfalls selbstverständlichen Weihungen solcher Beutestücke an die Gottheiten der eigenen Stadt und auch der großen panhellenischen Heiligtümer in Olympia und Delphi. Ein bronzener Helm assyrischer Form aus Olympia – nach der Inschrift »von den Medern« (also den Persern) und geweiht durch die Athener – könnte ein solches Beutestück aus Marathon sein; auch der bekannte Helm des Miltiades ist vielleicht eine Waffenweihung an den olympischen Zeus.[24]

Auch das Schatzhaus der Athener im Apollon-Heiligtum zu Delphi scheint schon früh eine Beuteweihung erhalten zu haben. Die Reste der ursprünglichen, später erneuerten Inschrift auf dem Sockel lassen noch erkennen, daß die darauf plazierten Objekte an Marathon erinnern sollten. Vielleicht war sogar das Schatzhaus als Ganzes ein Monument des Sieges, mitsamt dem Bildschmuck, der eine ganze Reihe jener mythologischen Anspielungen und Verweise enthielt, die später wesentlich dazu beitragen sollten, Marathon selbst zum Mythos zu machen. Im Mittelpunkt stehen die Taten zweier Helden der sagenhaften Frühzeit, nämlich einerseits des Theseus, des Gründers der Stadt, und andererseits des Herakles, der (wie man in Marathon behauptete) gerade hier

Abb. 3:
Die Nike des Kallimachos

zuerst als Gott verehrt wurde. Beide wurden eben nicht nur als Helfer der Athener in der Schlacht schon früh mit Marathon verbunden. In den Bilderzyklen spielen auch ihre jeweiligen Kämpfe gegen die Amazonen – jene gefährlichen, kampflustigen und -erprobten Frauen aus einem exotisch fernen Land – eine auffällig prominente Rolle. Schon jetzt, wenn die Datierung in die Jahre nach 490 richtig ist, sollte vielleicht dieses Motiv der »Amazonomachie« als Analogie und mythischer Vorläufer des Kampfes gegen die Perser und die barbarischen, fremden Völker Asiens und überhaupt gegen äußere Feinde verstanden werden.[25]

Auch andere Heroen und Götter wurden schon früh für ihren Beistand in der Schlacht geehrt, vor allem der Hirtengott Pan. Der soll nämlich jenem Läufer, der um Hilfe nach Sparta geschickt worden war, begegnet sein und ihn gefragt haben, warum die Athener sich nicht um ihn kümmerten. Er, Pan, sei ihnen wohlgesonnen, habe ihnen oft geholfen und werde das auch in Zukunft tun. Diesen Pan ehrte man nun gleich mehrfach, und sein Kult verbreitete sich geradezu schlagartig. Zunächst weihte Miltiades eine Statue des Gottes, die die Inschrift trug (wieder einmal von Simonides): »Mich, den bocksfüßigen Pan, den Arkader – Feind der Meder, Freund der Athener – stellte Miltiades auf.« Außerdem erhielt der Gott ein Heiligtum unterhalb der Akropolis, und jährlich ehrte man ihn mit Opfern und einem Fackellauf.[26] Das war ein geradezu klassisches »Fest der kollektiven Erinnerung« an Marathon – im Sinne von Assmann.

Wie in Plataiai war auch hier natürlich das Schlachtfeld selbst der Schauplatz eines solchen »Erinnerungsfestes«, das noch Jahrhunderte später regelmäßig gefeiert wurde, übrigens auch hier (spätestens seit der Institutionalisierung der sogenannten Ephebie) mit einem feierlichen Zug der Jungmannschaft. Das Ziel des Zuges und der symbolträchtige Bezugspunkt des ganzen Festes war das Grab der 192 gefallenen Athener auf dem Schlachtfeld. Dieser Grabhügel von mindestens zehn Metern Höhe und 50 Metern Durchmesser übertrifft alle bekannten Tumuli in Attika aus der Zeit um 500 und beherrschte geradezu die Ebene von Marathon (Abb. 4). Darunter befand sich eine große Aschenschicht mit Resten von Holzkohle, zahlreichen Menschen- und einigen Tierknochen sowie Scherben von mehreren Dutzend Gefäßen aus der Zeit von der Mitte des 6. bis zum Beginn des 5. Jahrhunderts. Offenbar waren die Gefallenen an Ort und Stelle verbrannt worden. Das war und blieb üblich. Ihre Bestattung mitten auf dem Schlachtfeld war allerdings eine Ausnahme, die, so der große Geschichtsschreiber Thukydides wenig später (2, 34, 5)[27], der Nachwelt als besondere Auszeichnung der Toten für ihre Tapferkeit galt. Auf den dort ebenfalls aufgestellten Stelen waren die Namen aller Gefallenen verzeichnet, nach Phylen geordnet (das waren die zu diesem Zeitpunkt noch relativ neuen zehn Unterabteilungen der Bürgerschaft Athens). In dieser demonstrativen Anordnung der Namen spiegelte sich die jedem Betrachter bekannte Regel, daß auch das Heer als Bürgerschaft in Waffen nach Phylen zur Schlacht aufgestellt wurde. Die feierliche Verbren-

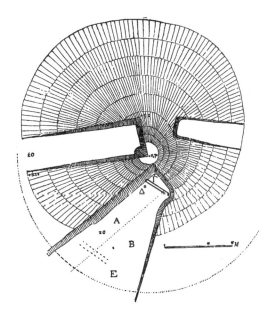

Abb. 4:
Soros – Grabhügel mit »Opferrinnen« (Γ und E, mit Asche und Scherben größerer Gefäße) und Halsamphore (Δ), Marathon

nung, Tieropfer, Totenmahl, Nahrungs- und Weinspenden gaben dieser Totenehrung von Anfang an eine homerisch-heroische Dimension, die dann durch das hier stattfindende Fest immer neu evoziert wurde.[28]

Eine solche frühe Tendenz, diesen Sieg mythisch zu überhöhen, ist an sich nicht ungewöhnlich. Selbst wenn Marathon objektiv nicht besonders wichtig war: Aus athenischer Sicht sah das ganz anders aus, eher wie ein Wunder nach einer Reihe von Katastrophen. Die Niederlage der aufständischen Griechenstädte Kleinasiens und das grausame Strafgericht der Perser, die Zerstörung Milets und der Untergang Eretrias lagen nur ein paar Jahre zurück. Gerade in Athen hatte das alles tiefen Eindruck gemacht. Man war höchst alarmiert. Und dann kam Marathon, der erste wirkliche Erfolg über die fremden und schreckenerregenden, unendlich überlegen erscheinenden und bislang immer siegreichen Perser.

Der Anspruch Athens

Das allein hätte schon genügt, um die Schlacht »erinnerungswürdig« zu machen und ihr sogar einen besonderen Rang im »kulturellen Gedächtnis« zuzuweisen, aber diesen Rang verdienten auch Salamis und Plataiai (und vielerorts in Griechenland, wie wir gesehen haben, auch in Athen erhielten sie diesen Rang). Die Verankerung gerade Marathons im »monumentalen Gedächtnis« Athens ging aber nicht nur weiter, sondern gewann neue, geradezu maßstabsetzende Qualität. Das geschah allerdings erst, nachdem es zeitweise hinter Salamis und Plataiai zurückgetreten war. Diese Verankerung beruhte auf einer seit den 460er Jahren rasch zunehmenden Anzahl von Fixpunkten, nämlich ebenso symbolträchtigen wie vielsagenden Monumenten und Bildern, die sich nur zum Teil auf bereits bestehende Denkmäler bezogen, vor allem auch aufeinander verwiesen und sich zu einer ganzen »Erinnerungslandschaft« vernetzten, deren Botschaften über diejenigen der ersten »Denkmalgeneration« hinauswiesen.

So wurde zunächst auf dem Schlachtfeld selbst ein Siegesdenkmal errichtet, das nicht nur durch seine Größe die Dimensionen des traditionellen Tropaion sprengte: eine immerhin zehn Meter hohe Säule aus weißem Marmor mit ionischem Kapitell und einer Skulptur. In einem Siegesdenkmal, das im Gegensatz zum alten Tropaion eben nicht vergänglich war, wurde hier die Erinnerung an Marathon, deren Bewahrung und Verstetigung schon die erwähnten Jahresfeste gedient hatten, geradezu in einem bewußten Akt der Verewigung in Stein monumentalisiert (Abb. 5).[29] Genau hier, unweit dieses Denkmals und auch des imposanten Grabhügels, errichtete man ein Monument des Miltiades – wohl auch um diese Zeit, in den 460er Jahren, als Kimon, der Sohn des Miltiades und erfolgreichster Stratege Athens in diesen Jahren, auf dem Höhepunkt seines Ansehens in Athen stand und die Aufstellung einer ganzen Reihe von geradezu anspielungsgesättigten Denkmälern initiierte. Darauf wird sogleich zurückzukommen sein.

Miltiades war es auch, der eine besonders prominente Rolle im Bildprogramm des wichtigsten Denkmals für Marathon im öffentlichen Raum der Stadt

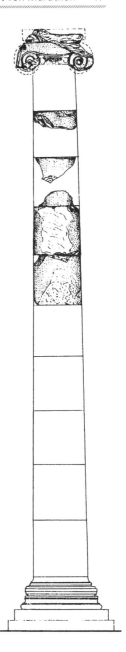

Abb. 5: Siegesmonument der Athener in der Ebene von Marathon (Rekonstruktion von I. Yarmenitis).

Athen selbst spielen sollte, nämlich im zentralen Gemälde des großen Bilderzyklus in der sogenannten *Stoá Poikíle*, der »Bunten Halle« an der Nordseite der Athener Agorá aus den Jahren um 460.[30] Dort befanden sich große Darstellungen einer Amazonomachie und des Untergangs Troias sowie zwei Schlachtengemälde, darunter eben eine Darstellung von Marathon: vielschichtig, aufgeladen mit Verweisen und Zitaten und raffiniert komponiert. Nach Pausanias hatte das Gemälde drei örtliche Abschnitte. Am linken Ende sah der Betrachter den Schauplatz des ersten Angriffs der Athener vom örtlichen Heiligtum des Herakles aus, in der Mitte die Sümpfe der Küstenebene und am anderen Ende den Strandabschnitt mit den gelandeten Schiffen der Perser. Die örtliche Abfolge von links nach rechts war natürlich zugleich die zeitliche. Vom ersten Zusammenprall wurde der Betrachter über die Verfolgung der fliehenden Perser in die Sümpfe zum entscheidenden Kampf bei den Schiffen geradezu geführt (Abb. 6).

Die Verortung dieses konkreten, vom zeitgenössischen Betrachter noch selbst erinnerten Geschehens in weiteren mythischen wie politisch-ideologischen Zusammenhängen wurde wesentlich durch die Hervorhebung bekannter Einzelkämpfer und die Präsenz von Göttern und Heroen geleistet. Da war, wie gesagt, Miltiades an der Spitze der heranstürmenden Schlachtreihe, »mit ausgestreckter Hand«, so Pausanias (1, 15, 3), »wie er seinerzeit die Kämpfer angefeuert hatte«. Da war der Polemarch Kallimachos, bereits tödlich verwundet und doch noch immer weiterkämpfend. Da waren gleich mehrere Anspielungen auf jene Legenden von Heldentaten und übernatürlich-geheimnisvollen Erscheinungen, die der Schlacht schon früh eine Aura des Besonderen verliehen. Die seltsame Gestalt des Echetlos, der mit einer Pflugschar bewaffnet kämpfte und der später auf Anordnung des delphischen Orakels als Heros verehrt wurde, war ebenso dargestellt wie ein gewisser Epizelos, der durch den Anblick einer bärtigen bewaffneten Riesengestalt erblindet war, wie er Herodot noch selbst berichtet haben soll. Am rechten Bildrand, in der

Die Schlacht von Marathon 19

Abb. 6: Das Marathon-Gemälde in der Stoá Poikíle

Darstellung des Entscheidungskampfes, sah der Betrachter den Bruder des Aischylos namens Kynegeiros, dem bei dem Versuch, ein persisches Schiff am Heck festzuhalten, die Hand abgeschlagen wurde und der dann den Tod gefunden haben soll. Und da waren wieder die Götter und Heroen, die den Sieg garantieren und dafür schon zuvor und gleichzeitig – vor allem bei der erwähnten Ausgestaltung des Schatzhauses in Delphi – in Anspruch genommen wurden: die Stadtgöttin Athena, der Ortsheros Marathon, Herakles und auch wieder Theseus, der Gründerheros der Athener.

Gerade die überlieferte Art und Weise der Darstellung dieses Theseus illustriert die Komplexität der Verweise und ihrer Vernetzung mit der jüngsten Vergangenheit und der Gegenwart, ihren Selbstdarstellungs- und Orientierungsbedürfnissen. Auf dem Gemälde steigt Theseus nämlich aus der Erde auf; er kommt aus seinem Grab, um für Athen zu kämpfen. Und auch hier muß sich der Bezug zu einem nicht lange zurückliegenden, für Athen symbolträchtigen Ereignis dem Betrachter sofort aufgedrängt haben. Der erwähnte Kimon, Sohn des Miltiades und sicherlich ein spiritus rector des Bildprogramms,[31] hatte wenige Jahre zuvor die Insel Skyros erobert und die ansässige Bevölkerung vom Stamm der Doloper vertrieben. Bei dieser Gelegenheit hatte er die Gebeine des Theseus geborgen, der auf dieser Insel zu Tode gekommen und beerdigt worden sein sollte, sie auf seinem eigenen Schiff nach Athen bringen und im danach benannten Theseion feierlich bestatten lassen. Und um es doppelt klar zu machen: Eine der Amazonen auf dem benachbarten Amazonomachie-Bild hieß auch noch Dolope.

Aber die *Stoá Poikíle* und ihre Bilder waren viel mehr als nur ein geschickter Akt persönlicher Propaganda eines familienstolzen Aristokraten, der dabei bis an die Grenze dessen ging, was im demokratischen Athen an aristokratisch-individualistischer Selbstdarstellung durch Überhöhung eines berühmten Vaters gerade noch erlaubt war.[32] Diese besonders verdichtete Kombination traditioneller Motive einerseits miteinander und andererseits mit Marathon vermitteln eine weit darüber hinausweisende, durchaus neue Botschaft. Es handelt sich um eine Botschaft, für die sich nur Marathon – oder genauer: eine besonders gesteuerte, selektierende und interpretierende Erinnerung an Marathon – wirklich eignete. Tatsächlich wurde Marathon erst wirklich prominent, als jener Aspekt immer mehr in den Vordergrund trat, der diese Schlacht von allen anderen Siegen im Perserkrieg unterschied. Im Gegensatz zu Plataiai und selbst Salamis war Marathon ein Sieg, den die Athener allein errungen hatten, vor allem ohne die militärisch führende Vormacht Sparta, deren Aufgebot bekanntlich erst nach dem Ende eines religiösen Festes ausrückte und daher zu spät kam. Schon bei Herodot sahen die Spartaner sich bloß noch auf dem Schlachtfeld um, lobten die Athener und ihre Tat und kehrten nach Hause zurück (6, 120). In der späteren Tradition wurde es knapper und dramatischer: Da kamen sie am Abend nach der Schlacht an.

Das ist kein Zufall. Dahinter steht nicht nur der traditionelle Wettstreit zwischen Poleis, wie Isokrates 100 Jahre später behaupten sollte,[33] sondern der spartanisch-athenische Dualismus, der Politik und Strategie der Protagonisten schon seit den 470er Jahren beeinflußte und bald beherrschen sollte. Und dahinter steht noch einmal mehr: Hier liegt eine wesentliche Wurzel der

Legende, die Marathon zum Mythos werden ließ. Es entstand eine Legende, die sich geradezu klassisch in zwei bekannten Zeilen kristallisierte, die dem Simonides zugeschrieben werden, der für seine Epigramme auf die gefallenen griechischen Helden späterer Schlachten des Perserkrieges so bekannt war und auch eine Elegie auf die Marathon-Kämpfer verfaßt haben soll: »Als Vorkämpfer der Hellenen haben die Athener bei Marathon die Macht der goldtragenden Meder niedergestreckt«.[34] Dabei spielt es keine Rolle, ob diese Worte wirklich von Simonides stammen, der in den Jahren zwischen 490 und 480 in Athen gelebt haben soll. Selbst wenn man ihm erst später diese Zeilen zugeschrieben hat, wäre auch das ist ein Beleg für die Legendenbildung und damit die Entstehung des Mythos von Marathon – und zwar für einen wichtigen Aspekt dieses Prozesses, nämlich den athenischen Anspruch, der sich mit Herodot und Thukydides auf eine knappe Formel bringen läßt: »Bei Marathon haben wir als erste, auf uns allein gestellt und für ganz Griechenland gegen die Perser gekämpft und gesiegt.«[35]

Tatsächlich taucht dieser Anspruch zumindest ansatzweise bereits in den sogenannten Marathon-Epigrammen von der Agorá in Athen auf. Die beiden Inschriften wurden im Abstand von einigen Jahren wahrscheinlich zwischen etwa 475 und 465 auf einem Marmorblock angebracht, der als Basis eines Denkmals für die Perserkriege gedient haben dürfte. Das ältere Epigramm ehrte offenbar die Kämpfer der großen Schlachten insgesamt, zu Wasser und zu Lande. Sie und ihre Taten waren es, so heißt es, die verhinderten, daß »ganz Hellas den Tag der Knechtschaft sah« – eine bezeichnenderweise und wohl kaum zufällig gut homerische Wendung. Das zweite Epigramm, das wohl erst in den 460er Jahren angebracht wurde, bezieht sich dann nur noch auf diejenigen, die sich »vor den Mauern« Athens zum Kampf stellten und die Feinde hinderten, die Stadt niederzubrennen.[36] Hier ging es allein um Marathon, genau wie bei der *Stoá Poikíle*, die etwa um die gleiche Zeit errichtet wurde.

Spätestens um die Mitte des 5. Jahrhunderts trat der erwähnte Anspruch dann in aller Deutlichkeit hervor. Er scheint durch ständiges Wiederholen sehr bald unangenehm aufgefallen zu sein, wie ebenfalls schon Herodot und Thukydides erkennen lassen. Und schließlich wird dieser Anspruch von Herodot wie von Thukydides den Vertretern Athens – hier Strategen, dort Gesandten – gerade dann in den Mund gelegt, wenn es um Rang, Vorrang und die Konkurrenz mit Sparta geht – hier um die Schlachtaufstellung bei Plataiai, dort um die Rechtfertigung athenischer Positionen vor der spartanischen Volksversammlung am Vorabend des Peloponnesischen Krieges.[37]

Dahinter steckt wiederum einiges mehr. Die Neu- oder Aufwertung von Marathon allein von athenischer Seite und der Anspruch, zuerst und allein – also bevor der Perserkrieg eine Griechenland insgesamt betreffende, also »panhellenische« Sache wurde – und doch für ganz Griechenland und seine Freiheit gekämpft zu haben, dient der ideologischen Zurückdrängung der panhellenischen Gleichheit und Gleichrangigkeit. Natürlich war man in den 470er und 460er Jahren nicht gleich. Bei der Verteidigung der neu gewonnenen Freiheit der kleinasiatischen Griechenstädte, im Seebund wie bei der offensiven Fortsetzung des Krieges gegen den alten Feind, hatte Athen die politische und militärische Führungsrolle und füllte sie auch aus. Wieder war es gerade Kimon, der diese Politik und Strategie mindestens mitgetragen haben muß. Als Stratege setzte er sie nämlich um, als er 478/77 an den Operationen auf Zypern und bei Byzantion beteiligt war und in den folgenden Jahren den persischen Brückenkopf im Norden, in Thrakien, einnahm und um 469 die Perser in offener Schlacht, zugleich zu Wasser und zu Lande, am Eurymedon besiegte. Um diese Zeit war es mit der Gleichrangigkeit der »Bundesgenossen« endgültig vorbei. Als erst Naxos und dann Thasos aus dem Seebund ausscheiden wollten, wurden sie unter die Hegemonie Athens zurückgezwungen und mit exemplarischer Härte bestraft – auch dies exekutiert von Kimon.[38]

Damals konnte man in Athen leicht auf die Idee kommen, daß man eben auch vorher nie »gleich« gewesen war. Von Anfang an sei Athen vielmehr die »Vorkämpferin« für alle Griechen gewesen. Gerade mit der Aufwertung von Marathon kann dieser Anspruch zur »historischen« Begründung und Legitimation des athenischen Anspruchs auf Vorrang und politisch-militärische Hegemonie werden. Dazu läßt man schon zu dieser Zeit Gegenwart, jüngste Geschichte und mythische Vorzeit aufeinander verweisen und zugleich in die immer gleiche Richtung deuten, so daß die Botschaft unüberhörbar und unwiderstehlich wird.

Dieser Anspruch ist zunächst aus den Anspielungen auf den Troianischen Krieg und Athens angebliche Rolle darin schon früh deutlich herauszulesen, nämlich noch bevor die symbolische Vernetzung im Bildprogramm der *Stoá Poikíle* einen Höhepunkt erreichte. So wurden die erwähnten Erfolge Kimons in Thrakien um 475 unmittelbar danach durch die Aufstellung dreier Hermen mit längeren Inschriften darauf monumentalisiert. Die dritte Inschrift erinnerte an den mythischen Menestheus, der das athenische Kontingent vor Troia angeführt habe und überhaupt als der beste »Ordner der Pferde und der schildgewappneten Männer« zur Schlacht galt – so Homer selbst, so (nach Herodot unter Berufung auf ihn) die athenische Gesandtschaft an den sizilischen Tyrannen Gelon und so eben diese Inschrift, die die Folgerung daraus ganz direkt formulierte: Da sei es durchaus angemessen, daß die Athener jetzt »Ordner des Krieges und der Tapferkeit« genannt würden.[39]

Schließlich konnte auch die traditionelle, ebenfalls in der *Stoá Poikíle* verdichtete Parallelisierung von Amazonomachie und Marathon schon dadurch akzentuiert oder sogar einfach evoziert werden, daß die Athener den mythischen Gegnerinnen und den aktuellen Gegnern allein entgegentreten. Die Vernetzung der Versatzstücke aus Mythos und Geschichte wurde dadurch noch ein Stück vollständiger und dichter und die Botschaft deutlicher. In den großen Reden bei den feierlichen öffentlichen

Begräbnissen der Kriegstoten wie später bei Isokrates und Demosthenes war dieser Anspruch bereits längst verfestigt und geradezu selbstverständlich.[40]

Bei diesem Anspruch wird es bleiben. Er geht in den Kernbestand des »kulturellen Gedächtnisses« und damit in die Identität des klassischen Athen ein – und zwar in mehrfacher Hinsicht: In der zweiten Hälfte des 5. Jahrhunderts liegt Marathon lange genug zurück, daß die »Marathonomachen« endgültig – und zwar nun schon (wie etwa in den *Acharnern* und den *Rittern* des Aristophanes[41]) als die Repräsentanten einer verlorenen, nicht mehr wiederherstellbaren Vergangenheit – in die historisch-mythischen Grenzräume des »kulturellen Gedächtnisses« eingerückt sind.

Im 4. Jahrhundert, nach der katastrophalen Niederlage Athens gegen Sparta im Jahre 404, dem »Königsfrieden« des Jahres 386 und der persischen Präsenz in Griechenland, wird Marathon zum Symbol einer großen Vergangenheit gerinnen, einer Vergangenheit, die nun wirklich »vergangen« und vollends verloren erscheinen mußte, aber im »kulturellen« und insbesondere im »monumentalen Gedächtnis« der Stadt tief und längst unverlierbar verankert war. Marathon als Mahnmal konnte das verdichtete Symbol des demokratischen Athen als ewiger »Vorkämpferin« und Garantin der Freiheit aller Griechen bleiben.[42]

Der endgültige Verlust des Ranges einer Groß- und »Vormacht« in der Mitte des 4. Jahrhunderts beeinträchtigte ja keineswegs Athens kulturelle Suprematie. Diese Suprematie ermöglichte Athen und seinem »Gedächtnis« gewissermaßen die Monopolisierung der Geschichte der Perserkriege – und dieses »Gedächtnis« erwies sich als sehr lang: So konnte Marathon schließlich sogar zum »Geburtsschrei Europas« werden.

MARTIN JEHNE

Über den Rubicon: die Eröffnung des römischen Bürgerkrieges am 10. Januar 49 v. Chr.

Als Caesar am 10. Januar 49 v. Chr. in Ravenna die Nachricht erhielt, daß die Volkstribune, die in Rom Beschlüsse zu seinen Ungunsten verhindern sollten, die Flucht ergriffen hatten und der römische Senat folglich ganz in der Hand seiner Feinde war, soll er äußerlich gelassen geblieben sein. Er setzte seinen vorgesehenen Tagesablauf fort, besuchte öffentliche Spiele, beschäftigte sich mit dem Bauplan einer Gladiatorenschule und ging abends zum Gastmahl, wo er in großer Gesellschaft tafelte.[1] Daß die Kohorten der 13. Legion sofort abrückten,[2] dürfte nicht völlig unbemerkt geblieben sein, aber obwohl die politische Führungsschicht Ravennas sicherlich über die Auseinandersetzungen ihres Statthalters mit seinen Gegnern in den letzten Wochen informiert war, drängte sich nicht unbedingt der Schluß auf, daß die abmarschierenden Truppen gegen die Organe des römischen Staates zogen. Man dürfte also heiter mit Caesar zu Tische gelegen haben, ohne düstere Gedanken an einen blutigen Bürgerkrieg und ein mögliches Ende der Republik.

Nach Sonnenuntergang verabschiedete sich Caesar, forderte die Gäste aber auf, weiterzufeiern, und kündigte angeblich sogar an, er werde wieder zu ihnen stoßen.[3] Statt dessen bestieg er einen gemieteten Wagen, der auf seine Anweisung hin bereitgestellt worden war.[4] Zunächst soll er zur Ablenkung in die falsche Richtung gefahren sein,[5] doch nahm er dann Kurs auf Ariminum, das moderne Rimini, das erste wichtige Zentrum jenseits der Provinzgrenze im italischen Kernland, das er als Statthalter von Norditalien nicht ohne Entlassung seiner Truppen betreten durfte. Der bewaffnete Einmarsch bedeutete also die Rebellion, den Aufstand des Statthalters gegen die römische Zentrale.

In der Nacht soll sich Caesar verirrt haben und erst bei Tagesanbruch auf einen Führer gestoßen sein, der ihn zu Fuß wieder auf den richtigen Weg brachte.[6] Jedenfalls gelangte er dann zum Rubicon, einem kleinen Flüßchen, das die Grenze zwischen Caesars Provinz Gallia Cisalpina und Italien in dieser Gegend markierte.[7] Am Rubicon traf Caesar wieder auf seine Soldaten.[8] Doch statt nun sofort weiterzumarschieren, hielt Caesar inne. Nach Sueton, dem Kaiserbiographen aus der ersten Hälfte des 2. Jahrhunderts n. Chr., soll Caesar die Ungeheuerlichkeit seines Vorhabens beschäftigt haben. Caesar habe sich dann an seine Entourage gewandt mit den Worten: »Nun können wir noch umkehren; wenn wir aber diese kleine Brücke überschritten haben, muß alles mit den Waffen ausgehandelt werden.«[9] In dieser Lage sei Caesar dann ein Vorzeichen zu Hilfe gekommen. Plötzlich war ein außerordentlich großer und schöner Mann zu sehen, der auf einer Hirtenflöte blies. Um ihn zu hören, liefen neben Hirten auch Soldaten und darunter Angehörige des Musikkorps herbei. Einem von ihnen entriß die Gestalt die Trompete, blies mit gewaltiger Kraft das Angriffssignal und rannte zum anderen Ufer hinüber. Nun gab es kein Halten mehr. Caesar sagte: »Laßt uns dorthin gehen, wohin uns die Zeichen der Götter und die Ungerechtigkeiten der Feinde rufen. Der Würfel ist gefallen!«[10]

In unserer für die Verhältnisse der Alten Geschichte ungewöhnlich reichhaltigen Überlieferung ist das Ereignis mit zahlreichen Varianten ausgestaltet. Die insgesamt eher caesarfreundliche Version Suetons, der ich bisher im wesentlichen gefolgt bin, findet sich mit kleineren, aber durchaus signifikanten Abschwächungen auch bei Plutarch in seiner einige Jahre früher verfaßten Caesar-Biographie[11] und nüchtern und knapp bei Appian in seiner Geschichte der Bürgerkriege aus der Mitte des 2. Jahrhunderts. Sowohl bei Plutarch als auch bei Appian fehlt allerdings die ominöse Erscheinung der apollinischen Lichtgestalt. Plutarch weiß noch von einem Ausspruch des zögernden Caesar, die Überquerung des Flusses werde allen Menschen Unglück bringen, der Verzicht darauf dagegen ihm selbst.[12] Der caesarfeindliche Traditionsstrang findet sich bei dem Dichter Lucan, der in seinem großen Epos über den Bürgerkrieg aus der ersten Hälfte der sechziger Jahre des 1. Jahrhunderts statt des auf Apollo verweisenden Musikers[13] Roma persönlich auftreten läßt, die im Trauergestus vergeblich versucht, Caesar am Rubicon aufzuhalten.[14] Lucan schildert auch ausführlich eine Kette von Vorzeichen, die er unter Berufung auf den zu Caesars Zeiten besten Kenner der Vorzeichenkunde und Magie, Nigidius Figulus, als göttlichen Hinweis auf das Ende eines Zeitalters unter schmerzvollen und grausamen Kriegswirren deutet.[15]

Bemerkenswert ist allerdings nicht so sehr, daß die mehr oder weniger dramatischen Gestaltungen teils mit positiven, teils mit negativen Götterzeichen angereichert sind, sondern vielmehr das völlige Schweigen Caesars in seiner eigenen Darstellung. In seinem detaillierten Werk über den Bürgerkrieg, das er vermutlich im Laufe des Jahres 47 v. Chr. verfaßte,[16] berichtet er anklagend über die Vorgänge in Rom, die zur Flucht der Volkstribunen führten, schildert noch eine Rede, die er vor seinen Soldaten hält und die natürlich begeistert aufgenommen wird, und bricht dann nach Ariminum auf.[17] Vom Rubicon ist nicht die Rede, ebenfalls nicht von den Zweifeln des Feldherrn vor dem großen Schritt, es gibt auch keine Heimlichkeiten vor dem Einmarsch. Alles wird nüchtern und einfach dargestellt: Die Gegner setzen sich ins Unrecht, Caesar muß handeln, die braven Soldaten sehen das ein und sind selbstverständlich bereit, den Feldherrn und die Volkstribune gegen die an ihnen verübten Unrechtmäßigkeiten zu verteidigen.[18]

Wenn man als Ereignis ein Vorkommnis von verhältnismäßig kurzer Dauer und hoher, auch aktuell empfundener Relevanz versteht, dann gab es nach Caesar gar kein Ereignis am Rubicon. Nun ist die Eröffnung eines Bürgerkrieges in diesem allgemeinen

Sinne zweifellos für jeden Römer ein Ereignis gewesen, doch war sie für Caesar jedenfalls nicht an einem geographischen Punkt festzumachen, und er hatte auch nicht das Bedürfnis, bedeutungsschwere und vorausdeutende Reflexionen und Sentenzen der Handelnden in seine Darstellung hineinzukomponieren. Es fehlt also bei Caesar gerade das Dramatische. Als ein dramatisches Ereignis betrachte ich nämlich einen folgenschweren Handlungszusammenhang, der klar lokalisierbar und datierbar ist und bei dem die Handelnden unter ganz erheblichem Druck stehen, der wenigstens zum Teil durch ein Bewußtsein von der Tragweite der Entscheidung erzeugt ist. Es muß demnach aus der Perspektive der Zeitgenossen als Ereignis evident sein und nicht nur von den Späteren als solches bewertet werden, die den Ausgang der Entwicklung kennen. Zur Dramatik gehört nicht unbedingt der tragische Konflikt, der keine Lösung erlaubt, aber ein dramatisches Ereignis kann nicht einfach nur passieren, ohne daß es wenigstens Restspielräume der Entscheidung für die agierenden Individuen und Gruppen gibt und das Gefühl bei den Handelnden, daß ihre Entscheidungen mit einiger Wahrscheinlichkeit Einfluß auf das Ergebnis ausüben.

Als Caesar sein Werk über den Bürgerkrieg zusammenstellte, um sich in der Krisensituation des Jahres 47 den römisch-italischen Oberschichten als an Recht und Tradition orientierter Verteidiger des Staates gegen äußere Feinde und mit Proskriptionen drohende Bürgerkriegsgegner zu präsentieren,[19] hatte er begreiflicherweise kein Interesse daran, die unbestreitbare Tatsache, daß er diesen Bürgerkrieg durch seinen Einmarsch begonnen hatte, allzusehr zu betonen, und sei es auch nur durch eine ausführliche Rechtfertigung. Außerdem war er bemüht zu bagatellisieren, daß er keineswegs die Ankunft der vertriebenen Volkstribune abgewartet und seine Soldaten erst dann zum Kampf für die Freiheit aufgerufen hatte,[20] sondern daß er die ersten Soldaten schon über die Grenze nach Ariminum vorausgeschickt und damit faktisch den Kriegszustand hergestellt hatte.[21]

Doch schon wenige Jahre später hatte sich die Lage geändert, der Gang über den Rubicon war nicht mehr in gleicher Weise peinlich, so daß jetzt wohl damit begonnen wurde, die Szene ausführlich zu beschreiben. C. Oppius und L. Cornelius Balbus, Caesars vertraute Sekretäre, verfaßten kurz nach Caesars Tod apologetische Werke, die eine Grundlage für die Darstellungen bei Sueton und den anderen gebildet haben könnten.[22] C. Asinius Pollio, der selbst am Rubicon dabei war, schrieb in den 30er Jahren ein Geschichtswerk über die Bürgerkriegszeit, das man vor allem hinter den Darstellungen Appians und Plutarchs vermutet und das als im großen Ganzen distanziert und zuverlässig gilt.[23] Da uns diese zeitgenössischen Werke leider bis auf wenige Hinweise und Fragmente verloren sind, bleibt das alles vage, doch immerhin ist ein Weg erkennbar, wie einigermaßen authentische Informationen über das Ereignis der Überquerung des Rubicon in unsere noch vorliegende, aber recht späte Überlieferung gelangt sein könnten. Und dabei fällt auf: Auch in den insgesamt eher positiven Versionen ist das Handeln der Hauptfigur alles andere als heroisch. Daß Caesar seine Entscheidung zum Einmarsch geheimhält und sich gewissermaßen bei Nacht und Nebel davonstiehlt, könnte noch als geschickte Taktik gewertet werden, weil er so mit seiner vorausgesandten Truppe Ariminum überraschend einnehmen konnte, ohne auf Widerstand zu stoßen. Aber daß er sich auch noch verirrt und dann nach eher zufälliger Begegnung mit einem Ortskundigen zu Fuß an dem Grenzflüßchen anlangt, das ist des großen Siegers im Gallischen Krieg, dem nach seiner Auffassung die gebührende Anerkennung für seine Großtaten versagt worden war, kaum würdig. Doch der Erzählung ist dieses retardierende Moment durchaus zuträglich. Die Reduzierung des Heroismus verstärkt nur die Dramatik, die im übrigen dazu geführt hat, daß man in jüngerer Zeit sogar ein Bühnenwerk als Quelle der farbigen Episode bei Sueton und den anderen vermutet hat.[24]

Die Krise der Republik

Der Gang über den Rubicon war aufgrund seiner sowohl unmittelbar als auch längerfristig greifbaren Folgen zweifellos ein Ereignis, das den Zeitgenossen ebenso wie Caesar und seinen Mitstreitern als ein solches vor Augen stand. Kein Römer konnte einen Bürgerkrieg für unwichtig halten, und jeder wußte, daß die Chancen für eine schnelle Beilegung nicht gut standen. Seine volle Dramatik gewinnt das Ereignis aber erst durch die hohe Barriere, die dem Handeln Caesars entgegenstand, und durch den lang andauernden Prozeß, in den es sich einfügt. Massive Auseinandersetzungen, die gelegentlich auch einmal in Gewalttätigkeiten ausarten konnten, waren in der römischen Politik alltäglich.[25] Seit dem späteren 2. Jahrhundert v. Chr. waren dabei auch wiederholt Menschen zu Tode gekommen. Aber die Soldaten des römischen Volkes zum Marsch gegen Rom zu bewegen war eine Ungeheuerlichkeit, die erst Sulla 88 v. Chr. zum ersten Male begangen hatte, was sich dann in dem nachfolgenden Bürgerkrieg noch einige Male wiederholte. Seither stand die römische Politik unter dem Trauma des sullanischen Tabubruchs, und es war durch Bestimmungen und Beschwörungen versucht worden, die sullanische Option aus dem Arsenal der politischen Mittel wieder zu tilgen. Daß Caesar bereit war, gegen Rom zu marschieren, war also nicht völlig neu und dennoch ein schwerer Verstoß gegen ein fundamentales Prinzip des Verhaltenskodex. Caesar tat seinen Schritt nicht in einer Zeit von Warlords, in der sich die zivile Ordnung schon weitgehend aufgelöst hatte, sondern eine solche Zeit hat er erst mit seinem Bürgerkrieg heraufbeschworen. Man kann durchaus davon ausgehen, daß sich Caesar diesen Schritt gründlich überlegt hat. Sympathien hat er dafür übrigens in den meinungsdominierenden Gruppen der Senatoren und römischen Ritter nicht gefunden. Wie Hermann Strasburger 1953 in einem bahnbrechenden Aufsatz aufgezeigt hat, wurde die Eröffnung des Bürgerkriegs durch Caesar von allen Zeitgenossen, deren Urteil wir kennen, einhellig abgelehnt, sogar von denen, die in Caesars Lager standen und aus persönlicher Anhänglichkeit oder Profitgier bei ihm blieben.[26]

Doch wie immer bei welthistorischen Umbrüchen steht das Individuum nicht gänzlich allein, sondern wird von der Welle eines längeren historischen Prozesses in die Situation geschwemmt, in der es sich vor weitreichende Entscheidungen gestellt sieht. Daß Caesar überhaupt in eine Lage geriet, in der ein Bürgerkrieg eine Option war, kam keineswegs aus heiterem Himmel, sondern war durch die Entwicklungen wenigstens der letzten Jahre schon vorbereitet. Um zu verdeutlichen, wie es zu dem dramatischen Ereignis in der Nacht vom 10. zum 11. Januar 49 v. Chr. kam, darf man natürlich nicht nur bis zum Gelage Caesars mit den Provinzgrößen von Ravenna zurückgreifen, sondern muß etwas weiter ausholen.

Wie Asinius Pollio schon richtig erkannte, als er seine Geschichte der Bürgerkriegszeit mit dem Jahr 60 v. Chr. begann,[27] erfuhr die Krise der späten römischen Republik Ende der 60er Jahre des 1. Jahrhunderts v. Chr. eine deutliche Zuspitzung. Der berühmte Feldherr Gnaeus Pompeius, schon in seiner Jugend mit dem Beinamen Magnus ausgezeichnet, war 62 v. Chr. aus dem Osten zurückgekehrt, wo er nach der organisatorischen Meisterleistung des Seeräuberkrieges auch den Krieg gegen den pontischen König Mithradates zu einem endgültigen Abschluß gebracht hatte. Die nach den langen Kriegsjahren zerrütteten Verhältnisse im Osten bedurften der Neuordnung, und die hatte Pompeius umfassend vorgenommen, wozu er zahllose Einzelverfügungen erlassen mußte.[28] Daß er dabei nicht – wie es eigentlich üblich war – den Senat konsultierte und auf das Eintreffen einer Senatsgesandtschaft wartete, mochte ihm in seinem frischen Ruhm belanglos erscheinen, erwies sich aber bald als Stolperstein. Als Pompeius nämlich nach Rom zurückkam, wurde der Senat, der durch die Niederschlagung der bekannten Verschwörung des Catilina erheblich an Selbstbewußtsein gewonnen hatte,[29] von einer

Gruppe dominiert, die dem großen Pompeius aus unterschiedlichen Motiven heraus einen Denkzettel verpassen wollte.[30] Man weigerte sich daher, dessen Regelungen im Osten insgesamt zu ratifizieren, statt dessen wollte man über jede Einzelmaßnahme beraten und abstimmen. Daß dies weitgehend eine Schikane war, mit der man dem selbstherrlichen General seine Grenzen aufzeigen wollte, liegt auf der Hand. Daß es aber Pompeius trotz seines Prestiges, seines Anhangs, seiner Consuln, die er für 61 und 60 ins Amt zu bringen wußte,[31] nicht gelang, die globale Bestätigung seiner Neuordnung im Osten durchzudrücken, zeigt sehr deutlich ein Dilemma der späten römischen Republik auf: Die gigantische Macht, die ein Mann wie Pompeius im römischen Reich angesammelt hatte, ließ sich nur in Maßen in die römische Innenpolitik transferieren. Pompeius' Schwierigkeiten, den für sein Prestige in Rom wie in den betroffenen Provinzen unerläßlichen Zustimmungsbeschluß zu erwirken, wurden begleitet von ähnlichen Problemen, ein vor allem seinen Veteranen zugutekommendes Landverteilungsprogramm verabschieden zu lassen.[32]

In dieser Lage kehrte Caesar aus seiner spanischen Provinz zurück und wollte Consul werden.[33] Er hatte sich im Laufe seiner bisherigen Karriere schon bei der hauptstädtischen Menge sehr beliebt gemacht und in den weiteren Oberschichten beachtlichen Anhang erworben, so daß er gute Chancen besaß, zumal er ein unwiderstehlicher Wahlkämpfer war. Aber er hatte auch bei einer Reihe wichtiger Senatoren schon hinreichend Verstimmung und Mißtrauen erzeugt, so daß er zwar mit der Wahl, nicht aber mit einer harmonischen Amtsführung rechnen konnte und schon gar nicht mit wohlwollender Unterstützung oder wenigstens Tolerierung seiner weiteren Ambitionen. In nüchterner Einschätzung der Situation unternahm es Caesar, eine Koalition der Männer zusammenzuschweißen, die derzeit von derselben Senatsgruppierung in der Verfolgung ihrer Interessen blockiert und behindert wurden, das sog. 1. Triumvirat.[34] Der dritte im Bunde, M. Licinius Crassus, hatte sich gerade um Vergünstigungen für die

Pächter der kleinasiatischen Steuern bemüht und war ebenso brüskiert worden wie Pompeius, zu dem er ein gespanntes Verhältnis hatte.[35] Als aber Caesar auf den Zusammenschluß hinwirkte und Crassus, dem er in mancher Hinsicht verpflichtet war, darin einbezog, scheint dieser seine Ressentiments ohne großes Zögern hintenangestellt zu haben, schon um bei der kommenden Preisverteilung nicht abseits zu stehen.

Caesar ging nach Antritt seines Consulats 59 v. Chr. sofort daran, die Hauptanliegen seiner Verbündeten zu realisieren. Dazu waren die Ratifizierung der Regelungen des Pompeius im Osten, ein Siedlungsgesetz und die Ermäßigung für die Steuerpächter vonnöten. Daß man sich auf entschlossenen Widerstand einstellen mußte, zeigte nicht nur das bisherige Scheitern entsprechender Initiativen, sondern auch die Bereitschaft der gegen die Ansprüche des Dreibunds positionierten Senatoren, durch gemeinsames, vor allem auch finanzielles Engagement die Wahl von Caesars altem Rivalen Bibulus zu seinem Consulatskollegen zu sichern.[36] Als Caesar dann seine Projekte ganz traditionell erst einmal im Senat zur Diskussion stellte und darum bat, Verbesserungsvorschläge zu machen, schlug ihm eisige Ablehnung entgegen. Der Senat verweigerte die Mitarbeit. Caesar zog die Konsequenzen und brachte seine Anträge ohne ein vorheriges Votum des Senats vor die Volksversammlung, auf daß diese daraus Gesetze mache.[37]

Was dann folgte, war eines der turbulentesten Jahre römischer Innenpolitik bislang und zugleich der Anfang vom Ende der Republik. Die Verfassung der römischen Republik war charakterisiert durch die formale Dominanz der Obstruktionsmittel, das heißt, die Möglichkeiten, staatliches Handeln aufzuhalten, waren besonders stark ausgeprägt. Über das allgemeine Einspruchsrecht der 10 Volkstribune, die »tribunicische Intercession«, konnte jeder Gesetzesantrag und jeder Senatsbeschluß rückgängig gemacht werden, und über die Beobachtung des Himmels und die Meldung schlechter Vorzeichen, die »Obnuntiation«, konnte jede offizielle Aktion immer wieder verschoben werden. Der römische Staat konnte mit solch übermächtigen Verhinderungspotentialen natürlich nur leben, wenn im großen Ganzen ihre Existenz ausreichte, um Verhalten hervorzubringen, das ihre konsequente Anwendung überflüssig machte. Da die Intercession stets drohte, waren Amtsinhaber gehalten, den Konsens zu suchen und isolierte Initiativen zu vermeiden, und wenn tatsächlich Intercession eingelegt wurde, mußte das nicht unbedingt das Ende sein, sondern konnte Anregung geben zu neuen Verhandlungen und zur Wiederherstellung des Konsens.

Als Caesar seine Gesetze vor das Volk brachte, konnte er damit rechnen, daß Intercession eingelegt werden würde, und die vorangehende Verweigerungshaltung des Senats hatte schon verdeutlicht, daß Verhandlungen über einen Kompromiß aussichtslos waren, daß Caesar demnach seine Projekte nur sang- und klanglos fallen lassen konnte. Dies kam für Caesar nicht in Frage. Er ließ seinen Amtskollegen Bibulus und intercessionswillige Volkstribune vom Forum herunterprügeln. Bibulus wurden die Rutenbündel, die Symbole seiner Amtsmacht, zerbrochen, außerdem wurde über ihm ein Korb mit Mist ausgeleert.[38] Bibulus zog sich daraufhin schmollend in sein Haus zurück und legte von nun an ständig Obnuntiation ein, was Caesar souverän ignorierte. Nachdem er sich so drastisch durchgesetzt hatte, ließ Caesar ein Gesetz nach dem anderen verabschieden. Er realisierte die Wünsche von Pompeius und Crassus und verschaffte sich selbst über den mit ihm kooperierenden Tribunen Vatinius eine fünfjährige Statthalterschaft über die Provinzen Gallia Cisalpina und Illyricum (Norditalien und die dalmatische Küste).[39] Daneben verwirklichte Caesar weitere Reformvorhaben, die durchaus wohlüberlegt und sachadäquat angelegt waren.[40] Die oppositionellen Senatoren mußten machtlos zusehen, wie Caesar tat, was er wollte.

Warum waren diese Ereignisse denn aber so folgenschwer, daß der Umbruchsprozeß zur Monarchie nicht mehr aufzuhalten war? Schwere innere Konflikte hatte es in Rom ja schon des öfteren gegeben, und eine ganze Reihe davon war weit blutiger verlaufen als die Prügeleien des Jahres 59. Schon im Volkstribunat des Tiberius Gracchus 133 v. Chr., mit dem nach einhelliger Auffassung die Krisenzeit der Republik beginnt, war die Monarchie kurzzeitig realisiert gewesen, und es war erheblich mehr Blut geflossen. Doch Tiberius Gracchus, dessen Initiativen man nicht Einhalt gebieten konnte, weil er intercedierende Tribune absetzte, vor dessen Machtanspruch kein Sektor sicher war, weil er sogar die traditionell vom Senat bestimmte Außen- und Finanzpolitik an sich riß, und der sich die weiten Prärogativen seines Amtes auf Dauer sichern wollte, weil er sich um die unmittelbare Wiederwahl ins Volkstribunat bemühte, dieser Alleinherrscher, als der er seinen Gegnern erscheinen mußte, war in einer Gewaltaktion samt vielen seiner Anhänger aus dem Wege geräumt worden. Genau hierin lag die entscheidende Differenz zum Consulat Caesars: Während seinerzeit die senatorische Führungsschicht, die infolge der unabhängigen Machtstellung des Tiberius Gracchus Gefahr lief, Einfluß und Handlungsspielraum einzubüßen, den Außenseiter gewaltsam beseitigt und so auch öffentlich klargestellt hatte, daß sein Verhalten als frevelhaft zu gelten habe,[41] schien Caesar zunächst einmal unangreifbar, obwohl er noch viel mehr auf dem Kerbholz hatte.

Tiberius Gracchus hatte die Brechung der Intercession noch in einem Rechtsverfahren von der Volksversammlung durchführen lassen und sie zudem mit einer nicht ganz von der Hand zu weisenden Argumentation begründet,[42] Caesar hatte die Intercession schlichtweg mit Gewalt verhindert. Er stützte sich zudem nicht nur auf Anhang in der Volksversammlung, sondern auch auf die vereinigten Machtpotentiale von Pompeius und Crassus. Weiterhin hatte die Opposition gegen Caesar nicht nur die Intercession, sondern immer wieder auch die Obnuntiation eingesetzt, so daß die Obstruktionsmittel dadurch, daß Caesar sie einfach beiseite gewischt hatte, dauerhaft an Überzeugungskraft und Wirkungsmacht verlieren mußten, was für das System nicht folgenlos sein konnte. Zuletzt hatte sich Caesar erst einmal für fünf Jahre Provinzen gesichert, so daß er vor Strafverfolgung sicher war. Aus der Perspektive der republikanischen Führungsgruppe mußte sich die Angelegenheit doch so darstellen: Hier hatte sich ein Consul über alles hinweggesetzt, was institutionell gegen die Verabsolutierung von Einzelinitiativen wirkte, und rücksichtslos sein Programm durchgezogen. Wenn er damit davonkam – und danach sah es bei nüchterner Betrachtung zunächst einmal aus –, würde er auch Nachahmer finden. Das republikanische Regiment drohte obsolet zu werden.

Von daher ist es verständlich, daß eine Gruppe besonnener Senatoren zu retten suchte, was noch zu retten war, und Caesar ein Kompromißangebot unterbreitete. Man schlug ihm vor, seine Gesetze nochmals einzubringen, und zwar auf eine Weise, die nicht dem Sakralrecht zuwiderlief.[43] Man wollte also dafür sorgen, daß diesmal keine Obnuntiation eingelegt würde. Doch obwohl damit der Inhalt der caesarischen Gesetze wohl oder übel akzeptiert worden wäre und der neue Modus der Verabschiedung dafür gesorgt hätte, daß diese Gesetze nicht jederzeit für ungültig erklärt werden konnten,[44] lehnte Caesar ab. Christian Meier hat den Vorfall überzeugend dahingehend interpretiert, daß das Mißtrauen Caesars gegenüber der plötzlichen Flexibilität der Senatoren eine Rolle gespielt haben dürfte, daß Caesar zudem kein Interesse daran hatte, den Senat von seiner Niederlage zu befreien.[45] Aber obwohl Meier zögert,[46] kann man Caesar wohl doch noch weiterreichende Kalkulationen zutrauen. Hätte er das Kompromißangebot akzeptiert, wäre er dennoch für die von ihm schwer gedemütigte Senatsgruppierung ein schwarzes Schaf geblieben. Aber die Nutznießer seiner Gesetzgebung, also vor allem Pompeius, wären nicht mehr gezwungen gewesen, Caesars gesamtes Consulat samt allen Rechtsbrüchen im Kern verteidigen zu müssen, um die ihre Ziele realisierenden Gesetze aufrechtzuerhalten. Die Umsetzung des Kompromißangebots hätte es

Pompeius ermöglicht, Caesar fallenzulassen, ohne daß die Ratifizierung seiner Neuordnung im Osten gleich mitgestürzt wäre. Dies sah Caesar offenbar sehr nüchtern, und so ließ er sich nicht darauf ein.

Obgleich dieser Vorschlag nie in die Tat umgesetzt wurde, macht er doch schlaglichtartig deutlich, daß der Bruch zwischen Caesar und der senatorischen Opposition kaum noch zu kitten war. Für Caesar wurde der vielfache Verstoß gegen zentrale Vorschriften der geltenden Ordnung zum Mittel, um Pompeius an sich zu ketten und solchermaßen abgesichert seine Machterweiterung in den Provinzen betreiben zu können. Gleichzeitig rechnete er nicht einmal bei Annahme und Umsetzung des Kompromißangebots damit, daß ihn seine Gegner nicht weiter bekämpfen würden. Die Konfrontation, die dann 50/49 eintrat, als Caesars Rückkehr in die Innenpolitik nicht mehr hinauszuzögern war, basierte also auf dem Grundsatzkonflikt von 59, der unverändert fortbestand.

Als Caesar daher Anfang des Jahres 58 in seine mittlerweile noch um Gallia Narbonensis erweiterten Provinzen[47] abreiste, dürfte er sich darüber im klaren gewesen sein, daß er unversöhnliche und potentiell mächtige Gegner in Rom zurückließ, die nicht vergessen würden. Ihm blieb nur die Chance, so mächtig zu werden, daß ihm seine Gegner nichts anhaben konnten, und dazu mußte er erfolgreich Krieg führen, um dadurch Ansehen, Anhang und finanzielle Ressourcen zu erlangen. Caesars Gallischer Krieg war insofern ein Produkt der römischen Innenpolitik, die einen Mann in die Statthalterschaft der Narbonensis geschwemmt hatte, der um jeden Preis einen spektakulären Krieg brauchte.[48] Caesar nutzte denn auch die Wanderungspläne der Helvetier, um einen großen Krieg vom Zaun zu brechen, wo vielleicht auch diplomatische Aktionen oder kleinere Militärinterventionen ausgereicht hätten, und er beantwortete jede Reaktion der gallischen Stämme, die die hinreichende Begeisterung über die römische Einmischung vermissen ließ, mit der Ausweitung seines Krieges und seiner Eroberungen. Aus römischer Perspektive betrachtet waren dies große Erfolge, doch gerade diese riefen den Neid und das Mißtrauen seines politischen Freundes Pompeius hervor, der es gar nicht schätzte, daß ihm hinsichtlich des militärischen Ruhms in dem einstigen Juniorpartner ein Konkurrent erwuchs. Daß sich die entschlossenen Verteidiger der Republik, die den skrupellosen Umgang mit republikanischen Instituten durch Caesars Vernichtung geraderücken wollten, und der große Pompeius, der auf eine Überführung seiner Sonderstellung im Imperium nach Rom hinarbeitete, schließlich näherkamen und gegen Caesar zusammentaten, ist somit nicht verwunderlich. Im Gegenteil: Es ist eine bemerkenswerte diplomatische Leistung Caesars gewesen, daß er diese für ihn bedrohliche Konstellation so lange verhindert hatte.

Der Weg in den Bürgerkrieg

Über den Ausbruch des Bürgerkrieges zwischen Caesar und seinen Gegnern, zu deren militärischem Führer Pompeius inzwischen geworden war, informieren uns die Quellen so eingehend wie wahrscheinlich über kein anderes Ereignis der Antike. Selbstverständlich sind diese Quellen von der modernen Forschung immer wieder durchleuchtet und geprüft worden. Das geschah zunächst einmal aus dem Bedürfnis heraus, die Kriegsschuldfrage zu klären. Dabei hat man auf seiten Caesars eine erstaunliche Fixierung auf Anerkennung konstatiert, auf die er infolge seiner Leistungen Anspruch zu haben glaubte.[49] Diese Haltung wirkt in ihrer Ich-Bezogenheit befremdlich, entspricht aber im Grundsatz durchaus den Verhaltensnormen römischer Magnaten, wenn diese auch bei Caesar verabsolutiert und übersteigert erscheinen. Auf der Seite seiner Gegner hat man dagegen engstirnige und borniert Unbeweglichkeit festgestellt.[50]

Selbst wenn man zugesteht, daß die Eskalation zum Kriege auch durch kurzfristige und letztlich kurzsichtige Interessen der

Caesargegner vorangetrieben wurde, steht im Hintergrund ein sehr grundsätzlicher Konflikt: Caesar hatte in seinem 1. Consulat 59 v. Chr. die für das traditionelle Regime unabdingbaren Obstruktionsmittel zur Farce gemacht. Wenn man ihm – und darum ging es in den letzten Verhandlungen – den reibungslosen Übergang in ein 2. Consulat ermöglichte, verzichtete man endgültig darauf, ihn für seine Regelverstöße zur Rechenschaft zu ziehen. Gleichzeitig konnte man damit rechnen, daß er sich als Consul 48 nicht wesentlich anders verhalten würde als seinerzeit 59. Er würde erneut seine sachlichen Forderungen durchdrücken, ohne sich von verfassungsgemäß eingelegten Einsprüchen hindern zu lassen. Das bedeutete letztlich wieder die *dominatio*, die Herrschaft eines einzelnen, und da sich Caesar nach dem Ablauf des Consulats kaum ohne ein Amt den dann möglichen Anklagen seiner Feinde aussetzen würde,[51] war eigentlich auch schon absehbar, daß das nächste große Kommando folgen würde, vielleicht gegen die Parther im Osten, vielleicht auch gegen das Dakerreich Burebistas an der Donau, jedenfalls in einer Region, für die sich leidlich überzeugend eine groß angelegte Militäraktion und die dazugehörige Sonderermächtigung eines Feldherrn rechtfertigen ließ.[52]

Rom drohte also hier der Super-Pompeius. Caesar schien ein Mann zu sein, der nicht einmal wie Pompeius vorübergehend damit leben konnte, ohne Amt als formal in die Führungsgruppe integrierter Senator zu leben, sondern ständig die Immunität des Amtes brauchte, in dessen Wahrnehmung er fast zwangsläufig immer mächtiger werden würde. Die Senatoren, die 50/49 v. Chr. den unmittelbaren Übertritt Caesars von der Provinzstatthalterschaft in das Consulat bekämpften, wollten also nicht nur eine persönliche Rechnung begleichen oder eigene Machterweiterungschancen nutzen, sondern sie verteidigten in der Tat ihre Republik. Daß Caesar in den letzten Verhandlungen wiederholt von Forderungen abrückte und neue Einigungsvorschläge unterbreitete, darf im übrigen nicht darüber hinwegtäuschen, daß er im

Kern hart blieb. Es ging ihm immer darum, eine Lösung zu erreichen, die seinen Übertritt in die Innenpolitik und seine Wahl zum Consul gewährleistete, ohne daß man ihm zuvor durch einen Prozeß den politischen Garaus machen konnte.[53] Genau dies konnten ihm seine Gegner nicht zugestehen, wenn sie nicht ihre Republik aufgeben wollten; insofern war zwischen den Standpunkten, die nach den Normen der Zeit jeweils ihre Berechtigung hatten, kein Kompromiß möglich.

Als der Senat am 7. Januar 49 den Notstand beschloß und Caesar ein Ultimatum stellte, seine Provinzen aufzugeben und als Privatmann nach Rom zurückzukehren,[54] drohte diesem das Ende seiner Karriere, ein entehrender Prozeß und ein voraussichtlich lebenslanges Exil in völliger politischer Bedeutungslosigkeit. Dem zog er zum Entsetzen seiner Zeitgenossen den Bürgerkrieg vor. Doch war die mögliche Verurteilung nach römischen Normen tatsächlich starker Tobak für einen grandios erfolgreichen Feldherrn, dessen Siege man noch vor kurzem mit Dankfesten in Rom gefeiert hatte.[55]

Caesars Entscheidung – Caesars Krieg – Caesars Herrschaft

Gewiß ist verständlich, warum der Protagonist bei Sueton und anderen am Rubicon noch einmal innehält und das Für und Wider abwägt. Allerdings wirken die großen Gefühlswallungen und schweren inneren Konflikte bei näherem Hinsehen inszeniert.[56] Da ja die ersten Soldaten schon nach Ariminum vorausgeschickt worden waren, spielte die Überschreitung des Grenzflüßchens durch Caesar gar nicht mehr die kriegsauslösende Rolle. Wenn man die ganze Szenerie nicht als spätere Erfindung abtun will, was mir angesichts der Zahl der Augenzeugen und besonders der relativen Unabhängigkeit des anwesenden Historikers Asinius Pollio[57] nicht angemessen zu sein scheint,[58] so muß man doch vermuten, daß der Ort nicht ganz die Wirkung auf Caesar ausübte, die uns in den späteren Berichten entgegentritt. Caesar war sich zweifellos der Tragweite der Entscheidung bewußt. Auch mag er noch einmal über die Konsequenzen nachgedacht haben, aber die eigentliche Entscheidung hatte er mit dem Marschbefehl nach Ariminum für die ersten Soldaten schon längst getroffen. Die Gesten und Aussprüche am Rubicon waren demnach wohl weniger spontan als vorbereitet. Dies gilt auch für eines der berühmtesten Bonmots aus der Antike, Caesars Kommentar bei der Überquerung der Brücke, der in der heutigen Zeit immer wieder so zitiert wird: *Alea iacta est!* Der Würfel ist gefallen!

Mit dieser Formulierung wird der Akzent auf die Irreversibilität der Aktion gelegt. Der Bürgerkrieg nimmt jetzt seinen Lauf; das dramatische Ereignis hat zu einer Entscheidung geführt, die die Entwicklung unerbittlich in eine Richtung treibt. Doch in der griechischen Version bei Plutarch heißt es: *anerríphtho kýbos*, also: Der Würfel sei geworfen![59] Die Bedeutung verschiebt sich dabei ganz entscheidend, denn damit wird nicht mehr der abgeschlossene, sondern der neu beginnende und im Ergebnis noch nicht abschätzbare Prozeß betont. Man pflegt mit guten Gründen Plutarch zu folgen, in dessen Fassung Caesar ein bekanntes Sprichwort zitiert,[60] und seit Erasmus auf die Idee kam, die Sueton-Variante durch eine einfache Textverbesserung dem Sinn der griechischen Parallele anzupassen,[61] hat man auch eine schlichte Erklärung für die Diskrepanz.[62] Man wird sich wohl von dem populären Dictum »Der Würfel ist gefallen« verabschieden müssen oder zumindest nicht mehr Caesar als Urheber in Anspruch nehmen können. Wichtiger aber für unser Ereignis ist die Folgerung aus dem veränderten Sinn. Caesar schaute bei der Übertretung des Rubicon nicht zurück auf die vergangenen Abwägungen, sondern ostentativ nach vorn auf den beginnenden Bürgerkrieg, und er hielt den Verlauf offenbar für ungewiß und das Ergebnis für offen.

Dies ist auch zweifellos angemessen aus der Perspektive Caesars, der seine eigene Person mit großer Selbstverständlichkeit in den Mittelpunkt stellte. In den ersten Wochen des Krieges hatte

Caesar noch verschiedene Verhandlungsangebote gemacht. Vor allem bemühte er sich, mit seinem alten Partner Pompeius, der nunmehr der Feldherr der Gegenseite geworden war, zu einem Arrangement zu kommen. Doch das führte zu nichts, weil Caesar nicht bereit war, den militärischen Vorteil, den er durch den Einmarsch besaß, die Überraschung eines unvorbereiteten Gegners, der nur noch versuchte, mit möglichst vielen Truppen aus Italien nach Griechenland zu fliehen, durch einen Waffenstillstand zu Verhandlungszwecken zu gefährden.[63] Entgegen den Eindrücken, die Caesar in seinem eigenen Bericht hervorruft, begann er den Krieg nämlich keineswegs mit nur einer Legion in großer Kühnheit, sondern er hatte für alle Fälle schon zwei zusätzliche Legionen nach Norditalien herangezogen und 22 weitere Kohorten ausgehoben, so daß er zunächst einmal überlegen war.[64] Die schnelle Gewinnung Italiens war also nicht gar so sensationell. Anschließend zog Caesar nach Spanien gegen die dort stationierten Legionen des Pompeius, die er bei Ilerda zur Kapitulation nötigte, und 48 v. Chr. schlug er in einer großen Schlacht bei Pharsalos in Thessalien den Pompeius selbst und sah schon wie der sichere Sieger im Bürgerkrieg aus. Doch nach wie vor war seine erste Option, sich mit Pompeius zu einigen, den er nach Ägypten verfolgte. Als Pompeius aber dort ermordet wurde, war es vorbei mit der Chance auf eine Aufteilung der römischen Welt. Gleichzeitig ließ sich Caesar in Ägypten in die dortigen Thronstreitigkeiten verwickeln mit dem Ergebnis, daß er fast sechs Monate um sein Leben kämpfen mußte, ehe er sich durchgesetzt hatte.[65] Derweil waren seine Gegner wieder erstarkt, und tendenziell brach der Bürgerkrieg von neuem aus. Caesars Sieg bei Thapsos in Nordafrica im Frühjahr 46 v. Chr. brachte aber die Entscheidung. Der Krieg in Spanien gegen die letzten Häupter der Gegenpartei war noch einmal bedrohlich, und Caesar mußte bei Munda 45 v. Chr. eine schwere Schlacht bestehen, aber seit 46 war er eigentlich Alleinherrscher, was schon Theodor Mommsen hervorhob, indem er in seiner berühmten *Römischen Ge-*

schichte mit der Schlacht bei Thapsos den Schlußstrich unter die Republik zog.

Am Ende des Bürgerkriegs stand also Caesars Alleinherrschaft. Caesar siegte keineswegs zwangsläufig, zudem war er wiederholt in Lebensgefahr, und sein Tod hätte den ganzen Kampf seiner Parteiung, deren Leitidee nur aus seinem Anspruch auf Anerkennung und eine führende Position bestand, ziellos gemacht und sicher in sich zusammenbrechen lassen. Doch auch wenn die Gegenseite gesiegt hätte, wäre wohl nicht einfach die alte Republik auferstanden, denn Pompeius wäre kaum wieder ins Glied zurückzudrängen gewesen, wenn ihm die Ausmerzung des Rebellen Caesar verdankt worden wäre. Die Alleinherrschaft, griechisch: die Monarchie, war also ein mehr oder weniger naheliegendes Ergebnis des Bürgerkriegs, den Caesar mit dem Einmarsch ausgelöst hatte. Aber war das eher eine Nebenwirkung der speziellen Lage von 49, oder hatte die Republik tatsächlich schon vorher abgewirtschaftet, und war sie daher zum Untergang verdammt? War es jetzt Zeit für die Monarchie, die dann Caesar etablierte, dem das Kriegsglück hold war?

Lange Zeit pflegte man diese Fragen ohne Zögern mit »ja« zu beantworten, doch seit dem Zweiten Weltkrieg ist man zu Recht von schnellen Urteilen über historische Notwendigkeiten abgerückt und hat sich um differenziertere Antworten bemüht. Inzwischen wird sogar die Ansicht vertreten, daß das republikanische System den Anforderungen auch auf längere Dauer durchaus gewachsen gewesen wäre. So wird die Reformfähigkeit der Republik betont, wobei besonders in den programmatischen Schriften Ciceros *Über den Staat* und *Über die Gesetze* Anhaltspunkte gefunden werden für die Einschätzung, daß die Republik der vorhandenen Probleme hätte Herr werden können.[66] Außerdem wird festgestellt, daß es sehr spezielle Umstände waren, die zum Bürgerkrieg führten und damit zur Ablösung der Republik, die ansonsten noch lange erfolgreich hätte weiterbestehen können.[67] Für die Anhänger dieser Interpretationsrichtung gibt es in der späten Republik höchstens Anpassungskrisen, aber keinen auf den Umbruch zur Monarchie zutreibenden Prozeß, der sich verselbständigt hat. Der Umbruch selbst ist folglich eher ein Betriebsunfall, der durch ein skrupelloses Individuum herbeigeführt wurde.

Bei allem Respekt vor der politischen Phantasie und dem Realismus Ciceros muß man jedoch hinsichtlich der postulierten Reformfähigkeit der Republik deutliche Abstriche machen, was hier aber nicht näher begründet werden kann.[68] Dagegen ist zentral für die Beurteilung des dramatischen Ereignisses am Rubicon, ob es denn wirklich nur die besonderen Ambitionen Caesars waren, die die Republik in den Abgrund stießen, oder ob sie auf ein Ende zutrieb. Um dies zu prüfen, ist es nötig, einen kurzen Blick auf die sozio-politischen Grundlagen der römischen Republik zu werfen.

Die römische Republik war eine Oligarchie, also eine Herrschaft von wenigen, bei der breitere Bevölkerungskreise als Öffentlichkeit, vor der die aktiven Politiker agierten und auf die sie sich bezogen, eine gewisse Rolle spielten, in der aber eine kleine, verhältnismäßig homogene Führungsschicht das Sagen hatte.[69] Wie es sich für eine Aristokratie gehört, strebten die Angehörigen der Führungsschicht im Wettbewerb miteinander nach Ehre, Ruhm, Machtzuwachs und Anerkennung. Die institutionellen Regeln und die soziale Kontrolle sorgten dafür, daß dabei in Kernfragen der Konsens gesucht werden mußte und niemand sich allzu intensiv auf Kosten der anderen profilieren konnte. Die Basis dieser Konsensfähigkeit war der Primat des Personalen vor dem Inhaltlichen. In Rom gruppierten sich kurzfristige Koalitionen tendenziell nach Maßgabe der persönlichen Verbindungen, nicht nach sachlichen Überzeugungen. Daß dies so war, hängt wesentlich mit dem gigantischen Patronagesystem zusammen, das die ganze römische Gesellschaft und auch das Reich umfaßte und staatliche Verwaltung zum Teil ersetzte. Patronagebeziehungen sind ja Beziehungen zwischen Ungleichen mit wechselseitigen

Leistungserwartungen, und der römische Grundsatz, daß jedes *beneficium*, also jede Wohltat, ein *officium*, also eine Verpflichtung, erzeugt, sorgte dafür, daß schon durch die ganz normale Interaktion ständig Patronagebeziehungen entstanden und sich intensivierten, die zudem tendenziell erblich waren. Wer in der römischen Politik eine führende Rolle spielen wollte, mußte als großer Patron über einen großen Anhang solchermaßen Verpflichteter verfügen.[70] Zu den Lebensgesetzen der Oligarchie gehörte es aber, niemanden unter den großen Patronen zu groß werden zu lassen, denn eine einmal erreichte Sonderstellung mußte sich aufgrund der Anziehungskraft des großen Patrons noch ausweiten und war schwer rückgängig zu machen. Wenn man also danach fragt, ob Rom auf die Monarchie zutrieb, darf man nicht nur das Institutionengeflecht und die dort faßbaren Konfliktlösungsstrategien in den Blick nehmen, sondern muß auch auf die Entwicklung des Patronagesystems schauen, das erheblich anfälliger war für Monopolisierungstendenzen.

In diesem Punkt war die Republik zu Zeiten Sullas gerade noch einmal mit einem blauen Auge davongekommen. Der allmächtige Dictator Sulla hatte zwar die Republik 82–80 v. Chr. nur reformieren wollen und sich danach tatsächlich ins Privatleben zurückgezogen, aber sein nicht an ein aktuelles Amt gebundener Anhang blieb ihm natürlich erhalten.[71] So war es vermutlich nur sein baldiger Tod, der der Republik die Erfahrung ersparte, daß ein zurückgetretener Alleinherrscher in diesem System weiterhin die Macht besaß, bei massiver Beeinträchtigung seiner Interessen Entscheidungen in seinem Sinne zu erzwingen. Nach Sulla kam Pompeius, der von allen üblichen Vorschriften für die politische und militärische Laufbahn dispensiert worden war.[72] Pompeius hatte schon als Gehilfe Sullas Krieg in Sizilien und Africa geführt, war danach jahrelang in Spanien gewesen, hatte 67 v. Chr. das Seeräuberkommando erhalten, das ihm Befehlsgewalt im gesamten Mittelmeerraum bescherte, und war schließlich 66 mit der Führung des Krieges im Osten betraut worden, woraus die schon angesprochene Neuordnung erwuchs. Da Statthalterschaften und vor allem Kriegführung im römischen Reich die Kasse füllten, Anhang verschafften und das Prestige steigerten, war Pompeius schon bei der Rückkehr aus dem Osten allen anderen Mitgliedern der Führungsclique weit überlegen.[73] Daß sie sich daher zusammentaten, um ihn in der Realisierung seiner Wünsche zu blockieren, ist neben anderem auch ein Systemerhaltungsreflex.

Für Pompeius entstand eine schwer zu akzeptierende Lage. Er war unbestreitbar nach militärischem Ruhm und Anhang im Reich der mächtigste Mann Roms, sollte sich jetzt aber kleinlichen Diskussionen über seine Verfügungen im Osten unterwerfen und sich so vorführen lassen, daß er nur ein Altconsul wie alle anderen war. Daß er nach Wegen suchte, dies zu vermeiden, lag nahe; daß er schließlich einen Weg fand, ebenfalls. In der Erfahrung des Pompeius, daß sich die in den riesigen Anhängerscharen im römischen Reich liegende Macht nicht in die stadtrömische Politik übertragen ließ, offenbarte sich eine Disproportionalität, die sich in Krisenzeiten verringerte. Bezeichnenderweise kam im Jahr 57 v.Chr., als die schlechte Versorgungslage Roms umfassende staatliche Eingriffe in die Getreideversorgung notwendig machte, für diese Aufgabe nur Pompeius in Frage, denn nur er verfügte über die vielfältigen Verbindungen und den großen Anhang überall im Reich, um eine effizienzsteigernde Neuorganisation der Getreidelieferungen vornehmen zu können.[74] Unabhängig davon, ob die Krise durch Manipulationen des Pompeius erst erzeugt oder zumindest verschärft wurde, wie manchmal vermutet wird,[75] war er jedenfalls der gegebene Mann zu deren Überwindung.

In der späten römischen Republik kam man also in Krisenzeiten nicht um große Kommanden herum, die zu großer Machtbildung einluden, aber die so entstandene Machtstellung konnte sich eigentlich nur in weiteren Krisen aktualisieren. Wenn man es extrem, aber konsequent formulieren will: Die große Anhängerschar eines Pompeius zahlte sich im Frieden nur wenig aus, weil die meisten seiner zahllosen Anhänger irgendwo im Reich lebten und nicht einmal römische Bürger waren, so daß sie die römischen Volksversammlungen und überhaupt die römische Öffentlichkeit nicht dominieren konnten. Im Krieg nutzten ihm seine Anhänger schon mehr, weil er Informationen, Geld und Hilfstruppen von ihnen erhalten konnte. Aber erst im Bürgerkrieg entfalteten sie ihr volles Potential, denn da konnte man kaum als Repräsentant der römischen Herrschaft Unterstützung einfordern, stark aber als persönlicher Patron. Daß diese ungesunde Struktur am Ende dann einen Bürgerkrieg hervorbrachte, war zwar nicht zwingend, aber auch nicht ganz abseitig.

Mit dem Beispiel der Reichsclientelen, die die großen Feldherren der späten Republik ansammelten, läßt sich nur einer der Stränge des Monarchisierungsprozesses vorführen, allerdings einer, der für den Aufstieg Caesars besonders wichtig war.[76] Caesar hatte sich zeit seines Lebens den Pflichten eines Patrons mit besonderem Ernst gewidmet und seine Anhängerschaft beständig vergrößert.[77] Während seiner langen Statthalterschaft in Gallien hatte er nicht nur die Gallier auf sich verpflichtet, sondern vor allem auch seine Soldaten, mit denen er den Bürgerkrieg gewann, und zahllose Angehörige der politischen Klasse Roms, die zeitweise als Offiziere bei ihm dienten oder seine Hilfe im Wahlkampf erhielten oder durch großzügige Kredite über finanzielle Krisen hinweggebracht wurden. Im Bürgerkrieg war dann Caesar persönlich in fast jede Provinz des Reiches gelangt[78] und hatte dort unzählige Verfügungen erlassen. Anders formuliert, nämlich in der Terminologie des Patronagesystems: Er hatte Gefälligkeiten erwiesen und damit den Anspruch auf Anhänglichkeit erworben. War Caesar schon nach dem Gallischen Krieg ein bedeutender Mann mit einem riesigen Anhang gewesen, so hatte er nach dem Bürgerkrieg das gesamte Reich auf seine Person ausgerichtet und eine Stellung im Rahmen des Patronagesystems erlangt, der auch die vereinigte soziale Macht seiner Standesgenossen nicht mehr Paroli bieten konnte. Er realisierte damit die Monopolisierungstrends, die sich schon in der späten Republik gezeigt hatten. Insgesamt scheinen mir also die Historiker, die hinter dem Umbruch von der Republik zur Monarchie in Rom vor allem unglückselige Verkettungen von Ereignissen, weniger aber langfristige und kaum aufzuhaltende Prozesse sehen, die Monarchisierungstendenzen stark zu unterschätzen.[79]

Dennoch ist es selbstverständlich Caesars Einmarsch gewesen, der die Kämpfe auslöste, und manches spricht dafür, daß ein anderer Römer diesen Schritt in diesem Moment vielleicht doch nicht gewagt hätte. Der Zeitpunkt, an dem die Republik ihren blutigen Untergang erlebte, ist also ganz wesentlich mit dem Individuum Caesar verknüpft. Wie es sich für einen ordentlichen Systemumbruch gehört, war das Ende der Republik demnach nicht nur durch einen langfristigen Monarchisierungsprozeß vorbereitet, sondern auch von Ereignissen und Zufälligkeiten beeinflußt. Eines der wichtigsten Ereignisse in diesem Zusammenhang, der Übergang über den Rubicon, war wesentlich davon geprägt, daß ein Mann wie Caesar in diese Entscheidungssituation geraten war, ein Mann, für den es in seinem grenzenlosen Überlegenheitsgefühl undenkbar war, seine Ansprüche auf Anerkennung für unbestreitbare Leistungen dem von einer mittelmäßigen, sich an das Althergebrachte klammernden Clique definierten Wohl der Republik zu opfern.

Als Caesar sich entschloß, das, was er für sein gutes Recht hielt, mit Waffengewalt zu erkämpfen, war sicher noch nicht klar, daß die dadurch ausgelöste Ereigniskette in seiner Alleinherrschaft münden würde. Ebensowenig war klar, daß aus dieser Herrschaft eines herausragenden Individuums die dauerhafte Umgestaltung des römischen Staates in ein monarchisches System hervorgehen würde. Dagegen erhob sich bekanntlich noch einmal eine breite Allianz nicht nur von ehemaligen Bürgerkriegsgegnern, sondern auch von alten Caesarianern. Das Attentat auf Caesar an den sprichwörtlich gewordenen Iden des März 44 v. Chr. war insoweit erfolgreich, als der Monarch ermordet werden konnte, aber die Republik war dadurch noch nicht wiederhergestellt.[80] In den folgenden Monaten stellte sich dann auch heraus, daß der Systemumbruch nicht mehr aufzuhalten war, selbst die vorübergehenden Erfolge der Caesarmörder Brutus und Cassius basierten letztlich auf ihrer Bereitschaft, sich zur Fundamentierung einer relevanten Machtposition völlig unrepublikanischer Methoden zu bedienen. So war der Mord an Caesar zweifellos ebenfalls ein dramatisches Ereignis, und es wurde damit zwar nicht sofort, aber nach kurzer Zeit ein Bürgerkrieg ausgelöst, der mit kleineren Unterbrechungen etwa 13 Jahre andauerte.

Doch einen bemerkenswerten Unterschied gab es. Mit Caesars Einmarsch 49 wurde der Systemumbruch von der Republik zur Monarchie vorangetrieben, der zwar schon länger vorbereitet war und nach meiner Auffassung über kurz oder lang unvermeidlich, der aber keineswegs zu dieser Zeit hätte eintreten müssen, ohne die besonderen Zufälligkeiten im Situativen und Persönlichen, die den Ereignischarakter ausmachen. Im Jahr 44 dagegen wurde der Monarch getötet, aber nicht wirklich die Monarchie, auf die es dann auch gleich wieder zulief. Die Beschleunigung eines historischen Prozesses war hier also viel weniger gegeben, weshalb die Überschreitung des Rubicon, in der sich die Eröffnung von Caesars Bürgerkrieg symbolisiert, das erheblich bedeutendere Ereignis darstellt.

HARTMUT LEPPIN

Demut und Macht.
Der Bußakt von Mailand Weihnachten 390

Was im Jahr 390 in Mailand geschah, ist ein dramatisches Ereignis der besonderen Art. Zwar denkt man bei geschichtlicher Dramatik gewöhnlich an Schlachten und Katastrophen, an Kriegsausbrüche und Aufstände, an Umstürze und Umschwünge. Beim Bußakt von Mailand dagegen scheint es lediglich um die Auseinandersetzung zwischen zwei bedeutenden Persönlichkeiten zu gehen: einem Kaiser, Theodosius dem Großen, und einem Bischof, Ambrosius von Mailand. Aber dieser Konflikt mündete 390 in ein Ereignis, das beispiellos war.

In Mailand betrat der Kaiser die Bischofskirche. Das war für diese Stadt nichts Bemerkenswertes, denn Mailand war eine der bevorzugten kaiserlichen Residenzen. Man war es gewohnt, den Kaiser in seiner prachtvollen Gewandung, mit all dem Purpur und all den Edelsteinen zu erblicken, die seine Gewänder schmückten. Man war es gewohnt, das eindrucksvolle Gefolge zu sehen. Man rechnete damit, daß der Kaiser die Kirche durchschreiten und dann seinen gewohnten Platz im Altarraum, bei den Klerikern, einnehmen würde.

Doch jetzt, bei diesem Kirchgang des Kaisers war alles ganz anders. Der Kaiser erschien ohne alle Insignien kaiserlicher Würde, warf sich auf die Erde, weinte und bekannte seine Schuld. Der mächtige Kaiser, der Herr der Welt, der Einiger des Römischen Reiches, der Sieger aus zahlreichen Schlachten; der Mann, an dessen Nicken Wohl und Wehe ganzer Städte hing; der Mann, dem man zur Begrüßung den Saum des Gewandes zu küssen hatte – dieser Mann lag hingestreckt auf dem Boden und gebärdete sich so, wie es Büßer zu tun hatten. Er zeigte alle Zeichen der Demut. Und damit nicht genug: Als er sich endlich erheben durfte und sich anschickte, seinen Platz im Altarraum einzunehmen, befahl ihm der Bischof, diesen wieder zu verlassen, und hieß ihn, sich zur gewöhnlichen Gemeinde zu setzen. Der Kaiser gehorchte abermals.

Das alles klingt nach einem Triumph der Kirche über den Staat. Wie konnte es aber dazu kommen? Wie konnte die Kirche, die nichts besaß als ihre geistliche Autorität, einen Sieg über einen Kaiser erringen, der über ein erfolggewohntes Heer gebot? Diese Frage setzt eine Vorstellung von der Rolle der spätantiken Kirche voraus, die ihrerseits erst zu prüfen ist.

War es überhaupt ein Sieg der Kirche? Sahen die Zeitgenossen darin vielleicht etwas ganz anderes als spätere Generationen? Solchen Fragen wollen wir nachgehen und dabei, indem wir anscheinend Umwege einschlagen, einen kleinen Einblick in die Werkstatt des Historikers geben und zugleich einen gewissen Eindruck von der fremdartigen Epoche der Spätantike vermitteln.

Was also hatte es mit dem Bußakt von Mailand auf sich? Vertrauen wir uns zunächst der Schilderung eines zeitnahen Kirchenhistorikers an. Er trägt den Namen Theodoret von Kyrrhos. Kyrrhos ist eine syrische Stadt, in der Theodoret nach langen Jahren, die er als Mönch verbracht hatte, seit 423 als Bischof wirkte. Seine Amtszeit war bestimmt von religionspolitischen Auseinandersetzungen, in deren Rahmen er oft gegen den regierenden Kaiser, Theodosius II., den Enkel Theodosius' des Großen, opponierte. Für geraume Zeit mußte er ins Exil gehen, und er nutzte die Zeit, um seine Kirchengeschichte zu verfassen, in welcher der Bußakt von Mailand eine prominente Rolle spielt. Wir haben es also mit einem Werk zu tun, das in der Atmosphäre eines Kirchenkampfes entstand, und jedermann wird ahnen, daß dies Einfluß auf die Darstellung haben muß.

Die Regierungszeit von Theodosius dem Großen behandelt Theodoret eingehend und bedenkt den Kaiser mit viel Lob. Er ist, so erfährt man, ein entschlossener Vorkämpfer des wahrhaftigen, des orthodoxen Glaubens. Seine Gegner ringt er mit Gottes Hilfe nieder. Doch einen schweren Fehler begeht er. Als einige Beamte in Thessalonike bei Ausschreitungen mißhandelt werden, verhängt er im Zorn über die Stadt eine brutale Strafe. Er gestattet den Soldaten, das Volk im dortigen Hippodrom zusammenzutreiben und dort wahllos hinzuschlachten. 7000 Menschen kommen ums Leben.

Was Theodoret mehr interessiert als das Gemetzel selbst, sind seine Folgen für Theodosius. Als der Kaiser bald nach diesem Massaker in seiner Residenz Mailand den Gottesdienst besuchen will, verweigert ihm Ambrosius den Zutritt zur Kirche und überhäuft ihn mit Worten des Tadels. Er habe seine kaiserliche Macht mißbraucht und begreife noch immer nicht, wie schwer seine Sünde sei. Da der Kaiser, so Theodoret wörtlich, »weiß, was Sache der Priester und« was Sache der Kaiser ist«, fügt er sich und kehrt wehklagend in den Palast zurück.[1]

Monate vergehen, und dem Kaiser bleibt der Zugang zur Kirche verwehrt. Weihnachten kommt, und der Kaiser sitzt tränenüberströmt im Palast. Als Rufinus, einer seiner höchsten Beamten, ihn so antrifft, erkundigt er sich nach dem Grund für diesen jammervollen Zustand. Der Kaiser berichtet ihm von der Zurückweisung durch Ambrosius und beklagt, daß jeder Sklave in die Kirche gehen dürfe, ihm aber die Kirche wie auch das Himmelreich verschlossen seien. Der treue Rufinus erklärt sich unverzüglich zur Intervention bereit. Obwohl der Kaiser einwendet, Ambrosius habe keine Angst vor weltlicher Macht und werde niemals nachgeben, begibt Rufinus sich zur Kirche. Im gehörigen Abstand folgt ihm der Kaiser, der doch etwas Hoffnung geschöpft hat. Indes, auch der allseits gefürchtete, mächtige Rufinus erhält vom Bischof eine barsche Abfuhr. Tief getroffen kehrt er zum Kaiser zurück, der unglücklich auf dem Forum herumstreunt und dem er von seinem Scheitern berichtet. Jetzt erklärt Theodosius, daß er selbst mit dem Bischof sprechen wolle, um, wie er sagt, die gehörigen Zurechtweisungen zu empfangen.

Er macht sich auf den Weg Richtung Kirche, nähert sich aber nicht ihrer Schwelle, sondern begibt sich zu dem Raum, in dem der Bischof Besucher zu empfangen pflegt. Ambrosius ist tatsächlich anwesend, und es entspannt sich ein heftiges Wortgefecht. Der Bischof macht dem Kaiser sogleich Vorwürfe. Er übertrete die Gesetze, wenn er ihn unter Druck setze. Diese Absicht aber weist der Kaiser weit von sich; er wünsche vielmehr, daß der Bischof ihn von seiner Schuld löse. Der Bischof erkundigt sich nun, was Theodosius denn schon zur Buße getan habe; der Kaiser muß zugeben, daß nichts geschehen sei, erklärt jedoch, es sei die Aufgabe des Bischofs, ihm die Heilmittel aufzuzeigen. Ambrosius hat sofort etwas parat und verordnet dem Herrscher – einen Gesetzesentwurf: Weil er das Massaker in einem Zustand seelischer Erregung angeordnet habe, sollten künftig zwischen einem Todesurteil und der Vollstreckung mindestens 30 Tage verstreichen. Danach solle das Urteil überdacht und gegebenenfalls vollstreckt oder eben zurückgenommen werden. Der Kaiser läßt unverzüglich ein solches Gesetz ausfertigen und darf endlich die Kirche betreten. Dort wirft er sich auf den Boden, rauft sich die Haare, schlägt sein Gesicht und benetzt den Boden mit seinen Tränen. Als er sich schließlich erhebt, wird er des Altarraums verwiesen, nimmt aber brav und verständig unter der Gemeinde Platz.

Damit endet die Episode, wie Theodoret sie schildert. Dabei fällt der kunstvolle Aufbau des Spannungsbogens auf. Dank dieser künstlerischen Gestaltung ist die Episode zu einem Klassiker der Kirchengeschichtsschreibung geworden. Lange wurde der Bußakt von Mailand auf der Grundlage dieser Passage geschildert und interpretiert. Gleichwohl ist Vorsicht geboten. Der Zeuge, den wir vorgeladen haben, ist fragwürdig. Man kann nicht übersehen, daß der Autor eine bestimmte Intention konsequent verfolgt. Er möchte offenkundig über diese Geschichte die Rollen von Kaiser und Bischof exemplarisch voneinander abgrenzen. Überdies fällt die eine oder andere Inkonsistenz in der Darstellung Theodorets ins Auge. Bemerkenswert ist vor allem, daß Rufinus, jener hohe

Beamte und Vertraute des Kaisers, völlig überrascht von der Trauer des Theodosius an Weihnachten gewesen sein soll.

Gerade das Absichtsvolle an seiner Darstellung macht Theodoret zu einer suspekten Quelle, und er ist in der Tat ein notorisch unzuverlässiger Autor. Ihm ist es in seiner Kirchengeschichte nicht um eine neutrale Darstellung zu tun; vielmehr verfolgt er bestimmte kirchenpolitische Ziele, darunter dies, die Eigenständigkeit des Priesteramtes gegenüber dem Kaiseramt herauszustreichen. Um es ganz hart, letztlich allerdings unhistorisch auszudrücken: Er fälscht Geschichte. Vornehmer und angemessener gesagt: Er stilisiert Geschichte. Da auch die Begegnung zwischen Ambrosius und Theodosius auffällig stilisiert ist, kann man seinen Bericht insgesamt nicht für bare Münze nehmen. Wir müssen unseren Blick auf andere Quellen richten und ihre Informationen mit den Auskünften Theodorets vergleichen.

Tatsächlich gibt es bestimmte Kernelemente in seinem Bericht, die auch anderweitig und zuverlässig bezeugt sind. Das Massaker von Thessalonike hat tatsächlich stattgefunden, und es ist auch ohne Zweifel von Kaiser Theodosius in Mailand ein Bußakt vollzogen worden. Diese beiden Elemente sollen näher betrachtet und aus ihrem zeitgenössischen Kontext verständlich gemacht werden, um abschließend doch wieder zu Theodoret zurückzukehren und das zu würdigen, was seinen Beitrag zu diesem dramatischen Ereignis ausmacht.

Das Massaker von Thessalonike

Um dieses Massaker angemessen einzuordnen, muß man ein wenig ausholen. Thessalonike, das heutige Saloniki in Griechenland, war wie Mailand eine Kaiserresidenz, in der Theodosius sich gerne aufhielt. Die Stadt besaß alle Annehmlichkeiten eines städtischen Zentrums und lag nahe an der strategisch wichtigen Donau. Lange Zeit hatte dieser Fluß eine einigermaßen verläßliche Grenze gebildet, doch 378, ungefähr 10 Jahre vor dem Massaker, hatten

Scharen vor allem von Goten den Fluß überquert und waren ins Römische Reich vorgedrungen. Das geschah zunächst anscheinend im Einverständnis mit der römischen Verwaltung, die hoffte, daß diese Gruppen die römischen Grenzen gegen nachdrängende fremde Völker verteidigen würden. Eine solche Hoffnung war übrigens durchaus begründet, denn die sogenannten germanisch-römischen Auseinandersetzungen der Spätantike waren nicht Konflikte zwischen zwei Nationen. Vielmehr hofften die Germanen vor allem, an die Fleischtöpfe des Römischen Reiches heranzukommen, und fühlten sich, wenn sie erst einmal das römische Geld so oder so in die Hand bekommen hatten, zu keinerlei Solidarität gegenüber den nachdrängenden Landsleuten verpflichtet.

Doch es kam anders, als es Goten und Römer erwartet hatten. Versorgungsprobleme, Korruption, Unfähigkeit und Mißverständnisse führten zu Streitigkeiten und schließlich zu einer Eskalation. Die eingedrungenen Goten, die den Hungertod befürchten mußten, begannen sich das zu holen, was ihnen ihrer Meinung nach zustand, das heißt, sie plünderten. Auf ihren Zügen gelangten sie bis nahe an die Mauern von Konstantinopel.

Das rief den Kaiser, damals noch Valens, auf den Plan. Er sammelte ein Heer und marschierte gegen die Goten, die sich zunächst dem Kampf entzogen. Doch im August des Jahres 378 kam es bei Adrianopel, dem heutigen Edirne in der europäischen Türkei, zur Schlacht. Große und starke Verbände des römischen Heeres, die wichtigsten Einheiten des Oströmischen Reichsteils standen auf der einen Seite, zusammengewürfelte Truppen unter gotischer Führung auf der anderen. Nach aller Erfahrung durfte man auf einen römischen Sieg setzen. Doch wieder kam alles anders als erwartet. Die Römer erlitten eine Niederlage, und zwar eine vernichtende Niederlage. Der Kaiser selbst kam unter ungeklärten Umständen ums Leben. Der Balkan lag offen. Noch mehr fremde Völker überquerten die Donau. Allein die Mauern der Städte boten noch eine sichere Zuflucht.

In dieser Lage wurde Theodosius, der spätere Kaiser, zum Feldherrn berufen. Er unternahm mehrere verlustreiche Feldzüge, erreichte dabei aber sehr wenig. Es gelang nicht, die Goten zu unterwerfen, auch nicht, sie aus dem Reich zu verdrängen. Die Römer mußten sich vielmehr zu einem Frieden verstehen. Er läßt sich in groben Umrissen rekonstruieren. Die Goten durften im Römischen Reich bleiben und erhielten dort Land zugewiesen; sie durften nach ihren eigenen Gesetzen leben und unterlagen allenfalls einer losen Kontrolle durch römische Beamte. Die Römer erwarteten ihrerseits von den Goten Heerfolge. Es kann kein Zweifel bestehen, daß die Goten bei diesem Frieden mehr durchsetzen konnten als die Römer.

Die Situation auf dem Balkan blieb prekär. Es dürfte den meisten Römern klar gewesen sein, daß man die Treue der Germanen mit Gewalt nicht zu sichern vermochte. Erfolgversprechender war die Einbindung in die römischen Interessen und Institutionen. Schon seit langem wirkten Germanen und Angehörige anderer fremder Völker an herausragenden Offiziersstellen im römischen Heer. Auch die Balkanarmee erhielt jetzt neue germanische Offiziere.

So finden wir 380 in Thessalonike einen gewissen Butherich als ranghohen Truppenbefehlshaber. Er muß seinem Namen nach Germane gewesen sein. Offenbar verfügte er auch über zivile Kompetenzen. So tat er etwas, das nach den Normen der Zeit legitim war. Er ließ einen populären Wagenlenker, der homosexuell war, ins Gefängnis werfen. Homosexualität galt im 4. Jahrhundert bei den Christen, aber auch bei den meisten Heiden nicht nur als verwerflich, sondern auch als strafwürdig. Vielleicht war Butherich besonders sittenstreng, vielleicht wollte er seine Durchsetzungsfähigkeit demonstrieren, vielleicht gab es auch ganz persönliche Gründe, die ihn zu seinem Handeln trieben. Man kolportierte jedenfalls, der Wagenlenker habe einem jungen Mann nachgestellt, der bei Butherich Mundschenk war, als Zierde seiner Tafel und vielleicht zu noch mehr diente.

Wie immer die Hintergründe im einzelnen gewesen sein mochten, Butherichs Tat erregte die Bevölkerung. Es kam zu leidenschaftlichen Protesten; man verlangte die Freilassung des Stars. Diese Forderung aber wurde zurückgewiesen. Wie so oft in spätantiken Städten mündete der Protest daraufhin in einen Krawall. Solche Krawalle beschränkten sich in der Regel darauf, daß man einige Gebäude niederbrannte, doch in Thessalonike geschah noch mehr. Hier machten sich jetzt die Konflikte zwischen Militär und Bevölkerung Luft. Butherich wurde von den Massen gelyncht. Theodoret, der von der Mißhandlung einiger Beamter spricht, ist hier ungenau; ihm steht das geschlossene Zeugnis der anderen Quellen gegenüber.

Die Ermordung Butherichs war ein äußerst schwerwiegender Vorfall. Die Bevölkerung Thessalonikes hatte sich an einem der höchsten römischen Offiziere vergriffen, und sie hatte, was vielleicht noch schlimmer war, einen gotischen Anführer beseitigt. Die Goten mußten auf Rache sinnen. Sie waren es gewohnt, daß der Kaiser selbst kleine Übergriffe gegen Goten schwer ahndete. Die größte Gefahr war jetzt aus kaiserlicher Sicht, daß die Barbaren ihrem Zorn unkontrolliert Luft machten und damit die prekäre Friedensordnung auf dem Balkan gefährdeten.

Immerhin schlugen die Goten nicht sofort zu, sondern warteten die kaiserliche Reaktion ab. Theodosius residierte damals im Westen. Er hatte soeben einen Usurpator niedergeworfen und war im Begriff, die Verhältnisse des Westens neu zu ordnen. Wohl im April 390 wurde Theodosius in irgendeiner italischen Stadt, nicht in Mailand, von der Nachricht überrascht, Butherich sei ermordet worden. Was er in seiner Lage gar nicht brauchen konnte, waren neue Unruhen auf dem Balkan. Er mußte auf den Lynchmord eine Antwort finden, die die Germanen befriedigte, ihm die Stadtbevölkerung Thessalonikes nicht entfremdete und ihn als einen starken Kaiser erscheinen ließ, der Übergriffe zu ahnden vermochte.

Welche Strafe sollte er wählen? Gnade gewähren konnte er angesichts der Erregung der Goten nicht. Immerhin hatte es jüngst städtische Unruhen gegeben, die als Präzedenzfall dienen konnten. 387 war im syrischen Antiochia anläßlich einer Steuererhöhung eine Revolte ausgebrochen, die darin mündete, daß man kaiserliche Standbilder mißhandelte, somit nach den Kriterien der Zeit Hochverrat übte. Damals hatte Theodosius schwere finanzielle Sanktionen über die Stadt verhängt; er hatte alle öffentlichen Feste verboten; er hatte den Rang der Stadt herabgestuft.

Doch in Antiochia mußte man keine Rücksicht auf Goten nehmen. Gegen Thessalonike verfuhr Theodosius deshalb deutlich härter. Er befahl, den Ratschlägen seiner Umgebung folgend und nach reiflicher Überlegung,[2] eine bestimmte Zahl von Thessalonikiern hinrichten zu lassen;[3] ein so strenges Urteil war er den aufgebrachten Goten schuldig. Dann aber tat Theodosius etwas, das er auch im Falle Antiochia getan hatte: Er nahm den ersten Beschluß wieder zurück.[4] Damit hatte er seinerzeit eine enorme Wirkung erzielt. Antiochia hatte sowohl die Folterwerkzeuge des Kaisers kennengelernt als auch seine Gnade.

Doch in Thessalonike war etwas eingetreten, das so vermutlich nicht geplant gewesen war. Man hatte den kaiserlichen Befehl bereits exekutiert, vielleicht gerade um einer Rücknahme durch den Kaiser zuvorzukommen. Noch schlimmer: Die erregten gotischen Truppen hatten sich zu einem wahllosen Massaker ermutigt gefühlt. Stunden währte das Wüten, das Tausenden ihr Leben kostete.

Es wird zwar oft und auch nicht völlig zu Unrecht behauptet, die Spätantike sei eine grausame Zeit gewesen, doch eine solche summarische Ermordung von Reichsbewohnern widersprach dem Geist der Zeit und vollends der Politik des Theodosius, der zwar öfters strenge Urteile verhängte, sie aber selten vollstrecken ließ. Man kann in seinem Verhalten ein Herrschaftsprinzip beobachten, das Ambrosius einige Jahre später in der Grabrede auf den Kaiser so formuliert:

»Theodosius ... glaubte, eine Gnade empfangen zu haben, wenn man ihn bat, Verzeihung zu gewähren. Und er war der Verzeihung um so näher, je heftiger sein Zornesausbruch aufflammte. Ein Vorzeichen der (kommenden) Verzeihung bildete es nachgerade, wenn er in Wut geraten war, und man wünschte bei ihm herbei, was man bei anderen fürchtete, nämlich daß er zornig werde. Dies war das Heilmittel der Beklagten, da er, obschon er über alle gebot, lieber wie ein Vater ihren Freispruch erlangen denn sie als Richter bestrafen wollte. Oft habe ich Zitternde gesehen, denen er Vorwürfe machte, und solche, die eines Verbrechens überführt waren, die dann, als sie schon in Verzweiflung geraten waren, von der Anklage erlöst wurden. Er wollte nämlich sich durchsetzen, nicht strafen, als Richter der Gerechtigkeit, nicht als Herr über die Strafe – er, der niemals einem Geständigen die Begnadigung versagte, es vielmehr Gott überließ, wenn jemand möglicherweise etwas im unzugänglichen Inneren verschloß«.[5]

Dieses Wechselspiel von Strafandrohung und Begnadigung mag der Religiosität des Kaisers entsprungen sein, dessen christlicher Glaube durchaus ernst zu nehmen ist. Doch man sollte nicht übersehen, daß Theodosius damit auch seine eigene Herrschaft festigte, weil er auf diese Weise die Begnadigten für sich gewinnen und zugleich Stärke demonstrieren, vor allem seinen Machtanspruch aufrechterhalten konnte. Das christliche und das traditionelle Element des Kaisertums waren so zu vereinen.

Auch wenn die antiken Quellen Theodosius persönlich die Schuld an dem Blutbad zuschreiben, ist daher vielmehr zu vermuten, daß die Situation in Thessalonike außer Kontrolle geraten war. Dies konnte um so leichter geschehen, als der Kaiser sich nicht in der Stadt aufhielt und die gotischen Truppenteile weniger leicht kontrollierbar waren als andere Soldaten.

Ambrosius und der Bußakt

Das Massaker bedeutete für den Kaiser eine schwere Belastung. Echte Gewissensnöte mögen ihn gequält haben, aber auch der Gedanke, daß er nunmehr als grausamer Kaiser gelten könne. Außer ihm gab es aber noch einen anderen, der sich betroffen fühlte, einen, der stets dazu neigte, sich und seine Rolle besonders wichtig zu nehmen: nämlich den Bischof der Kaiserresidenz Mailand, Ambrosius. Für ihn bedeutete das Massaker eine große Peinlichkeit. Zwar hatte ihm objektiv die Möglichkeit gefehlt, beim Kaiser rechtzeitig zu intervenieren, da Theodosius nicht in Mailand weilte, als der Strafbefehl erging. Doch hatte Ambrosius selbst zuvor schon dafür gesorgt, daß Außenstehende kaiserliche Gnadenakte mit seinem Namen verknüpften. Fremde Betrachter mußten aus den Ereignissen in Thessalonike schließen, daß der Mailänder Bischof der Autorität und Durchsetzungskraft entbehre, um den Kaiser zur Milde zu bewegen. Das war um so unangenehmer, als die Begnadigung der Antiochener mit der Fürbitte des Bischofs von Antiochia, Flavian, begründet worden war, der zu allem Überdruß auch noch mit Ambrosius im Streit lag.

Wer so machtbewußt und so sehr um das Ansehen bei seinen Amtsbrüdern besorgt war wie Ambrosius, mußte diese Scharte auswetzen, zumal in diesen Tagen eine Synode in Mailand tagte, deren Angehörige genauestens darauf achteten, wie der einflußreiche Bischof reagierte. Die Bischöfe verurteilten das Massaker mit starken Worten und signalisierten damit gegenüber dem Kaiser Konfliktbereitschaft. Ihre Bedeutung, die oft übersehen wird, sollte man nicht geringschätzen. Für den aus Italien stammenden Historiker Rufinus – ein anderer als der Beamte – sind sie sogar der eigentliche Motor der späteren Entwicklung: Auch Augustin hebt Ambrosius in seinem Bericht über den Bußakt nicht eigens hervor, sondern macht den Protest gegen den Massenmord von Thessalonike zu einer Angelegenheit der Bischofssynode.[6] Beide

Autoren schätzten Ambrosius, hatten also kein Interesse, die Leistung des Mailänders herabzusetzen. Die Bischöfe um Ambrosius müssen sehr wichtig gewesen sein für die folgende Entwicklung.

Doch was konnte Ambrosius als Repräsentant der Bischöfe tun, da das Massaker nun einmal geschehen war? Zunächst einmal wich Ambrosius dem Kaiser demonstrativ aus. Als dieser nach Mailand zurückkehrte, begab Ambrosius sich, eine Krankheit vorschützend, aufs Land. Damit entschärfte er die Situation, indem er vorerst auf eine persönliche Konfrontation verzichtete.

Doch gänzlich wollte er nicht auf eine Auseinandersetzung verzichten. Er schrieb dem Kaiser einen strengen Brief.[7] Etwas Derartiges hatte er kurz zuvor schon einmal mit Erfolg getan. Damals war unter Führung eines Bischofs eine Synagoge in Callinicum am Euphrat niedergebrannt worden. Der Bischof war vom Kaiser ganz rechtmäßig zur Finanzierung von deren Wiederaufbau verurteilt worden. Ambrosius jedoch hatte zunächst brieflich, dann auch persönlich zugunsten des Bischofs interveniert und den Kaiser schließlich dazu gebracht, dem Bischof Gnade zu gewähren und die jüdischen Opfer ohne Kompensation dastehen zu lassen. Das bewährte Medium des Briefes hatte zudem den Vorteil, daß er zumindest potentiell öffentlichkeitswirksamer war als das persönliche Gespräch, und Ambrosius war machtbewußt genug, dies zu erkennen.

Das Schreiben, das Ambrosius nach dem Massaker von Thessalonike verfaßte, ist erhalten, zumindest in der Gestalt, in der Ambrosius es bewahren wollte. Ambrosius erweckt darin zunächst den Eindruck, als hätte der Kaiser ihn bei seiner Entscheidung um Rat fragen müssen. Er tut so, als wäre er ein Mitglied des kaiserlichen Rates, was er als Lokalbischof nun einmal nicht war. Sodann schlüpft Ambrosius in die Rolle eines Seelsorgers. Theodosius sei eine natürliche Erregbarkeit zu eigen, die durch schlechte Einflüsse zum Negativen ausschlagen müsse. Er bedürfe daher, so darf man weiterdenken, eines geeigneten Ratgebers, der zu Besonnenheit und Milde rät, also eines Ambrosius.

Sodann erinnert Ambrosius seinen Kaiser an den König David, der trotz seiner Erhabenheit bereit gewesen sei, seine Sünde zu bekennen, da er nun einmal Mensch war: »Es ist nämlich nicht verwunderlich, daß ein Mensch sündigt. Aber das ist tadelnswert, wenn er nicht erkennt, daß er geirrt hat und sich nicht vor Gott demütigt« (9). Allein die Buße könne die Sünde ausgleichen. »Ich rate, bitte, mahne, verlange, warne. Denn es bereitet mir Pein, daß du, der du das Muster einer unerhörten Frömmigkeit warst, der du den Gipfel der Milde einnahmst, der du es nicht zuließest, daß einzelne Schuldige in Gefahr gerieten, daß du keinen Schmerz über den Untergang so vieler empfindest! Auch wenn du in Kämpfen immer höchst erfolgreich warst, auch in anderem immer rühmenswert, dennoch war der Gipfel deiner Werke immer die Frömmigkeit« (12). Und dann folgt eine kaum verhüllte Drohung: Er wage es nicht, in der Anwesenheit des Kaisers das Meßopfer darzubringen, da dieser mit Blut befleckt sei. Diese Wendung kann, gerade wenn man vom Mittelalter her auf das Ereignis blickt, leicht mißverstanden werden. Sie bedeutet keine Exkommunikation des Kaisers. Es handelt sich lediglich um die Gewissensentscheidung eines bestimmten Bischofs, nämlich des Ambrosius, der allerdings wiederum nicht irgendein Bischof war, sondern der Bischof der Residenzstadt.

Daran schließt sich eine Partie an, die Ambrosius mit eigener Hand geschrieben haben will, die demnach allein für den Kaiser bestimmt gewesen wäre. Ein Traum habe Ambrosius in seiner Haltung bestätigt. Der Kaiser wolle doch bei Gott in Gnaden stehen und solle auch an seine Kinder (und potentiellen Nachfolger) denken, mit denen er dauerhafte Ruhe genießen möge. Das war eine kaum verhüllte Drohung mit Unglücksfällen, die Gott über den Sünder kommen lassen könne, was in der Sicht der Zeit eine durchaus ernstzunehmende Drohung darstellte.

Blicken wir auf den Brief zurück. Der Bischof münzt eine Situation, in der ihm ein Ansehensverlust droht, in das Manifest eines Machtanspruchs um. Den Kern des Schreibens bildet die

Drohung, kein Meßopfer mehr in Gegenwart des Kaisers darzubringen, bis der Kaiser Buße getan hat. Die Verweigerung des Meßopfers, die Ambrosius schon einmal, ebenfalls im Zusammenhang mit der Callinicum-Affäre und damals vielleicht spontan, praktiziert hatte, ist hier eine wohlgeplante Maßnahme. Die seelsorgerliche Erpressung wird Methode. Bei Theodoret übrigens spielt, wie wir uns erinnern, der Brief keine Rolle. Der Inhalt wird jedoch im persönlichen Gespräch vom Bischof mitgeteilt und damit der Konflikt dramatisiert.

Der Kaiser verzichtete vorerst offenbar auf eine Auseinandersetzung mit dem Bischof. Wir finden ihn als nächstes in Verona. Vielleicht wich er seinerseits dem Bischof aus, in der Hoffnung, daß dieser schon einlenken werde. Vielleicht hatte der Kaiser aber auch ganz andere Sorgen oder routinemäßig in der Stadt am Alpenrand zu tun. Immerhin rang Theodosius sich zu einer Geste durch, die als Selbstkritik verstanden werden konnte, indem er ein Gesetz erließ, demzufolge man bei schweren Urteilen vor der Exekution 30 Tage Bedenkzeit verstreichen lassen mußte.[8] Das Gesetz bezog sich zwar nicht direkt auf den Fall Thessalonike und wird dementsprechend auch von Ambrosius verschwiegen, aber es erlaubte dem Kaiser, künftig seine geschätzte Verbindung von Bestrafung und Begnadigung gegenüber Aufständischen zu inszenieren, ohne daß es, wie in Thessalonike geschehen, zu einer übereilten Ausführung kam. Es handelt sich um jenes Gesetz, das Theodoret zufolge von Ambrosius dem Kaiser abverlangt worden war. Auch hier hat der Kirchenhistoriker die historische Realität stilisiert und dramatisiert.

Nach einigen Monaten kehrte Theodosius in das Verwaltungszentrum Mailand zurück. Dafür gab es politische wie religiöse Gründe. Der Kaiser benötigte den Kontakt zur sonstigen Verwaltung. Ferner war er als Getaufter – und das sollte man, auch wenn es dem modernen Denken fremd ist, nicht unterschätzen – in einer Notsituation. Sein Seelenheil war gefährdet, weil Blut an seinen Händen klebte. Er mußte büßen, er mußte wieder die Gnade Gottes erlangen. Schließlich war sein öffentliches Ansehen durch die Mordtat schwer beschädigt.

Kaiser und Bischof steckten in einer Sackgasse. Der Kaiser durfte nicht am Abendmahl teilnehmen, und Ambrosius besaß keine weitergehenden Druckmittel. Der eine benötige eine Lösung von seiner Sünde, der andere konnte überhaupt nur hoffen, weiterhin Einfluß zu genießen, wenn er zu einem Ausgleich fand. Man scheint Verhandlungen aufgenommen zu haben, und fand eine Lösung aus dem Dilemma. Der Kaiser hatte seine Sünde öffentlich zu bekennen, und er hatte mehrere Male ohne die Insignien seines Amtes in der Kirche zu erscheinen, bis er schließlich wieder das Sakrament des Abendmahls aus der Hand des Ambrosius empfangen durfte. Vielleicht geschah dies Weihnachten 390. Es könnte aber auch am Gründonnerstag 391 geschehen sein, weil der Gründonnerstag normalerweise für diesen Zweck genutzt wurde. Theodosius sollte also wie ein gewöhnlicher, von schweren Sünden belasteter Getaufter behandelt werden. Und so geschah es. Hier hat Theodoret etwas auf einen Tag zusammengezogen, was sich über einen Zeitraum von mehreren Wochen erstreckte.

Ein Triumph des Bischofs oder des Kaisers?

Was bedeutete das? Hatte der Kaiser eine Niederlage gegen den Bischof erlitten? Hatte die Kirche über den Staat gesiegt? Waren die Interessen der politischen Macht auf dem Altar der kirchlichen Bußpraxis geopfert worden? Nein, alles falsch.

Es wäre anachronistisch, in dem Ereignis von Mailand den Triumph der Kirche über den Staat zu sehen.[9] Beide Institutionen begriffen sich nicht als Rivalen. Die Kirche bildete überhaupt noch ein sehr lockeres Gefüge. Zudem hatte die Auseinandersetzung zwischen Theodosius und Ambrosius einen personalen Charakter. Entscheidend war die Frage, wie der Kaiser als Person in der Kirche einzugliedern sei, zumal der getaufte Kaiser. Denn durch die Taufe unterlag der Herrscher in ganz anderer Weise der Bußgewalt des Bischofs als ein Katechumene, ein Taufanwärter. Aus diesem Grund schoben in der Spätantike so viele Männer, die mit weltlichen Angelegenheiten befaßt waren, die Taufe gern auf.

Neu war der Anspruch des Ambrosius, vom Kaiser eine Kirchenbuße zu fordern, im übrigen keineswegs. Der Kirchenhistoriker Euseb (ca. 264/5–ca. 339/40) berichtet, daß der angeblich christliche Kaiser Philipp Arabs (244–249) von einem Bischof nicht in die Kirche gelassen worden sei, bevor er seine Sünden gebeichtet und sich den Sündern zugesellt habe.[10] Dies ist sicherlich eine Legende, der übrigens Euseb selbst nicht wirklich traute, aber entscheidend für uns ist, daß damit im beginnenden 4. Jahrhundert der Gedanke faßbar wird, daß auch ein Kaiser der Kirchenbuße unterworfen sei. Eben diesen Gedanken hat Ambrosius aufgenommen.

Beiden Seiten war es dadurch gelungen, ihr Gesicht zu wahren. Der Kaiser, der mit dem Massaker in Thessalonike die Fratze eines Tyrannen geboten hatte, hatte seine Schuld eingestanden und damit wieder sein friedvolles Antlitz gezeigt. Und doch hatte er den Goten demonstriert, daß er den Übergriff der Bevölkerung Thessalonikes sehr ernst nahm. Der Bischof, der nicht vermocht hatte, den Kaiser von einer Bluttat abzuhalten, hatte den Anspruch durchgesetzt, beim Kaiser Milde zu erwirken.

Hier hatte ein Gedanke öffentlich Geltung gewonnen, den man auch in anderen zeitgenössischen Texten greifen kann: Der Kaiser war ein gewöhnlicher Christ. Das war für die christlichen Kaiser keine Selbstverständlichkeit. Theodosius hatte sich in den ersten Jahren seiner Regierung die Freiheit genommen, über die Wahrhaftigkeit christlicher Bekenntnisse zu entscheiden. Jetzt hatte er eingestanden, daß er in ethischen Fragen ein Gemeindeglied blieb, das auf den Rat des Bischofs zu hören hatte. Zugleich festigte damit eine neue, spezifisch christliche Tugend ihre Stellung in der kaiserlichen Selbstdarstellung: die Demut. Gewiß, das eine oder andere Mitglied des Hofstaates traditionellen Geistes wird entsetzt gewesen sein über das Verhalten des Kaisers, über den Anblick eines Herrschers, der hingestreckt auf dem Boden der Kirche lag. Indes: In einer Krise, an welcher der Konsens zu zerbrechen drohte, weil die Goten ganz andere Forderungen an den Kaiser herantrugen als die übrige Bevölkerung, war es dem Kaiser am Ende gelungen, alle maßgeblichen Seiten einigermaßen zufriedenzustellen und ewigen Ruhm in der Kirche zu gewinnen.

Vergessen darf man ferner nicht, daß der Kaiser bei der Inszenierung noch etwas anderes gewann, nämlich Handlungsspielraum. Indem er seine Fehlbarkeit eingestand und die moralische Autorität des Bischofs akzeptierte, mußte er zwar mit Kritik an seiner Amtsführung rechnen, andererseits hatte er aber die Chance, Fehler wieder auszugleichen, selbst eine so bedenkliche Untat wie das Massaker von Thessalonike. Indem er allen demonstrierte, daß er die Tat bereue, konnte er der Vorstellung entgegenwirken, er sei ein brutaler Tyrann.

Der Bußakt von Mailand war eine Episode, die übrigens in den Theodosius-feindlichen Berichten der Heiden nicht erwähnt wird. Sie, die sich bei jeder Schwäche des Kaisers aufhielten, sahen offenbar darin keinen Anlaß zur Polemik. Sicher erkennbare unmittelbare Folgen hatte er nicht. Nichts kann belegen, daß Ambrosius nunmehr in den engeren Kreis der Berater des Kaisers aufrückte. Theodosius verschärfte zwar seine Politik gegen die Heiden in den folgenden Monaten, aber dafür lassen sich ganz andere Motive namhaft machen als der Einfluß des Ambrosius. Dieser verfügte zwar als Bischof in Mailand über große Macht, außerhalb seiner Stadt jedoch über weitaus geringere. Er war politisch eine lokale Instanz. Das kann man als moderner Forscher leicht übersehen, wenn man mit der Masse von glanzvoll formulierten Texten konfrontiert wird, in denen Ambrosius einen viel weiter reichenden Machtanspruch verkündet.

Den geringen Einfluß des Ambrosius illustriert auch die spätere Entwicklung. Im Jahr 391 kehrte Theodosius nach Konstantinopel zurück. Als 394 ein Gegenkaiser in Italien auftrat, war die Loyalität des Ambrosius gegenüber Theodosius zumindest zweifelhaft, und er wurde dafür seinerseits vom Kaiser gedemütigt. Von einer dauerhaften Abhängigkeit des Theodosius kann keine Rede sein. Der Bußakt ist eine Tat, mit der ein bestimmtes Problem bewältigt wurde; er setzte zunächst keine Maßstäbe.

Dennoch ist der Bußakt von Mailand dasjenige Ereignis der Regierungszeit des Theodosius, das spätere Generationen am tiefsten beeindruckt hat. Ambrosius hob diese Tat in seiner Leichenrede auf Theodosius, der der gesamte Hofstaat lauschte, nachdrücklich hervor, als den höchsten Beweis der Frömmigkeit des Kaisers und natürlich des Einflusses seiner selbst.

Auch Augustin, der sich zur fraglichen Zeit nicht mehr in Mailand aufhielt, aber intensive Verbindungen nach Italien pflegte, macht klar, welche Bedeutung der Bußakt für das christliche Kaiserbild hatte: »Was aber war bewundernswerter als seine fromme Demut? Er wurde mittels der Umtriebe einiger Männer seiner Umgebung gezwungen, über das schreckliche Verbrechen der Thessalonikier eine Strafe zu verhängen, nachdem er schon aufgrund der Intervention von Bischöfen Gnade versprochen hatte. Und dann tat er, durch die Kirchendisziplin zur Ordnung gerufen, in der Weise Buße, daß das Volk, im Gebet für ihn, beim Anblick der hingestreckten kaiserlichen Erhabenheit mehr weinte als es sie fürchtete, wenn sie einmal durch Sünde erzürnt war.«[11]

In der Rezeption des Ereignisses wird der Konflikt stärker zu einem Grundsatzkonflikt zwischen Kaiser und Kirche, als es die Handelnden selbst empfunden haben dürften.[12] Von wesentlicher Bedeutung ist hier eben Theodoret, dem daher vielleicht doch der Platz gebührt, den wir ihm eingangs gewährt haben. Sein Fazit wirft ein klares Licht auf seine Vorstellung vom Verhältnis zwischen Kaiser und Bischof, die er illustriert: »Beide bewundere ich, an dem einen den Freimut, an dem anderen den Gehorsam, und an dem einen die Wärme des Eifers, an dem anderen die Reinheit des Glaubens«.¹³ So deutlich hatte der Diplomat Ambrosius die Überlegenheit des Bischofs nicht formuliert und wahrscheinlich sich auch gar nicht vorgestellt.

Theodorets Version des Bußaktes von Mailand gelangte auch in den Westen, da Cassiodor (ca. 485–ca. 580) sie in seine lateinische Kompilation der griechischen Kirchengeschichten aufnehmen ließ.¹⁴ Diese »Dreigeteilte Kirchengeschichte« *(Historia ecclesiastica tripartita)* fand im Abendland weite Verbreitung und trug dazu bei, daß dieses Geschehen auch in den Debatten des Investiturstreits eine Rolle spielen konnte. Allerdings ging es jetzt nicht mehr allein um die Reinheit des Kaisers, sondern auch um seine Eignung für das kaiserliche Amt, die Ambrosius nie in Frage gestellt hatte. Wenn daher während des Investiturstreits Kaiser Heinrich IV. in Canossa 1077 Buße tat und damit den Ansprüchen Papst Gregors VII., der ihn nicht nur exkommuniziert, sondern als des Kaiseramtes unwürdig erklärt hatte, demonstrativ genügte, so ging es um mehr als um die Reichweite der kirchlichen Bußdisziplin. Ferner spielten die für den Investiturstreit kardinalen Debatten um die Bischofseinsetzung bei dem Mailänder Streit keine Rolle.

Bemerkenswert ist, mit welcher Häufigkeit das Thema in der bildenden Kunst des Barock dargestellt worden ist. Anscheinend fand man in dieser Welt, die immer noch einen Kaiser und auch machtvolle Bischöfe kannte, ein eigenes Problem gespiegelt. Es ist gerade im katholischen Teil Deutschlands ein Zeitalter des Episkopalismus, der die weltliche Macht der Bischöfe betont, wie etwa in Würzburg unter den Schönborns.

In der späteren wissenschaftlichen Forschung, die nicht selten von einem antikatholischen Affekt getragen war, wurde das Ereignis dann oft als eine bedenkliche Niederlage der staatlichen Gewalt gesehen, bevor eine stärker historisierende Sicht den Blick für die Eigenart der Epoche schärfte und erlaubte, den Konflikt mit den Kategorien der Zeit zu verstehen und so auch zu entdramatisieren. Die Sicht auf das Ereignis war in diesem Falle wirkungsvoller als das Ereignis selbst, die Macht des Wortes auf lange Sicht größer als die der Tat. Was in Mailand geschah, war bedeutsam; wirklich dramatisch war aber erst das, was die Kirchengeschichtsschreibung daraus gemacht hat.

KNUT GÖRICH

Venedig 1177: Kaiser Friedrich Barbarossa und Papst Alexander III. schließen Frieden

Mit der Anerkennung des Papstes Alexander III. durch Kaiser Friedrich Barbarossa im Frieden von Venedig im Juli 1177 endete die Kirchenspaltung, die seit 1159 dauerte, also fast zwei Jahrzehnte zuvor ihren Anfang genommen hatte. Es ließe sich vieles über den Inhalt des ungewöhnlich langen Friedensvertrages sagen, über seine materiellen Seiten wie die Bedeutung der Regalien des heiligen Petrus, über die Anerkennung der während des Schismas erhobenen Bischöfe und Erzbischöfe, über territorialen Ausgleich zwischen Reich und Papsttum in Italien und dergleichen mehr. Davon soll hier aber nicht die Rede sein – nicht, weil es zu langweilig wäre, sondern weil eine in den letzten Jahren sehr lebendige Forschungsrichtung in der Mediävistik Anlaß dazu gibt, nochmals darüber nachzudenken, welche Probleme sich hinter zwei auf den ersten Blick recht unscheinbaren Worten im ersten Artikel des Friedensvertrags verbergen.

Diese Forschungsrichtung beschäftigt sich mit der symbolischen Kommunikation im Mittelalter, mit Fragen des Rituals und des Zeremoniells.[1] Und die zwei Worte im Friedensvertrag heißen *debita reverentia* – was man in etwa übersetzen kann »mit schuldiger Ehre«, geschuldeter Ehrerweisung. Im ersten Artikel des Friedens heißt es scheinbar ganz unspezifisch, der Herr Kaiser Friedrich habe den Herrn Papst Alexander als rechtgläubigen und universalen Papst angenommen und ihm die schuldige Ehre erwiesen.[2] In dem Hinweis auf die Ehrerweisung steckt eine Aussage über bestimmte Verhaltensformen, über symbolisches Handeln. Daß in Friedensverträgen keine weiteren Details über ihre konkrete Formen genannt wurden, war noch typisch für die Gewohnheiten des 12. Jahrhunderts.[3] Das heißt freilich nicht, daß es sich nur um Formalien gehandelt hätte oder daß darüber nicht sehr kontrovers verhandelt worden wäre; man weiß beispielsweise, daß vor der Unterwerfung Mailands 1158 darüber gestritten wurde, ob die Mailänder bei der Unterwerfung vor dem Kaiser Schuhe anbehalten durften oder ob sie barfuß erscheinen mußten. Das war ihnen immerhin so wichtig, daß sie dem Kaiser dafür viel Geld boten, und es spricht für die Bedeutung symbolischer Akte in der damaligen Zeit, daß Barbarossa das Geld ablehnte und auf der Barfüßigkeit als einer Friedensbedingung beharrte. Übrigens steht über diese Formen von Mailands Unterwerfung kein Wort im Friedensvertrag mit der Stadt; von den diesbezüglichen Verhandlungen wissen wir nur durch den Bericht eines Ohren- und Augenzeugen.[4]

Aber zurück nach Venedig ins Jahr 1177, wo sich die beiden höchsten Gewalten der Christenheit begegneten, um Frieden zu schließen. Natürlich waren die Formen einer so hochrangigen Begegnung nicht dem Zufall überlassen, sondern wurden im voraus sorgfältig festgelegt. In einer streng ranggeordneten Gesellschaft wie der mittelalterlichen wurde mit größter Sensibilität darauf geachtet, daß der eigene Rang in der Öffentlichkeit angemessen repräsentiert, also ganz wörtlich genommen: vor Augen gestellt wurde. Genau darin aber lag für den Kaiser nach fast zwanzig Jahren Konflikt ein besonderes Problem.

Um von diesem Problem eine Vorstellung zu vermitteln, ist in einem ersten Schritt die zeremonielle Seite des Friedensschlusses ausführlicher vorzustellen. Über das Zusammentreffen von Kaiser und Papst in Venedig liegen vier Augenzeugenberichte vor: der Bericht des Kardinals Boso in seiner Vita des Papstes Alexander;[5] der Bericht des sizilischen Gesandten, des Erzbischofs Romuald von Salerno;[6] der in den Annalen von Pisa überlieferte Bericht zweier Gesandter der Stadt[7] und der Bericht eines damals zufällig in Venedig anwesenden englischen Mönchs;[8] hinzu kommen einige Briefe Alexanders selbst sowie ein Brief einiger ebenfalls in Venedig anwesender Kanoniker von St. Peter.[9] Die Überlieferungslage ist also ungewöhnlich gut, und sie erlaubt eine detaillierte Rekonstruktion des äußeren Verlaufs der Begegnung.[10] Die Verhandlungen zwischen den Gesandten der verschiedenen Parteien fanden in Venedig statt. Der Papst war dabei selbst anwesend; Barbarossa dagegen hatte sich verpflichten müssen, in der Lagunenstadt nicht zu erscheinen. Offenbar hielt man seine Anwesenheit für konfliktträchtig. Nach fast drei Monaten Verhandlung hatten sich alle Seiten geeinigt, und zum Abschluß der Friedens sollte Barbarossa nun endlich selbst nach Venedig gebracht werden. Während der Verhandlungen hatte er sich von Ferrara nach Chioggia begeben, um die immer wieder erforderlichen Abstimmungen im Detail nicht durch unnötig große Entfernungen zu erschweren.

Am Abend des 23. Juli 1177 wurde der Kaiser von sechs festlich geschmückten Schiffen in Chioggia abgeholt und mit seinem Gefolge auf den Lido gebracht, die Venedig vorgelagerte schmale Sandbank. Im dortigen Kloster S. Nicolò bezog er über Nacht Quartier. Am folgenden Morgen erschienen sieben Kardinäle, um den Kaiser und sein Gefolge von der Exkommunikation zu lösen, die Alexander schon 1160 über ihn verhängt und mehrfach erneuert hatte. Damit war der Staufer wieder in die kirchliche Gemeinschaft aufgenommen. Auf diese Nachricht hin legte der Doge Sebastiano Ziani in Begleitung des Patriarchen von Venedig und einer großen Menge an Klerikern und Volk am Lido an. Barbarossa bestieg das prächtig hergerichtete Schiff des Dogen, und einer venezianischen Quelle ist die Anwesenheit des Kaisers so wichtig, daß sie noch die Sitzordnung überliefert, die auf dem Schiff eingehalten wurde: In der Mitte saß der Kaiser, rechts von ihm der Doge, links von ihm auf dem weniger ehrenvollen Platz der Patriarch. *Satis honorifice et pompose*, so Romuald von Salerno,[11] ehrenvoll und prächtig wurde Barbarossa bis zum Ufer an der Südseite des Markusplatzes geleitet. An der Landestelle –

etwa dort, wo heute die beiden Säulen stehen – waren zwei hohe Masten errichtet worden, und die Markusfahnen, die von ihnen herabhingen, waren so groß, daß sie den Boden berührten. Vom Ufer geleiteten ihn die geistlichen und weltlichen Großen Venedigs in feierlicher Prozession unter Fahnen und Kreuzen bis vor das Atrium der Markuskirche.

Romuald, der mit großer Sensibilität für die Repräsentation von Macht und Herrschaft auch kleinste Details des Zeremoniells notiert, hatte offenbar die Vorstellung, daß ein Kaiser üblicherweise zu Pferd sitzt, und vermerkt daher ausdrücklich, daß Barbarossa die wenigen Meter vom Ufer bis zu San Marco zu Fuß zurücklegte.[12] Dort war am Morgen aus Brettern und Stufen eine Tribüne aus Tannenholz gezimmert und darauf ein großer und hochragender Thron für Alexander errichtet worden. Neben ihm saßen die Patriarchen von Venedig und Aquileia, die Erzbischöfe von Mailand und Ravenna, die Kardinäle und andere geistliche Würdenträger. Unmittelbar vor der Ankunft Barbarossas kam es noch zu einem für die rangbewußte mittelalterliche Gesellschaft typischen Sitzstreit, denn die Erzbischöfe von Mailand und Ravenna beanspruchten beide den zweiten Platz rechts vom Papst, um ihren besonderen Rang zu demonstrieren. Die Minuten vor Barbarossas Ankunft waren der denkbar schlechteste Augenblick für einen solchen Streit zwischen Kirchenfürsten, und Alexander löste den Streit salomonisch, indem er von seinem eigenen höchsten Platz aufstand, herabstieg und sich tiefer als die anderen setzte, so daß der Streit um den prestigeträchtigen Platz rechts vom Papst gegenstandslos wurde.[13]

Als sich Barbarossa dem Papst genähert hatte, legte er seinen roten Kaisermantel ab, sank mit ausgestrecktem Körper vor Alexander vollständig zu Boden und küßte seine Füße. Daraufhin erhob sich der Papst ein wenig, half dem Kaiser auf, umfaßte mit beiden Händen seinen Kopf und gab ihm den Friedenskuß. Unter Hymnen und Glockengeläut ergriff Friedrich dann die rechte Hand des Papstes, führte ihn in die Markuskirche bis zum Hauptaltar, wo er geneigten Hauptes den päpstlichen Segen empfing. Übereinstimmend bemerken Boso und Romuald, daß Barbarossa die rechte Hand des Papstes ergriff, als er ihn in die Kirche geleitete, und das scheint ihnen offenbar deshalb bemerkenswert, weil derjenige, der einen Platz an seiner rechten Seite zu vergeben hatte, auch den Vorrang hatte – und den überließ Barbarossa durch seine Geste dem Papst. Nach dem Kirchenbesuch begab sich der Kaiser mit seinem Gefolge in den nahegelegenen Dogenpalast. Alexander und die Geistlichkeit bestiegen die Schiffe und kehrten zu ihrem Quartier zurück, dem Patriarchenpalast bei S. Silvestro am Rialto. Am Abend desselben Tages wurden offenbar Geschenke ausgetauscht, jedenfalls wird berichtet, daß der Papst Barbarossa unter Bezug auf die Geschichte vom verlorenen Sohn im Lukas-Evangelium ein gemästetes Kalb zum Festmahl übersandte sowie verschiedene Speisen in Gold- und Silbergefäßen. Von einem gemeinsamen Essen, wie es sonst bei Friedensschlüssen zwischen weltlichen Parteien häufiger berichtet wird, verlautet indessen nichts. Barbarossa seinerseits bat den Papst, am nächsten Tag eine Messe zu zelebrieren.

Am Morgen fand man sich wieder vor San Marco ein. Friedrich, der aus dem Dogenpalast kam, ging dem Papst wiederum ein kleines Stück entgegen – was Alexander wichtig genug war, um es in einem Brief nach England ausdrücklich mitzuteilen[14] – und geleitete ihn, wiederum an seiner rechten Seite gehend, in die Kirche. Dort legte der Kaiser zum zweiten Mal seinen Mantel ab, ergriff mit der Hand einen Stab, wies damit die Laien aus dem Chor, der dem Klerus vorbehalten war, und bereitete so, wie Romuald schreibt, wie ein Ostiarius (ein rangniederer Kleriker) dem Papst den Weg, der in feierlicher Prozession zum Altar schritt.[15] Die Pisaner Augenzeugen bemerkten, daß man bei dieser Gelegenheit trotz der gewaltigen Größe der Markuskirche aufgrund der unübersehbaren Menge von Klerus und Volk nur ganz eng gedrängt in der Kirche stehen konnte;[16] den großen Andrang bestätigt auch eine venezianische Quelle, die nicht weniger als 8420 Personen als zum Friedensschluß angereist verzeichnet.[17]

Als der Papst nach der Evangelienlesung auf die Kanzel stieg, um dort zu sprechen, demonstrierte Barbarossa besondere Aufmerksamkeit und trat näher heran. Da Alexander, so Romuald, die fromme Haltung bemerkte, ließ er die Worte, die er in der Sprache der Gebildeten (also Latein) vortrug, für den Kaiser ins Deutsche übersetzen.[18] Nach der Predigt und dem Credo trat Friedrich vor den Papst, leistete ihm erneut den Fußkuß und opferte eine Summe Gold. Dann geleitete er den Papst wieder an der rechten Hand aus der Kirche, hielt ihm den Steigbügel, als er dort sein Pferd bestieg, und führte den päpstlichen Schimmel eine kleine Strecke am Zügelriemen. Der Papst segnete ihn, der Kaiser kehrte in den Dogenpalast zurück. Alexander setzte seinen Weg zu Pferd bis ans Ufer fort, bestieg dort ein Schiff und ließ sich zu seiner Unterkunft rudern.

Am nächsten Tag besuchte Barbarossa den Papst und traf ihn von mehreren Bischöfen umgeben in seiner *camera* an; beide Seiten tauschten Glückwünsche aus. Aus anderem Kontext ist häufiger überliefert, daß nach Friedensschlüssen freundliche, sogar scherzhafte Gespräche die gefundene Eintracht demonstrieren sollten. Für den Kardinal Boso war dieses Treffen als vertrauensbildende Maßnahme offenbar so wichtig und nach den vorangegangenen Jahren des Konflikts so wenig selbstverständlich, daß er ausdrücklich vermerkt, Kaiser und Papst hätten im freundschaftlichen Gespräch sogar miteinander gescherzt, freilich so milde, daß die Würde ihrer hohen Ämter nicht verletzt worden sei.[19] Am 1. August schließlich erschienen der Kaiser und sein Gefolge im Patriarchenpalast zur feierlichen Beeidigung des Friedensabkommens. Während Geistliche zu beiden Seiten standen, ließ Alexander den Kaiser zu seiner Rechten Platz nehmen, und zwar höher als die Bischöfe und Kardinäle, wie Romuald ausdrücklich festhält. Nach einer Rede Alexanders erhob sich Barbarossa, legte nunmehr zum dritten Mal seinen Mantel ab und sprach auf deutsch zu den Anwesenden, während sein Kanzler Christian seine Worte übersetzte. Bevor Barbarossa eineinhalb Monate später die Lagunenstadt verließ, traf er noch mehrfach öffentlich und vertraulich mit Alexander zusammen, jedoch wissen wir darüber nur wenig. Die Aufmerksamkeit aller Chronisten galt vor allem den zeremoniellen Elementen während der ersten Tage des Zusammentreffens.

Symbolische Handlungen und ihre Bedeutung

Bei der Kaiser-Papst-Begegnung in Venedig wurde in einer Fülle zeremonieller Akte die wiedergewonnene Eintracht zwischen oberster geistlicher und oberster weltlicher Gewalt einer großen Öffentlichkeit eindrucksvoll vor Augen gestellt. Die detaillierten Nachrichten über die Prachtentfaltung verleiten leicht dazu, im Friedensschluß von Venedig einen der Höhepunkte der Regierung Friedrich Barbarossas zu sehen. Ob eine solche Charakterisierung allerdings auch die Wahrnehmung des Geschehens durch die Zeitgenossen zutreffend erfaßt, ist durchaus fraglich. Denn blickt man auf die Quellenzeugnisse, so sticht vor allem ein Umstand ins Auge: Kein einziger der erwähnten Augenzeugenberichte stammt von kaiserlicher Seite, sie entstammen entweder der päpstlich-alexandrinischen Partei oder waren – wie die Augenzeugenberichte aus Pisa und England – nicht eindeutig parteigebunden. Auffallend ist außerdem, daß in den immerhin über zwanzig in Venedig ausgestellten Kaiserurkunden in nur einer einzigen die Modalitäten des Friedensschlusses gestreift werden – und das auch nur mit der wortkargen Wendung, Barbarossa habe Alexander als seinen geistlichen Vater angenommen.[20]

Nicht anders verhält es sich in den Berichten der kaiserlichen Gefolgsleute. So schildert Erzbischof Philipp von Köln, in Venedig immerhin einer der wichtigsten Verhandlungsführer, in einem Brief an den Bischof von Lüttich zwar ausführlich den prächtigen Empfang des Kaisers in Venedig: Er sei von der größten und glänzendsten Schiffsflotte sowie einer festlichen Abordnung der Vornehmen ehrenvoll empfangen und unter größerer Prachtentfaltung als je einer seiner Vorgänger in die Stadt geleitet worden. Über die entscheidende Begegnung schreibt der Kölner, Barbarossa sei »mit geschuldeter und heiliger Demut vor den Papst« getreten, habe ihn »als seinen einzigen geistlichen Vater« angenommen und sei »selbst von diesem Papst mit dem Kuß des Friedens und der Liebe als Sohn und Verteidiger der Römischen Kirche« angenommen worden.[21] Vom Fußfall des Kaisers und dem Alexander geleisteten Fußkuß ist mit keiner Silbe die Rede. Damit sind auch schon alle Berichte auf kaiserlicher Seite genannt – und das ist gewiß nicht ein Echo, wie man es für einen angeblichen Höhepunkt der Regierungszeit erwartet.

Es gibt sogar eine Nachricht, die auf das genaue Gegenteil verweist. Etwa ein halbes Jahrhundert nach dem Geschehen wußte der anonyme Verfasser der Chronik vom Petersberg bei Halle noch zu erzählen, wie ein Vasall des Kaisers die Begegnung in Venedig wahrgenommen haben soll. Nach Barbarossas Fußfall soll Alexander gezögert haben, »den Kaiser aufzuheben; da rief Dietrich, Markgraf der Ostmark, der im Gefolge des Kaisers war, gewissermaßen anklagend und tadelnd aus, warum er die kaiserliche Würde *(imperialis dignitas)* einer solchen Beleidigung aussetze. Der Papst aber verstand die deutsche Sprache nicht und fragte, was der Deutsche da gesagt habe. Als er es erfahren hatte, ging er eilig zum Kaiser, hob ihn auf und richtete ihn zum Kuß empor.«[22] Diese Nachricht ist nicht deshalb interessant, weil sie einen glaubwürdigen Bericht über das Geschehen liefert, denn glaubwürdig ist die Behauptung über Barbarossas gewissermaßen versehentliche Demütigung durch Alexander sicher nicht. Die Nachricht verdient vielmehr deshalb Aufmerksamkeit, weil sie als überhaupt einzige belegt, daß Barbarossas Fußfall von seinen Gefolgsleuten als demütigend aufgefaßt worden sein könnte. Sie ist interessant, weil sie aus der Perspektive des Kaisers die Sensibilität für Wahrnehmung und Deutung symbolischer Verhaltensweisen – wie eben der Prostration – belegt. Und sie ist interessant, weil sie klarmacht, daß das Verständnis der symbolhaften Handlungen, die den Friedensschluss begleiteten, keineswegs eindeutig war. Was der Kaiser nur als Zeichen der Anerkennung Alexanders verstanden wissen wollte, konnte, je nach Parteinahme und Erwartung der anderen Beteiligten, eben auch als Zeichen seiner demütigen Unterwerfung verstanden werden. Vergleicht man etwa die detaillierte Beschreibung der Rekonziliation des Kaisers bei Boso oder Romuald mit der eben zitierten Reaktion des Markgrafen Dietrich, so werden die entgegengesetzten Möglichkeiten der Wahrnehmung ein und desselben Vorgangs unmittelbar deutlich. Deutlich wird damit aber auch, daß die Berichte über das Treffen von Venedig nicht als einfaches Abbild der Wirklichkeit, als ein gleichsam objektives Ereignisprotokoll gelesen werden dürfen, sondern daß ihre Schilderung eine interessengebundene Deutung des Geschehens liefert. Das Schweigen auf kaiserlicher Seite weist auf das Bewußtsein eines für Barbarossa durchaus prekären Geschehens.

Warum das so war, sei in vier Abschnitten näher erläutert. Es bedarf zunächst einiger knapper Bemerkungen über den Stellenwert von Herrschaftsrepräsentation im Mittelalter. Zweitens ist eine Vorstellung von den üblichen Formen der Begegnung zwischen Kaiser und Papst zu geben, ehe man drittens die konkreten Schwierigkeiten ermessen kann, die sich gerade im Fall der Begegnung mit Alexander III. stellten. Viertens bleibt zu fragen, weshalb sich Barbarossa dennoch dem geschilderten Zeremoniell fügte.

Warum also brachten die Zeitgenossen den Akten symbolischer Kommunikation soviel Aufmerksamkeit entgegen? Die tiefste Ursache dafür liegt in der strengen Rangordnung der mittelalterlichen Gesellschaft. Rang und Status wurden der Öffentlichkeit bei ganz unterschiedlichen Anlässen immer wieder vor Augen geführt, beispielsweise in der Sitzordnung, aber auch in den

Szenen der Unterwerfung von Gegnern, die sich in unterschiedlichen Formen vor dem Kaiser demütigen mußten – etwa, indem sie barfuß und im Büßergewand vor ihm erscheinen und um Verzeihung bitten mußten. Prestige, Ansehen, Würde – mit einem Wort: Ehre – war Zentrum und Bezugspunkt solcher Formen symbolischer Kommunikation, und Sorge um die Ehre war ein handlungsbestimmendes Motiv in der Adelsgesellschaft des Mittelalters. Gewiß nicht zufällig wird in Barbarossas Urkunden ganz selbstverständlich von Ehre als einem Handlungsmotiv des Kaisers gesprochen: *Honor* ist der lateinische Begriff dafür, häufig in der Kombination *honor imperii* oder *honor imperatoris*.[23] Vor den Augen der Öffentlichkeit zählte Repräsentation, und die Ehre des Kaisers stand über die Anerkennung seines besonderen Rangs zur Disposition.[24] Ehre war dabei kein innerer Wert, keine vom äußeren Ruf und Ansehen der Person unabhängige Größe. Ehre war vielmehr von außen zuerkannt, eingebunden in das Verhältnis zur Öffentlichkeit und daher auch stets öffentlichen Tests unterworfen.[25] Unter der Perspektive der Ehre betrachtet, und das illustriert der Zwischenruf des Markgrafen Dietrich unmißverständlich, war der Fußfall Friedrich Barbarossas vor Papst Alexander prekär.

Zweitens zu den üblichen Formen der Begegnung zwischen Kaiser und Papst im 12. Jahrhundert. Schon vor 1177 hatte sich eine feste und von Barbarossa selbst mehrfach geübte Form eingebürgert. Bei der Begegnung mit dem Papst demütigte sich der Kaiser, indem er den *vicarius Petri* besonders ehrte, und zwar durch Fußfall und Fußkuß; außerdem hielt er dem Papst den Steigbügel beim Aufsteigen aufs Pferd und führte sein Pferd eine kurze Strecke am Zügel – alles Verhaltensweisen, die bei der Schilderung des Friedensschlusses schon zu erwähnen waren. Keinen zweiten Menschen auf Erden ehrte der Kaiser in vergleichbarer Weise.

Barbarossa hatte dieses Zeremoniell erstmals 1155 kennengelernt, als er während seines Italienzugs zur Kaiserkrönung bei

Sutri Papst Hadrian IV. begegnete. Diese Begegnung endete zunächst im Eklat, und zwar offenbar deshalb, weil Barbarossa die Gesten der Ehrerweisung nur freiwillig leisten wollte, sie von seiten des Papstes aber als geschuldet eingefordert wurden. Diese öffentlich vorgetragene Forderung jedoch nahm Barbarossas Verhalten den Charakter freiwilliger Ehrerweisung und machte es zur Unterordnung unter eine Forderung. Dazu war der künftige Kaiser aber nicht bereit. Offensichtlich hatte man bei der Vorbereitung der Begegnung die Entfernung festzulegen vergessen, die der künftige Kaiser von seinem Heerlager aus dem heranziehenden Papst entgegengehen sollte.[26] Erst nachdem in langen Beratungen Konsens darüber hergestellt worden war, daß das Begrüßungszeremoniell nicht eine besondere Ehrung des Papstes, sondern des Apostelfürsten bedeutete, wurde der Eklat beigelegt. Die Begegnung wurde am nächsten Tag einfach wiederholt, und diesmal leistete Barbarossa die Ehrendienste. Das tat er auch während des Schismas, als er die beiden Gegenpäpste Viktor IV. und wohl auch Paschalis III. auf dieselbe Art und Weise anerkannte.[27]

In welchen Formen Barbarossa den lange bekämpften Papst Alexander in Venedig anzuerkennen hatte – eben durch Fußfall, Fußkuß und Stratordienst – wußte er also genau, und vor dem Hintergrund der zuvor stattgefundenen Kaiser-Papst-Begegnungen könnte man annehmen, daß in diesem Zeremoniell auch keine besonderen Hindernisse lagen. Damit ließe man allerdings etwas außer Betracht, was für die Zeitgenossen von Bedeutung war, nämlich daß Alexander schon vor seiner Wahl zum Papst 1159 bei Barbarossa in Ungnade gefallen war.

Damit drittens zu den konkreten Schwierigkeiten einer Begegnung zwischen Barbarossa und Alexander. Das Verhältnis Barbarossas zu Alexander war von einer ungesühnten Beleidigung überschattet, die lange zurücklag. Im Jahr 1157 stand Roland Bandinelli, der zwei Jahre später unter dem Namen Alexander III. zum Papst gewählt wurde, im Zentrum eines tumultartigen Auftritts auf einem Hoftag Barbarossas in Besançon.[28] Roland überbrachte eine Botschaft Papst Hadrians IV., in der es hieß, er würde dem Kaiser außer der Kaiserkrönung gerne noch weitere *beneficia* zukommen lassen. Damit waren Wohltaten gemeint, Barbarossas Kanzler Rainald von Dassel übersetzte den lateinischen Begriff *beneficia* aber mit ›Lehen‹ und machte den Kaiser so zum Lehnsmann des Papstes. Am Hof wurde die Legitimation der Kaiserkrone aber gründlich anders gesehen. Dort herrschte die Vorstellung, daß der deutsche König allein wegen seiner Wahl durch die Fürsten bereits Anspruch auf die Kaiserkrone habe. Sofort erhob sich ein Sturm der Entrüstung, und mitten im Streit goß Roland noch Öl ins Feuer, indem er fragte, von wem denn der Kaiser das Imperium habe wenn nicht vom Papst. Pfalzgraf Otto von Wittelsbach wollte diese Beleidigung des Kaisers und der Fürsten umgehend rächen und ging mit gezücktem Schwert auf Roland los. Zwar kam es zu keinem Blutvergießen, aber Roland wurde schimpflich vom Hof gewiesen, ohne den üblichen Abschied und ohne die üblichen Geschenke. Er hatte die Ehre des Kaisers verletzt und damit auch dessen Huld verloren.

Um Huld wieder zurückzugewinnen, mußte die verletzte Ehre geheilt werden.[29] Das geschah durch einen Akt der Genugtuung, der die erlittene Beleidigung wieder aus der Welt schaffte. Roland aber war seit dem Eklat von Besançon dem Kaiser nie wieder begegnet. Durch seine Papstwahl wurde die persönliche Begegnung nun zu einem besonderen Problem, denn das übliche Zeremoniell hätte konkret bedeutet, daß der Kaiser einen Mann, der ihn ungesühnt vor den Augen des Hofs (und das hieß: vor den Augen der Welt) beleidigt hatte, in einer Weise hätte ehren sollen, wie er sonst keinen zweiten Menschen auf Erden ehren würde. Allein diese Vorstellung dürfte für den staufischen Hof eine Zumutung gewesen sein. Das gab der Kaiser auch im Vorfeld der doppelten Papstwahl von 1159 unmißverständlich zu erkennen. Er ließ keinen Zweifel daran, daß er nur eine solche Person als Papst anerkennen werde, die den *honor imperii* wahrt. Roland Bandinelli war damit sicher nicht gemeint.

Nach der doppelten Papstwahl, die mit Viktor IV. und Alexander III. zwei Päpste auf den Stuhl Petri gebracht hatte, ließ Barbarossa keine Gelegenheit aus, Viktor ganz unverhohlen parteiisch gegen Alexander zu unterstützen. Dafür war nicht nur die weitläufige Verwandtschaft zwischen beiden ausschlaggebend, sondern Viktors mehrfach versicherte Bereitschaft, den *honor imperii* zu wahren – Zusicherungen, die man auf Alexanders Seite vergeblich suchte.[30] Zwar unternahm Barbarossa in den Jahren nach 1159 verschiedene Anstrengungen, die durch die Doppelwahl entstandene Kirchenspaltung zu beseitigen. Konzilspläne wurden ebenso verfolgt wie das Projekt eines Schiedsgerichts. Allerdings sollte das Problem zur Ehre des Reichs – *ad honorem imperii* – gelöst werden; mit anderen Worten: Die Möglichkeit eines Urteils zugunsten Alexanders wurde nicht ernsthaft in Betracht gezogen. So scheiterte denn auch jedes der geplanten Schiedsgerichte an der fehlenden Bereitschaft übrigens beider Seiten, sich einem nicht voraussehbaren Urteil zu unterwerfen.

In dem Maße, wie Alexander seine Position in den Folgejahren festigen konnte, wurden am staufischen Hof auch andere Modelle erwogen. Zur Veranschaulichung eine Episode aus dem Jahr 1169. Damals starb Paschalis III., nach Viktor der zweite kaiserliche Gegenpapst. Die Gelegenheit war günstig, um das Schisma beizulegen. Den Weg dazu öffnete Barbarossas Absicht, seinem Sohn Heinrich die Nachfolge auf dem Kaiserthron zu sichern, doch es war ein Vorhaben, das ohne den Papst, der ja die Kaiserkrönung vornahm, nicht gelingen konnte. Deshalb ließ Barbarossa anbieten, Heinrich werde sich zur Anerkennung Alexanders verpflichten, wenn Alexander Heinrich als Kaiser annehmen werde. Barbarossa selbst aber war zur Anerkennung Alexanders nicht bereit. Er wolle, so ist überliefert, nicht gezwungen werden, einen anderen Papst anzuerkennen als Petrus selbst und die Päpste im Himmel. Alexander zu dulden war am Hof also denkbar geworden, nicht aber, ihm persönlich zu begegnen und ihm dabei die unumgänglichen Formen der Anerkennung zu erweisen.[31] Alexander indessen bestand darauf, daß der Staufer vor ihm, wie er in einem Brief schreibt, »den Nacken beugen« sollte.[32] Das war keine bloß metaphorische Wendung, sondern eine Aussage über ganz konkretes Verhalten, eben die einem rechtmäßig gewählten Papst geschuldete Ehrerweisung. Barbarossa sah das noch für lange Zeit als mit seiner Ehre nicht vereinbar.

Der Stellenwert, den der *honor imperii* einnahm, war für alle Hoffnungen auf ein baldiges Ende des Schismas eine schwere Hypothek. Denn unter dem Gesichtspunkt des *honor imperii* lag der schwerwiegendste Mangel unmittelbar in der Person Alexanders III. selbst. Eine Bestätigung dafür liefert der bereits erwähnte Bericht des englischen Mönches über den Friedensschluß in Venedig. Er beginnt mit einem Rückblick auf die Ursache des Schismas. Demnach sei Roland, einstmals Kanzler der römischen Kirche, vom Papst als Gesandter nach Deutschland geschickt worden und habe sich dort Friedrichs Haß zugezogen, weil er ihn in aller Öffentlichkeit ohne jede Ehrerbietung *(irreverenter)* angefahren habe. Als dieser Roland später unter dem Namen Alexander zum Papst erhoben wurde, sei der Kaiser »über die Maßen empört« gewesen und habe es abgelehnt, ihm Gehorsam oder die »Ehrerweisung der Unterwerfung« *(subiectionis reverentia)* zu bezeugen.[33] Das ist unverkennbar ein Echo des Eklats von Besançon, und ganz offensichtlich wurde dem englischen Mönch in Venedig mit dieser Geschichte die lange Dauer der Kirchenspaltung erklärt.

Das Kalkül des Friedensschlusses

Es bleibt nun viertens die Frage, weshalb sich Barbarossa doch noch auf den Friedensschluß mit Alexander eingelassen hat. Eine Antwort darauf hat sicher zu berücksichtigen, daß der Kaiser ursprünglich in Venedig nicht nur Frieden mit dem Papst, sondern auch mit dem lombardischen Städtebund schließen wollte, der seit 1167 mit Alexander verbündet war. Der Bund hatte erst im Vorjahr 1176 in der Schlacht von Legnano einen prestigeträchtigen Sieg über das kaiserliche Heer errungen. Wie man sich auf kaiserlicher Seite einen Friedensschluß mit diesem Gegner vorstellte, ist nicht ausdrücklich überliefert, jedoch vermitteln die Unterwerfungen zahlreicher anderer italienischer Städte wie etwa Tortona oder Mailand eine Vorstellung davon, welches Spektrum symbolischer Verhaltensweisen zur Verfügung stand, um die Ehre von Kaiser und Reich zu heilen, wenn sie durch Ungehorsam und Widerstand verletzt worden war. Im Falle der Stadt Tortona, die sich dem Staufer während seines ersten Italienzugs 1155 widersetzte, bestand Barbarossa auf einer Unterwerfung der Bürger, und zwar *ob regis et sacri imperii gloriam et honorem*,[34] also: »wegen des Königs und des heiligen Reiches Ruhm und Ehre«. Die Bürger zogen dann im Büßergewand – das heißt nur mit einem einfachen Leinenhemd bekleidet – und barfuß vor den Staufer, fielen ihm zu Füßen und bekannten sich schuldig. Es war ein solcher Akt demonstrativer Selbstdemütigung, der die verletzte Ehre von Kaiser und Reich heilen und Genugtuung für eine erlittene Ehrverletzung verschaffen konnte.

Die Beispiele für solche Unterwerfungen sind zahlreich, und besonders eindrucksvoll war die Unterwerfung Mailands im Jahre 1162, die sich geradezu in einer Choreographie der Demütigung über mehrere Tage erstreckte. Der Anschaulichkeit halber sei ein kurzer Abschnitt aus dem viel längeren Bericht eines Augenzeugen zitiert: Die Mailänder waren am dritten Tag hintereinander vor dem Kaiser in der benachbarten Stadt Lodi erschienen. Der Kaiser saß auf erhobenem Platz und beobachtete, wie der Fahnenwagen als Herrschaftszeichen der Kommune vor ihn gebracht wurde. »Nach dem völligen Verzicht der Mailänder auf Ehre fuhr zuletzt dieser Wagen heran, um selbst sein Haupt zu neigen. Die vorne standen, senkten kunstvoll das ganze Gerüst und den Masten selbst so weit bis zur Erde, daß wir, die neben dem Thron des Herrn Kaisers standen, den Zusammensturz des ganzen Gerüsts fürchteten. Aber der herabgesenkte Mast fiel nicht und erhob sich nicht, bis der Kaiser die Fransen der Fahne zusammenlas und den Fahnenwagen wieder aufrichten und als unterworfen dastehen ließ. Da fielen die Ritter und das Fußvolk einmütig auf ihr Antlitz, weinten und riefen um Barmherzigkeit. Daraufhin sprach einer der Konsuln mitleiderregend, und nach seiner Rede warf sich die ganze Menge erneut zu Boden und streckte die Kreuze, die sie trug, empor und flehte unter lautem Wehklagen im Namen des Kreuzes um Barmherzigkeit. Alle, die es hörten, wurden davon heftig zu Tränen gerührt. Aber das Gesicht des Kaisers blieb unverändert. (Nun bat) der Graf von Biandrate mitleiderregend für (die Mailänder) und zwang alle zu Tränen, indem er selbst das Kreuz emporhielt und sich die ganze Menge zugleich mit ihm demütig bittend niederwarf; indessen ließ nur der Kaiser allein sein Gesicht unbeweglich wie Stein.«[35]

Der Lombardenbund sollte beim geplanten Friedensschluß 1177 wohl unter ähnlichen Formen in die Huld des Kaisers zurückkehren. Ein unmittelbares Vorbild gab es bereits, denn der Bund hatte 1175 bei Montebello schon einmal Frieden mit Barbarossa geschlossen. Damals mußten sich zwei Rektoren stellvertretend für den Städtebund unterwerfen. Sie fielen dem Kaiser demütig zu Füßen und übergaben ihre Schwerter, die sie zuvor über dem Nacken getragen hatten, indem sie Barbarossa den Griff reichten, so daß die blanke Klinge auf sie selbst zielte. »Wie Getreue einem gnädigen Herrn«, so berichtet der Magister Tolosanus, mußten sie dem Kaiser »auf unterwürfigste Art alle Ehrerbietung erweisen.«[36] Man kann sich also in etwa vorstellen, welche Erwartung man am staufischen Hof bezüglich der Formen eines Friedensschlusses mit dem Städtebund hegte. Unter dem Gesichtspunkt der Ehre war eine solche *deditio* des Bundes sicher erwünscht. Eine Unterwerfung seiner Repräsentanten in den üblichen Formen – also barfuß im Büßergewand und mit Fußfall vor dem Kaiser – wäre nicht nur Genugtuung für die Niederlage von Legnano gewesen, sondern auch ein Gegengewicht zu dem Gesichtsverlust, den die Anerkennung

Alexanders nach fast zwei Jahrzehnten Gegnerschaft und nach zwei öffentlichen Eiden, ihn niemals anerkennen zu wollen, für Barbarossa zweifellos bedeutete.

Aber der Städtebund war stark genug, sich in Venedig einer solchen Demütigung nicht aussetzen zu müssen. Er war zum damaligen Zeitpunkt nur zu einem Waffenstillstand bereit. Als Vermittler den Kaiser von dieser Entwicklung unterrichteten, schrie er sie empört an, sie hätten bei den Friedensverhandlungen mehr für die Ehre des Papstes Alexander und für dessen Vorteil als für die Würde des Reichs gesorgt.[37] Diese Reaktion des Kaisers ist verständlich, denn mit einem bloßen Waffenstillstand waren keine Unterwerfungsgesten verbunden. Damit aber wurde jede großartige Inszenierung kaiserlicher Würde und Machtstellung hinfällig. Das Friedenspaket, das unter dem Gesichtspunkt von Erniedrigung und Erhöhung des Kaisers gewiß austariert sein sollte, wurde durch die Waffenstillstandsforderung gewissermaßen wieder aufgeschnürt. Der Friedensschluß mit Alexander drohte nun zu einem herben Prestigeverlust zu werden, den der Kaiser so nie gewollt hatte. Das ist auch die Ursache dafür, daß er noch in letzter Minute bereit war, den Frieden scheitern zu lassen. Jedoch verhinderten die geistlichen Reichsfürsten, die als Vermittler tätig waren,[38] den Rückzug vom Frieden mit ihrer drastischen Drohung, Alexander als rechtmäßigen Papst anzuerkennen. Die Dramatik dieser heftigen Konfrontation zwischen Kaiser und Vermittlern spiegelt sich noch in der metaphorischen Wendung Romualds von Salerno, Barbarossa habe angesichts dieser Drohung seine löwenhafte Wildheit abgelegt, die Sanftmut eines Schafs angenommen und sich dem vereinbarten Frieden endlich gefügt.[39]

Um Barbarossa die Zustimmung zu erleichtern, kam ihm Alexander auf zwei Ebenen entgegen: zum einen durch materielle Zugeständnisse (hier ausgeblendet), zum andern auf der Ebene symbolhafter Handlungen. Hier verdient zunächst die Lösung des Kaisers vom Bann besondere Aufmerksamkeit. Sie geschah, wie erwähnt, auf dem Lido, also noch vor Barbarossas Begegnung mit Alexander.[40] Warum? Alexander hatte den Bann über Barbarossa verhängt, und es entsprach dem üblichen Brauch, daß der exkommunizierende Bischof die verhängte Exkommunikation auch wieder aufhob. Das hätte allerdings wenig vorteilhafte Konsequenzen für Barbarossa gehabt. Das Verkehrsverbot mit einem Exkommunizierten hätte die ehrenvolle Begrüßung und Einholung des gebannten Kaisers durch den Dogen und den Patriarchen von Venedig unmöglich gemacht, zumindest aber die Teilnahme der venezianischen Geistlichkeit an der feierlichen Einholung verhindert. Barbarossa hätte also nur unter wesentlich weniger repräsentativen Umständen nach Venedig einziehen können. Sodann wäre bei einer öffentlichen Absolution durch Alexander selbst das Zeremoniell durchaus problematisch geworden. Üblich war, daß der reumütige Sünder im Bußakt barfuß seine Schuld bekannte. Genau an dieser Frage der Barfüßigkeit des Herrschers waren knapp sechzig Jahre zuvor die Verhandlungen zwischen Heinrich V. und Calixt II. in Mouzon gescheitert, und es erscheint undenkbar, daß Barbarossa bereit gewesen wäre, in aller Öffentlichkeit barfüßig um Absolution zu ersuchen. Dieses Problem wurde gelöst, indem die Absolution fern der Öffentlichkeit noch auf dem Lido nur vor einem kleinen Kreis von Würdenträgern erteilt wurde.

Unter den zeremoniellen Einzelheiten verdient außerdem Aufmerksamkeit, daß Barbarossa dreimal seinen roten Kaisermantel ablegte: Bevor er sich Alexander zum ersten Mal zu Füßen warf, als er ihm tags darauf den Weg in den Chor des Markusdoms bahnte und als er am 1. August vor dem Papst und den versammelten Vertretern aller Konfliktparteien seine Friedensbereitschaft beteuerte, indem er seinen bisherigen Irrtum öffentlich eingestand.[41] Romuald kommentiert diese Geste in zwei Fällen als Zeichen von Barbarossas Demut. Eine solche Deutung lag für einen Parteigänger Alexanders, der den Respekt vor dem Papst akzentuieren wollte, sicher nahe, aber ob sie Barbarossas Intention tatsächlich gerecht wird, bleibt fraglich. Der Kaisermantel war ein *signum imperii*, ein Zeichen der Kaiserherrschaft. Sein Ablegen kann auch als Versuch Barbarossas verstanden werden, auf diese Weise sein Amt symbolisch vom Makel des Schuldeingeständnisses freizuhalten und sich dem Papst zu präsentieren wie ein gläubiger und bußfertiger Christ seinem geistlichen Vater. Die erhaltene Überlieferung läßt nur erkennen, welche Deutung Alexanders Partei Barbarossas Verhalten beilegte, nicht aber, welche Absicht auf kaiserlicher Seite damit verfolgt wurde. Dieses Beispiel verdeutlicht, daß die Möglichkeit, über Rituale zu berichten, gleichzeitig Macht über ihre Deutung verleiht.[42] Und gerade Romualds explizite Erklärung des Mantelablegens begründet den Verdacht, daß er damit einer in ihrem Sinn nicht festgelegten Geste eine eindeutige, auf päpstlicher Seite erwünschte und willkommene Aussage gab.

Jede Nuance im Bericht über Akte symbolischer Kommunikation kann eine politisch relevante Deutung zum Vorteil oder Nachteil einer der beteiligten Parteien liefern. Das läßt sich in den Berichten Bosos und Romualds über den Stratordienst gut illustrieren. Zwar stimmen beide Chronisten darin überein, daß Barbarossa dem Papst beim Aufsitzen auf sein Pferd den Steigbügel hielt. Sie geben darin ganz beiläufig zu erkennen, daß der päpstliche Schimmel nur deshalb nach Venedig gebracht wurde, damit der Kaiser diesen rituellen Ehrendienst überhaupt vollziehen konnte, und natürlich nicht deshalb, weil sich der Papst in Venedig sonst zu Pferde fortbewegen wollte – das wäre dort auch im 12. Jahrhundert nicht leicht und auch nicht üblich gewesen. Unterschiedliche Angaben machen sie aber über den Zügeldienst. Romuald schreibt, Barbarossa habe das Pferd nur ein kleines Stück am Zügel geführt. Das heißt mit anderen Worten, daß die kurze Entfernung von San Marco bis zur Landestelle zu groß für diese Demonstration kaiserlicher Demut war.[43] Boso notiert dagegen, Alexander habe Barbarossas Bereitschaft zum Zügelhalten für die Tat selbst genommen und darauf verzichtet.[44] Der

Widerspruch zwischen beiden Berichten ist also von ganz grundsätzlicher Art. Er illustriert anschaulich die Deutungsmacht, die ein Chronist mit seinem Bericht über das Geschehen ausübt; sie war natürlich seiner Darstellungsabsicht verpflichtet, die gerade auch in der Selektion von Informationen über symbolhafte Handlungen greifbar wird.[45]

Boso schildert Alexander als vorbildlichen Papst, und dazu gehörte Demut – auch und gerade bei der Annahme von Ehrendiensten, die ihm der Kaiser leistete. Boso dürfte gewußt haben, daß die kaiserliche Seite anläßlich der erwähnten problematischen Begegnung von Sutri Hadrian herrische Anmaßung vorwarf.[46] Der Verdacht, daß er mit seiner Darstellung des Geschehens Alexander vor diesem Vorwurf schützen wollte, drängt sich daher geradezu auf. Was das tatsächliche Geschehen vor San Marco angeht, erscheint es jedoch wahrscheinlich, daß man sich auf ein nur kurzes Wegstück für den Stratordienst geeinigt haben dürfte – etwa vom Atrium von San Marco bis zur Südecke der Kirche, wo Barbarossa zu seinem Quartier, dem Dogenpalast, abgebogen, während Alexander ohne Begleitung des Kaisers bis zur Anlegestelle am Ufer weitergezogen sein könnte.[47] Alexander hätte damit demonstrativ Rücksicht auf die kaiserliche Würde genommen und dadurch dem Geist des Friedensschlusses genau entsprochen.

Die konfessionell und national gestimmte Rezeption

Zum Frieden von Venedig gehört auch seine Rezeption.[48] Für sie ist charakteristisch, daß die papstfreundliche Historiographie aus der Begegnung in Venedig eine schroffe Demütigung Barbarossas machte, und zwar um so deutlicher, je größer der zeitliche Abstand zum Ereignis selbst wurde. Den Anfang machte Thomas von Pavia im späten 13. Jahrhundert unter dem Eindruck des Konflikts zwischen Friedrich II. und dem Papsttum seiner Zeit. Er ergänzte den Bericht über Barbarossas Fußfall mit dem Zusatz,

Alexander sei ihm bei der Unterwerfung auf den Hals getreten. Diese im Spätmittelalter immer weiter ausgeschmückte Geschichte lieferte schließlich den Reformatoren Munition für ihre Polemik gegen die Machtansprüche des römischen Papsttums.

Philipp Melanchthon wertete die Demütigung Barbarossas als wichtiges Indiz für die wachsende Entfremdung der Kirche von ihrem Ursprung. Fußkuß und Fußtritt würden unzweideutig zu erkennen geben, daß die »Bäbstlich Tyranney gewachsen und zugenommen« habe.[49] Für Martin Luther entlarvte sich der Papst als Antichrist durch die Tatsache, daß »die theuren fursten keyszer Friedrich der erste und der ander (II.) ... so jemerlich von den Bepsten mit fussen tretten und vordruckt« worden seien.[50] Die reformatorischen Flugschriften und Flugblätter schließlich machten den Fußkuß und den Fußtritt zu massenwirksamen Bildformeln, die die päpstliche Hybris als Störer der politischen Ordnung zu Bewußtsein bringen sollten. Dieser konfessionellen Polemik verpflichtet, konnte sich 1617 ein evangelischer Pastor bei der Beschreibung der Szene von Venedig nur wundern, daß nicht einer der kaiserlichen Trabanten, »etwa ein Edler redtlicher Teutscher Mann«, der dies gesehen hat, aus »Heroischem Eyfer« dem »Bapste Alexandro dem Huren Sohn mit einem Dolch das Hertz im Leibe entzwey gestochen« habe.[51] Der Unterschied zur erwähnten Empörung des Markgrafen, von der die Chronik vom Petersberg berichtet, ist nur graduell: Beide Stimmen sorgen sich um Ansehen, Würde und Prestige des Kaisers.

Dieser nachträgliche Kampf um Barbarossas Ehre gewann neue Aktualität, als die mittelalterliche Kaiserzeit im 19. Jahrhundert unter dem Einfluß der Nationalbewegung plötzlich zum fernen Bezugspunkt nationaler Größe und Sinnstiftung wurde. Vor diesem Hintergrund hatte die nationale Geschichtsschreibung Schwierigkeiten mit der Darstellung des Friedensschlusses von Venedig. In der einflußreichen, erstmals 1823 erschienenen *Geschichte der Hohenstaufen* Friedrich von Raumers wurde der Sachverhalt so geschönt wie nur möglich dargestellt. Dort liest man nur von einer Verbeugung Barbarossas vor dem Papst und »alle(r) nur herkömmliche(n) und gebührende(n) Ehrfurcht«.[52] Wie Barbarossa selbst und die kaiserfreundlichen Chronisten zögerten auch Historiker des 19. Jahrhunderts, eine symbolische Handlung zu erwähnen, die nach ihrem Empfinden die Ehre des Kaisers schmälerte. Im Bild sollte das schon gar nicht gezeigt werden. Als König Ludwig von Bayern bei dem Maler Schnorr von Carolsfeld für die Münchner Residenz Wandbilder mit der Geschichte Barbarossas bestellte, befahl er ihm, er solle alles vermeiden, was den Kaiser in einer demütigenden Situation zeigen könne.[53]

Festzuhalten ist, daß eine symbolische Handlung, die Barbarossa zum Ausdruck seiner Anerkennung Alexanders vollzog und gewiß auch als solche verstanden wissen wollte, schon von den Zeitgenossen mit unterschiedlichen Akzenten gedeutet werden konnte. Die Ursache dieser unterschiedlichen Wahrnehmung und Deutung liegt in der fehlenden Eindeutigkeit symbolischer Kommunikationsformen. Schon Barbarossas Fußfall war vieldeutig. Handelte es sich um eine dem Stellvertreter Petri geschuldete Ehre oder um eine Unterwerfung des Kaisers nach vergeblichem Kampf? Beide Seiten konnten in dieser Geste sehen, was sie wollten. Nicht zuletzt in dieser Mehrdeutigkeit lag aber auch die friedenstiftende Funktion symbolischer Verhaltensweisen. Und diese Mehrdeutigkeit ist auch der Grund dafür, daß sich noch die modernen Historiker nicht immer einig sind in ihrer Bewertung dessen, was im Juli 1177 in Venedig eigentlich geschah.

STEFAN WEINFURTER

Umsturz in Reich und Kirche:
Die Neuordnung am Beginn des 12. Jahrhunderts

Am 12. Februar des Jahres 1111 spielte sich in Rom ein Ereignis ab, das man wohl als sensationell bezeichnen darf.[1] Eine große Versammlung von Kardinälen, italienischen und deutschen Bischöfen und Fürsten hatte sich in der Peterskirche eingefunden. Man wollte der Kaiserkrönung des Salierkönigs, Heinrichs V. (1106–1125), beiwohnen. Einer der vornehmsten Festakte in der Welt des Mittelalters stand bevor. Das Kaisertum, und das heißt: die weltliche Leitung der Christenheit sollte neu besetzt werden.

Bevor es zum Krönungsakt kam, trat der künftige Kaiser, wie es sich gehörte, vor die Festversammlung und versprach der Kirche, sie niemals zu schädigen. Das war keineswegs ungewöhnlich. Doch dann geschah das Unfaßbare: Der Papst, Paschalis II. (1099–1118), verlas seinerseits den Text einer Vereinbarung, die in den Tagen zuvor in Geheimverhandlungen mit den Unterhändlern des Königs beschlossen worden war. Was die anwesenden Großen nun zu hören bekamen, dürfte ihnen wie ein böser Traum vorgekommen sein. Der Papst verkündete nämlich, er erteile den Bischöfen hiermit den Befehl, daß sie alle ihre Besitzungen, Rechte und Einkünfte, die sie jemals von den Königen erhalten hatten, also die sogenannten Regalien, an den König und das Reich zurückgeben müßten.[2] Sämtliche Bischöfe des Reiches sollten sich von den Reichsrechten und Reichsgütern, die mit ihren Kirchen verknüpft waren, trennen. Der Papst zählte sie auf: Städte, Markgrafschaften und Grafschaften, das Recht auf Münze, Zoll und Markt, die Reichsvogteien, Höfe, Ministerialen und Burgen. Künftig sollten die Bischöfe nur mehr von den frommen Stiftungen, von den Schenkungen und Spenden der Gläubigen leben. Der König freilich müsse als Gegenleistung dafür auf die Investitur der Bischöfe, auf die Einsetzung in das Bischofsamt, vollkommen verzichten.

Dieser Vorschlag des Papstes, man kann es nicht anders sagen, war auf die völlige Entmachtung der Bischöfe gerichtet. Dies wird auch ganz offen in der päpstlichen Begründung dargelegt. Dort heißt es: Nicht der König mit seiner Investitur der Bischöfe sei das Grundübel der Welt. Vielmehr seien die Bischöfe selbst für das Desaster verantwortlich. Sie hätten sich nämlich vollkommen in die weltliche Macht und Politik verstricken lassen. Nicht der investierende König, sondern die mit weltlichen Dingen befaßten und mit weltlichen Machtgrundlagen ausgestatteten Bischöfe seien zu bekämpfen und gleichsam aus der Welt zu schaffen. Nochmals wird damit das Ziel des Papstes unterstrichen, die Bischöfe seiner eigenen Kirche zu entmachten.

In der Forschung tut man sich schwer mit dieser päpstlichen Offerte. Sie scheint unserem Bild von der mittelalterlichen Weltordnung vollständig zu widersprechen. Die vielfältige Verstrikkung der Kirche in Macht und Herrschaft wird man gemeinhin gerade als typisch mittelalterlich bezeichnen. Das Angebot des Papstes von 1111 wirkt daher völlig unverständlich. Wir wissen natürlich, daß dieser Papst, Paschalis II., schon gleich nach seinem Amtsantritt 1099 damit begonnen hat, die Einsetzung der Bischöfe durch den König heftigst zu bekämpfen.[3] Aber weshalb sollte dieses Problem nun so ganz auf Kosten der Bischöfe selbst gelöst werden?

Im folgenden soll versucht werden, dieses Problem etwas zu umkreisen, um Durchblicke für eine Erklärung zu finden. Bei unseren Überlegungen können wir von einer ›hypothetischen Tatsache‹ ausgehen: Wäre dieser päpstliche Vorschlag vom 12. Februar 1111 verwirklicht worden, hätte er verheerende Auswirkungen gehabt. Er hätte das damalige Reich in seiner Struktur und in seinem gesamten Ordnungsgefüge vollkommen umgekrempelt. Die gesamte Reichsordnung wäre schlagartig verändert worden. Und man kann auch sagen, weshalb dies so gekommen wäre: Es lag an der einzigartigen Stellung der Bischöfe im Ordnungssystem des Reiches. Die Bischöfe waren um 1100 längst zu besonderen Integrationsträgern im Reich geworden. Ja, man kann sagen, die Einheit des Reiches ruhte zunehmend auf ihren Schultern, und gerade in diesen Jahren wuchs die Vorstellung von ihrer besonderen Verantwortung für die Einheit und den Bestand des Reiches noch weiter an.

Politische Neuordnung und Kirchenreform

Dies alles hängt mit der Umbruchphase zusammen, die wir Investiturstreit nennen: eine Umbruch-Epoche, die von manchen Forschern als umwälzender eingeschätzt wird als die Französische Revolution.[4] Natürlich, im 1076 einsetzenden Investiturstreit ging es um die Rangfolge der höchsten Autoritäten in der Christenheit, also zwischen dem König des »römischen« Reichs und dem Papst. Eigentlich lautete die Frage, wer von beiden der unmittelbare Stellvertreter Christi, des himmlischen Königs also, auf Erden sei.[5] Der Stellvertreter Christi war zugleich der Vertreter und Verteidiger der Gebote Gottes und damit der Wahrheit. Ihm gebührte daher das Recht, von jedem Christenmenschen absoluten Gehorsam einzufordern. Hinzu kam die Vorstellung von der Verantwortung und von der Rechenschaft, die der Stellvertreter Christi auf Erden dereinst vor Gott abzulegen hätte. Alle diese Aufgaben und Verpflichtungen sah der Papst mit seinem Amt verbunden. Dies verschaffte ihm einen uneinholbaren Vorsprung im Ordnungsgefüge der damaligen Welt und hob auch den Rang des »Priestertums«, das sich für das Seelenheil der Menschen verantwortlich sah, weit über den des Königs.[6]

Der Investiturstreit wurde von den Menschen im Reich allerdings in ganz anderer Weise als existentielles Problem erlebt. Sie waren von den Folgen unmittelbar betroffen. Über Jahre und

Jahrzehnte war das Land von Unfrieden erfüllt. Ständig gab es Plünderungen und Totschlag, und der langjährige Bürgerkrieg *(civile bellum[7])* im letzten Viertel des 11. Jahrhunderts brachte Not und Unsicherheit hervor. Noch stärker lastete auf den Menschen das Problem der Heilsvermittlung. Viele kirchliche Ämter, auch Bischofssitze, waren doppelt besetzt. Auf vielen Kirchen lastete das Interdikt. Wem sollten sich die Menschen anschließen? Wer war der wirkliche Vertreter der Heilswahrheit? Wo gab es Rettung vor der ewigen Verdammnis? In dieser Situation sahen sich die Bischöfe in besonderer Weise aufgerufen. In diesem verderbenbringenden Chaos, in dieser Sintflut der Kirche waren sie gefordert.

In der Tat ist im späten 11. Jahrhundert die aufkommende Idee einer Fürstenverantwortung für das Reich deutlich zu erkennen.[8] Auch weltliche Fürsten wurden davon erfaßt, aber die Führung lag eindeutig bei den Bischöfen. Schon im Zusammenhang mit der Absetzung Heinrichs IV. 1077 deutete sich diese Entwicklung an.[9] Als neuen König wählte damals eine süddeutsch-sächsische Adelskoalition im fränkischen Forchheim Rudolf von Rheinfelden, einen herausragenden schwäbischen Fürsten des 11. Jahrhunderts. Gegenüber der dynastischen Legitimierung des salischen Herrschers wurde mit diesen Vorgängen das Element der Wahl durch die Fürsten gestärkt.

Noch bemerkenswerter ist die Beobachtung, daß bei dieser Wahl ein neuer Gedanke entwickelt wurde: Ein König sollte, so wurde festgestellt, nicht der Herrscher aller einzelnen *(singulorum)*, sondern der »Gesamtheit« *(universorum)* sein.[10] Damit ist ein interessanter Abstraktionsvorgang verbunden. Man dachte nicht mehr von der Summe der einzelnen her, sondern von der Gesamtheit, der *universitas* des Volkes. Zum erstenmal im Mittelalter klingt damit die Vorstellung von der *universitas* derer an, die das Reich ausmachen und die die Verantwortung für das Reich tragen.[11] Die Bischöfe führten diese Verantwortungsgemeinschaft an, denn durch ihre Zuständigkeit für das Seelenheil der Menschen standen sie an der ersten Stelle dieser neuen Ordnung in der Gesellschaft. Ihre ›Funktion‹ wurde als die bedeutendste in dieser Welt angesehen.

Die neue ›Ordnungsbewegung‹ war von einem starken religiösen Sendungsbewußtsein getragen. Gut sichtbar wird das an der Rolle, die man dem Gegenkönig Rudolf von Rheinfelden zuteilte. Er führte seine Krieger zwar erfolgreich an, aber 1080 wurde er im Kampf gegen Heinrich IV. so schwer verwundet, daß er kurz darauf starb. Als man ihn in Merseburg bestattete, fertigte man für sein Grab die berühmte Bronzeplatte an, die heute noch im Merseburger Dom zu sehen ist.[12] Die auf ihr angebrachte Inschrift ist aufschlußreich, denn sie läßt erkennen, daß der gefallene König Rudolf von seinen Anhängern als Märtyrer verehrt wurde. »König Rudolf«, so heißt es, »der für das Recht der Väter hinweggerafft wurde und der es verdient, beweint zu werden, liegt in diesem Grab. Hätte er in Frieden regiert, wäre kein König in Rat und Tat seit Karl (dem Großen) mit ihm vergleichbar gewesen. Da, wo die Seinen siegten, sank er hin als heiliges Opfer des Krieges. Der Tod war für ihn das Leben. Er fiel für die Kirche.«[13]

Der Gegenkönig als heiliges Opfer! Diese Worte besagen, daß Rudolf nicht nur als Rivale des Saliers im Königtum gesehen wurde, sondern daß er sein Leben für eine höhere, religiös begründete Ordnungsvorstellung eingesetzt und sich dafür geopfert hatte. Die Fürsten, die sich um ihn geschart hatten, verstanden sich als Streiter für die Ordnung Gottes. Niemals zuvor in der fränkisch-deutschen Geschichte wurde das Ordnungsdenken in der Gesellschaft derart von religiösen Normen und Deutungen durchdrungen wie in diesen Jahren des Investiturstreits.

Dabei spielte auch die Mönchsreform eine wichtige Rolle. Von der Reform von Cluny gingen Impulse aus, die dazu führten, daß in den letzten Jahrzehnten des 11. Jahrhunderts ›jungcluniazensische‹ Reformmönche in Schwaben ihre Niederlassungen einrichteten. Hirsau, St. Blasien und Schaffhausen hießen die Zentren. Wie ein Sturmwind fegten diese Reformer über Land und Menschen, predigten unermüdlich gegen die Laxheit der Sitten, gegen die Priesterehe, gegen die Simonie (Ämterkauf), forderten die Christengemeinden auf, ihre lasterhaften Priester zu verjagen und eine fromme Lebensweise zu beginnen.[14] Sie selbst suchten die Benediktregel möglichst streng nachzuleben. Sie strebten nach Weltverachtung und wollten ein Leben wie die Engel und die Apostel führen. Im Mittelpunkt ihres Lebens stand für sie das Petrus-Wort: »Siehe, wir haben alles verlassen und sind dir nachgefolgt« (Matth. 19,27). Die Welt faßten sie in die Metapher von dem stürmisch bewegten Meer, in dem durch persönliche und kollektive Schuld den Menschen ständig der Schiffbruch drohe. Das Meer galt ihnen als Bild für das Böse, das Normwidrige, das Gesetzlose, aus dem nur das feste Schiff, die Arche der Kirche, Rettung verhieß.

Von diesen neuen, religiös begründeten Ordnungsvorstellungen wurden die Menschen erfaßt. Hier sahen sie die Chance, dem Dilemma des Investiturstreits zu entkommen. Wir erfahren davon aus der Chronik des Bernold von Konstanz, die im ausgehenden 11. Jahrhundert entstanden ist.[15] Ganze Dörfer, so wird hier zum Jahr 1091 berichtet, hätten sich geschlossen zum frommen Leben hingewandt. Vor allem der Adel, so heißt es schon für das Jahr 1083, sei davon ergriffen worden. In die Reformklöster hätte sich nach kurzer Zeit eine unglaubliche Menge von adligen und klugen Männern begeben. Sie hätten die Waffen niedergelegt und sich durch das Gelübde verpflichtet, die evangelische Vollkommenheit unter der Disziplin der Regel anzustreben. In kürzester Zeit seien die Klöster überfüllt gewesen. Dabei hätten sich die Adligen danach gedrängt, gerade die knechtischen Arbeiten zu übernehmen. Gerade diejenigen, die einst Grafen und Markgrafen in der Welt gewesen waren, hätten es nun für das Herrlichste angesehen, in der Küche oder in der Bäckerei den Brüdern zu dienen oder deren Schweine auf den Feldern zu hüten. Und in der Fürsorge für die Armen und Bedürftigen hätten sie sich in so wunderbarer Weise abgemüht, »gleich als wenn sie meinten, sie würden zugrunde gehen, wenn sie den Armen Christi oder den bedürftigen Gästen irgend etwas nicht gegeben hätten.«

Diese Hinweise mögen genügen, um die gewaltige Stoßkraft aufscheinen zu lassen, die in diesen Jahren von den reformreligiösen Strömungen entfaltet wurde. Das war die Kirchenreform, die die Menschen unmittelbar erlebten.[16] Nicht so sehr die großen kirchenrechtlichen und theoretischen Debatten gelangten an sie, sondern die von den neuen Mönchen unmittelbar praktizierte und gepredigte Kirchenreform. Und, wie es bei Bernold immer wieder durchklingt, es gab von Anbeginn an eine innige Verbindung zwischen Adel und Reformmönchtum sowie Reformkirche. Ja, man wird sagen müssen, daß die Kirchenreform im Reich nur deshalb so erfolgreich war, weil sie vom Adel im höchsten Maße gestützt und gefördert wurde.

Um die Dimension dieser Verbindung von Adel und Reformkirche ermessen zu können, muß man noch weiter ausgreifen. Die Entwicklung hängt damit zusammen, daß sich im 11. Jahrhundert die Vorstellung von der ›funktionalen Ordnung‹ der Gesellschaft durchzusetzen begann.[17] Bis dahin war man gewöhnlich davon ausgegangen, die Gesellschaft sei in die drei Stände der Mönche, der Kleriker und der Laien aufzuteilen. Diese Abfolge entsprach dem Heilswert der jeweiligen, ganz persönlichen Lebensweise. Als Mönch lebte man am heiligmäßigsten. Man befand sich auf dem Weg zur Selbstheiligung. Im 11. Jahrhundert aber trat eine andere Einteilung in den Vordergrund. Sie ordnete die Gesellschaft in die Stände der *oratores*, der *pugnatores* und der *laboratores*, also der Betenden, der Kämpfenden und der Arbeitenden. Natürlich war dieses Gesellschaftsmodell nicht neu. Schon in der Antike war es, etwa bei Platon, entwickelt worden. Aber im Mittelalter begann es erst jetzt wieder in umfassender Weise in das Ordnungsdenken einzudringen.

Dieses funktionale Ordnungsschema bedeutete, daß die einzelnen Gruppen nach ihrer Funktion und Leistung für die gesamte Gemeinschaft definiert wurden. Wie bei der Königswahl von

Forchheim 1077 stand also auch in dieser allgemeinen theoretischen Ordnungsbegründung der Leistungsgedanke für die Gemeinschaft im Mittelpunkt. Jeder Stand hatte seine Leistung möglichst zu optimieren, um damit seinen Anteil für die Gesamtheit einzubringen. Auch von dieser Seite her bekam der Gedanke der Verantwortung für das Ganze einen starken Schub. Nicht mehr der individuelle Wunsch des einzelnen, nicht mehr das Wohl des einzelnen, gipfelnd in der Selbstheiligung der Mönche, war für den Rang in der Gesellschaft ausschlaggebend, sondern das Wohl der Gesamtheit.

So sehen wir, daß sich zunehmend im 11. Jahrhundert der Gedanke der Verantwortung für die Gesamtheit von verschiedener Seite her auszuprägen begann. Nur so ist zu verstehen, daß das Papsttum mit solcher Vehemenz den Anspruch auf die höchste Verantwortung für die gesamte Christenheit entwickelte. Die Folge war die Durchsetzung des päpstlichen Primats in der Kirche. Nur so ist zu erklären, weshalb die Reform des Klerus plötzlich einen so hohen Stellenwert erlangte. Die Geistlichen waren für das Seelenheil der Menschen zuständig: Das war in dieser Gesellschaft die wichtigste Funktion überhaupt. Individuelle Lebensentwürfe hatten demgegenüber zurückzutreten. Als, um ein Beispiel zu nennen, Erzbischof Siegfried von Mainz (1060–1084) im Jahr 1072 sein Amt aufgeben und in das mönchische Leben überwechseln wollte, wurde ihm das im Hinblick auf seine pastoralen Pflichten verwehrt.[18] Der Adel wiederum mußte die Voraussetzungen für das Wirken des Klerus schaffen und dafür sorgen, daß es für die Menschen sichere Lebensräume gab, die es zu schützen und zu verteidigen galt. Den Arbeitenden schließlich war die Funktion zugeteilt, den beiden anderen Ständen den Lebensunterhalt zu verschaffen. Alle drei Stände waren in einem Gesamtsystem aufeinander bezogen, um damit einem höheren Ziel, dem Wohl der gesamten Gesellschaft, zu dienen.

Solche Vorstellungen blieben keineswegs bloße Theorie. Die Folgen für die kirchliche Organisation und die Entwicklung des päpstlichen Primats standen damit in engster Verbindung. Es mußte sich zudem die Überzeugung ausbreiten, daß die Kirche ihre Funktion nur dann erfüllen könnte, wenn sie von fremden Interessen völlig frei sei und sich ganz auf die Heilsvermittlung konzentriere. Weltliche Einflüsse mußten daher ausgeschaltet werden. Gleichsam die reine Kirche sollte entstehen. Dazu mußten die Priester kanonisch in ihr Amt gelangen und ihre Lebensweise nach den kanonischen Vorschriften ausrichten. Nur dann wurden sie als würdig erachtet, die Sakramente der Kirche zu verwalten. Die Einsetzung durch einen Laien, also auch die Investitur durch den König, mußte aus diesem Grund bekämpft werden.

Auch der Adel organisierte sich in diesem Sinn. Seit ungefähr 1070/1080 ist zu erkennen, daß Adlige damit begannen, Burgherrschaften zu errichten, die zu einer Intensivierung ihrer Autorität führten.[19] Der Verherrschaftlichungsprozeß, der sich über 200 Jahre hinziehen sollte, nahm seinen Anfang. Dabei ging es keineswegs nur um persönliche Machtambitionen, wie das heute aus einem modernen Verständnis heraus gern gedeutet wird. Es handelte sich vielmehr um den gesellschaftlichen Auftrag des Adels. Diese Adelsherrschaften bildeten für Hunderte oder Tausende von Menschen die Lebens- und Friedensräume, und es mußte dafür gesorgt werden, daß diese Räume und Personengemeinschaften beim Tod eines adligen Herrn nicht zerfielen oder zerteilt wurden. Aus dem patrimonialen, hausherrlichen Verbund früherer Grundherrschaften, der von einer familiären Lebensordnung geprägt war, begann sich die Organisation einer großräumigen adligen Herrschaft zu entwickeln, mit Burgen als Herrschaftszentren und Ministerialen als Amts- und Kriegsleuten. Hier trifft man auf den Vorgang einer ›Distanzierung‹ im Ordnungssystem, schon räumlich erkennbar durch die neuen Höhenburgen der Adelsherren.

Kirche und Adel arbeiteten in diesem Prozeß der funktionalen Optimierung eng zusammen. Vor allem die Klostervogtei bedeutete ein wichtiges Instrument für die adlige Herrschaftsbefestigung.[20] Bis dahin befanden sich Kirchen und Klöster in der Regel im Besitz des Adels. Um aber nun die Abhängigkeit von weltlichen Einflüssen zurückzudrängen, um die priesterlich-kirchliche Sphäre klar von der weltlichen abzugrenzen, verlangte die Reformkirche den Verzicht des Adels auf sein Eigentumsrecht an Kirchen und Klöstern. Der Besitz sollte an die Kirche oder an die jeweiligen Heiligen übergehen, um Besitzsicherheit und Unabhängigkeit zu erlangen.

Das sieht auf den ersten Blick wie ein Verlust für den Adel aus. Aber es war in Wirklichkeit ein Gewinn für ihn. Er behielt nämlich in der Regel die Schutzherrschaft in Form der ›Stiftervogtei‹ in Händen. Die Vogtei unterlag als Amt nicht der Erbteilung. Das bedeutete, daß die Vogteiherrschaft im Erbfall in einer Hand blieb und daß sich damit Herrschaft bündeln ließ. Vor allem aber formte sich damit die Vorstellung aus, daß man über etwas herrschen könne, ohne es zu besitzen. Die neue Symbiose von Adel und Reformkirche brachte auf diese Weise eine neue Abstraktionsebene in die Herrschaftsbildung: Herrschaft löste sich vom Besitz. Dieser Vorgang erlangte natürlich große Bedeutung für die weitere Entwicklung des Aufbaus der Herrschaft. Nur auf dieser Grundlage ist die Entstehung der späteren großräumigen Landesherrschaften möglich geworden.

Und noch ein Letztes dazu: Damit sich Adelsherrschaften in ihrer Dauerhaftigkeit selbst begreifen konnten, mußte es Einrichtungen der ständigen Erinnerung an die Vorfahren geben. Über die Memoria, das Gebetsgedächtnis, relativierte sich die Bedeutung des einzelnen Menschen und nahm ihn andererseits in die Pflicht, sich als Teil einer größeren, höheren Einheit zu verstehen.[21] Um dem Gebetsgedächtnis feste Formen zu verleihen, wurden in besonderen Hausklöstern Familiengrablegen eingerichtet und die Memoria in der regelmäßigen liturgischen Feier begangen. Im Gebet wurde die Erinnerung lebendig gehalten. Natürlich legte man Wert darauf, daß das Gebetsgedenken den besten Mönchen oder Geistlichen anvertraut wurde. Das waren die Reformmönche oder die Reformkanoniker. So wie die Reichsklöster bis dahin zum Gebet für den König verpflichtet waren, so beteten nunmehr die Reformmönche oder Regularkanoniker für den Adel. Damit trugen sie wesentlich dazu bei, daß sich die Vorstellung von einem Adelshaus ausbilden konnte. Das Adelshaus stand über dem einzelnen Adligen und konnte damit die Zeiten und Generationen überdauern. Adelsherrschaften wurden dauerhaft durch die Überwindung der Abhängigkeit vom Individuum, das heißt durch Abstraktion von der Einzelperson. Erneut tritt damit der Gedanke der Gesamtheit in den Vordergrund.

Diese tiefgehenden Zusammenhänge von Kirchenreform und Adelsherrschaft bieten natürlich eine einleuchtende Erklärung dafür, weshalb im ausgehenden 11. und beginnenden 12. Jahrhundert vom Adel nun Reformklöster zu Hunderten gegründet wurden. Auffällig ist dabei, daß es nicht selten adlige Frauen waren, von denen die Impulse für eine Klostergründung ausgingen. Dabei haben Frauen häufig den Typus der Reformstifte bevorzugt. Das waren geistliche Konvente, in denen keine Mönche, sondern Kanoniker, also Priester, ein gemeinsames Leben führten.[22]

Auch diese Beobachtung führt uns wieder zum Gedanken der Gesamtheit. Reformstifte waren zunächst für den Klerus gedacht. Wie die Mönche sollten auch die Geistlichen gemeinschaftlich leben und einer strengeren Ordnung unterworfen werden. Sie sollten vor allem auf Eigenbesitz verzichten und sich bei den Schweige- und Fastengeboten an monastischen Normen ausrichten. Diese Lebensordnung orientierte sich an der Augustinusregel. Beim Eintritt in das Reformstift mußten die neuen Mitglieder auf die Augustinusregel ein Gelübde ablegen. Deshalb nannte man sie später Augustinerchorherren.

Für unseren Zusammenhang ist die Grundidee dieser Kanonikerreform wichtig. Sie war darauf ausgerichtet, die Idealform der Urkirche, der Apostelkirche also, wieder herzustellen. Wie in der Apostelgeschichte nachzulesen war, lebten Männer und Frauen in der ersten Christengemeinde ohne Standesunterschiede in christlicher Nächstenliebe gemeinschaftlich zusammen, sorgten füreinander und beteten miteinander. Sie waren, wie es in der Apostelgeschichte heißt, ein Herz und eine Seele. Dementsprechend waren so gut wie alle Reformstifte in der Frühzeit, also im ausgehenden 11. und beginnenden 12. Jahrhundert, als Doppelstifte eingerichtet. Sie umfaßten sowohl einen Männer- als auch einen Frauenkonvent. Auf diese Weise sollte sich die Gesamtheit der christlichen Gemeinschaft organisieren können.

Dieses Modell muß vor allem für Frauen des späten 11. und frühen 12. Jahrhunderts faszinierend gewesen sein. Die Quellen berichten von einem gewaltigen Zulauf der Frauen. Um diese Wirkung auf die Frauen zu erklären, muß man berücksichtigen, daß die Kirchenreform eine heftige Diskussion über die Heilsfähigkeit der Frau ausgelöst hat. Begonnen hatte dies damit, daß die Reformkirche zum erstenmal im Mittelalter das kirchliche Gebot des priesterlichen Zölibats konsequent durchzusetzen suchte.[23] Die Forderung nach Einhaltung der kanonischen Gesetze durch die Priester führte mit größter Schärfe zur Einforderung des Zölibats. In den siebziger Jahren des 11. Jahrhunderts wurde auf Anordnung Papst Gregors VII. (1073–1085) im Reich damit begonnen, die Priester von ihren Frauen zu trennen. Dies stieß in der Regel auf heftigsten Widerstand. In manchen Bistümern, wie in Hamburg-Bremen, war dies nur dadurch zu erreichen, daß man die Scharen von Klerikerfrauen auf dem Land in Frauenhäusern zusammenzog und unter Bewachung stellte.

In der Folge entwickelte sich eine intensive Diskussion darüber, ob diese Trennung gerechtfertigt sei. Dies gipfelte in der Frage, inwieweit Frauen überhaupt in den göttlichen Erlösungsprozeß einbezogen seien. Um 1100 hat sich Gottschalk von Aachen in einem Traktat darüber geäußert. Gottschalk war einer der bedeutendsten Notare an der Hofkapelle Kaiser Heinrichs IV., trat dann aber im Alter als Mönch in das Kloster Klingenmünster an der Haardt ein. In seiner Zeit, so schreibt er, also um 1100, hätten vielfach Brüder zu dieser Frage Stellung bezogen. Sie seien der Meinung gewesen, daß Frauen nur partiell getauft werden könnten, genauer gesagt, daß ihre untere Hälfte überhaupt nicht getauft werden könne. Sollte dies zutreffen, müsse freilich beim Tod einer Frau regelmäßig ihr Körper geteilt werden, und der obere Teil käme zu Gott in den Himmel, der untere Teil dagegen zum Teufel in die Hölle, und das ergebe gewiß Probleme bei der Auferstehung am Jüngsten Tag. Deshalb lehne er, Gottschalk, diese Auffassung mit Nachdruck ab.[24] Auch im Jenseits sollte die Gesamtheit der Christenmenschen wieder vereint sein.

Solche Erörterungen mögen uns heute amüsieren, aber wir müssen sehen, daß sie in ihrer Zeit ernsthaft geführt wurden. Sie spiegeln nicht nur die Suche nach einer neuen Einordnung der Frau in das kirchliche Heilsgebäude wider, sondern es ging auch um ihren Platz in der neuen funktionalen Ordnung der Gesellschaft. Der Stand der Kämpfenden war ihnen ohnehin verwehrt, aber auch die Priesterkirche schien sich ihnen nun zu verschließen. In dieser Situation bot die Idee von der christlichen Urgemeinde, in der Männer und Frauen gleichrangig ein gemeinsames, frommes und gottgefälliges Leben führen, eine faszinierende Alternative. Ja noch mehr: Bei den Regularkanonikern finden wir die Auffassung vertreten, die Frauen hätten am Kreuz Christi ausgeharrt und sich so vor den kleinmütigen Jüngern ausgezeichnet. Daher sei ihnen eigentlich höhere Achtung entgegenzubringen als den Männern.

Frauen und Männer gemeinsam und ohne Standesunterschiede in einer religiösen Lebensgemeinschaft: Das war gleichsam der ideale, um nicht zu sagen, der idealistische Lebensentwurf dieser Zeit um 1100. Überall treffen wir auf diese Form klösterlich-kommunischer Lebensgestaltung. Auch die Mönchsklöster öffneten sich diesem Zug der Zeit.[25] Auch dort sehen wir adlige Damen, die sich in Gruppen den Männerkonventen angliederten und aus ihren Witwengütern Klöster oder Stifte förderten. Die adlige Hildegard von Bingen, eine der bekanntesten Damen dieser Bewegung, verbrachte in der ersten Hälfte des 12. Jahrhunderts fast 40 Jahre im Männerkloster Disibodenberg an der Nahe.[26]

Um 1100, so können wir alle diese Entwicklungsströme zusammenfassen, hatte sich im Reich eine reformreligiös aufgeladene Grundstimmung ausgeformt. Ein starker Zug zum gesamtheitlichen Denken und Handeln hatte sich ausgeprägt, sowohl im politischen Handeln als auch in der Gestaltung der Gesellschaft. Entscheidende Impulse dazu gingen von der Vorstellung von einer funktionalen Ordnung der Gesellschaft aus. Auf dieser Grundlage begannen Kirche und Adel ihre Leistungen zu optimieren. Vor allem die Bischöfe rückten aufgrund dieser Entwicklung in den Mittelpunkt des Ordnungsgefüges. Nicht minder groß war die Wirkung, die durch die monastische und klerikale Reformidee entstand. Das Ideal der Urkirche von einer christlichen Lebensgemeinschaft der Geschlechter faszinierte die Menschen. Auch hier waren die Bischöfe diejenigen, von denen diese Bewegungen in der Hauptsache gesteuert wurden.

Heinrich V. und die neue Reichskirche

Trotz dieser Tendenzen zu einer gesteigerten Bischofs- und Fürstenverantwortung für Reich und Gesellschaft war um 1100 aber der Friede keineswegs in Sicht. Der alte Kaiser, Heinrich IV. (1056–1106), der ein halbes Jahrhundert lang regierte, lag nach wie vor im Streit mit dem Papst. Nach wie vor gab es Kämpfe, Blutvergießen und Unsicherheit. Doch inzwischen war eine neue Generation nachgewachsen, und mit ihr haben die folgenden Ereignisse zu tun, die sich 1105 und 1106 abspielten.

Der Sohn des alten Kaisers, der 19jährige Heinrich V., war bereits für die Nachfolge im Königtum vorgesehen. Dennoch tat er sich mit den Gegnern seines Vaters zusammen. Er lockte ihn in eine Falle, um ihn vorzeitig zu entmachten. Nachdem es einige Kämpfe gegeben hatte, sollte die Sache auf einem großen Hoftag zu Weihnachten 1105 in Mainz entschieden werden. Der alte Kaiser rückte mit einem gewaltigen Heer heran. Doch der junge Heinrich zog seinem kaiserlichen Vater nach Koblenz entgegen, warf sich ihm zu Füßen und erbat seine Gnade. Der Vater war gerührt, umarmte ihn, weinte und küßte ihn und nahm, wie uns die zeitgenössische Lebensbeschreibung Heinrichs IV. berichtet, den verloren geglaubten Sohn in die Arme.[27] Nach dieser anrührenden Szene entließ der Kaiser sein Heer. Gemeinsam wollten beide nun zum Mainzer Hoftag ziehen. Aber kurz vor Mainz überredete der Sohn den Vater, sich zu seiner Sicherheit doch lieber auf die Burg Böckelheim an der Nahe zu begeben, denn in Mainz hätten sich einige feindliche Fürsten mit ihren Kriegern versammelt. Doch kaum war Heinrich IV. in Böckelheim angekommen, wurde er von seinem Sohn inhaftiert und unter Wache gestellt. Er war gefangen. Wenige Tage später, zu Beginn des Jahres 1106, wurde er in Ingelheim, wohin er in der Zwischenzeit gebracht worden war, dazu gezwungen, auf seine Herrschaft zu verzichten und die Insignien abzugeben. Obwohl er dem Sohn unter Tränen und Seufzen zu Füßen fiel, wie berichtet wird, wurde er zur Abdankung gezwungen.[28]

Der abgesetzte Kaiser schrie seine Enttäuschung und Empörung gleichsam in alle Welt. In verschiedenen Briefen prangerte er »das Ungeheuerliche des unerhörten Verrats« durch seinen Sohn an.[29] »Nur mit Schmerz und in völliger Fassungslosigkeit«, so der Kaiser, »können wir zu Gott rufen mit den Worten des königlichen Psalmisten, als dieser dem ähnlich gearteten Sohn entfloh: ›Herr, wie sind derer so viele geworden, die mich bedrängen‹«. Und die moderne Geschichtsschreibung hat sich ihm angeschlossen. Der Kaisersohn wird bis heute als grausam, herzlos, unbarmherzig, skrupellos und brutal charakterisiert, als ein »Meister der Verstellung«, der an Bösartigkeit und Hinterlist von niemandem übertroffen werde.

Doch wenn wir die unmittelbar aus der Zeit stammenden Quellen lesen, erfahren wir, daß diese Tat damals ganz anders aufgenommen wurde. Der junge Heinrich V. sei von den in Mainz versammelten Fürsten aus Franken, Sachsen, Bayern und Schwaben, als sie von der gelungenen Festnahme hörten, mit größtem

Jubel empfangen worden.[30] Unter diesen Fürsten befanden sich die höchsten kirchlichen Würdenträger, allen voran Ruthard, der Erzbischof von Mainz (1089–1109), ebenso der hirsauische Reformbischof Gebhard von Speyer (1105–1107) und Bischof Gebhard von Konstanz (1084–1110), der päpstliche Legat für das Reich. Alle bejubelten den gewaltsamen Verzicht des alten Kaisers, bejubelten die List des jungen Königs.

Diese Vorgänge und diese Haltung der Fürsten können wir durchaus aus dem neuartigen Reform- und Verantwortungsdenken der Zeit erklären. Einen Kaiser abzusetzen, das war zu allen Zeiten ein Akt einer Extremsituation und ist als Verzweiflungstat zu verstehen. Vor allem aber konnte eine solche Tat niemals von einem einzelnen oder auch nur von einer kleinen Gruppe ausgeführt werden. Nur der Konsens der überwiegenden Anzahl der Fürsten des Reiches konnte zu einem solchen Schritt führen.[31] Um den jungen Heinrich V. hatte sich ein solcher konsensual getragener Fürstenkreis von Reformbischöfen und Reformadligen gebildet, die sich mit dem neuen König zu einer neuen Einheit verschworen hatten. Die Fürsten setzten so ihre Sorge um die Einheit des Glaubens und die Einheit des Reiches politisch um, und man erkennt hier deutlich den starken Impuls für das Bewußtsein der Großen, daß sie die Mitträger, ja die Garanten des Reiches, seines Rechts und seines Glaubens seien. Die Führung dieses Kreises ging schon nach kurzer Zeit auf die Bischöfe über.

Außer bei Bischof Gebhard III. von Konstanz lag die Autorität vor allem bei Erzbischof Ruthard von Mainz. Dieser war 1097 in die Oboedienz des Reformpapsts Urban II. (1088–1099) übergewechselt und stellte sich nun an die Spitze der neuen Gemeinschaft. Auf einer von ihm geleiteten großen Reformsynode in Nordhausen im Mai 1105 sollten die verschiedenen Gruppen im Reich vereinigt werden. Dort kam es zu einer umfassenden Synodalverbrüderung, einer *pactio societatis*. Das Reich sammelte sich gleichsam im Schoß der erneuerten Kirche, und dem jungen König, Heinrich V., wurde der Ehrenvorrang eingeräumt.

Die Quellen dieser Zeit vermitteln das Bild höchster Euphorie im Reich. Der Chronist Ekkehard von Aura schrieb 1107 an den jungen Herrscher: »In deinen goldenen Zeiten, mein König – oh mögest du in Ewigkeit leben! – sehe ich, Ekkehard (...) nach jahrelanger Not wieder Erträge (...) Du bist, oh Herr der Völker, das Oberhaupt, das die Trauernden endlich vom Vater des Lebens erlangten. Deshalb folgt dir mit großer Zuneigung jedes katholische und rechtgläubige Glied der Kirche. Sich aus dem Staub erhebend wünscht dir der ganze römische Erdkreis von Meer zu Meer, ja die ganze Welt vom Aufgang der Sonne bis zum Untergang, in unsagbarem Jubel Glück!«[32]

All die Bischöfe, Fürsten und Adligen, die sich nun um ihren neuen König Heinrich V. scharten, verstanden sich als »Aufgebot der Rechtgläubigen« *(exercitus orthodoxus)*. So bezeichneten sie sich selbst in einem Brief im Juli 1106 an den alten Kaiser, Heinrich IV.[33] Ganz ähnlich wurden sie vom Chronisten Ekkehard von Aura genannt: *communio catholica* und *milicia Christi*.[34] Ihre Aufgabe sahen sie darin, die Strafe Gottes durch ihr Handeln abzuwenden und Reich und Menschen zu retten. Die Reichs- und Königspolitik der folgenden Jahre war vollständig bestimmt von diesem Enthusiasmus zur gemeinschaftlichen Verpflichtung für Glauben und Reich. Die Reformer scharten sich eng um Heinrich V. Von nun an verteidigten sie mit großem Einsatz die Rechte ihres Reiches und ihres neuen Königs. Das Reich schwelgte geradezu in der Hochstimmung der neuen Gemeinschaft von König, Bischöfen und Fürsten.

In unserem Zusammenhang ist von entscheidender Bedeutung, daß sich diese neue Entschlossenheit, mit der man die Rechte des Reiches verteidigte, auch gegen den Papst richtete. Gerade in diesen Jahren erhob Papst Paschalis II., wie erwähnt, in scharfer Form die Forderung, daß der König auf die Investitur der geistlichen Amtsträger vollständig zu verzichten habe. Im Reich wurde dieses Verbot erstmals 1106 propagiert.[35] Doch in der neuen ›Verantwortungsgemeinschaft‹ der weltlichen und geistlichen Fürsten ließ man sich davon überhaupt nicht beeinflussen. Die Reformer im Reich vertraten zu diesem Zeitpunkt ganz andere Ziele als der Papst in Rom. Für sie gab es in der Anfangszeit Heinrichs V. keinen Gegensatz zwischen Kirchenreform und traditioneller Zuordnung von König und Bischöfen. Die Rettung der Seelen wollten sie nicht gegen, sondern mit ihrem neuen König in einem neu geeinten Reich anstreben. Diese neue Reichseinheit unter Heinrich V., so erkennt man daran, war im Grunde nach rückwärts gerichtet, war gleichsam eine Erneuerung des alten Verbunds von König und Reichskirche.

Aus diesem Grund verteidigten nunmehr die Bischöfe selbst das Recht des Königs, sie mit Ring und Stab zu investieren. Schon in den Anfangsjahren, auf der Synode in Guastalla von 1106, setzten sie sich gegenüber dem Papst für das *ius regni* ein, dann nochmals bei den Verhandlungen in Châlons-sur-Marne Mitte Mai 1107. In der Verantwortungsgemeinschaft der Anfangsjahre Heinrichs V. sah man keinen Grund, das so enge Band zwischen König und Bischöfen zu zerschneiden.

Besonders deutlich wurde dies in den Vorverhandlungen für die Kaiserkrönung. Ende 1109 reiste eine Gesandtschaft unter der Leitung der Erzbischöfe von Trier und Köln nach Rom, um die Dinge zu beraten und um auch den Streit um die Investitur zu beenden. Zu diesem Anlaß wurde (wohl von Sigebert von Gembloux) als Gesandteninstruktion ein »Traktat über die Investitur der Bischöfe« verfaßt.[36] Darin wird ausführlich dargelegt, daß das enge Zusammenwirken zwischen König und Bischöfen zum Wohl der Reichsgemeinschaft bestünde. Die königliche Investitur sei zum Schutz der Kirche erforderlich. Wegen der seit Jahrhunderten von den Herrschern vorgenommenen Förderung der Kirchen müsse dem König erlaubt sein, zuverlässige Hüter seines Reiches einzusetzen. Damit wolle er keineswegs in das geistliche Amt eingreifen oder sich sonst Übergriffe auf die Kirche erlauben. Von einem armen Bischof, so heißt es weiter, müsse sich der König natürlich keinen Lehenseid und keinen Treueid geben lassen, aber ein armer Bischof sei doch schon vom heiligen Papst Gregor dem Großen schmerzlich beklagt worden. Jedenfalls sei die Auflösung der von alters her gewachsenen Zuordnung von König und Bischöfen »gefährlich für das Heil der Seelen« *(periculosus in salutem animarum)*. Damit werde nämlich verhindert, daß »königliches Schwert und die Stola Petri sich gegenseitig zu Hilfe kämen gleichsam wie zwei Cherubim, die ihre Gesichter einander zukehren und auf die Bundeslade blicken«. Diese Worte machen deutlich, daß das neue Bündnis im Reich mit dem Bund des Alten Testaments verglichen wurde (Exodus 25,10ff.). Nach wie vor also war man geleitet von der Idee einer reform-religiösen Verantwortungsgemeinschaft, deren Haupt der neue König war.

Damit wird nun auch erkennbar, daß sich für den Papst in Rom ein schier unüberwindbares Hindernis auftürmte. Die enge Verbindung von Reformkirche und Königtum im Reich in den ersten Jahren des 12. Jahrhunderts war es, die eine Lösung der Investiturfrage hier – im Unterschied zu Frankreich und England, wo der König weitgehend isoliert war – so schwierig, ja eigentlich unmöglich machte. Nun entstand der wirkliche Investiturstreit. Vor allen Dingen aber war es eigentlich kein Konflikt mehr zwischen Reformanhängern und Reformgegnern, wie zu den Zeiten Kaiser Heinrichs IV., sondern zwischen unterschiedlichen Modellen reformkirchlicher Heilsgemeinschaften.

In dieser Lage befand sich Papst Paschalis II., als zu Beginn des Jahres 1111 erneut Verhandlungen mit den Vertretern des Reiches zu führen waren. Wieder stand er vor der blockartigen Aktionsgemeinschaft von König und Bischöfen. Damit wird sein Handeln verständlich. In dieser Situation griff er zu dem für ihn einzig möglichen Ausweg und unterbreitete den für uns so revolutionär klingenden Vorschlag, von dem wir ausgegangen sind. Er hatte klar erkannt, daß ein Verzicht des Königs auf die Bischofsinvestitur nur dann zu erreichen war, wenn dieser enge Zusammenschluß von König und Bischöfen im Reich aufgebrochen würde. Der Papst mußte versuchen, diese neue Einheit im Reich zu sprengen.

Und in der Tat, das ist ihm gelungen, wenn auch nicht in der Variante, die er sich vorgestellt hatte. Als Paschalis II. vereinbarungsgemäß am 12. Februar 1111, wie geschildert, in der Peterskirche in Rom, unmittelbar vor der geplanten Kaiserkrönung, an die Bischöfe den Befehl ausgab, von nun an auf die Regalien zu verzichten, schlugen die Wellen der Empörung hoch. Angeleitet von der hohen Geistlichkeit kam es zu heftigen Tumulten. Niemals, so schrien die Bischöfe durcheinander, wollten sie die Kaiserkrone mit der Vernichtung ihrer Kirchen bezahlen.[37] Der ganze feierliche Akt brach im Chaos zusammen. Als Heinrich V. in dieser vollkommen verworrenen Situation den Papst und die Kardinäle in Gewahrsam nehmen ließ, um wenigstens den Status quo zu retten, und als er das berüchtigte »Pravilegium« erpreßte[38], das ihm die Bischofsinvestitur garantierte, da wurde in den Augen der Bischöfe mit diesen Gewaltakten seine augenscheinliche Mißachtung der höchsten kirchlichen Amtsträger nur noch bestätigt. Zorn und Empörung konzentrierten sich auf ihn. Nun meinte man, sein wahres Gesicht zu erkennen: das des Zerstörers der Kirchen, des Glaubens und des Reiches und somit auch das des Feindes bischöflicher Autorität.[39]

Plötzlich, so kann man beobachten, schlug die Stimmung um. Die Einwilligung des Königs in die Entmachtung der Bischofskirchen bedeutete für die Bischöfe die schlimmste Kampfansage, die vorstellbar war. Für sie war nicht der Papst der Verräter des neuen Bundes, sondern der König, der es zulassen wollte, daß sie, die Bischöfe, aus der gemeinsamen Verantwortung für das Reich ausgeschlossen werden sollten. Auch wenn der Vorschlag des Papstes nicht zur Ausführung kam: Die Ereignisse von 1111 hatten enorme Auswirkungen auf die Entwicklung des Reiches.

Nur selten kann man in der Geschichte einen Wendepunkt dieser Art greifen. Schon ein Jahr später wird allerorten deutlich, daß sich die Bischöfe vom König zu trennen begannen. Ihre Loslösung von der Königsgewalt beschleunigten sie dadurch, daß sie nun die Forderung des Papstes unterstützten, der König habe auf die Investitur der Bischöfe völlig zu verzichten – und zwar ohne irgendeinen Ersatz. Mit dem nachfolgenden Papst Calixt II. (1119–1124) schlossen sie eine enge Interessengemeinschaft gegen den gebannten Kaiser, angeführt von den Erzbischöfen von Mainz und Köln. Im Herbst 1121 schließlich zwangen sie Heinrich V., sich einem Fürstenurteil zu unterwerfen. Ihnen, den »Häuptern des Reiches« *(capita rei publice)*, so lesen wir in der Chronik des Ekkehard von Aura, habe sich der Kaiser am Ende beugen müssen.[40]

Das Ergebnis dieser Verhandlungen ist bekannt. Sie führten zum Wormser Konkordat, das etwa ein Jahr später, am 23. September 1122, zwischen den päpstlichen Legaten, Heinrich V. und dem Reich auf den Lobwiesen vor der Stadt Worms geschlossen wurde.[41] Die Zusammenhänge zeigen deutlich, daß dieses Konkordat im Grunde die Folge der Wende von 1111 war. Das einzigartige Angebot Paschalis' II. an Heinrich V., das Projekt der Entmachtung der Bischöfe, hatte, wenn auch ganz anders als zunächst beabsichtigt, am Ende seine Wirkung nicht verfehlt.

Mit dem Wormser Konkordat wurde die Bischofserhebung neu geordnet. Das geistliche Amt sollte künftig vom König unberührt bleiben. Aber das war gar nicht mehr das Entscheidende. Vielmehr war mit dem Wormser Konkordat künftig garantiert, daß die Bischöfe nach der freien Wahl in einem zweiten Schritt vom König in neuer lehnrechtlicher Art mit allen Gütern und Rechten ihrer Kirche belehnt werden mußten. Die Ausstattung mit ihren Gütern und Rechten war damit festgelegt. Der Geist der Verantwortungsgemeinschaft und die Idee von einem reformreligiösen Bündnis hatten sich verwandelt in eine rechtspolitische Abmachung. Mit dem Wormser Konkordat setzte der Prozeß ein, durch den das Reich künftig lehnrechtlich umstrukturiert, also ›feudalisiert‹ wurde. Die Bischöfe waren dabei die ersten Nutznießer. Künftig waren sie davor geschützt, daß ihnen jemals wieder so etwas widerfahren konnte wie 1111. Nie mehr konnten ein Papst und ein König es wagen, sie zu entmachten. Von nun an waren sie unangefochten die vornehmsten Fürsten im Reich, auch wenn das Gemeinwohl und die Gesamtheit des Reiches in ihrer Politik durchaus nicht mehr im Vordergrund standen.

HERIBERT MÜLLER

Die Befreiung von Orléans (8. Mai 1429).
Zur Bedeutung der Jeanne d'Arc für die Geschichte Frankreichs

Schon Enea Silvio Piccolomini, der spätere Humanistenpapst Pius II., fand, es sei schwer zu entscheiden, ob die Laufbahn Johannas ein Wunder des Himmels oder ein Werk der Menschen gewesen sei. Jeanne d'Arc ist von unerklärlichen Geheimnissen umgeben, und gerade diese haben sie zu einer der faszinierendsten Gestalten der französischen Geschichte werden lassen. Es gibt zum Phänomen Pucelle zwischen »Legende und Wahrheit« – so der Untertitel manch einer Publikation – eine derartige Fülle an Literatur, daß sie heute niemand auch nur annähernd mehr zu überblicken vermag. Als 1904 ein französischer Historiker eine Bibliographie zu Jeanne d'Arc herausgab, umfaßte diese bereits mehr als 2000 Titel. Heute dürfte deren Zahl hoch im fünfstelligen Bereich liegen, und die – ausschließlich wissenschaftliche Werke aufnehmende – »Bibliographie annuelle de l'histoire de France« verzeichnet unter einer eigenen Rubrik »Jeanne d'Arc« jährlich zwischen 15 und 30 Neuerscheinungen zum Thema.

Und doch, Régine Pernoud, eine der bekanntesten Johanna-Biographinnen der letzten Jahrzehnte, hat schon recht, wenn sie bemerkt: »Jeanne d'Arc gehört zu jenen historischen Persönlichkeiten, die darunter zu leiden haben, daß sie einfach zu bekannt sind. Das geht so weit, daß jeder sie zu kennen glaubt, es mangelt jedoch an den verläßlichen Grundlagen, an einer genauen Kenntnis, welche die Texte der Zeit bieten, so daß man es schließlich mit dem Paradox einer Persönlichkeit zu tun hat, bei der wir über authentische Dokumente im Überfluß, zugleich aber über Fabeln und Mythen verfügen.«

Auf der Basis dieses reichen Quellenfundus, vor allem der Akten des gegen sie in Rouen geführten Prozesses und des späteren Rehabilitations- bzw. »Nullitäts«verfahrens, aber auch der zahlreichen Chroniken der Epoche, soll daher versucht werden, nach einigen einleitenden Bemerkungen zur allgemeinen Situation der damaligen Zeit, vor allem zu Frankreich im Hundertjährigen Krieg, den Lebensweg und das Wirken der Pucelle, jenes Bauernmädchens aus Lothringen, nachzuzeichnen, ohne dabei – wie es fast alle Jahre mit schöner Regelmäßigkeit geschieht – mit angeblichen sensationellen Entdeckungen und Enthüllungen aufzuwarten. Dann soll nach ihrer Bedeutung für Frankreich am Ende jenes großen Kriegs, mithin nach dem historischen »Stellenwert« ihrer Person und ihrer Taten gefragt werden, und schließlich sei am Ende das komplexe Thema des Verhältnisses von Persönlichkeit und Struktur in der Geschichte zumindest angeschnitten. Eine letzte Vorbemerkung: Dieser Beitrag weist im Obertitel auf ein ganz konkretes Ereignis, die Befreiung von Orléans, hin – ein in der Tat dramatisches Ereignis von zentraler Bedeutung, das uns im Deutschen mit gutem Grund eben von Johanna von Orléans sprechen läßt. Nur, mit Orléans nimmt eine ganze Kette eng zusammenhängender dramatischer Ereignisse ihren Ausgang, die mit Johannas Tod auf dem Scheiterhaufen in Rouen ihren Abschluß findet. Auch von ihnen wird und muß ebenso wie von der Vorgeschichte die Rede sein, schon um dem Untertitel gerecht werden zu können.

Der historische Hintergrund – Frankreich zu Beginn des 15. Jahrhunderts

Bekanntlich ist das Wirken Johannas untrennbar mit einem blutigen Konflikt zwischen Frankreich und England verbunden, der zur Zeit ihres Eingreifens bereits 90 Jahre währte: mit dem sogenannten Hundertjährigen Krieg – ein Begriff des 19. Jahrhunderts –, an dessen Anfang Erbauseinandersetzungen zwischen dem englischen und dem französischen Königshaus standen. 1328 war der letzte Kapetinger auf Frankreichs Thron, Karl IV., ein Sohn Philipps des Schönen, söhnelos gestorben, worauf der englische König Eduard III., mütterlicherseits ein Enkel ebendieses Philipp des Schönen, Ansprüche auf die französische Krone erhob. Hof und Generalstände in Frankreich lehnten diese mit dem Hinweis ab, das Königreich kenne keine weibliche Erbfolge – wenig später wird man sich dafür auf die fränkische Lex Salica berufen –, und sie erklärten sich für einen Verwandten Karls in männlicher Linie, Philipp VI. von Valois. (Es gibt selbstverständlich noch eine Fülle anderer Kriegsgründe, die etwa in Flandern oder der Bretagne und in Schottland ihren Ursprung haben, die aber vor allem in dem Umstand gründen, daß der englische König seit dem 11./12. Jahrhundert auch auf dem Kontinent über Besitzungen verfügte, deren Status umstritten war, weil die französische Krone – vereinfacht gesagt – sie als von ihr abhängige Lehen betrachtete).

Die erste Phase des Kriegs wurde für Frankreich zur Katastrophe, gipfelnd in den Schlachten von Crécy (1346) und Maupertuis (1356), als das französische Ritterheer im Hagel der Pfeile englischer Bogenschützen vernichtende Niederlagen erlitt. Die Verluste konnten aber unter der Regierung eines der bedeutendsten französischen Herrscher im Mittelalter, Karls V. »des Weisen« (1364–1380), weitgehend rückgängig gemacht werden; indes setzten bereits unter seinem Sohn und Nachfolger Karl VI. (1380–1422) neuerliche Katastrophen ein, als dieser junge König 1392 in Wahnsinn verfiel und zum Spielball seiner Onkel, der Herzöge von Burgund, Anjou und Berry sowie seiner Gattin Elisabeth von Wittelsbach (Isabeau de Bavière) und dann seines eigenen Bruders, des Herzogs von Orléans, wurde. Der Kampf zwischen Ludwig von Orléans und dem – nach Flanderns Wirtschaftskraft ausgreifenden – Herzog von Burgund erreichte seinen spektakulären Höhepunkt am 23. November 1407 mit der Ermordung Ludwigs durch Johann Ohnefurcht. An die Spitze der Partei Orléans trat nunmehr der Schwiegervater von Ludwigs Sohn Karl, Graf Bernhard von Armagnac. Diese königstreue Partei der »Armagnacs« nahm den Kampf gegen die »Bourguignons« auf, deren leutseliger Herzog die Gunst des Volks von Paris genoß. Bald herrschten bürgerkriegsähnliche Zustände, und diese nutzte nun der englische König Heinrich V. (1413–1422) zu einem Unternehmen auf dem Kontinent, auch um so die Macht seiner erst vor kurzem auf den Thron gelangten Lancasterdynastie durch einen spektakulären Erfolg zu sichern und zu legitimieren.

Dies gelang Heinrich mit dem großen Sieg bei Azincourt 1415, wo erneut ein Großteil des berittenen französischen Adels von den beweglicheren Bogenschützen der Engländer getötet wurde. 1418 übernahmen die Burgunder die Macht in Paris, aus dem sie vorübergehend hatten weichen müssen. Für die Hauptstadt brachen grausame wie schöne Tage »des Bluts und der Rosen« an. Beide, Armagnac wie Burgund, suchten für ihre Auseinandersetzung im Innern den äußeren Gegner England als Bundesgenossen zu gewinnen. Für Burgund aber gab es überhaupt keine andere Wahl mehr als ebendiese Allianz, nachdem der populäre Johann Ohnefurcht bei Verhandlungen mit Emissären der Armagnac im Beisein des Dauphin Karl (VII.) 1419 auf der Brücke von Montereau – auf neutralem Terrain also – ermordet wurde. Im Vertrag von Troyes 1420 wurde, derweil Karl VI. in völlige Umnachtung versunken war, von Johanns Sohn und Nachfolger Philipp dem Guten (1419–1467) die Heirat Heinrichs V. mit Karls VI. Tochter Katharina vereinbart und der Engländer nach Karls VI. Tod zum Nachfolger auch auf dem französischen Thron bestimmt. Isabeau trat diesem Vertrag bei, den Dauphin Karl erklärte man unter Hinweis auf Montereau aller Rechte für immer verlustig.

Als nun schon 1422 Karl VI. wie auch Heinrich V. starben, wurde der erst einjährige Sohn Heinrichs und Katharinas, Heinrich VI.,

König von England und Frankreich. Für ihn führte auf dem Kontinent der Prinzregent Bedford erfolgreich die Regierungsgeschäfte. Die Zeichen für England standen im Norden wie Westen Frankreichs militärisch und politisch gut, derweil Karls VI. gleichnamiger Sohn scheinbar indolent und unfähig, von Geldnot wie Intrigen bedrängt und als kleiner »König von Bourges« verspottet, auf die Lande südlich der Loire zurückgeworfen war. »Et l'ange me disoit la pitié qui estoit au royaume de France« (»Und der Engel verkündete mir, wie erbarmungswürdig Frankreich darniederlag«) – so sollte Johanna später vor ihren Richtern diese Zeit schildern.

Jeanne d'Arc: Herkunft und Jugend – Sendung und Aufbruch

Diese Johanna war das vierte Kind einer Bauernfamilie d'Arc (Dart, Tard) aus dem lothringischen Domrémy. Ihr Vater hieß Jacques, die Mutter Isabelle Romée. Jeannette, wie man sie meist nannte, wuchs in bescheidene, aber auskömmliche Verhältnisse hinein. Wohl 1411/1412 geboren – im Februar 1431 sagte sie aus »Ich glaube, ich bin ungefähr 19 Jahre«, und Zeugen gaben ihr Alter damals als zwischen 17 und 20 Jahren an –, half sie vor allem im Haushalt. Sie hatte es im Nähen und Spinnen zu gewissen Fertigkeiten gebracht und arbeitete auf dem Feld, war aber – entgegen späteren populären Vorstellungen – selten Hirtin. (Schon die Richter in Rouen suchten sie darauf festzulegen, um sie so in eine »heidnische Ecke« zu drängen, weil pagane Vorstellungen und Bräuche gerade bei Hirten als verbreitet galten.) Nach Aussagen der Dorfbewohner, die um 1450 im Zuge des Rehabilitations- beziehungsweise Nullitätsverfahrens eingeholt wurden, muß sie ein recht normales Mädchen gewesen sein, allenfalls ein wenig frömmer als andere: »Gottesfürchtig war sie, wie es ihresgleichen nicht gab«, gab der Ortspfarrer zu Protokoll, doch das mag *ex eventu* gesagt sein.

Was später über angeblich schon mit ihrer Geburt einsetzende Zeichen und Wunder verbreitet wurde, ist Hagiographie und legendenhafte Ausschmückung, die bereits früh nach ihrem ersten Erfolg vor Orléans 1429 einsetzte. Sie selbst verbat sich stets entschieden jegliche Verehrung als Wundertäterin. Alle Anzeichen für Ekstase fehlten bei ihr. Wir müssen uns ein offenbar recht hübsches, dunkelhaariges Mädchen mit sanfter Stimme vorstellen, das »gesunden Menschenverstand« – wovon ihre Aussagen vor den Richtern in Rouen mehr als einmal zeugen –, ja Pfiffigkeit und einen überaus starken Willen besaß. Wenn es notwendig war, wußte sie sich zu wehren. Sie stand durchaus für sich selbst. Dies mußte etwa ein junger Mann erfahren, der sie 1423 erfolglos wegen eines wohl von ihren Eltern eingegangenen Eheversprechens vor dem geistlichen Gericht des für Domrémy zuständigen Bischofssitzes Toul verklagte. Sie stand durchaus für sich selbst – es sei wiederholt –, denn sie folgte, wenn wir uns den jüngsten Datierungsansatz von Heinz Thomas zu eigen machen, genau zum damaligen Zeitpunkt einer erstmals zu ihr sprechenden Stimme, die ihr riet, »à soy gouverner«. Solche Selbstbestimmung mag manches von dem Folgenden erklären.

Ihr Heimatdorf Domrémy, nicht weit von der Reichsgrenze gelegen, war überwiegend königstreu. Doch schon der eigene Nachbar wie der Nachbarort Maxey hingen den Burgundern an, und so kam es bisweilen, vor allem unter Jugendlichen, zu Tätlichkeiten. Auf seine Weise also strahlte der große französisch-englisch-burgundische Konflikt bis in die kleinen Dörfer des Maastals hinein. In dieser weder idyllischen noch bislang vom Krieg wirklich erschütterten Welt hörte Johanna nun an einem Sommertag des Jahres 1423 – so, wie gesagt, Thomas – um die Mittagszeit im Garten des elterlichen Hauses, und zwar aus der der Dorfkirche zugewandten Seite, eine von großer Helligkeit begleitete Stimme. (Die Richter, eben in ihrem Bemühen, Johanna in eine heidnisch-magische Ecke zu stellen, hätten gerne die Stimme aus einer großen, »Feenbaum« genannten Buche im Ort kommen lassen, was sie aber entschieden zurückwies.) Angst und Zweifel bemächtigten sich ihrer, doch dreimal erfolgte die Ansprache durch den, der sich als hl. Michael ausgab und ankündigte, bald würden auch die hl. Katharina und hl. Margarete zu ihr sprechen. Und in der Tat, bald schon sollten die Stimmen häufiger und drängender werden.

Wir sind im Jahr 1424, als es zu einer erneuten Katastrophe für die Franzosen bei Verneuil kam, und englische wie burgundische Truppen sich verstärkt auch auf die Regionen im Osten warfen, was die Familie d'Arc im nahen Neufchâteau Zuflucht suchen ließ. Als schließlich 1428 die Belagerung von Orléans bekannt wurde – der Fall dieser Stadt hätte den Engländern den Zugang zu den Karl VII. noch verbliebenen Provinzen in Frankreichs Mitte und Süden eröffnet –, da bekam sie gar zwei- bis dreimal in der Woche von der Stimme zu hören, »ich müsse aufbrechen und nach Frankreich gehen ... ich könne nicht länger bleiben, wo ich war, und ich müsse die Belagerung aufheben. Sie befahl mir außerdem, zu Robert de Baudricourt in die Festung Vaucouleurs zu gehen, deren Stadtkommandant er war.«

Mit einer List erreichte sie ihren Weggang: Ein Verwandter, Durant Laxart, der in der Nähe von Vaucouleurs wohnte, brauchte wegen seiner im Wochenbett liegenden Frau Hilfe. Ihm offenbarte Johanna sich unter Hinweis auf eine bekannte Prophezeiung, daß Frankreich durch eine Frau zerstört werde – dies ließ sich, ob nun zu Recht oder Unrecht, auf Isabeau de Bavière beziehen – und eine Jungfrau es wieder aufrichte, und sie überredete ihn schließlich, mit ihr bei Baudricourt vorstellig zu werden. Der aber reagierte, wie zu erwarten, schroff-ablehnend. Er hielt sie für verrückt; empfahl, man solle dem Mädchen eine Abreibung verpassen und es zum Vater zurückschicken. (Dem hatte übrigens, wie Johanna von ihrer Mutter wußte, einmal geträumt, seine Tochter ziehe mit Bewaffneten von zu Hause weg. Doch, so bemerkte er dann zu diesem Traum, ehe sie eine Soldatendirne werde, wolle er sie lieber ersäufen oder ertränken lassen. Ob sie, davon tief getroffen, dem bösen Traum das Bild der reinen, fast geschlechtslosen Gotteskriegerin gegenüberstellte? Lagerhuren wird sie jedenfalls mit Furor verfolgen, und zwei Männer, die ankündigten, ihr die Jungfräulichkeit nehmen zu wollen, und sie als Hure der Armagnacs beschimpften, sollen ihrerseits sogleich den Tod im Wasser gefunden haben.)

Es kam zum zweiten erfolglosen Versuch bei Baudricourt. Indes hatte sich in der Gegend ihr Ruf herumgesprochen, und einige begannen ihrer Mission Glauben zu schenken. Sogar der kranke Herzog Karl II. von Lothringen ließ sie nach Nancy kommen, um sie zu fragen, ob er Genesung fände. Doch weder Prophetin noch Wundertäterin wollte sie, wie gesagt, sein. Später wird sie etwa Frauen, die ihr Gebetstäfelchen entgegenhielten und sie diese zu berühren baten, lachend erwidern: »Berührt sie doch selbst, Eure Finger sind ebensogut wie die meinen.« Und ein Predigermönch, der sie in Troyes erstmals sah und ihr aus Angst vor der Begegnung mit einer Hexe Kreuzzeichen schlagend und Weihwasser sprengend entgegenkam, bekam zu hören: »Nähert Euch nur kühn, ich werde schon nicht wegfliegen.« Nein, sie hatte einen klar umrissenen Auftrag zu erfüllen, und diesen vertraute sie auch einem ihrer frühesten Gefährten mit ebenso klaren Worten an: »Kein Mensch kann das Königreich Frankreich wiedererlangen. Niemand wird ihm [Karl VII.] helfen als ich ... Ich muß gehen, ich muß es tun; mein Herr will, daß ich so handle.« Ihre Stimmen hatten sie »fille de Dieu, envoiée de par Dieu« (also Tochter und Gesandte Gottes) genannt, und genauso verstand sie sich. Dies erklärt ihr aus der Erkenntnis des klaren Auftrags erwachsenes Selbst- und Sendungsbewußtsein. Dies allein ist meiner Meinung nach das angebliche Geheimnis der Jeanne d'Arc: Ihre Sicherheit erklärt ihre Erfolge in unsicherer Zeit.

Im Februar 1429 gab Baudricourt schließlich nach, wohl nicht ganz unbeeindruckt von dem Echo, das Johanna im Lothringischen fand. Vielleicht aber war er auch gedrängt von einem damals in der Region weilenden königlichen Gesandten Colet de Vienne, der dem

Hof Karls VII. in dessen verzweifelter Lage »irgend etwas« Erfolgversprechendes in Aussicht stellen wollte und mußte.

Diese fast ausnahmslos durch eigene Aussagen belegten Anfänge der Jeanne d'Arc wurden erstmals zu Beginn des 19. Jahrhunderts durch Pierre Caze, einen in Bergerac tätigen hohen Verwaltungsbeamten, in Abrede gestellt. Er und viele ihm später noch Folgende konnten das Wunderbare einfach nicht glauben. Sie suchten nach rationalen Erklärungen, nach der »verité sur Jeanne d'Arc« – so lautet der Titel der von Caze publizierten Schrift – und vermeinten sie in einer kühnen, alle Quellen außer acht lassenden Spekulation gefunden zu haben. Eine Persönlichkeit von solch eminenter historischer Wirkung konnte und durfte einfach keine Bauerntochter gewesen sein! So machte man aus ihr das uneheliche Kind aus der ehebrecherischen Beziehung der Königin Isabeau de Bavière – denn der Ausländerin glaubte man alle Laster unterstellen zu können – mit ihrem Schwager, Herzog Ludwig von Orléans. Und dieses Kind sei dann, so baute man die Hypothese weiter aus, in der Verborgenheit Lothringens als eine Art patriotische Wunderwaffe aufgebaut worden.

Das alles ist widersprüchlich, abstrus und haltlos. Bereits 1407 wurde Ludwig von Orléans ermordet, Johanna aber nach eigener Aussage 1411/1412 geboren. Selbst wenn man dem keinen Glauben schenkt, sondern 1407 als frühestmögliches Geburtsjahr ansetzt, zeigt sich die Haltlosigkeit des Ganzen. In jenem Jahr gebar Isabeau nämlich einen Jungen; mithin verstieg man sich zur hanebüchenen Konstruktion, dieser Knabe sei in Paris gekauft und als Ersatz für die wirkliche und eilends weggegebene königliche Tochter der Öffentlichkeit präsentiert worden. Warum man jedoch Johanna ausgerechnet in die Obhut der Bauernfamilie d'Arc gab, wer dort die angebliche »Aufbauarbeit« betrieb, hat bis heute keiner der zahlreichen Adepten von Caze überzeugend erklären können. Ihre Hypothesen und Konstruktionen lassen sich, wie gesagt, nur aus dem Bemühen um rationale Erklärung des scheinbar Unerklärlichen verstehen.

Das scheinbar Unerklärliche: Dazu zählt natürlich auch das Wunder der Stimmen, das Johannas Richter ebenso beschäftigte wie es bis zum heutigen Tag Anlaß zu Spekulationen bot und bietet. Nur für katholische Traditionalisten bestand nicht der geringste Zweifel an Wahrheit und Wirklichkeit der Erscheinungen. Für sie gab es keinerlei Interpretationsproblem. (Einen ihrer prominentesten Vertreter hatten sie in Gabriel Hanotaux, Ende des 19. Jahrhunderts französischer Außenminister, der übrigens seine am Vorabend des Ersten Weltkriegs geschriebene Jeanne d'Arc-Biographie mit den denkwürdigen Worten beginnen läßt: »Dieu est Français, oui!«). Einen rationalen Erklärungsversuch stellt dagegen die oft geäußerte Vermutung einer überaus großen Imaginationsgabe Johannas dar, die ihren starken Patriotismus solch übersinnliche Formen annehmen ließ – das wäre immerhin denkbar, denn gerade in der lothringischen Grenzregion muß man sich dem Königreich verbunden gefühlt haben, was die Forschung etwa an der Gestalt des königlichen Sekretärs und Frühhumanisten Jean de Montreuil (1354–1418) festmachte. Von hier war es nicht mehr weit bis zu auch von deutscher Seite an der Wende des 19./20. Jahrhunderts betriebenen medizinischen und psychiatrischen Studien – bereits Voltaire sah in Johanna bekanntlich eine bedauernswerte Geistesgestörte –, wonach sie als eine krankhafte Ekstatikerin zu gelten hat, die unter sich später bis zum Wahnsinn steigernden Halluzinationen litt. (Am Rande sei hier noch auf die These eines kanadischen Mediziners hingewiesen, die in den achtziger Jahren von einem deutschen Romanisten aufgegriffen und verbreitet wurde, wonach Johanna ein Intersex war, ein Geschöpf mit äußerlich weiblichen Geschlechtsmerkmalen, das innerlich aber anstelle von Eierstöcken Hoden besessen habe – ein Typus, der sich durch Willen zur Herrschaft und außergewöhnliche Belastbarkeit auszeichnen soll.)

Heinz Thomas, der schon zitierte jüngste Johanna-Biograph deutscher Sprache, glaubt dagegen, die Pucelle habe an pubertärer Magersucht gelitten. In der Tat sind bei ihr hierfür typische Symptome wie Ausbleiben der Regelblutung, Gewichtsverlust und notorische Ruhelosigkeit bezeugt, die sich – so Thomas weiter – mit schizoiden Störungen verbanden, wofür wiederum überdurchschnittliche Intelligenz, distanziertes Verhältnis zu den Eltern und außerordentliche Hartnäckigkeit beim Verfolgen übersteigerter Zielvorstellungen sprechen sollen. Nur: Selbst wenn man die Indizien für psychische und physische Störungen für geradezu erdrückend hält, selbst wenn die Stimmen auf Einbildung beruhen, kann das für den Historiker nicht von leitendem Interesse sein: Er hat vielmehr nach dem aus den Anlagen und (vermeintlichen) Erscheinungen Johannas resultierenden Einwirken der Pucelle auf die »große« Geschichte der Zeit zu fragen.

Von Chinon nach Orléans

Ein kleiner Trupp nur war es, der am 12./13. Februar 1429 aus Vaucouleurs in das Gebiet der Loire mit Ziel Chinon aufbrach, wo Karl VII. damals residierte. Ganz und gar sicher war Johanna ihrer Sache, und so ermutigte sie ihre Begleiter: »Fürchtet nichts, ich führe aus, was mir befohlen ist, und meine Heiligen sagen mir, was ich tun soll.« Nach mehreren Tagen des Wartens wurden sie an den – wohl von ihr selber wie von Baudricourt – informierten Hof vorgelassen. Offensichtlich zögerte man dort zunächst. Allein die verzweifelte militärische Lage eröffnete ihr die Möglichkeit, angehört zu werden: »Ich erkannte den König unter den anderen durch den Rat meiner Stimme, die ihn mir offenbarte. Ich sagte ihm, daß ich den Krieg gegen die Engländer führen wolle«, so Johanna über diese Begegnung, bei der sich der sie so auf die Probe stellende Karl VII. als Höfling verkleidet haben soll. Ein Augenzeuge, Raoul de Gaucourt, wird später dies als ihre Worte zu Protokoll geben: »Edler Dauphin« – Johanna pflegte Karl VII. vor seiner Salbung und Krönung in Reims als »Dauphin« zu titulieren –, »ich bin gekommen und von Gott gesandt, Euch und dem Königreich zu helfen.« Danach fand zwischen beiden ein persönliches Gespräch statt, das den Dauphin offenbar fast alles Zweifeln und Zögern aufgeben ließ. Auch diese Unterredung ist gleich dem Phänomen der Stimmen immer wieder Gegenstand von Spekulationen und angeblichen Enthüllungen gewesen. So sah man in der Zusammenkunft von Chinon, entsprechend der These von Caze, ein Treffen von Halbgeschwistern, ja von Bruder und Schwester, da Ludwig von Orléans auch Vater Karls VII. gewesen sein soll. Das Geheimnis um diese Begegnung ist aber noch größer als im Fall der Stimmen, weil Johanna vor ihren Richtern in Rouen standhaft jede Auskunft über das Gespräch verweigerte, denn dies gehe allein sie und ihren König an. Auch Karl VII. hat sich dazu nie geäußert; nach einem – allerdings wesentlich späteren – Zeugnis soll sie ihm ein Gebet beziehungsweise Bitten mitgeteilt haben, die er selbst in tiefster Verzweiflung an Gott gerichtet hatte und von denen nur er selbst wissen konnte. Vielleicht zweifelte er auch an seiner legitimen Geburt (was Jeanne d'Arc aber wohlgemerkt keineswegs zu seiner Halb- oder gar Vollschwester machen würde), vielleicht auch aus anderem Grund an seiner Legitimität. Ob Johanna ihm versicherte, trotz des Mordes von Montereau, an dem ihn zumindest die Schuld duldender Mitwisserschaft traf, sei und bleibe er der einzig rechtmäßige Herrscher Frankreichs?

Allerdings war dieses Gespräch, dessen Inhalt sich wohl nie mehr eindeutig klären lassen dürfte, keineswegs der nun alles öffnende Zugang. Johanna wurde in Poitiers – dort sowie in Tours und Bourges hatte sich die Exiladministration der Armagnac-Partei angesiedelt – der Prüfung durch eine Kommission unterzogen, die auch in ihrer Heimat Erkundigungen einzog. Zudem untersuchten sie mehrere Frauen unter Aufsicht von Karls Schwiegermutter Yolande von Aragón auf ihre Jungfräulichkeit. Das Protokoll dieses Examens von Poitiers mit positivem Ausgang, auf das sich Johanna in Rouen berufen sollte, ist verloren: Vernichtet auf königliche Weisung? Weil die Prüfer weniger prüften als vielmehr angesichts der desolaten Situation dem Prinzip Hoffnung anhingen? Oder machte sich das Volk bemerkbar? War Johanna binnen kurzem dessen »Kultfigur« geworden? Oder aber wollte man später den peinlichen Umstand eigener Errettung durch eine Bauerntochter der *damnatio memoriae* anheimfallen lassen? Ob ungewollter oder intendierter Verlust, als sicher hat zu gelten, daß einmal mehr der Pucelle Sicherheit und Entschlossenheit die Examinatoren beeindruckten. Klar und präzise war ihr – später in eine Prophezeiung umgedeutetes – Vierpunkteprogramm: Befreiung von Orléans, Krönung Karls VII. in Reims und jetzt – neu hinzukommend – die Wiedereroberung der Hauptstadt Paris sowie das Freikommen des Herzogs Karl von Orléans aus englischer Gefangenschaft.

Zuerst also Orléans: »Im Namen Gottes, ich bin nicht nach Poitiers gekommen, um Zeichen zu tun. Aber führt mich nach Orléans, dort werde ich Euch die Zeichen weisen, derentwegen ich gesandt bin«. Das gab sie ihren Prüfern zu verstehen, um sich zugleich auch schon an die Engländer zu wenden. Deren König und dessen Statthalter auf dem Kontinent, den Herzog von Bedford, wie auch die Großen und alle Kämpfer ließ sie am 22. März 1431 in einem Schreiben wissen: »Übergebt der Pucelle« – so nannte sie sich selbst, so nannte sie jedermann und ›Jehanne la Pucelle, fille de Dieu‹, nannten sie ihre Stimmen –, »der Jungfrau, die von Gott, dem König des Himmels gesandt wurde, die Schlüssel aller guten Städte, die ihr in Frankreich eingenommen und geschändet habt.«

Als man sich nun anschickte, sie für den Krieg auszurüsten, gab sie den Befehl, ein im Boden der Katharinenkapelle von Ste-Catherine-de-Fierbois (bei Chinon) ruhendes Schwert zu heben und ihr zu bringen. Man grub und fand in der Tat eine Waffe, die unter dem Rost ihre ganze Schärfe bewahrt hatte. Nach Thomas stellte dies möglicherweise für Karl VII. den letzten Beweis ihrer Glaubwürdigkeit dar. Schon im Verhör mußte Johanna allerdings zugeben, daß sie noch kurz zuvor auf ihrer Reise nach Chinon

Abb. 1: Erste Kampfhandlungen vor Orléans (Chronik des Jean Chartier; Paris, BNF, ms. fr. 691, f. 17ᵛ)

ebendiese Kapelle aufgesucht hatte. Mit ihren Begleitern und Freunden aus früher Stunde – neben Jean Pasquerel, Jean de Metz und Jean d'Aulon sollen auch zwei ihrer Brüder zu diesem Kreis gehört haben – traf sie alsbald in Blois auf eine Truppe, die sich für den Entsatz von Orléans vorbereitete. Dies belegen die Aussagen zweier, Johanna im übrigen wohlgesonnener Heerführer, des Herzogs von Alençon und des Jean Dunois, eines Bastardsohns des Herzogs von Orléans. Offensichtlich war ihr keine militärische Kommandogewalt zugedacht, sie sollte vielmehr die Kämpfer aufmuntern, anstacheln und mitreißen; wir würden heute von einer Aufgabe in der psychologischen Kriegsführung sprechen. Karl VII. selbst sagte im Nachsatz seines Briefs vom 10. Mai 1429 an die Stadt Narbonne – eine seiner wenigen überlieferten Aussagen über Johanna –, es sei alles bei Orléans »in ihrer Gegenwart« geschehen.

Schließlich ist wichtig zu wissen, daß sich um Orléans keineswegs ein fester englischer Belagerungsring mit einem geschlosse-

Abb. 2: Die Befreiung von Orléans in einer Darstellung der »Vigiles du roi Charles VII« (Paris, BNF, ms. fr. 5054, f. 57ᵛ).

nen System von Bollwerken und Bastionen gelegt hatte, die Stadt also nicht hermetisch von der Außenwelt abgeschnitten war. Das ließ sich mit den knapp 5000 Mann, welche die Engländer zum Einsatz bringen konnten, gar nicht bewerkstelligen. Ihnen trat nun ein doppelt so großes französisches Heer entgegen, und Johanna vermochte kurz nach ihrer Ankunft mit Dunois und einem weiteren Befehlshaber, La Hire, unbehelligt nach Orléans hineinzukommen, dort Quartier zu nehmen und für Militäraktionen aus dieser Stadt auch wieder herauszureiten, die gut befestigt und eben wegen ihrer Verbindungen zur Außenwelt weder ausgehungert noch übergabebereit war. Bürger und Söldner verteidigten sie, und noch am 13. April war ohne jede Schwierigkeit eine größere Geldsumme zur Bezahlung dieser Söldner nach Orléans hineingelangt.

Anfang Mai begannen die Kampfhandlungen, und bald schon brach im französischen Lager ein Konflikt aus, der Johanna in einen für sie geradezu typischen Gegensatz selbst zu Männern brachte, die ihr eigentlich zugetan waren. In ihrer unerschütterlichen Gewißheit, daß Gott auf ihrer Seite und damit der Sieg sicher sei, suchte sie die sofortige und direkte Auseinandersetzung. Taktische Überlegungen und Vorsichtsmaßnahmen waren ihr zuwider, darum fuhr sie Dunois an: »Im Namen Gottes, der Rat Gottes ist klüger und unfehlbarer als der Eure ... Ihr habt geglaubt, mich zu täuschen, aber Ihr habt Euch selbst getäuscht, denn ich bringe Euch bessere Hilfe, als Ihr sie je von einem Feldherrn oder einer Stadt erlangen könnt. Es ist die Hilfe des Königs im Himmel.« Und in der Tat brachte sie, die eine Gottgesandte, nicht aber ein Bauernmaskottchen sein wollte, Hilfe; erstmals wahrscheinlich am 4. Mai, als ihr bloßes Erscheinen die Bürgermiliz von Orléans beflügelte, St-Loup, einen vorgeschobenen Außenposten der Engländer, zu erobern. Damit war die – allerdings noch keineswegs abschließend ausgebaute – Ostflanke des englischen Belagerungsrings gesprengt. Tags darauf ließ sie den Feind in einem Brief wissen: »Euch Männern von England, die Ihr kein Recht auf das Königreich Frankreich habt, befiehlt der König durch mich, die Jungfrau, Eure Bastionen zu verlassen und in Euer Land zurückzukehren. Wenn Ihr das nicht tun werdet, werde ich ein solches Kriegsgeschrei erheben, daß man ewig daran denken wird. Diesmal schreibe ich Euch zum dritten- und letztenmal.«

Ein neuerlicher Brief war auch nicht notwendig, denn am 8. Mai 1429 zogen die Engländer von Orléans ab. Wie war es dazu gekommen? Am 6. Mai hatte man die englische Bastion bei der Augustinerkirche südlich der Loire eingenommen; der Kriegsrat kam daraufhin überein, eine Kampfpause einzulegen, derweil Johanna drängte, die Erfolgsstimmung gleich für weitere Attacken zu nutzen. Ein neuerlicher Zusammenstoß mit den Befehlshabern war unausweichlich: Diesmal geriet sie am frühen Morgen des 7. Mai (und wohl nicht schon tags zuvor, wie Thomas minutiös nachgewiesen hat) mit Raoul de Gaucourt aneinander, dem damaligen Gouverneur von Orléans und einem der wichtigsten Amtsträger und Militärs Karls VII. überhaupt, als dieser, besagter Vereinbarung entsprechend, Johanna und ihre Leute am Ausritt aus der Stadt zu hindern suchte. Vergeblich, der Trupp überquert die Loire; ihm schließen sich im Süden liegende Bewaffnete an. Es geht gegen die den Engländern verbliebenen Bollwerke an der Loirebrücke, in die sich die Belagerer als nunmehr Belagerte zurückgezogen haben. Allerdings sind diese Bastionen im Gegensatz zu den bislang eroberten wohlbefestigt; nach Meinung der Militärs lassen sie sich selbst mit kleiner Besatzung ohne Schwierigkeiten über eine Woche halten. Mit Johanna aber gelingt deren Einnahme binnen Tagesfrist. Obwohl beim Angriff auf die Bastille des Tourelles von einem Pfeil oberhalb der Brust verwundet, was sie laut späterer Aussage ihres Beichtvaters tags zuvor prophezeit haben soll, nimmt sie, nachdem die Wunde notdürftig mit Öl und Speck versorgt worden ist und sie die Beichte abgelegt hat, sogleich den Kampf wieder auf. Der Anblick der zur vordersten Frontlinie Eilenden und der ihres Banners läßt just in dem Augenblick, da man, von zwölfstündigem Kampf erschöpft, die Hoffnung auf den Sieg offensichtlich schon aufgegeben hat, die Erstürmung mit einem Mal schnell und unerwartet gelingen. Alle Militärs, die 1455/56 im Zuge des Rehabilitations- beziehungsweise Nullitätsverfahrens als Zeugen aussagten, erklärten übereinstimmend, Johanna sei der Sieg zu verdanken gewesen. Es waren ihr Sendungsglaube, ihre mitreißende Siegesgewißheit, die vor allem die einfachen Soldaten anspornte und beflügelte. Auf seine Weise bestätigte das auch Bedford, der dem englischen König berichtete »von der magischen Kraft der Spionin des Teufels, Pucelle genannt, die von bösen Beschwörungen und Zauberei Gebrauch machte«.

Krönung und Niedergang: von Reims nach Compiègne

In der Folge suchten die Militärs den Sieg, dessen bis heute am 8. Mai in Orléans feierlich gedacht wird, durch Feldzüge ins Orléanais zu sichern und zu festigen. In der Tat gelang ihnen am 18. Juni ein neuerlicher Erfolg in der Feldschlacht bei Patay, wo der englische Heerführer Talbot in Gefangenschaft geriet. Johanna nahm an diesen Unternehmen zwar zumeist teil, drängte nunmehr aber – ihrem Auftrag entsprechend – zum nächsten großen Ziel: nach Reims, der alten Salbungs- und Krönungsstätte der französischen Könige. Viele Kräfte am Hof zauderten und erwogen, ermutigt durch die Befreiung von Orléans, vielmehr einen Zug gegen die englische Kernprovinz auf dem Kontinent, die Normandie. Doch Jeanne d'Arc beschwor ihren »edlen Dauphin«: »Versäumt nicht so viel Zeit mit Beratungen! Kommt so bald wie möglich nach Reims, um die Krone, die Euch gebührt, zu empfangen.« In der Tat vermochte sie Karl VII. zum Zug in die Champagne zu bewegen, und ihr Erfolg ließ bei vielen Höflingen, Räten und Militärs Neid und Eifersucht aufkommen. Es wird davon noch die Rede sein.

Auf dem Weg nach Reims lag Troyes. Diese von der englisch-burgundischen Allianz gehaltene Stadt brauchte, militärisch gesehen, nicht unbedingt erobert zu werden. Allein mit ihrem Namen verband sich jener schmachvolle Vertrag von 1420. Die Bürger von Troyes zeigten sich abweisend, am Hof zögerte man, einen nicht absolut notwendigen Kampf aufzunehmen. Da waren es einmal mehr der Mut und die Entschlossenheit einer einfach erste Vorbereitungen für die Belagerung treffenden Pucelle, die Karl VII. alsbald die Tore von Troyes öffneten, deren Bewohner noch kurz zuvor einen an sie gerichteten Brief Johannas als den »einer vom Teufel besessenen, dummen Person« ins Feuer geworfen hatten. (Doch bemerken wir am Rande auch zwei Pariser Studienfreunde, die sich bei jener Gelegenheit wiedersahen. Der eine, Gérard Machet, war als königlicher Beichtvater ein Mann von großem Einfluß am Hof Karls VII.; der andere, Jean Léguisé, hatte den Bischofsstuhl im gegnerischen Troyes inne. Solche Bekanntschaften und Kontakte, solche parteiübergreifenden »Netzwerke« trugen, es sei vorweggenommen, wohl nicht nur vor Troyes, sondern überhaupt zum für Frankreich siegreichen Ende des Hundertjährigen Kriegs mindestens ebensoviel bei wie der »Bellizismus« einer Jeanne d'Arc.)

Châlons an der Marne fiel alsbald, und am 16. Juli konnte man kampflos unter den »Noël Noël«-Jubelrufen der Bevölkerung in Reims einziehen, wohin alter Überlieferung zufolge einst eine Taube vom Himmel die Ampulle mit dem heiligen Salböl für die Taufe des Frankenkönigs Chlodwig gebracht hatte. Am folgenden Tag stand Johanna mit ihrem Banner in der Hand neben Karl VII., den sie nach der Zeremonie in der Kathedrale kniend und unter Tränen erstmals als »edlen König« anredete: »Edler König, jetzt ist es nach Gottes Gefallen geschehen, der es wollte, daß ich die Belagerung von Orléans aufhebe und Euch in diese Stadt führe, damit Ihr Eure heilige Salbung empfangt. So wird sichtbar, daß Ihr der wahre König seid und allein der, dem das Königreich gehören soll.« Der Höhepunkt in ihrem Leben war erreicht, sie hatte dem Königreich – heilig nannte sie es, und alle, die es bekämpften, führten nach ihrer Ansicht Krieg gegen Christus – seinen rechtmäßigen Herrscher gegeben: der 17. Juli 1429, ein großes Ereignis der französischen Geschichte. Und dessen Zeuge war auch der aus Lothringen nach Reims geeilte Vater d'Arc. Vom König wurde er empfangen, und kurz danach stellte Karl VII. ein Privileg aus, das die Familie samt ihrem Dorf von Steuerzahlungen befreite und bis zur Revolution in Kraft bleiben sollte.

Doch der Höhepunkt bedeutete auch Wende und Abstieg. Vor allem in dem Coronator von Reims, Regnault de Chartres, dem Erzbischof der Stadt und einflußreichen Kanzler Karls VII., wie in dem königlichen Favoriten Georges de La Trémoïlle erwuchsen ihr zwei mächtige Gegner. Da spielten, wie gesagt, Neid und persönliche Mißgunst mit hinein, doch es gab zudem Sachzwänge. Der Hof stand trotz des Krieges in steten Verbindungen und Verhandlungen mit Burgund, und auf beiden Seiten existierte auch auf der Ebene der Räte und Amtsträger eine Vielzahl besagter »Netzwerke« in Form von verwandtschaftlichen Verflechtungen, von Studienfreundschaften, von gemeinsamen früheren Karrieren in Administration und Wissenschaft. Solcherart Annäherungen und Kontakte aber drohte das kriegerische Vorwärtsstürmen der Pucelle, ihr »Bellizismus« eben in Frage zu stellen. Eine vorsichtig Kontakte knüpfende Diplomatie mußte sich einfach einer in ihren Augen blindwütigen Himmelsstürmerin zu erwehren suchen.

Mit bedeutungslosen Scharmützeln wurde Johanna nunmehr über Monate hingehalten. Erst als Verhandlungen mit Burgund fürs erste gescheitert waren, ließ man sie gegen Paris ziehen, vor dessen Mauern sie am 8. September 1429 ihre erste Niederlage erlitt. Möglicherweise wurde sie dabei zum unschuldigen – und obendrein verwundeten – Opfer eines bewußt nur halbherzig geplanten und ausgerüsteten Unternehmens. Mit ihrem dritten Ziel war sie also gescheitert, ihr Nimbus erlitt erste Einbuße. Und dann wieder über Monate erzwungene Untätigkeit, Bitten und Betteln um neuen Kampf, doch bestenfalls kam es zu kleinen und obendrein teilweise erfolglosen Gefechten. Am Ende des Jahres erhob der König sie mitsamt ihrer Familie und ihren künftigen Nachkommen in männlicher wie weiblicher Linie in den Adelsstand. Es war scheinbar eine Erhöhung und Auszeichnung, doch läßt sich der Akt mit Régine Pernoud auch als eine Art ehrenvollen Abschied deuten; ja, mit dieser vielfachen Jeanne d'Arc-Biographin bleibt zu fragen, ob nicht auch der neue König vielleicht neidisch und eifersüchtig auf die Erfolge der Pucelle geworden war, hatte er doch, wie diese selbst bemerkte, ihr, also einem Bauernmädchen, seine Krone zu verdanken. Sicher aber entsprach ihr Bellizismus seinem persönlichen Naturell weit weniger als die Suche nach Ausgleich durch Verhandlungen.

Dann aber schien sich doch noch im Mai des nächsten Jahres ein neues Kampffeld aufzutun, als in Flandern eine burgundische Armee zusammenkam, um den einsetzenden Abfall von Städten in Nordfrankreich – Laon, Soissons und Beauvais zählten bereits dazu – aufzuhalten, vor allem aber um Compiègne, den wichtigen, weil den Zugang nach Paris versperrenden Stützpunkt der

Partei Karls VII. zu erobern. Seit dem 14. Mai 1430 bedrohten die Burgunder den alten Königssitz. Johanna war alsbald zur Stelle und wurde, bei einem Vorstoß gegen ein vorgeschobenes Burgunderlager nur von einer kleinen Truppe begleitet, am 23. Mai überfallen und gefangengenommen. Wesentlich später, im 16. Jahrhundert, tauchte der Verdacht auf, kein anderer als der königliche Stadtkommandant Guillaume de Flavy, ein Verwandter von Johannas Gegner Regnault de Chartres, habe sie an die Burgunder verraten, weil er ein Tor, das sich in der vorgelagerten Wallanlage einer Brücke auf dem rechten Oiseufer befand, vorzeitig schließen ließ und Johanna so jede Rückzugsmöglichkeit genommen habe. Indes Beweise für solche Absicht fehlen; die Pucelle selbst äußerte nie einen Verdacht. Zudem mußte Flavy einfach rasch reagieren, als Burgunder und Engländer schon auf dieses Tor andrängten. Ein Mann des Jean de Luxembourg, eines Vasallen des Herzogs von Burgund, hatte Johanna aufgegriffen. Nach einer kurzen Begegnung mit Philipp dem Guten – laut Thomas soll sie den Herzog sinngemäß als Judas bezeichnet haben – wurde sie von Luxembourg auf dessen Schloß Beaulieu-en-Vermandois (bei Compiègne) und nach einem ersten Fluchtversuch nach Beaurevoir (bei Cambrai) gebracht, von wo sie neuerlich zu entkommen suchte. Trotzdem zögerte Luxembourg, offensichtlich unter dem Einfluß seiner Frau und Tante, Jeanne d'Arc an die Engländer auszuliefern, die mit zunehmendem Druck und einer Zahlung von 10 000 Pfund dann aber doch ihr Ziel erreichten – dies wäre der eigentliche Judaslohn gewesen. Karl VII. und sein Hof bemühten sich in dieser Zeit wohlgemerkt in keiner Weise um die Pucelle. Der damals durchaus übliche Loskauf von Gefangenen wurde nicht einmal versucht, wobei sich nicht ganz ausschließen läßt, daß er in diesem besonderen Fall auch wegen völliger Aussichtslosigkeit unterblieb. Es gibt nur ein einziges, indes den Ereignissen fernes Zeugnis, die Chronik des Venezianers Antonio Morosini, wonach Karl VII. geäußert haben soll, die Burgunder dürften sich um keinen Preis der Welt dazu hergeben,

Johanna an die Engländer zu verkaufen, andernfalls werde er mit Burgundern in seiner Gewalt in gleicher Weise verfahren. Und ob ein vereinzelter Vorstoß französischer Truppen nach Norden in dem damaligen Kriegstheater zwischen Paris und Flandern die Befreiung Johannas zum Ziel hatte, wie bislang meines Wissens allein Heinz Thomas vermutet, scheint doch recht zweifelhaft.

Keine Zweifel wirft dagegen jenes Schreiben des Regnault de Chartres an die Einwohner seines Sitzes Reims auf, in dem er die Gefangennahme damit erklärte, daß Johanna nie auf jemandes Rat gehört, sondern stets auf der Erfüllung ihres Willens bestanden habe und deshalb von Gott nun wegen ihrer Überheblichkeit gestraft worden sei. Im übrigen, so der Erzbischof und Kanzler weiter, gebe es bereits einen von Gott gesandten jungen Schäfer aus dem Gévaudan, der von jetzt an vor dem Heer ziehen könne. Die Pucelle hatte mithin ihre Schuldigkeit getan, die Besetzung der für die psychologische Motivation der Krieger wichtigen Rolle schien austauschbar, und im übrigen wollten professionelle Politiker und Diplomaten wie eben ein Regnault de Chartres das Heft in der Hand behalten, um Frankreichs Sache einem guten Ende zuzuführen – was ihnen in der Tat auch gelingen sollte.

Rouen: Prozeß und Tod

Doch jenseits aller Politik bewegt das persönliche Schicksal Johannas, ihr an die Passion Christi gemahnender Leidensweg, der sie am 30. Mai 1431 auf den Scheiterhaufen von Rouen führte – dabei waren Prozeß und Tod auf ihre Art natürlich von den Engländern bewußt in Szene gesetzte politische Akte. Dieses Schicksal, es rührt auch und gerade deshalb an, weil wir konkrete, berühmte Bilder vor Augen haben. Große Regisseure, große Schauspielerinnen haben sich am Thema Jeanne d'Arc versucht: Unerreicht blieb der frühe Stummfilm des Dänen Carl Theodor Dreyer mit Maria Falconetti (1928), prägend wurden aber auch die Filme von Roberto Rossellini mit Ingrid Bergman (1954), von Otto

Preminger mit Jean Seberg (1957) sowie in jüngerer Zeit von Jacques Rivette und Luc Besson mit Sandrine Bonnaire und Milla Jovovich.

Dabei hatte Johanna eigentlich, um mit den Worten ihres Richters, des Bischofs Pierre Cauchon von Beauvais, zu sprechen, einen »schönen Prozeß«. Formell handelte es sich um einen einwandfreien, juristisch hieb- und stichfesten Inquisitions- und Häresieprozeß. Wie kam dieser zustande? Gleich nach Johannas Festnahme wurde die Universität Paris – immer noch die herausragende theologische Autorität in der abendländischen Christenheit, politisch seit 1418 unter englisch-burgundischer Kontrolle – bei Herzog Philipp dem Guten von Burgund mit einem Auslieferungsersuchen vorstellig, um eben ein Inquisitionsverfahren gegen die Pucelle durchzuführen; für dessen Leitung bot sich mit dem Bischof von Beauvais ein angesehenes Mitglied dieser Hochschule an, denn man hatte Jeanne d'Arc bei Compiègne und damit auf dem Gebiet von Cauchons Bistum gefangen. Cauchon würde es im Wortsinn schon richten, denn sein Ehrgeiz ging auf den Stuhl von Rouen, den reichsten in Frankreich überhaupt. Rouen wiederum war die Hauptstadt der Engländer auf dem Kontinent.

Alles lief denn auch wie gewünscht. Seit Januar 1431 befand sich Johanna in der Gewalt eines kirchlichen Gerichts, das Cauchon großteils mit Pariser Lehrern sowie Kanonikern aus Rouen besetzt hatte, die meist an der Pariser Alma Mater ausgebildet worden waren. Einige wenige, die Bedenken äußerten – zum Beispiel der Bischof von Avranches –, waren massiven Pressionen der Engländer ausgesetzt. Diese blieben die eigentlichen Herren im Hintergrund. Sollte, aus welchen Gründen auch immer, das Gericht Johanna nicht verurteilen, so mußte sie den Engländern überstellt werden. Für die Pucelle gab es mithin kein Entkommen mehr; mochte der Prozeß formal auch ein kirchlicher sein, er fand auf englischem Territorium unter englischer Überwachung statt. Der Sache nach war er ein politisches Tribunal.

Bis zum 26. März 1431 dauerte das Vorverfahren, die »Instruktion«, die mit der Erstellung einer 70 Punkte umfassenden, dann auf 12 Punkte konzentrierten Anklageschrift zum ordentlichen Prozeß führte. Die ersten vier betrafen ihre Stimmen, der fünfte ihre Männertracht, der sechste das Kennzeichnen ihrer Briefe mit »Jesus-Maria«. Mit dem siebten wurde ihr vorgeworfen, das Haus ihrer Eltern ohne deren Wissen mit einem fremden Mann verlassen zu haben; mit dem achten der Versuch, aus dem Gewahrsam Luxembourgs zu fliehen; mit dem neunten, sich ihres Eingangs ins Paradies gewiß zu sein. Die letzten Punkte gehen erneut auf die Stimmen ein, wobei betont wird, sie wolle diesen mehr als der kirchlichen Autorität gehorchen.

Für Johanna bedeuteten die mehrmonatigen Verhandlungen hierüber strenge Haft, Psychoterror, Krankheit, drohende Folter, zermürbende Verhöre durch ein Kollegium von 22 hochgelehrten Kirchenrechtlern und Theologen, die sie mit Fangfragen, Spitzfindigkeiten und Formalismen in ein fintenreiches Verwirrspiel hineinzogen. Und doch parierte sie glänzend, ihre Antworten zeugen von besagtem »gesunden« Menschenverstand, von Schlagfertigkeit und Witz. Allesamt aber sind sie inspiriert von dem unerschütterlichen Glauben an ihren Auftrag, allesamt speisen sie sich aus der Kraft, welche ihr die sie auch jetzt nicht verlassenden Stimmen verliehen. Nur zwei Beispiele: Man stellte ihr die verfängliche Frage, ob sie im Stande der Gnade Gottes sei – ein »Ja« wäre als Beweis sündhafter Überheblichkeit, ein »Nein« als Schuldeingeständnis gewertet geworden. Ihre Antwort: »Wenn ich nicht darin bin, so möge Gott mich darin hineinnehmen; wenn ich darin bin, so möge er mich darin erhalten.« (Es ist darauf hingewiesen worden, daß dieser Antwort eine damals bekannte, vor allem von Bettelmönchen verbreitete sonntägliche Gebetsformel zugrunde liege. Das mag zwar die Originalität der Aussage einschränken, wirft aber ein bezeichnendes Licht auf die Geistesgegenwart der Angeklagten, im Angesicht des Gelehrtentribunals rasch genau das Richtige vorzubringen.) Die Richter verlangten Unterwerfung unter ihr gelehrtes Wissen: Ob sie nicht glaube, daß sie der Kirche Gottes auf Erden, also ihnen gehorchen müsse? Doch, dies glaube sie, zuerst aber müsse sie Gott gehorchen, denn: »Ich bin von Gott gekommen und habe hier nichts zu schaffen. Schickt mich zurück zu Gott, von dem ich gesandt bin.« (Wegen solcher Haltung wurde Johanna übrigens von George Bernard Shaw als eine Vorläuferin des Protestantismus bezeichnet, doch bleibt einschränkend zu bemerken, daß sie nie das traditionelle Glaubensgut oder die Kirche an sich in Frage gestellt hat; »ungebildet« wie sie war, konnte sie einen möglichen Widerspruch zwischen der Institution Kirche und ihrem persönlichen Glauben weder erkennen noch verstehen.)

Allem und allen widerstand sie über Monate hin, um dann am 24. Mai 1431, nach der letzten öffentlichen Aufforderung zur Abschwörung auf dem Friedhof von St-Ouen doch zu zerbrechen. Sie widerrief alle bisherigen Aussagen und unterwarf sich, zum wütenden Entsetzen der Engländer, dem geistlichen Gericht. Cauchon konnte in der Tat nur mehr die Lösung aus dem Kirchenbann und eine lebenslange Gefängnisstrafe verkünden. Es war vielleicht die – im übrigen trügerische – Hoffnung auf eine mildere Kirchenhaft, sicherlich aber Todesangst, die sie dazu bewog: »Alles, was ich an jenem Tag gesagt und widerrufen habe, tat ich nur aus Angst vor dem Feuer«, gab sie vier Tage später dem Bischof von Beauvais zu Protokoll, als sie ihren Widerruf widerrief, über den sich ihre Stimmen tiefbetrübt gezeigt hätten. »Lebt wohl, es ist geschafft, wir haben sie«, soll Cauchon dem auf englischer Seite für die Aufsicht über Johanna verantwortlichen Richard of Beauchamp, Grafen von Warwick, lachend zugerufen haben, als er das Gefängnis verließ. Die rückfällige Ketzerin, die wohl zum Selbstschutz wie auch zum Ausweis ihres Kämpfertums ihre Männerkleidung wieder angelegt hatte – dies war, wie gesagt, ein wichtiger Prozeßpunkt –, hörte am 29. Mai ihr Todesurteil. Cauchon und die Seinen wird es nicht beschwert haben, führten sie doch eine Häretikerin ihrer verdienten Strafe zu, die, anstatt sich der kirchlichen Autorität zu unterstellen, trotzig und verstockt auf ihrem direkten Kontakt zu Gott und den Heiligen als allein entscheidender Instanz beharrte und nicht einzusehen vermochte, daß ausschließlich der Kirche das Monopol der Heilsvermittlung zustand.

Im letzten war dem Tribunal von Rouen und den Johanna feindlichen Kräften am Hof Karls VII. eines gemeinsam: die Ablehnung des Anspruchs auf ein die Ordnungen bedrohendes »à soy gouverner«. Weder der Papst noch das damals in Basel zusammentretende Generalkonzil haben je gegen das Urteil Einspruch erhoben. Als etliche Mitglieder des Rouennaiser Gerichts in Basel Konzilsvätern aus der Herrschaft Karls VII. begegneten, kam es zwar zu manch politisch motivierten Kontroversen, nie jedoch zu einem Disput über die Todesstrafe für Johanna.

Am 30. Mai 1431 wurde sie vollstreckt. Zahlreich sind die Berichte über Johannas Hinrichtung, viele davon legendarisch überhöhend und verklärend; nur einer davon sei hier zitiert, der des Dominikaners Martin Ladvenu, der ihr die letzte Beichte abnahm und den Leib des Herrn reichte: »Fast alle Umstehenden weinten vor Mitleid. Ich zweifle nicht, daß sie als gläubige Christin gestorben ist, und wollte, meine Seele wäre dort, wo die ihre ist ... Nach der Verurteilung stieg sie von der Estrade herab, wo ihr die Predigt gehalten worden war. Sie wurde ... vom Henker zu dem Ort geführt, wo die Reisigbündel für das Feuer bereitlagen. Als Johanna das Feuer sah, bat sie mich, hinabzusteigen und das Kreuz des Herrn hochzuhalten, damit sie es sehen könne. Während ich mich ihr nahe befand, traten der Bischof von Beauvais und die Domherren der Kirche von Rouen hinzu, um sie zu sehen. Als Johanna den Bischof gewahrte, rief sie ihm zu, er sei die Ursache ihres Todes ... Bis zum Ende blieb sie dabei, ihre Stimmen seien von Gott und alles, was sie getan habe, habe sie auf Gottes Geheiß hin vollbracht. Ihre Stimmen hatten sie nicht getäuscht. Und ihre Offenbarungen kamen von Gott.«

»Die Geburt der Königsnation Frankreich«: zur historischen Bedeutung der Jeanne d'Arc

Naheliegend, doch ein eigenes Thema wäre es, auf das Nachleben Johannas einzugehen, das unmittelbar nach ihrem Tod bereits mit jener merkwürdigen Claude aus der Gegend von Metz einsetzte, die sich offensichtlich an Orten wie Trier und Köln, wo man von Johanna zwar schon gehört hatte, ohne aber Genaueres über ihr Schicksal zu wissen, über mehrere Jahre hin mit Erfolg als Jeanne d'Arc ausgab, in Arlon einen Ritter des Armoises heiratete, kurzfristig sogar in Orléans Aufnahme fand und zeitweise angeblich zwei Brüder Johannas für sich einnahm, bis sie dann in Paris entlarvt wurde und ihre Tage an der Seite ihres Ritters oder aber als Dirne beendet haben soll. Es war ebendiese Claude des Armoises, die wiederum bis in unsere Zeit zu vereinzelten Spekulationen Anlaß gab, die Pucelle sei unmittelbar vor der Hinrichtung gegen eine andere Person ausgetauscht und so von Cauchon und Mitgliedern des Tribunals gerettet worden.

Zu erwähnen sind auch die Bemühungen Karls VII., unmittelbar nach der Eroberung von Rouen 1449, das Verfahren um Jeanne d'Arc neu aufzurollen, was schließlich 1455/1456 zur Rehabilitation der Pucelle und zu einer von Rom gebilligten Erklärung der Nichtigkeit (»Nullität«) des Kondemnationsprozesses führte. Daß der König dies überhaupt in die Wege leitete, mag in der Absicht gründen, just an diesem Ort, wo Johanna als rückfällige Ketzerin verurteilt worden war, zu demonstrieren, daß er seine Herrschaft nicht einer Häretikerin verdankte.

Wie aber erklärt sich das zuvor über Jahrzehnte währende Schweigen Karls VII., seine evidente Passivität nach Johannas Gefangennahme bei Compiègne? Wenn ihn nicht ausschließlich Neid und Eifersucht leiteten, liegt eine grundsätzlichere Frage nahe: War die Pucelle, nachdem sich mit und nach Orléans eine Wende im Kriegsgeschehen abgezeichnet hatte, etwa bald schon unwichtig, ja störend für König und Königreich geworden? Als

Karl VII. im Jahr 1449 in Rouen einzog, galt er als der mächtigste Monarch Europas, denn »Charles le victorieux« hatte dank fähiger Militärs wie der erwähnten Dunois und La Hire, aber auch der für die Entwicklung der Artillerie wichtigen Gebrüder Bureau große Erfolge zu verzeichnen gehabt. Zugleich war er aber »Charles le bien conseillé«, umgeben von einem ebenso fähigen Kreis politischer Berater, für die hier stellvertretend nur die gleichfalls bereits aufgeführten Gérard Machet, Regnault de Chartres und Yolande von Aragón genannt seien oder etwa der Bischof von Sées und Maguelonne Robert de Rouvres, der über drei Jahrzehnte hin mit geradezu spektakulärer Unauffälligkeit Kontinuität und Konstanz dieses Rates symbolisierte und garantierte.

Genaue Untersuchungen haben gezeigt, daß diese Persönlichkeiten – unbeschadet aller Hofintrigen und Finanznöte, aller Niederlagen und Demütigungen in der Frühzeit Karls VII. – teilweise über Dezennien dem Herrscher mit meist gutem Rat zur Seite standen. Zu Kontinuität und Konstanz kam also Kompetenz; auch im Exil zu Bourges, Tours und Poitiers verfügte man über genügend qualifizierte Kräfte, die ihre Ausbildung im Staatsgeschäft oft noch in den großen Pariser Behörden erfahren hatten. Die Ergebnisse dieser Ratstätigkeit wurden nicht sofort sichtbar; es brauchte, gerade nach den desaströsen Verwerfungen in der Epoche Karls VI., schon seine Zeit, um das strukturell reichste Land Europas wieder so zu organisieren, daß sich dessen Ressourcen und Leistungsfähigkeit in entsprechende politische und militärische Stärke und Effizienz umsetzen ließen. Diese Entwicklung begann just in den Jahren, als Johanna auf den Plan trat, zaghaft und für die Zeitgenossen noch unmerklich zu greifen. Dazu gehörte auch eine bereits an der Wende vom 14. zum 15. Jahrhundert einsetzende Propagandaaktivität zur Festigung des gefährdeten Königtums in Form von Traktraten aus der Feder von Pariser Intellektuellen wie Jean Gerson, Jean de Montreuil oder Christine de Pisan.

Begünstigt wurden diese Bemühungen durch die Schwäche der Gegenseite. Der äußerst erfolgreiche Heinrich V. war 1422 jung verstorben, der Nachfolger ein Kind und später ein König ohne Talent und Fortüne; mit Bedfords Tod 1435 verlor er obendrein seinen fähigen Statthalter auf dem Kontinent. Vor allem aber zeigte sich immer deutlicher, daß England seine Kräfte auf Dauer überspannt hatte. Seine Bevölkerung umfaßte allenfalls ein Viertel der französischen: Vor dem Einbruch der großen Pest um die Mitte des 14. Jahrhunderts ist von einer Relation von etwa 5 zu 19, ein Jahrhundert später von etwa 3 zu 12 Millionen Einwohnern auszugehen. Den nicht mehr zu schließenden englischen Belagerungsring um Orléans mag man als Symptom solch struktureller Schwäche ansehen. Anders gewendet: Frankreich, das ressourcenreichere Land, gewann den Hundertjährigen Krieg, ja mußte ihn – wieder wohlorganisiert – auf Dauer gewinnen, weil er eben über 100 lange und diese Faktoren zwangsläufig zum Tragen bringende Jahre währte. Und mit Blick auf Jeanne d'Arc: »L'apparition de Jeanne d'Arc n'est pas un miracle, c'est un aboutissement«. Der renommierte französische Mediävist Bernard Guenée hat schon recht mit solcher Feststellung, die Johanna also nicht als Wunder, sondern gleichsam als Ergebnis und Endpunkt einer Entwicklung betrachtet. Diese Entwicklung aber war durch kluge Räte, fähige Militärs und um den Zusammenhalt der Königsnation besorgte Intellektuelle wie aufgrund struktureller Überlegenheit des französischen Königreichs möglich geworden.

Nicht allein persönliche Verärgerung oder simpler Neid erklären die unverhohlene Skepsis, mit der ein Regnault de Chartres der Pucelle begegnete und deren Gefangennahme mit kaum kaschierter Erleichterung und Befriedigung aufnahm. Denn zu dieser Politik einer Bündelung der Kräfte, eines allseitigen »renouveau« zählte auch das beharrliche Bemühen um die Wiedereinbindung des seit dem Mord von Montereau und dem Vertrag von Troyes mit dem englischen Gegner verbündeten Burgund.

Die Befreiung von Orléans – 8. Mai 1429 143

Abb. 3: Jeanne d'Arc mit Schwert und Standarte, auf der Gott mit zwei Engeln sowie die Namen ›Jhesus‹ und Maria zu sehen sind (Miniatur des späteren 15. Jahrhunderts – Paris, Musée de l'histoire de France/Archives Nationales).

Jenes Burgund war, ungeachtet seines damaligen Aufstiegs zu einer zunehmend an eigenen, niederländischen Interessen ausgerichteten europäischen Großmacht unter Philipp dem Guten, doch immer noch ein auf Frankreich hin orientiertes und vielfach mit ihm verflochtenes Herzogtum geblieben. Das Ziel eines – auch den Krieg mitentscheidenden – Ausgleichs zwischen Frankreich und Burgund, von einer »klassisch-rationalen« Politik und Diplomatie etwa des Kanzlers Regnault de Chartres und seines burgundischen Amtskollegen Nicolas Rolin avisiert, drohte aufgrund des »Bellizismus« einer Jeanne d'Arc verfehlt zu werden. Mit ihrem Verschwinden war ein Haupthindernis für die Wiederannäherung beiseite geräumt, wie sie dann 1435 in Arras vertraglich fixiert wurde. (Ein weiteres Indiz für das kluge Vorgehen Karls VII. und seines Rats ist übrigens die nach dem Vertrag von Arras und der Wiedereroberung von Paris 1436 geräuschlos praktizierte Integration jener Amtsträger in die eigene Administration, die zuvor mit dem Feind kollaboriert hatten, ohne sich dabei allzu schwerer Verfehlungen schuldig gemacht zu haben.)

Johanna, mithin eine Marginalie der Geschichte, die zwar spektakuläre Geschichten machte, doch letztlich nur ihrem außergewöhnlichen persönlichen Schicksal Aufmerksamkeit, Anteilnahme und Verehrung durch die Jahrhunderte hin verdankt? Neuere Historiker pflegen in der Tat ihre Bedeutung wesentlich geringer zu veranschlagen als etwa noch viele Vorgänger im 19. und in der ersten Hälfte des 20. Jahrhunderts. (Dabei will auch das damalige politische Geschehen beachtet sein, denn die ursprünglich von der französischen Linken als Tochter des Volks, Kämpferin gegen klerikale Willkür und Opfer kirchlicher Repression Gefeierte wurde »la bonne Lorraine« nach dem Verlust Elsaß-Lothringens an Deutschland 1871. Zunehmend galt sie einer chauvinistisch-katholischen Rechten als Patronin unter den Vorzeichen von Revanche und Nationalismus. Auch die unmittelbar nach Frankreichs Sieg im Ersten Weltkrieg erfolgende Kanonisation der Jeanne d'Arc steht in diesem Zusammenhang.)

Die Befreiung von Orléans – 8. Mai 1429 145

Indes, Johanna war wohl doch weit mehr als besagte, sich bloß in Geschichten erschöpfende Randerscheinung der französischen Geschichte. Orléans ist und bleibt, selbst wenn die militärische Leistung so gewaltig nicht einmal war, doch ein entscheidender Wendepunkt des Hundertjährigen Kriegs, und ohne das im Wortsinn mitreißende Sendungsbewußtsein der Pucelle, ohne ihre Begeisterung und ihre Sicherheit ausstrahlende Selbstsicherheit wäre es wohl kaum zu diesem Sieg gekommen. Daß sie im Deutschen allgemein »Johanna von Orléans« genannt wird, hat seinen guten Grund. Ihr psychologisches Stimulans bewirkte Fakten, aus denen letztlich auch ihre Gegner bei Hof Nutzen zogen. Denn mit und nach Orléans ging das Gesetz des Handelns an Frankreich über, und vor allem dies ließ den Herzog von Burgund, den wohl »instinktsichersten« Fürsten seiner Zeit mit feiner »Witterung« für sich anbahnende politische Veränderungen, zur Partei der Mörder seines Vaters umschwenken. Im besonderen hat Jeanne d'Arc durch ihr Wirken den französischen König und die Institution des französischen Königtums gestärkt. Das »achte Sakrament« Frankreichs (Ernest Renan), das Sakrament des Königtums, erfuhr durch sie spektakuläre Aufwertung, was die noch lebenden intellektuellen Apologeten und Propagandisten des Königtums wie Christine de Pisan und Jean Gerson sogleich erkannten und feierten. (Im Falle Gersons mag die Ermunterung seitens des ihm durch gemeinsame Jahre am Pariser Navarrakolleg wie später im Lyoner Exil verbundenen königlichen Beichtvaters Gérard Machet ein wenig nachgeholfen haben. Das »Netzwerk« funktionierte und trug im übrigen ja das Seine zu Frankreichs Wiederaufstieg bei.) Johanna war natürlich keine »Nationalistin«, sondern eine glühende Anhängerin ihres Königs. Ihr Patriotismus hatte ganz und gar royalistische Züge. Insofern ist der Ausspruch Napoleons, Sproß wie Schöpfer einer entscheidenden Phase des frühen modernen Nationalismus, sicher unzutreffend: »Die erhabene Jeanne d'Arc bewies, daß der französische Genius in Augenblicken der Gefahr für die nationale Unabhängigkeit jedes Wunder bewirken kann.« Andererseits trugen ihre Stützung und Stärkung des Königtums dazu bei, daß das Staatswesen Frankreich in kritischer Situation einheitlich und ungeteilt blieb, daß sich das Gefühl weitausgreifender Verbundenheit mit einer um ihren König gescharten Nation entwickeln und festigen konnte. Der Weg dieser Königsnation führt zur »grande nation« der Neuzeit.

Wir wollen und werden heute keinen Heroenkult mehr treiben; wir unterschreiben nicht mehr das Dictum eines Machiavelli oder Heinrich von Treitschke, die großen Männer seien es, die Geschichte machen. Andererseits läßt sich nicht alles ausschließlich mit und aus den Strukturen erklären, wobei das Individuum, die Persönlichkeit mehr oder minder zum determinierten Handlanger der Geschichte herabgewürdigt wird. Auch die Historiographie der ohnehin nie einen monolithischen Block bildenden Annales-Gruppe im heutigen Frankreich läßt sich dafür keineswegs mehr als Kronzeuge anführen. Jeanne d'Arc und ihre Zeit, sie stehen in engem, vielfach verflochtenem, ja unauflöslichem Bezug und Wirkzusammenhang. Die Taten der Pucelle, ihre fürwahr außergewöhnliche Persönlichkeit einerseits, die strukturellen Gegebenheiten des damaligen Frankreich und England andererseits, ergeben erst zusammen das Signum und Gesamt einer Zeit der Wende, welche das Profil einer Königsnation hervortreten läßt. Sie gründete auf erheblichen politischen, militärischen und ökonomischen Potenzen und wurde von einem royalistischen Patriotismus weiter Kreise der Bevölkerung getragen, der sich in der Person von Jeanne d'Arc als in außerordentlicher Weise wirkmächtig erweisen sollte.

HARTMUT LEHMANN

Martin Luther und der 31. Oktober 1517

In dem gewaltigen Werk, das Martin Luther hinterlassen hat, in den vielen hundert Schriften, den Tausenden von Briefen sowie auch in den von seinen Schülern festgehaltenen umfangreichen Tischreden, in diesem einzigartig dichten Textbestand, der Luthers Leben und Wirken dokumentiert und in der Weimarer Ausgabe der Werke Luthers vollständig vorliegt, gibt es nur an zwei Stellen einen direkten Hinweis auf die Fertigstellung und Verbreitung der 95 Thesen am 31. Oktober 1517[1]: An diesem Tag wandte sich Luther in einem Brief an Erzbischof Albrecht von Magdeburg-Mainz mit der Bitte, den von Tetzel auf marktschreierische Weise betriebenen Ablaßhandel zu unterbinden. Diesem Brief legte Luther Thesen bei, in denen er begründete, warum aus theologischer Sicht das ganze Ablaßwesen falsch sei.[2] In einem Brief mit dem Datum vom 1. November 1527 ließ Luther seinen Freund Nikolaus von Amsdorf wissen, er habe in seinem Haus eine kleine Feier veranstaltet und darauf angestoßen, daß seit der Niedertretung des Ablasses, so die wörtliche Formulierung, nunmehr zehn Jahre vergangen seien. Ob diese kleine Feier tatsächlich am 1. November 1527 stattfand oder nicht doch schon am Vorabend, also am 31. Oktober, ist nicht eindeutig klar, da die Zeitgenossen den Vorabend stets schon zum Allerheiligenfest am 1. November rechneten. Klar ist hingegen, daß Luther bei diesem Anlaß ausdrücklich an seine Thesen gegen den Ablaß und damit an den Beginn seiner Auseinandersetzungen mit dem Papsttum erinnerte. Nicht bekannt ist, ob Luther auch im Jahr 1537, also zum zwanzigsten Jahrestag der Abfassung der Thesen eine ähnliche Feier veranstaltet hat oder etwa im Jahr 1542, dem fünfundzwanzigsten.[3] Von keinem Zeitgenossen Luthers liegt ein Zeugnis vor, in dem kurz nach dem 31. Oktober 1517 oder auch in späteren Jahren die Veröffentlichung der Thesen an diesem Tag gewürdigt wird. So bleibt als erstes Ergebnis festzuhalten, daß der 31. Oktober 1517 zu Luthers Lebzeiten kein Datum war, das in den Kreisen der Wittenberger Reformatoren und ihrer Anhänger in anderen Territorien regelmäßig durch besondere Gottesdienste oder andere Veranstaltungen observiert wurde.

An dieser Stelle erhebt sich die Frage, mit welchen Argumenten, aufgrund welcher historischer Konstruktionen und mit Hilfe welcher Art von historischer Imagination der 31. Oktober 1517 zu einem zentralen historischen Datum gemacht wurde, das Schulkindern eingebleut, das in der Geschichtswissenschaft zusammen mit der Entdeckung Amerikas im Jahr 1492 lange Zeit als entscheidende Zäsur zwischen Mittelalter und Neuzeit herausgestellt und an dem nicht zuletzt von den protestantischen Kirchen das Reformationsfest gefeiert wird, im Freistaat Sachsen übrigens bis auf den heutigen Tag als Feiertag, also als ein schul- und arbeitsfreier Tag. Dieser Prozeß der Kanonisierung des Tages vor Allerheiligen des Jahres 1517 setzte unmittelbar nach Luthers Tod im Jahr 1546 ein. Es sollte freilich bis ins 19. Jahrhundert dauern, ehe dieses Datum ins Gedächtnis jedes kirchentreuen und bildungsbeflissenen deutschen Protestanten tief eingebrannt war.

Als Philipp Melanchthon im Jahr nach Luthers Tod zum zweiten Band der Wittenberger Ausgabe der Werke Luthers eine *Vita Lutheri* verfaßte, bemerkte er folgendes: »Veranlaßt durch Tetzels Ablaßvertrieb gab Luther Thesen über die Ablässe heraus und heftete diese öffentlich an der Allerheiligenkirche am 31. Oktober 1517 an«[4]. Das war in doppelter Hinsicht eine bemerkenswerte Aussage, denn Melanchthon wies nicht nur ausdrücklich auf den 31. Oktober 1517 als den Tag hin, an dem Luther sich gegen das Ablaßwesen gewandt und damit das Papsttum herausgefordert hatte; er bemerkte vielmehr auch, Luther habe die Thesen an der Wittenberger Schloßkirche angeschlagen.[5] Auf den Streit, den Melanchthons Bemerkung auslöste, wird zurückzukommen sein.

Auch in den Jahren nach 1546 wies Melanchthon, wenn er am 31. Oktober einen Brief verfaßte, verschiedentlich darauf hin, daß an diesem Tag die Thesen angeschlagen worden seien. Dies sollte jedoch nicht überinterpretiert werden. Denn in allen Territorien, die sich der Lutherbewegung angeschlossen hatten, wurde im späteren 16. Jahrhundert der Beginn der Reformation an anderen Tagen gefeiert, meist an dem Tag, an dem die neue Glaubensrichtung offiziell eingeführt worden war. Das war beispielsweise in Braunschweig der erste Sonntag nach dem 1. September, oder in Hamburg[6] und Lübeck Trinitatis, also der Sonntag nach Pfingsten. Gelegentlich wurde auch an Luthers Geburtstag, am 10. November, oder an seinem Tauftag, dem Martinstag, am 11. November, ein besonderer Gottesdienst veranstaltet, an manchen Orten, so in Eisleben, auch an seinem Todestag, also am 18. Februar. In Süddeutschland erinnerte man vielerorts am Tag der Übergabe der Confessio Augustana an den Beginn der Reformation, also am 25. Juni, manchmal aber auch im Zusammenhang mit dem Kirchweihfest. Festzuhalten ist also des weiteren, daß es in der zweiten Hälfte des 16. Jahrhunderts in den evangelischen Territorien durchaus üblich war, an die Anfänge der Reformation zu erinnern, daß der 31. Oktober 1517 dabei aber keine besondere Rolle spielte. Dies sollte sich, zumindest ein Stück weit, im Jahr 1617 ändern.

Wie Jürgen Schönstädt dargelegt hat, erinnerten Ende des Jahres 1616 und zu Beginn des Jahres 1617 sowohl lutherische als auch reformierte Prediger daran, daß es nunmehr 100 Jahre her sei, seit das reine Evangelium wieder gepredigt werden könne.[7] Es sei angebracht, Gott öffentlich für diese Wohltat zu danken. »Well diß das hundertste / Jahr ist von der Zeit an / da der ewige allmächtige GOtt unsere Vorfahren in gnaden angesehen / und sie aus dem schrecklichen finsternuß deß Bapsthumbs gerissen / und in das helle Licht deß Evangelions geführet hat«, so der reformierte Oberhofprediger Abraham Scultetus in seiner Neujahrspredigt für das Jahr 1617 in Heidelberg.[8]

Soweit wir sehen können, lag die Initiative für die Ausgestaltung des Reformationsjubiläums 1617 zunächst bei Kurfürst Friedrich V. von der Pfalz und seinen Räten. Für sie war das Säkulargedenken der Reformation in zweierlei Hinsicht ein willkommener Anlaß: Zum einen bot das Jubiläum die Möglichkeit, den Zusammenhalt in der Protestantischen Union zu stärken. Zum andern verfolgten die Pfälzer das Ziel, auf diese Weise den Reformierten die volle reichsrechtliche Anerkennung zu verschaffen, die ihnen im Augsburger Religionsfrieden von 1555 verweigert worden war.

Am 23. April 1617 beschloß eine Versammlung der Repräsentanten der Protestantischen Union, in allen Ständen, die zur Union gehörten, solle am Sonntag, dem 2. November 1617, für die Segnungen, die die Reformation gebracht hatte, gedankt und für die Erhaltung des evangelischen Bekenntnisses gebetet werden. Nichtanwesende Stände wurden von diesem Beschluß unterrichtet. Bereits einen Tag vorher, am 22. April 1617, hatte die Theologische Fakultät der Universität Wittenberg den sächsischen Kurfürsten gebeten, er möge veranlassen, daß am 31. Oktober 1617 »primus Jubilaeus Lutheranus«, also das erste große Lutherjubiläum, »mit hertzlicher andacht unndt dancksagung celebriret unndt feyerlich begangen« werde.[9] Verhandlungen, an denen alle Teile der sächsischen Regierung beteiligt waren, folgten. Im August 1617 wurde bekanntgegeben, das Reformationsjubiläum solle am 31. Oktober sowie am 1. und 2. November mit Buß-, Bitt- und Dankgottesdiensten gefeiert werden. Für alle drei Tage wurden Predigttexte festgelegt. Die lutherischen Reichsstände, die die Konkordienformel unterschrieben hatten, wurden von den Plänen unterrichtet.

Es ist wohl nicht falsch, wenn man annimmt, daß die Konkurrenz zwischen Reformierten und Lutheranern um den ersten Platz im Lager der Evangelischen dazu führte, daß 1617 die hundertste Wiederkehr des Tages, an dem Luthers Kampf gegen die Tetzelsche Ablaßpraxis begonnen hatte, an vielen Orten förmlich begangen wurde. Weit über 100 Predigten, die aus diesem Anlaß gehalten wurden, sind im Druck überliefert.[10] In 94 von diesen Drucken wird das Datum, an dem die Predigt gehalten wurde, genannt. Demnach fanden am Freitag, den 31. Oktober 1617 insgesamt 21 Gedächtnisgottesdienste statt, am Samstag, dem 1. November, 20, am Sonntag, dem 2. November, 34 sowie in den Tagen zwischen dem 3. und dem 9. November 1617 weitere 16. In unserem Zusammenhang interessiert vor allem die erste Zahl: 21 von 94 Predigten, deren Datum wir kennen, wurden also am 31. Oktober 1617 gehalten, das sind exakt 22,34 Prozent, also weniger als ein Viertel. Wir können somit des weiteren konstatieren, daß sich im Jahr 1617 die Erinnerung an das Jahr 1517 als Beginn der Reformation durchgesetzt hatte, nicht dagegen, oder nur zum kleineren Teil, der 31. Oktober als der ausschlaggebende Tag.

Durchaus bemerkenswert ist ferner, auf welche Weise in den Jubiläumspredigten von 1617 Luthers Leistungen gewürdigt wurden. Manche Prediger verglichen Luther mit dem ersten Engel der Apokalypse, von dem im 14. Kapitel der Offenbarung Johannis berichtet wird; denn dieser Engel sei es, der Gottes Wort auf der ganzen Erde verbreitet und die Menschen aufgefordert habe, allein Gott die Ehre zu geben. Andere Prediger verglichen Luther mit Noah, weil dieser die Menschheit vor der »letzten Sündfluth« ermahnt habe, manche mit Moses, weil er unter den Reformatoren der unbestrittene Führer gewesen sei und Gottes Bundesvolk geführt habe, wieder andere mit dem dritten Elias, das ist mit dem Elias der Endzeit, somit einem auserwählten eschatologischen Werkzeug Gottes.[11]

Für alle Prediger, die im Jahr 1617 an 1517 erinnerten, war Luthers außergewöhnlicher heilsgeschichtlicher Rang unbestritten. Luther hatte die Autorität der Bibel wiederhergestellt; er hatte Gottes Wort ins Deutsche übertragen und somit auch für die Laien zugänglich gemacht; er hatte die zentrale Lehre von der Rechtfertigung ebenso wie die Lehre von den Sakramenten von Fehldeutungen gereinigt; er hatte die Aufgaben weltlicher Obrigkeiten ebenso neu definiert wie den Ehestand und damit deren eigentliche Bedeutung ins Bewußtsein seiner Zeitgenossen gerückt. Dazu Wolfgang Franz, ein Wittenberger Prediger: »Seine [Luthers] immediata vocatio ist darauß zu greifen / das [daß] der Allmechtige GOtt diesen Mann Doctor Lutherum mit seinem Heiligen Geist / nicht gemeiner Weise / sondern viel höher unnd reichlicher / nemblich / gleich wie vorzeiten die Propheten und Aposteln für [vor] allen andern Menschen und Theologen außgerüstet.«[12] Ausdrücklich wurden im Jahr 1617 auch spätmittelalterliche Stimmen zitiert, die auf das Kommen eines großen neuen Propheten hingewiesen hatten.

Aus den Reformationsfeierlichkeiten des Jahres 1617 entstand aber keine Tradition. Um die katholischen Mächte im Reich nicht zu provozieren, verzichteten die protestantischen Stände in den Jahren nach 1618 vielmehr darauf, irgendwelche Luthergedenktage zu begehen. Einige protestantische Städte und Territorien erinnerten 1630 jedoch an die Übergabe der Confessio Augustana im Jahr 1530. Erst nach dem Friedensschluß von 1648 entspannte sich die konfessionelle Lage wieder ein wenig. So war es möglich, daß der sächsische Kurfürst Johann Georg II. für den 31. Oktober 1667 eine offizielle Reformationsfeier anordnete, und im albertinischen Sachsen wurde ab 1668 dann auch jährlich das Reformationsfest gefeiert, wobei der eigentliche Festakt häufig auf den Sonntag vorher oder auf den folgenden Sonntag verlegt wurde. Noch besaß der 31. Oktober keine kanonische Qualität.

Wandlungen des Lutherbildes

Erst im Jahr 1717 sollte es anläßlich der 200. Wiederkehr des Beginns der Reformation in den meisten protestantischen Territorien wieder zu förmlichen Gedächtnisfeiern kommen.[13] Der 31. Oktober fiel im Jahr 1717 auf einen Sonntag; deshalb kam es 1717 zu überhaupt keiner Diskussion darüber, ob das Jubiläum auch an diesem Tag gefeiert werden sollte. Da der sächsische Kurfürst inzwischen zum Katholizismus konvertiert war und weitere Übertritte von Reichsfürsten ins katholische Lager möglich waren, bestanden aber nach wie vor starke konfessionspolitische Spannungen. Nach wie vor befürchteten die protestantischen Stände, sie könnten, wenn sie Luthers Angriff auf das Papsttum allzu laut priesen, die katholischen Parteien im Reich herausfordern. Den Reformationsfeiern des Jahres 1717 fehlte deshalb jedweder protestantischer Triumphalismus. In den Wochen und Monaten vor dem 31. Oktober versäumten es viele protestantische Reichsfürsten folglich nicht, ihre Geistlichen anzuweisen, das Jubiläum in einer möglichst moderaten Form zu feiern. »Ohne Aufmachung, Pomp und die Sinne fesselnde Kunst«, allein Gott sei die Ehre zu geben, so der Prorektor der Universität Halle, Johann Peter Ludewig.[14]

An vielen Orten wurde im Jahr 1717 die Reformationsfeier nach dem Muster der Gedenkfeiern von 1617 ausgerichtet. Das heißt, daß an drei Tagen nacheinander gefeiert wurde, am 31. Oktober, am 1. und am 2. November; das heißt ferner, daß in den Predigten die heilsgeschichtliche Einordnung von Martin Luther ganz ähnlich wie 1617 vorgenommen wurde: Luther galt demnach auch 1717 als ein neuer Moses, der die wahrhaft Frommen aus der Knechtschaft eines als Pharao karikierten Papstes in die Freiheit des Neuen Bundes hineingeführt hatte. In manchen Predigten wurde Rom auch als das neue Babylon geschildert, der Papst als Vorläufer des Antichristen und Luther als der von Gott gesandte Prophet und Wahrheitszeuge, der die Menschheit aufgerufen hatte, sich durch Erbauung und Konzentration auf die Glaubenswahrheiten auf das Jüngste Gericht vorzubereiten. Was Luther am 31. Oktober 1517 wirklich tat, wurde in keiner Predigt erörtert. Dieses Datum stand vielmehr für den Beginn der Glaubenserneuerung und somit für eine Legitimation des Protestantismus insgesamt. Es bleibt anzufügen, daß auch aus den Gedächtnisfeiern von 1717 keine Tradition entstand. Nur in Kursachsen wurde in den Jahren nach 1717 jeweils in der Woche vom 31. Oktober ein Reformationstag begangen. So verwundert es nicht, daß aus dem Jahr 1767, dem 250. Jahr nach Ausfertigung der 95 Thesen, kein besonderes Interesse an Reformationsfeierlichkeiten überliefert ist.

Im Jahr 1817, der dritten Säkularfeier des Beginns der Reformation, fiel der 31. Oktober wieder auf einen Freitag. Vielerorts wurde deshalb das Reformationsjubiläum an drei aufeinanderfolgenden Tagen mit speziellen Gottesdiensten begangen: am 31. Oktober sowie dann am 1. und am 2. November, einem Sonntag.[15] Freilich gab es 1817 auch andere Vorschläge. Goethe schlug beispielsweise vor, den vierten Jahrestag der Völkerschlacht bei Leipzig und das Reformationsjubiläum an einem Tag, und zwar am 18. Oktober zu feiern. Dies wäre dann ein Fest »aller Deutschen«. »Es wird von allen Glaubensgenossen gefeiert und ist in diesem Sinne noch mehr als [ein] Nationalfest: ein Fest der reinsten Humanität. Niemand fragt«, so weiter Goethe, »von welcher Konfession der Mann des Landsturms sei, alle ziehen vereiniget zur Kirche und werden von demselben Gottesdienste erbaut; alle bilden einen Kreis ums Feuer und werden von einer Flamme erleuchtet. Alle erheben den Geist, an jenen Tag gedenkend, der seine Glorie nicht etwa nur Christen, sondern auch Juden, Mahometanern und Heiden zu danken hat.« Goethe fügte eine weitere Überlegung an: »Man denke sich nun«, schrieb er, »den Geist von diesem großen Weltfeste zurück auf ein speziales Kirchenfest [also ein Reformationsfest am 31. Oktober] gelenkt, an welchem ein reines Gemüt oft keine vollkommene Freude haben kann, weil man an Zwiespalt und Unfrieden, ein ungeheures Unglück einiger Jahrhunderte erinnert wird, ja was noch schlimmer ist, daß er sich sagen muß, daß er sich von denjenigen, mit denen er sich vor vierzehn Tagen [also beim Erinnerungsfest an die Leipziger Schlacht] aufs innigste und kräftigste verbunden gefühlt, trennen und sie durch diese Trennung kränken muß.« Zu bedenken sei dabei, so Goethe: »Kein protestantischer Staat, in welchem nicht bedeutende [also eine bedeutende Zahl von] Katholiken sind; diese werden sich in ihre Häuser verschließen, so wie umgekehrt in katholischen Staaten der geringern Anzahl von [dort lebenden] Protestanten nur in aller Stille ihr Fest zu feiern vergönnt sein würde.«[16]

Unbekannt ist, ob Goethes Vorschlag, durch den die in Deutschland nach wie vor bestehenden konfessionellen Gräben überbrückt worden wären, in protestantischen Territorien des neugegründeten Deutschen Bundes irgendwelche Resonanz hatte. Bekannt ist dagegen, daß sich am 18. Oktober 1817 etwa 500 nationalgesinnte Studenten aus zwölf Universitäten auf der Wartburg versammelten, um den Sieg über Napoleon zusammen mit dem Reformationsjubiläum zu feiern. Wie Lutz Winckler herausgearbeitet hat, mutierte der fromme Bibelchrist Luther in den auf der Wartburg gehaltenen Reden zum deutschen Bürger und Patrioten: Er war vorbildlicher Bürger, weil er die deutsche Nationalkultur begründet hatte, und er war vorbildlicher Patriot, weil er den Papst in Rom besiegte und damit die Freiheit der Deutschen wiederherstellte. Auch in einigen deutschen Universitätsstädten wurde die Erinnerung an den Beginn der Reformation und an die Leipziger Schlacht an einem Tag beschworen, so beispielsweise in Tübingen, wo am 31. Oktober 1817, also nicht am Tag der Leipziger Schlacht, sondern am Tag des Reformationsjubiläums, Professoren, Studenten, Abgeordnete der Bürgerschaft und der Zünfte, um an beide Anlässe zu erinnern, in einem großen Fackelzug durch die Stadt zogen.[17]

Es wäre jedoch falsch, wollte man in den Reden und Predigten, die im Herbst 1817 gehalten wurden, allein die neuen nationalen Töne hören, durch die Luther als großer deutscher Nationalheld gepriesen wurde. Ähnlich wie schon 1617 und dann 1717 bestand vielmehr bei vielen protestantischen Obrigkeiten auch noch 1817 die Sorge, allzulautes Lutherlob könne die katholischen Mächte verärgern. Für das Reformationsjubiläum schien also auch noch 1817 konfessionspolitische Moderation angeraten. An einigen Orten kam es trotzdem zu konfessionellem Streit aus Anlaß des Jubiläums, so zum Beispiel im neuwürttembergischen Friedrichshafen, dem ehemaligen Buchhorn, wo die alteingesessene katholische Bevölkerung sich heftig über die Jubiläumspredigt des lutherischen Pastors erregte und wo der lokale katholische Kaplan Sauter am Allerheiligentag in seiner Predigt unter anderem ausführte: »Das Christentum [gemeint ist das katholische Christentum] bedarf keiner Reformation, wäre Luther ein Christ geblieben, so würdet ihr [also seine katholische Pfarrgemeinde] nicht von einem unverständigen Prediger [also dem evangelischen Geistlichen] in der Sclaverei Schmachtende und Irrende genannt worden seyn.«[18]

Im übrigen priesen die Redner und Prediger 1817 Luther je nach ihrem theologischen und politischen Standort. Aufklärer erinnerten an Luthers Beitrag zur deutschen Sprache und Kultur und betonten, daß erst durch die Reformation den Deutschen und durch die Deutschen der ganzen Welt der Wert der Glaubens- und Gewissensfreiheit bewußt gemacht worden sei. Die preußische Regierung unter Friedrich Wilhelm III. nutzte die Gelegenheit, um die seit langem geplante kirchliche Union von Lutheranern und Reformierten auch offiziell zu proklamieren – ein Projekt, das erst Jahrzehnte später und erst nach Überwindung allergrößter Schwierigkeiten durchgesetzt werden konnte. Für orthodoxe Lutheraner war Luther 1817 zuerst und vor allem der Mann der Bibel und der elementaren Glaubenswahrheiten. Entsprechend vehement kritisierten sie die Aufklärer und die Vertreter der Unionspolitik. Die Pietisten sahen beim Jubiläum von 1817 in Luther schließlich einen Vorkämpfer für ihre eigenen Bemühungen um Bibelverbreitung und Heidenmission.

Erneut, wie schon 1617 und 1717, wenngleich mit höchst unterschiedlichen Akzenten, wurde somit auch das Reformationsjubiläum von 1817 zum Anlaß genommen, um Luthers Leistungen sowie das Werk der Reformation insgesamt zu würdigen. Ein besonderes historisches Interesse daran, was Luther am 31. Oktober 1517 tat, läßt sich auch 1817 nicht feststellen. Dies sollte sich, wie sich besonders gut an den zahlreichen Lutherillustrationen des 19. Jahrhunderts demonstrieren läßt, erst in den Jahrzehnten nach 1817 ändern.

In den bildlichen Darstellungen und insbesondere in der Druckgraphik zur Luthergeschichte aus dem 17. und 18. Jahrhundert hatten vier Themen dominiert:

1. Die Verbrennung der Bannbulle vor dem Elstertor 1520;
2. Luthers Auftritt vor dem Kaiser in Worms 1521;
3. Luthers anschließende Entführung auf die Wartburg und
4. Luthers Tod in Eisleben 1546.

Gelegentlich waren auch der Blitzschlag von Stotternheim, also Luthers Damaskuserlebnis, Luthers Verhör durch Kardinal Cajetan 1518 sowie Luthers Eheschließung mit Katharina von Bora 1525 illustriert worden.[19] Nur ein Blatt ist aus dem 18. Jahrhundert überliefert, in dem an den Thesenanschlag vom 31. Oktober 1517 erinnert wird. Es zeigt in der oberen Bildhälfte einen geflügelten Putto, der einen Baum pflanzt, und in der unteren Bildhälfte einen Mann in einer Kutte, also Luther, der einige vornehm gekleidete Männer auf ein Schriftstück, das an einer Tür hängt, also die Thesen, hinweist. Dieses Blatt entstammt einem Bilderzyklus, den der Augsburger Johann Michael Roth 1730 aus Anlaß des 200. Jahrestages der Abfassung der Confessio Augustana herausbrachte. Das Motto, das Roth zwischen die beiden Bildteile setzte, lautet: »So ferne Gottes Macht will diesen Baum erhöhen. Wird er im größten Sturm dennoch beständig stehen.«[20]

Im 19. Jahrhundert sollte der Thesenanschlag dann ein beliebtes, von Illustratoren häufig traktiertes Thema werden. Nachdem bis dahin die Verbrennung der Bannbulle vor dem Elstertor in Wittenberg als der eigentliche und definite Bruch Luthers mit dem Papst gegolten hatte, wird nunmehr der Thesenanschlag als das Ereignis herausgestellt, das Luthers Entschlossenheit zum

Bruch mit der alten Kirche unzweideutig demonstrierte. Den Beginn machte der Berliner Johann Erdmann Hummel. Im Jahre 1806 produzierte er zwölf Blätter zum Thema »D. Martin Luthers Verherrlichung«. Das vierte dieser Blätter stellte, so Hummels Begleittext, »den mit dem Geist Gottes beseelten Mann in dem ersten Akt der Reformation dar: er läßt die Sätze gegen den Ablaß an die Kirchenthüre zu Wittenberg anheften.« Interessant ist die Formulierung: »Er läßt anheften«, denn diese Beschreibung ist der Beginn einer ganzen Serie von Blättern, auf denen ein als Mönch dargestellter Luther vor der Tür der Schloßkirche in Wittenberg steht, an die ein, gelegentlich auch zwei junge Männer die Thesen festmachen.[21]

Das erste Blatt, auf dem Luther selbst die Thesen an der Wittenberger Schloßkirchentür anheftet, stammt aus dem Jahr 1817 und wurde von dem in Nürnberg lebenden Georg Paul Buchner hergestellt, und zwar als Teil eines für die dreihundertjährige Jubelfeier des Reformationsfestes am 31. Oktober speziell angefertigten Gedächtnisblattes mit insgesamt 16 Szenen aus Luthers Leben.[22] Einen dritten Typ, eine dritte Variante der Szene vom Thesenanschlag, schuf wenig später der Nürnberger Friedrich Lampe. Auf dem Bild, das er 1825 als Teil einer Folge von acht kolorierten Radierungen über Luthers Leben schuf, hängen die Thesen bereits an der Schloßkirchentür. Davor stehen diskutierende Bürger, dazu ein Luther, der nicht mehr als Mönch dargestellt wird, sondern auch in bürgerlicher Kleidung. Mit ausgestrecktem Arm weist Luther einen Geistlichen auf den Aushang hin.[23]

Alle drei Bildtypen wurden im Laufe des 19. Jahrhunderts mehrfach nachgeahmt, am häufigsten die Szene, in der Luther die Thesen durch einen jungen Burschen anschlagen läßt.[24] Auf diesen Bildern ist stets nicht nur die Leiter zu erkennen, auf die der junge Mann, der Luther hilft, geklettert ist, sondern auch der Hammer, mit dem er die Thesen an der Tür festnagelt. Interessant ist auch, wie sich die Darstellung der Zuschauer ändert. In den nach 1820 hergestellten Blättern wird die Menschenmenge, die sich vor der Tür versammelt, immer größer, und die Gesten der Zuschauer werden immer ausdrucksstärker, so als wäre am 31. Oktober 1517 in Wittenberg bereits eine heftige kontroverse öffentliche Diskussion über Sinn und Inhalt der Thesen entbrannt.

Bemerkenswert ist jedoch, daß sich lange Zeit keine feste Darstellungstradition herausbildet. So gibt es auch immer wieder Blätter, auf denen Luther die Thesen selbst anschlägt. Auf anderen Blättern läßt Luther zwar die Thesen anschlagen, irgendwelche Zuschauer werden jedoch nicht gezeigt. Die am weitesten verbreitete Illustration des Thesenanschlags schuf in den 1840er Jahren der Erlanger Gustav König.[25] Vor einem im gotischen Stil elegant verzierten Portal steht auf dem Bild von Gustav König hochaufgerichtet ein junger Mönch, das Blatt mit den Thesen in der linken Hand, den Hammer in der rechten. Luther wird von König also just in dem Moment abgebildet, in dem er sich anschickt, die Thesen an die Tür anzunageln. Melanchthons Version, daß Luther am 31. Oktober höchstpersönlich die Thesen an die Tür der Wittenberger Schloßkirche angeschlagen habe, erfuhr durch König eine suggestive und, wie es schien, endgültige Form. Historiker und Kirchenhistoriker, die sich mit der Reformation und Luthers Leben beschäftigten, beeilten sich, diese Szene auf ihre Weise auszuschmücken.

Es ist hier nicht möglich, die einzelnen Phasen nachzuzeichnen, in denen phantasiebegabte Historiker und Theologen die Ereignisse, die sich ihrer Ansicht nach am 31. Oktober 1517 abgespielt hatten – oder möglicherweise abgespielt haben könnten –, als eine stringente Sequenz von Handlungen schilderten. Fast jeder Autor übertraf seine Vorgänger. Keiner widmete sich dem 31. Oktober 1517 so sehr im Detail wie Heinrich Böhmer, in seinem 1925 publizierten, weitverbreiteten und bis auf den heutigen Tag hochgelobten Werk *Der junge Luther*.[26] Böhmer beschrieb zunächst, wie sich im Laufe des September und Oktober 1517 Luthers Bedenken gegen das Vorgehen Tetzels verdichteten und wie er beschloß, in dieser Sache an den für das Ablaßwesen zuständigen Mainzer und Magdeburger Erzbischof Albrecht zu schreiben, um diesen zum Eingreifen zu bewegen. »Er glaubte zunächst«, so Böhmer, er könne »diesen Zweck durch eine gelehrte Abhandlung über den Ablaß erreichen«, und »arbeitete eine solche sogleich aus«. Luther sei aber, so weiter Böhmer, »bald zu der Erkenntnis« gekommen, »daß er den Erzbischof nur dann anderen Sinnes machen könne, wenn er durch eine öffentliche Kundgebung einen gelinden Druck auf sein fürstliches Gemüt ausübe. Und da gerade jetzt wieder das große Ablaßfest der Schloßkirche (1. November) in Sicht war, so beschloß er, seine Bedenken, Zweifel und kritischen Erwägungen über die Ablaßfrage jetzt noch etwas schärfer in einigen Thesen zusammenzufassen, diese Thesen als Plakat drucken zu lassen und dann durch dies Plakat in der damals üblichen Weise, nämlich durch Anschlag an eine Kirchtür, die Mitglieder der Universität zu einer öffentlichen Disputation über die Heilskraft der Ablässe einzuladen«. Weiter Böhmer über den 31. Oktober 1517, den Tag, über den wir, wie einleitend gesagt, nur zwei nicht besonders spezifische Hinweise besitzen. Luther »fühlte aber wohl«, so Böhmer, »daß er damit etwas unternahm, was ihn in allerlei schwere Verwicklungen verstricken konnte. Daher warf er sich, ehe er ans Werk ging, erst zu Boden, um Gott die Sache vorzulegen. Dann verfaßte er das Plakat und ließ es bei Johann Grünenberg drüben an der Straße drucken. Keinem seiner Freunde und Kollegen sagte er aber etwas von seinem Vorhaben. Keinem zeigte er auch vorher das Plakat mit den 95 Thesen über die Heilskraft der Ablässe. Niemand in Wittenberg ahnte daher, was er im Schilde führte, als er am 31. Oktober 1517 Sonnabend vor Allerheiligen, mittags kurz vor 12 Uhr, nur von seinem Famulus Johann Schneider genannt Agricola aus Eisleben begleitet, vom Schwarzen Kloster nach der etwa eine Viertelstunde entfernten Schloßkirche ging und dort an der nördlichen Eingangstür, die vor den großen Festen schon oft zu dem gleichen Zwecke benutzt worden war, das Plakat mit den 95 Thesen anschlug.« Anschließend habe Luther den Brief an

Erzbischof Albrecht abgeschickt, dem er ein Exemplar der Thesen beilegte, sowie einen weiteren Brief an Bischof Hieronymus von Brandenburg, ebenfalls mit einem Exemplar der Thesen. »Die übrigen anscheinend nicht sehr zahlreichen Exemplare des Plakates aber behielt er alle zurück«, so Böhmer. »Selbst Spalatin hatte noch etwa am 9. November keins davon in die Hände bekommen.«

Verschiedenes fällt an Böhmers Darstellung auf. Folgt man seiner Darstellung, dann verfaßte Luther die 95 Thesen – immerhin 95 teilweise scharfsinnig argumentierende theologische Aussagen – fast nebenbei. Wenn Böhmer mehrfach betont, Luther habe allein gehandelt und niemand in seine Pläne eingeweiht, dann erklärt er zwar, warum der ganze Vorgang in zeitgenössischen Quellen keinen Niederschlag gefunden hat, nicht jedoch, warum Luther später, als seiner Sache Erfolg beschieden war, niemals erwähnte, was er am 31. Oktober 1517 getan hatte. Im Gegensatz zu den bildlichen Darstellungen des Thesenanschlags aus dem 19. Jahrhundert, auf denen eine größere Menschenmenge gezeigt wird, die gewissermaßen als Zeugen Luthers spektakulärer Aktion beiwohnte, wird Luther nach Böhmer nur von seinem Famulus begleitet. Auch nach Gustav König hatte Luther die Thesen ohne jede Begleitung angeschlagen. Schließlich enthält Böhmers Text einen interessanten Widerspruch. Waren die Thesen, wie er betont, theologische Streitsätze, die von seinen Wittenberger Kollegen und von auswärtigen Gelehrten diskutiert werden sollten, oder hatte Luther die Absicht, die Thesen vor dem Allerheiligenfest anzuschlagen, um auf diese Weise eine öffentliche Kundgebung gegen den Ablaß zu provozieren? In einem Punkt schien Böhmer freilich auf festem Boden zu stehen. Zur Zeit, als er seinen *jungen Luther* schrieb, war unter den Lutherexperten die Version mit dem Thesenanschlag am 31. Oktober 1517 in der deutschen ebenso wie in der internationalen Lutherforschung völlig unbestritten, sie sollte auch noch lange Zeit unbestritten bleiben. Sie findet sich beispielsweise bei Gerhard Ritter 1925[27], bei Lucien Febvre 1928[28], bei Roland Bainton 1952[29], in Erik H. Eriksons *Young Man Luther* aus dem Jahr 1958[30] und selbst noch bei Heiko Oberman 1982.[31]

Als Böhmer und Ritter im Jahr 1925 ihre Lutherbiographien vorlegten, galt zumindest unter deutschen Historikern und Kirchenhistorikern Luthers Vorgehen am 31. Oktober 1517 vor allem als eine symbolische Handlung: Die Hammerschläge, mit denen Luther die Thesen an die Wittenberger Kirchentür anschlug, hallten, so glaubte man, weit durch das damalige Europa und kündeten vom Ende des Mittelalters und vom Beginn einer neuen Epoche der Weltgeschichte; unter der Wucht der Hammerschläge war die Herrschaft des Papstes über das Gewissen von Menschen, die danach drängten, mündig zu werden, zusammengebrochen. Anläßlich des 400. Geburtstags Luthers im Jahre 1883 war das Bild des deutschen Heros Luther, der an jenem denkwürdigen Tag vor Allerheiligen 1517 den Hammer schwang, von unzähligen Kanzeln und Rednerpulten verkündet worden.

Im Zuge einer notwendigen Renovierung der Wittenberger Schloßkirche waren bereits 1857/58 die alten Holztüren durch Türen aus Metall ersetzt, auf denen reliefartig der Text der Thesen zu lesen ist. Im Auftrag von Friedrich Wilhelm IV. war Ferdinand von Quast die Aufgabe zugefallen, das sogenannte »Thesenportal« zu erneuern. Die Holztür aus dem 16. Jahrhundert war bereits bei dem Kirchenbrand im Jahre 1760 zerstört worden. Quast nahm sich nun vor, »die Thüre zu einem Ehrenmonument der Reformation selbst zu gestalten, so daß deren innerster Kern, sowie die vornehmsten dabei mitwirkenden Personen und deren Hauptthaten in lebendiger Weise, und wie es die Kunst geziemt, in edelster Darstellung uns vor Augen treten und zum Lobe Gottes auffordern«.[32] Quast ließ zwei Standbilder der sächsischen Kurfürsten über dem Portal anbringen und ein Tympanon oberhalb der Tür einbauen, das nach einer Vorlage von Lukas Cranach Luther und Melanchthon knieend vor dem gekreuzigten Jesus zeigt. Die beiden neuen Flügeltüren wurden in Bronze gegossen und zeigen in sechs Kolumnen in lateinischer Sprache die 95 Thesen Luthers zum Ablaßhandel. Im Türsturz wurde außerdem ein preußisches Wappen angebracht und eine Inschrift, die besagt, das Portal sei durch Friedrich Wilhelm IV. gestiftet worden. Dadurch wurde demonstrativ deutlich gemacht, daß nunmehr das Haus Hohenzollern die Nachfolge der Wettiner als Patrone der Reformation übernommen hatte. Diese metallenen Türen sind in Wittenberg noch zu sehen. Wittenberger Stadtführer unterlassen es kurioserweise bis zum heutigen Tage nicht, wenn sie an die Schloßkirche kommen, darauf hinzuweisen, hier an diesen Türen habe Luther die Thesen angeschlagen. Sie suggerieren damit nicht nur, Luthers Thesen hätten so etwas wie eine eherne, über die Jahre unverwüstliche Qualität gehabt; sie betonen damit auch die Vorstellung, Luther sei am 31. Oktober 1517 ungestüm, eben wie ein rechter Kriegsmann Gottes vorgegangen. Der von religiösen Skrupeln geplagte Augustinermönch verschwindet dabei; erinnert wird viel eher an eine Wahlverwandtschaft zwischen Luther und dem »eisernen« Kanzler Bismarck oder gar mit dem germanischen Heros Siegfried.

Als mitten im Ersten Weltkrieg, im Oktober 1917, der 400. Jahrestag der Abfassung der Thesen gefeiert wurde, erreichte die Propagierung des Bildes vom »deutschen« Luther einen Höhepunkt. Gewiß, auch 1917 waren manche Stimmen noch durchaus differenziert. Beispielsweise betonte Adolf von Harnack in der Festschrift der Stadt Berlin zum Reformationsjubiläum: »Nicht das Anschlagen der Thesen, sondern ihr Inhalt war die Tat.«[33] Der Historiker Erich Marcks nutzte 1917 seine Festrede, um für mehr Verständigung zwischen Katholiken und Protestanten zu werben.[34] Fast alle anderen Festredner griffen tiefer in die Saiten. »Kann man sich einen Charakter denken, der reiner als Luther das deutsche Wesen im Unterschied zu dem der anderen Völker darstellt?« fragte Hans von Schubert, und weiter: »Deshalb gehört der Mensch Luther nicht nur den Evangelischen, sondern allen Deutschen. Seine sieghafte Persönlichkeit selbst ist ein nationaler Besitz, ein Stück unserer Kultur.«[35] Die Kirchliche Rundschau für die evangelischen Gemeinden des Rheinlands und Westfalens pries unter Verweis auf Luther Generalfeldmarschall von Hindenburg, der am 4. Oktober 1917 seinen 70. Geburtstag feierte: »Er [Hindenburg] hat durchhalten können trotz alledem, weil seine Füße auf einem Felsen standen, weil er wußte, wo die starken Wurzeln unserer Kraft zu finden sind, wer dem Müden Kraft und Stärke genug dem Unvermögenden gibt. Ein Hindenburg ist ein Mann des Gottvertrauens und des Gebetes«, ein deutscher Mann eben wie Luther.[36] Andere Stimmen tönten noch lauter und schriller. Dazu nur ein Beispiel, aus dem Westfälischen Volkskalender für 1917:

> Du stehst am Amboß, Lutherheld,
> Umkeucht vom Wutgebelfer
> Und wir, Alldeutschland, dir gesellt,
> Sind deine Schmiedehelfer. ...
> Wir schmieden, schmieden immerzu
> Alldeutschland, wir und Luther Du
> Das deutsche Geld und Eisen.
> Und wenn die Welt in Schutt zerfällt,
> Wird deutsche Schwertschrift schreiben:
> Das Reich muß uns doch bleiben.[37]

Dieses Gedicht weist auf eine weitere aufschlußreiche Transformation des Lutherbildes hin: Der hammerschwingende Schmied Luther nimmt nunmehr Züge des germanischen Gottes Thor an; die Tür der Wittenberger Schloßkirche wird zum Amboß, auf dem Luther das neue Reich der Deutschen schmiedet; Luther rückt aus der Welt protestantischer Erinnerungskultur hinüber in die germanische Mythologie.[38]

Debatten in der jüngeren Kirchengeschichte

Als im Jahr 1967 das nächste große, das 450. Reformationsjubiläum gefeiert wurde, war das im Jahr 1917 auf aggressive Weise verteidigte und im Jahre 1933, übrigens auch einem Lutherjubiläumsjahr, in rassistischer Attitüde erneut beschworene Reich untergegangen. In Frage gestellt war 1967 aber auch die Vorstellung von Luther als einem deutschen Helden, mehr noch: gefragt wurde seit den ausgehenden fünfziger Jahren, ob der Thesenanschlag überhaupt stattgefunden hatte. Begonnen hatte die Diskussion der evangelische Lutherforscher Hans Volz im Jahr 1957, als er im Evangelischen Pfarrerblatt darlegte, fortan habe »der 1. November als Tag des Lutherschen Thesenanschlags zu gelten«. Melanchthons Hinweis auf den 31. Oktober werde von keinem der Zeitgenossen bestätigt, so Volz, und sei deshalb »als haltlose Legende« zu betrachten.[39] Nachdem Kurt Aland sich 1958 vehement für die traditionelle Version eingesetzt hatte, erklärte Hans Volz 1959 seine Einsichten noch einmal.[40] Dieses Mal replizierte Heinrich Bornkamm. Er betonte, Melanchthons Aussage verdiene Vertrauen. Er sei zwar erst 1518 nach Wittenberg gekommen, habe dort aber so lange und in so enger Verbindung mit Luther gelebt, daß an seinem Bericht kein Zweifel erlaubt sei. Brisant wurde die Diskussion aber erst, als sich im Jahr 1961 der katholische Kirchenhistoriker Erwin Iserloh unter der prägnanten Überschrift »Luthers Thesenanschlag – Tatsache oder Legende?« äußerte. Nach gründlichen Recherchen war Iserloh zu dem Ergebnis gekommen, nichts spreche dafür, daß Luther am 31. Oktober 1517 oder auch am 1. November die Thesen angeschlagen habe. Fest stehe hingegen lediglich, daß er die Thesen am 31. Oktober 1517 zusammen mit einem Begleitbrief an seine kirchlichen Oberen geschickt habe. Deshalb sei es durchaus richtig, an diesem Tag das Reformationsfest zu feiern.[41]

Kaum ein Kirchenhistoriker, der sich in den folgenden Jahren in dieser Sache nicht zu Wort meldete.[42] Es ist hier nicht möglich, alle Argumente, die für die eine und die andere Version vorgebracht wurden, zu wiederholen. Auf dem Berliner Historikertag 1964 wurde dieser strittigen Frage eine ganze Sektion gewidmet. Wichtig sind freilich die Ergebnisse der Diskussion sowie auch die Schlußfolgerungen. Selbst evangelische Kirchenhistoriker, die sich von der liebgewordenen Vorstellung, Luther habe am 31. Oktober 1517 die Thesen angeschlagen, nicht lösen konnten, mußten schließlich einräumen, daß diese Aktion zunächst keinerlei Folgen gezeitigt hatte. Soweit wir wissen, kam es weder am 1. November noch in den folgenden Wochen in Wittenberg zu irgendwelchen Kundgebungen, die sich auf die Thesen bezogen, auch nicht zu einer akademischen Disputation über Luthers Streitsätze zur Ablaßfrage. Weder wurde in Wittenberg mit Studenten über Luthers Thesen diskutiert – am 31. Oktober waren Semesterferien, ein Anschlag an der Schloßkirchentür, die, wie manche Lutherforscher behaupteten, als »Schwarzes Brett« der Universität diente, hätte also wenig Sinn gemacht –, noch kamen auswärtige Theologen nach Wittenberg, um mit Luther über seine Thesen zu streiten. Was weit über Wittenberg hinaus wirkte, waren auch nicht die Thesen, die Luther an den Erzbischof Albrecht geschickt hatte, weil dieser ihn keiner Antwort würdigte; was vielmehr wirkte, waren die Exemplare der Thesen, die Luther, als er von seinen kirchlichen Oberen keine Antwort erhalten hatte, frühestens ab Mitte November an Freunde in anderen Universitäten und Städten schickte und die von diesen Anfang 1518 in Leipzig, Nürnberg und Basel gedruckt wurden und dann in der Tat sehr rasch eine weite Verbreitung fanden.

Die Gründe, warum Iserlohs Ausführungen ein so gewaltiges Echo auslösten, sind im Rückblick überaus deutlich: Denn für Iserloh und alle, die seine Interpretation Anfang der sechziger Jahre, das heißt unmittelbar vor, während und nach dem Zweiten Vatikanischen Konzil unterstützten, war Luther nicht mehr der hammerschwingende Rebell, der von Anfang an den Bruch mit Rom suchte, sondern ein pflichtbewußter Reformkatholik, der den Instanzenweg einschlug. Luther hatte, so mußte es scheinen, einen gravierenden Mißstand entdeckt, er brachte seine Bedenken in eine schriftliche Form, er übermittelte diese in einem Brief an seine kirchlichen Oberen, und erst nachdem ihm diese nicht antworteten, wandte er sich an die akademische Zunft und an die weitere Öffentlichkeit. Mit einem solchen Luther konnten sich Anfang der sechziger Jahre viele reformwillige Katholiken ebenso identifizieren wie ökumenisch gesinnte Protestanten.

Wie schwierig es für evangelische Kirchenhistoriker nach wie vor ist, mit dem ganzen Komplex des Lutherschen Thesenanschlags umzugehen, läßt sich am ersten Band der großen Lutherbiographie von Martin Brecht zeigen, der 1981 herauskam.[43] Luther habe sich mit den Thesen in erster Linie an auswärtige Gelehrte gerichtet, argumentiert Brecht, um auf brieflichem Wege deren Meinung zu erfahren. Es sei ihm darum gegangen, auf akademischer Ebene eine Klärung des Ablaßproblems zu finden. Termin und Ort einer Disputation seien von ihm aber nicht genannt worden. Luther habe zudem eine zweite Variante verbreitet. Danach habe er sich zunächst nur an seine kirchlichen Oberen gewandt. Niemand hätte etwas von seinem Vorgehen gewußt, auch seine engsten Freunde nicht. In Wittenberg publik gemacht, das heißt angeschlagen habe Luther die Thesen wohl nicht vor Mitte November 1517, und zwar in handschriftlicher Form. Auf diese Weise zu einer außergewöhnlichen Disputation aufzufordern sei Luthers gutes akademisches Recht gewesen. Einen Wittenberger Urdruck der Thesen habe es aber wohl nie gegeben. Verbreitet im ganzen Reich wurden die Thesen durch die Drucke, die Anfang 1518 in Leipzig, Nürnberg und Basel entstanden. Soweit Brecht. Als im Jahre 1983 Luthers 500. Geburtstag in Ost und West gefeiert wurde, waren es nur noch einige wenige evangelische Kirchenhistoriker, die ganz selbstverständlich vom Thesenanschlag am 31. Oktober 1517 sprachen.[44]

Seither sind wieder 20 Jahre vergangen. Interessanterweise hat sich in dieser Zeit die Einschätzung des Lutherschen Thesenanschlags noch einmal verändert. Schon seit den sechziger Jahren wurde in der amerikanischen und in der englischen Geschichtswissenschaft die Ansicht vertreten, die Zeit von 1400 bis 1600, also die Epoche des Humanismus, der Reformation und der Renaissance, sei als eine Einheit zu sehen.[45] In der französischen Geschichtswissenschaft dominiert seit den sechziger Jahren dagegen die Vorstellung von einer langen »Vormoderne«, die etwa von 1300 bis 1800 reicht. Beide Periodisierungen wurden seit 1983 auch in der deutschen Geschichtswissenschaft Schritt für Schritt rezipiert. Um zwei Beispiele zu nennen: In den neunziger Jahren förderte die Deutsche Forschungsgemeinschaft in Göttingen ein Graduiertenkolleg zum Thema »Kirche und Gesellschaft im Heiligen Römischen Reich im 15. und 16. Jahrhundert«. Seit kurzem besteht in Göttingen außerdem eine International Max Planck Research School zum Thema »Werte und Wertewandel in Europa im späten Mittelalter und in der Frühen Neuzeit«. Beide Projekte gehen von der These aus, daß es auf sozialem, wirtschaftlichem, politischem, kulturellem, geistigem und nicht zuletzt auch auf religiösem Gebiet zwischen der Epoche vor Luther und der Epoche nach seinem Wirken außerordentlich enge Verbindungen gab, kurzum: daß der 31. Oktober 1517 keine welthistorische Zäsur darstellt, sondern im besten Fall eine Etappe auf einem Weg der Reformen, der lange vor Luther begonnen worden war und der auch lange nach seinem Tod weitergeführt wurde. Überblickt man diese Argumentation, dann könnte man von einer Entmythologisierung und Marginalisierung des 31. Oktober 1517 durch die Entdeckung und Betonung von Kontinuitäten über dieses Datum hinweg sprechen.

Vielleicht sind in unserer von durchgreifender Säkularisierung charakterisierten Zeit aber auch solche Erwägungen nur noch etwas für Spezialisten. Ich darf diese Einschätzung abschließend durch eine persönliche Erinnerung – eine wahre Geschichte! – erläutern. Als ich zum Wintersemester 1969 an die Universität Kiel berufen wurde, erhielt ich die Mitteilung, der

Rektor würde meine offizielle Ernennung und Vereidigung gern am 31. Oktober vollziehen. Da ich damals bereits über Luther gearbeitet hatte, freute ich mich über diesen Termin, schien darin doch ein besonderes Interesse an meiner wissenschaftlichen Arbeit zum Ausdruck zu kommen. Ich sollte vielleicht hinzufügen, daß ich damals durchaus die Position von Iserloh teilte. Trotzdem gefiel mir die Idee, daß ich am 31. Oktober vereidigt werden sollte. Weder vor noch während noch nach der Vereidigung erwähnte der Rektor, ein Mediziner (und das ist für das, was folgt, wichtig), aber den 31. Oktober 1517 auch nur mit einem Wort. Als ich mich von ihm verabschiedete, faßte ich mir ein Herz und sagte, ich hätte es sehr zu schätzen gewußt, daß er meine Ernennung auf diesen besonderen Termin gelegt habe. »Warum?« entgegnete er. »Wie meinen Sie das?«, und dann: »Heute operiere ich nicht.« Mit dem Datum 31. Oktober verband er nichts, rein gar nichts.

Schlußfolgerung: Der 31. Oktober 1517 ist nicht nur ein Tag, über den wir als Historiker kaum etwas wissen, sondern auch ein Tag, der nur so lange Bedeutung hat, wie wir in unserer Erinnerung und mit unserer historischen Arbeit und mit historischen Deutungen, die wir vornehmen, mit diesem Tag etwas in Verbindung bringen, das über diesen Tag hinausweist. Dies dürfte jedoch auch für andere Tage gelten, die – auf welche Weise auch immer – die Welt verändert haben.

OLIVIER CHALINE

Der Böhmische Krieg 1618–1620

Wenn man eine Geschichte des Dreißigjährigen Krieges zu schreiben hat, erscheint oft der Böhmische Krieg als eine nur vorbereitende oder nebensächliche Abfolge von Ereignissen. Man glaubt, man könne diesen Krieg mit den ersten Anhöhen einer Gebirgskette vergleichen, wobei man die eigentlichen und höchsten Gipfel, das heißt die Feldzüge Gustav Adolfs und Wallensteins, erst später sieht. Der bemerkenswerte Aufstieg der militärischen Habsburgermacht nach dem Jahr 1625 hat die kaiserliche Kraftlosigkeit zur Zeit des Prager Fenstersturzes vergessen lassen. Dadurch entsteht das trügerische Bild, der kaiserliche Sieg am Weißen Berge bei Prag sei ein logisches und vorhersehbares Ereignis gewesen.

Als erstes Kapitel des Dreißigjährigen Krieges ist der Böhmische Krieg ziemlich gut bekannt. Jeder Historiker dieses europäischen Konflikts befaßt sich einleitend mit seinen Voraussetzungen, mit der politischen und religiösen Lage im Reich sowie mit der Krise des Königreiches Böhmen.[1] Dabei bleibt die traditionelle Auffassung, welche man schon bei Friedrich Schiller vorfinden kann, von einer doppelten Beschränkung des Blickfeldes geprägt. Die Geschichte Böhmens wird oft nur als Geschichte Böhmens und Mährens gesehen. Doch als Ferdinand 1617 zum König gewählt wurde, umfaßte das Königreich die vier Länder der Wenzelskrone: Böhmen selbst, das Herzogtum Schlesien, die Markgrafschaft Mähren und die beiden Lausitzen.[2] Und alle vier gehörten zur Habsburgermonarchie. Diese Tatsache gilt es im Hinblick auf die Ereignisse des böhmischen Krieges zu berücksichtigen, obgleich die tschechische Historiographie die Geschichte des Königreiches nur mit der Geschichte von Böhmen und Mähren – also der künftigen Republik – gleichsetzt.

Die wichtigste Frage lautet nicht so sehr: »Warum ist der Böhmische Krieg ein europäischer Konflikt geworden?« sondern: »Warum blieb er so lange ohne Ergebnis?« Der Böhmische Krieg war nämlich kein kurzer und einfacher Feldzug. Vom Prager Fenstersturz bis zur Schlacht am Weißen Berge umfaßte er mehr als zwei Jahre. Was genau war also dieser Böhmische Krieg? Ist es wirklich sinnvoll, von einer tschechischen Nationalkatastrophe zu reden?

Im böhmischen Königreich, dessen König aus dem Hause Habsburg vom Prager Landtag gewählt wurde, gab es keinen Generallandtag mehr. Der Vorrang Böhmens läßt sich durch folgende Merkmale kennzeichnen: Zuerst erkennt man den Stolz der Prager und das Gefühl der Überlegenheit, zumal Prag zur Zeit der Herrschaft Rudolfs II. der Sitz des Hofes, die kaiserliche Residenz war. Nur die böhmischen Stände (Herren, Ritter und königliche Städte) wählten den König. Die Habsburger entwickelten seit 1526 eine königliche Verwaltung. Aber es gab drei weitere Kronländer, manchmal als Nebenländer bezeichnet. Alle drei verfügten über ihren eigenen Landtag sowie ihre Selbstverwaltung und empfanden deswegen einen tiefen Landespatriotismus. Als der Bruderzwist im Haus Habsburg 1608 ausbrach, hielt Mähren zu Erzherzog Matthias (wie Ungarn und Österreich) im Gegensatz zu Böhmen und Schlesien, die noch kaisertreu blieben. Diese Trennung dauerte bis zum Zusammenbruch der kaiserlichen Herrschaft im darauffolgenden Jahr und zur Erteilung der beiden Majestätsbriefe für Böhmen und Schlesien.

Am 23. Mai 1618 begann mit dem Prager Fenstersturz die böhmische Revolution, das heißt der gewaltige und eindrucksvolle Bruch zwischen Prag und Kaiser Matthias und König Ferdinand.[3] Die Aufständischen trafen revolutionäre Maßnahmen: Einsetzung einer Regierung mit 40 Direktoren, die Aufstellung einer Armee und, weil sie Geld brauchten, die ersten Konfiskationen des Vermögens geflohener Katholiken. So übernahmen einige einflußreiche Herren die Macht in Prag.

Im Gegensatz zum Jahr 1608 spielte diesmal Prag die führende Rolle. Aber Mähren folgte nicht Böhmen, Schlesien und den Lausitzen. Es blieb neutral.[4] Diese Trennung dauerte bis Mai 1619, als die böhmische Armee die Markgrafschaft mit der Hilfe mährischer ständischer Aktivisten angriff. Ende Juli wurde eine böhmischständische Konföderation gegründet, die eine neue anti-absolutistische Verfassung schuf und gegen die Fortschritte der Gegenreformation gerichtet war. König und Stände lagen im Streit miteinander. Die Habsburger Monarchie steckte in einer Krise.

Was stand auf dem Spiel? Allzu oft wird der Prager Aufstand nur aus der Perspektive des Reiches betrachtet. Dabei wird die Lage in Mitteleuropa nicht ausreichend berücksichtigt. Im Jahr 1618 waren mindestens zwei verschiedene Entwicklungen denkbar. Möglich erschien ein Erfolg der Stände. Der Schwerpunkt der Macht bewegte sich zum Vorteil der Stände, deren Mehrheit im Königreich Böhmen sowie in Ober- und Niederösterreich protestantisch war.[5] Eine Fortsetzung dieser Entwicklung hätte bedeutet, daß die ganze österreichische Monarchie eine Gesamtheit von Landtagen und Ständen, vielleicht sogar eine Föderation geworden wäre. Eine solche politische Entwicklung, teilweise der Entwicklung in den niederländischen Vereinigten Provinzen ähnlich, wurde deutlich spürbar in den Jahren des Bruderzwists.

In Ungarn griff der Fürst Siebenbürgens, Bethlen Gábor, in das Leben des Königreiches ein, um die Unzufriedenen zu unterstützen. Die ersten Ergebnisse dieser Verstärkung der Stände waren einerseits 1606 die amtliche Anerkennung des ungarischen Protestantismus und andererseits, drei Jahre später, die beiden Majestätsbriefe. Nun hatten die Protestanten dieser Länder religiöse und politische Privilegien, die sie unbedingt behalten und schützen wollten, auch wenn ihre Begründung nicht klar und eindeutig war. Deswegen wurde der Streit um zwei protestantische Kirchenbauten in Braunau und Klostergrab zur Rechtfertigung des Aufstandes. Aber das Bündnis mit den Ständen war für Matthias ziemlich kostspielig. Die königliche Macht war schwächer geworden, und die protestantischen Stände erkannten die Möglichkeiten der Zusammenarbeit innerhalb der Monarchie. Warum also nicht auch im ganzen Reich?

Im Jahr 1619 war der Gegensatz zum Bruderzwist auffallend. Es wurde eine Konföderation gegründet, an deren Spitze jedoch kein Erzherzog stand. Es fehlte ein Oberhaupt. Bahlcke schilderte die Situation wie folgt: »Unter der Konföderation verstanden die Stände der Nebenländer eine höhere Stufe der Inkorporation, die durch Vertragsabschluß erneuert und gleichzeitig um wesentliche Mitspracherechte gegenüber dem Hauptland und dem Königtum erweitert werden sollte. Durch die *Confoederatio Bohemica* sollten nicht nur weitere Vorstöße und Eingriffe von Katholizismus und Königsgewalt verhindert, sondern auch neue, in die Zukunft weisende und ausbaufähige Verfassungsstrukturen entwickelt werden (...) Die *Confoederatio Bohemica* gewann den Charakter eines Herrschaftsvertrages, mit dem die Stände – als eigentliche Träger der Oberhoheit des Staates – dem König lediglich Regierungsbefugnisse übertrugen. Mit der *Confoederatio Bohemica* entstand in den Ländern der Böhmischen Krone ein Staatsmodell, das die Einheit der Kronländer nicht mehr in Form des vertikalen Lehensverbandes, sondern in Form einer horizontalen, ständischföderativen und deren Gleichrangigkeit betonenden Ordnung garantierte.«.[6]

Eine zweite Entwicklung war denkbar: die Herrschaft eines katholischen Fürsten, der beharrlich und rücksichtslos die eigene Religion seinen Untertanen aufzwingt. Ferdinand von Steiermark hatte das bereits um die Jahrhundertwende in seinen Ländern getan.[7] Er schickte Reformkommissionen mit Soldaten und Priestern. So schränkte er die Macht der Stände ein. Er verbreitete das »cujus regio, ejus religio«-Prinzip in einer Gegend, in der die Protestanten die Mehrheit der Bevölkerung bildeten. Trotzdem müssen wir feststellen, daß, was er in Innerösterreich erreichte, grundsätzlich nichts anderes war als die religiöse Kehrtwende vom Luthertum zum Calvinismus in der Kurpfalz oder in Hessen-Kassel. Aber Ferdinand war Rudolfs und Matthias' Nachfolger. Für die Protestanten der Habsburgermonarchie erschien deshalb die Zukunft sehr bedrohlich. Im Jahr 1617 blieb das steirische Gegenreformationsmodell noch außergewöhnlich. Trotzdem wurden schon in jenen Jahren die Fortschritte der katholischen Religion deutlich. Unter den Adligen, die in den Landtagen saßen, gab es immer mehr Konvertiten, die Winkelbauer erforscht hat.[8] Seit Anfang des 17. Jahrhunderts existierten einflußreiche katholische ständische Minderheiten. Deshalb ist es leicht zu verstehen, warum manche Protestanten nunmehr nur auf Gegenwehr bedacht waren. Weil sie zwischen 1606 und 1609 wirkliche Erfolge zu verzeichnen hatten, errichteten sie 1619 aus Furcht vor der Zukunft eine Konföderation und erbaten die militärische Hilfe der Siebenbürger. Zweimal im selben Jahr war Ferdinand in Wien sehr bedroht, als die Rebellen von Böhmen, Ungarn und Österreich sich vor den Mauern Wiens ein paar Tage lang vereinigten.

Eine weitere Frage lautete: Was würde nach Rudolf und Matthias geschehen? Die Herrschaft Ferdinands als Kaiser bot den protestantischen Reichsständen keine glänzende Zukunft. Kurzfristig konnten sich im Reich Konflikte verbreiten und in einen Krieg münden. 1608 und 1609 hatten sich zahlreiche Staaten in zwei Allianzen zusammengeschlossen: die evangelische Union (Kurbrandenburg, dessen Kurfürst noch nicht calvinistisch war, Anhalt, Hessen-Kassel, Ravensberg, Mark, Kleve, Kurpfalz, Baden, Württemberg, Ansbach und Bayreuth, aber ohne Kursachsen) und die katholische Liga (Bayern, Kurköln und Kurmainz, die Bischöfe von Würzburg und Augsburg).[9]

Die europäische Dimension

Es ist unmöglich, den Böhmischen Krieg zu verstehen, wenn man nur den Streit zwischen Katholiken und Protestanten berücksichtigt. Erstens bestand ein Jahrhundert nach der lutherischen Reformation eine tiefe Uneinigkeit unter den Protestanten. Mit der »zweiten Reformation« und nach dem Übertritt der brandenburgischen Hohenzollern zum Calvinismus im Jahre 1613 war der Kurfürst von Sachsen der einzige evangelische Kurfürst. Der calvinistische Aktivismus, der in jenen Jahren oft bilderstürmerisch vorging, bedrohte das Luthertum und die neue katholische Offensive gleichermaßen.[10] Nach dem Tod des französischen Königs Heinrich IV. und wegen der vorsichtigen Haltung Jakobs I. von England war der pfälzische Kurfürst Friedrich, seit 1612 dessen Schwiegersohn, zum Streiter des deutschen und vielleicht gar des internationalen Calvinismus geworden.[11]

Zweitens gab es damals im Reich eine große eschatologische Erwartung.[12] Viele Köpfe waren bereit für eine neue und vollständige Reformation, sie warteten auf die Zerstörung Babels (das heißt des Papsttums) und schließlich auf die Wiedervereinigung der Christen. Die Zeit der Apokalypse schien bevorzustehen. In jenen Jahren wurden zum Beispiel die drei Rosenkreuzermanifeste veröffentlicht, die viele in Aufregung versetzten. Auch Zeichen am Himmel, wie der Komet im Jahre 1618, fehlten nicht. Aber wer war der Streiter für das erneuerte Christentum? Wer der letzte Kaiser? Einige fromme Protestanten, wie Fürst Christian von Anhalt, glauben ihn im Kurfürsten Friedrich zu erkennen.[13] Daraus erklärte sich die mystische Stimmung des Heidelberger Hofes sowie ein gewisser politischer Ehrgeiz Friedrichs bei seinem Entschluß von 1619, die Wenzelskrone anzunehmen.

Drittens darf man den innerkatholischen Dissens nicht unterschätzen. Lange hat er die Liga im Stillstand verharren lassen. Zwischen den beiden Häusern Habsburg und Wittelsbach waren die Beziehungen sehr kompliziert. Selbst als der Kaiser durch den

Münchner Vertrag Herzog Maximilian die Verleihung der pfalzgräflichen Kurwürde versprach, wartete dieser fast ein ganzes Jahr, ohne etwas zu unternehmen.[14]

Als König Ferdinand 1619 von den Böhmen abgesetzt wurde, war das ganze Reich vom Verfall bedroht. Was würde geschehen, wenn die Wenzelskrone den Habsburgern verlorenginge? Wäre ein solches Ereignis der Anfang eines reformierten Reiches? Würde dann ein calvinistischer Gürtel von England bis nach Siebenbürgen bestehen? Schwer zu glauben, denn im Reich fand der Aufstand sehr geringe Unterstützung, im übrigen Europa ebenfalls.[15] Der König von England war nicht gewillt, den böhmischen Protestanten Unterstützung zu gewähren. Die Vereinigten Provinzen waren durch den Konflikt der Arminianer und Gomaristen in theologisch-politische Unruhen versunken. Wie die spanische Monarchie, die sich mehr um Mailand und die Niederlande sorgte, sahen die Vereinigten Provinzen das Ende des niederländischen Waffenstillstandes im Jahre 1621 mit Besorgnis herannahen.

Warum hat dann unter solchen Umständen der Böhmische Krieg so lange gedauert? Mehr als zwei Jahre blieb eine wirkliche Entscheidung schlichtweg unmöglich. Ende Mai 1618 waren die kaiserlichen Kriegsvölker zu schwach und zu weit von Prag entfernt. Deshalb konnten sie auf den Prager Fenstersturz nicht rasch und mit entscheidender Wirkung reagieren. Somit läßt sich die lange Dauer des Krieges vor allem durch die Schwierigkeiten der Kriegführung und durch bestimmte militärische Hindernisse erklären.[16]

Im Gegensatz zur oft vertretenen Meinung war es nicht leicht, in das böhmische Gebirgsviereck einzudringen. Im Süden führte der alte »guldene Steig« von Passau nach Budweis genau durch den Böhmerwald, damals eine ziemlich wilde Berglandschaft. Durch diese Wälder und Schluchten waren die Wallonen und danach die Italiener in Böhmen einmarschiert. Schon Ende 1618 war klar, daß jede feindliche Partei dank einiger Burgen und

Städte Zugang zum Gebiet ihres Feindes hatte. Die Kaiserlichen hielten Budweis und den Böhmerwald, hatten jedoch im Sommer Pilsen verloren. Die Stände eroberten einige Städte im Südosten, darunter Wittingau und Neuhaus. Damit konnten sie in Österreich bis zur Donau und nach Wien eindringen. Als Mähren am Aufstand teilnahm, war es ein Leichtes, sich mit den österreichischen protestantischen Ständen und den ungarischen Aufständischen zu vereinigen, um Wien anzugreifen. Von da an fand der Feldzug für die Kaiserlichen längs einer Achse Wien–Krems–Budweis und für ihre Gegner entlang der Linie Tabor–Wien über Znaim und Nikolsburg statt. Vor dem Sommer 1620 gab es viel Kommen und Gehen auf beiden Seiten, ohne daß eine Entscheidung gefallen wäre.

Oft haben die Historiker nicht verstanden, wie schwach die Wiener Habsburger in jenem Moment waren, als der Aufstand ausbrach. Doch die Stände zogen aus ihrer Überlegenheit keinen entscheidenden Vorteil, obwohl ihre strategische Lage die beste war. Nie hatte ihre Koalition einen einzigen, unbestrittenen Oberbefehlshaber. Jeder bewahrte seine eigene Freiheit und vertrat seine Sache aus seinem begrenzten Blickfeld.

Sodann gab es allgemeine militärische Faktoren, die man nicht unterschätzen sollte.

Bis zum Sommer 1620 waren die am Konflikt beteiligten Streitkräfte noch klein und immer wieder von Auflösung bedroht. Sie umfaßten nur einige tausend Soldaten. Im übrigen wußten damals nur wenige Generäle größere Truppenverbände zu führen. Die künftige, riesige Wallensteinsche Armee blieb zunächst noch unvorstellbar. Beim Böhmischen Krieg kann man eigentlich noch kaum von Schlachten reden, ausgenommen die Niederlage Mansfelds bei Zablat im Jahre 1619. Es fanden nur zwei komplette Belagerungen statt: Pilsen im Sommer 1618 und die von Bautzen zwei Jahre später. Wien wurde zweimal eingeschlossen, aber den Angreifern fehlte der nötige logistische Sachverstand, um eine Belagerung erfolgreich abzuschließen.

(Allerdings jagten sie dem spanischen Botschafter in Wien einen gehörigen Schrecken ein.) Die Generäle mußten vorsichtig agieren. Auf beiden Seiten waren die Armeen brüchig. Die Besoldung erfolgte oft spät, manchmal zu spät und zu gering. In der Folge entstanden schwere Disziplinarprobleme. Fahnenflucht und Meuterei waren keine Seltenheit. Die Soldaten waren eher Verwüster als Kämpfer.

Schließlich dürfen wir einen gemeinsamen, parteilosen Feind nicht vergessen: die Seuchen. Wenn Truppen an einem bestimmten Ort konzentriert waren, führte die menschliche und tierische Zusammenballung dazu, daß das Wasser ungenießbar oder ungesund wurde und daß Exkremente sich anhäuften. In der Folge kam es zu Typhuserkrankungen. Wenn es regnete, war diese Gefahr nicht so groß. Dann allerdings wurden die Wege rasch unpassierbar.

Der Krieg blieb lange Zeit hindurch entscheidungslos, verursacht aber gleichwohl hohe Kosten. Nach zwei Kriegsjahren waren ganze Regionen durch Kämpfe und durch Plünderungen verwüstet. Beide Parteien führten den Krieg weit über ihre Verhältnisse. Weder die Stände noch die Habsburger schafften es, den Sieg zu erringen. Der Krieg zog sich in die Länge. Beide Seiten mußten versuchen, Alliierte zu gewinnen. Das hieß jedoch, den Konflikt auszuweiten, und daran war im Jahr 1618 keine der europäischen Mächte interessiert. Allerdings verursachte der spanische Botschafter in Wien, Graf Oñate, eigenmächtig eine militärische Eskalation, als er dem Kaiser einige Regimenter zur Verfügung stellte, die Spanien während des Gradiskakrieges gegen Venedig bezahlte.[17] Im Sommer entsandte Erzherzog Albrecht, der Bruder des Kaisers, aus Brüssel den erfahrenen und tüchtigen Grafen Bucquoy als General. Die Stände verfügten über einige Regimenter, die sie selbst rekrutierten; hinzu kam die kleine Mansfeldsche Armee, die zum Teil der Herzog von Savoyen finanzierte. Dieser italienische Fürst, der sich als Feind Spaniens gerierte, strebte damals nach der Wenzelskrone.

Somit waren die Kräfte ziemlich ausgeglichen. Noch spät im Jahr 1618 war die Bilanz des Feldzuges für beide Parteien ernüchternd. Die Kaiserlichen waren nicht in der Lage, den Aufstand niederzuschlagen, während es den Ständen nicht gelang, ganz Böhmen zu beherrschen und Kaiser und König dazu zu zwingen, in Verhandlungen einzutreten. Beide Parteien waren in der Klemme und brauchten einflußreiche Alliierte, um sich aus der Affäre zu ziehen. Doch weder die Union noch die Liga wollte etwas Konkretes in dieser Sache unternehmen, und beide, untereinander uneinig, warteten auf die Beschlüsse größerer Mächte. Spanien wollte den Kaiser unterstützen; als der niederländische Waffenstillstand auslief, sah man sich nicht in der Lage, selbst Truppen nach Böhmen zu schicken. Solange Ferdinand noch nicht zum Kaiser gewählt war, schien es zudem unvorsichtig zu sein, die Kurfürsten in Unruhe zu versetzen. In den Vereinigten Provinzen hatte der Prinz von Nassau, dessen Macht unbestritten war, von Januar 1619 an eine monatliche Geldunterstützung versprochen, aber keine Soldaten. Trotz seiner finanziellen Schwierigkeiten gab Spanien bereits im Sommer 1618 Geld und später weitere Summen, damit der Kaiser die einheimischen Truppen bezahlen und neue anwerben konnte. Im Frühling 1619 erhielt Graf Bucquoy in Brüssel die Erlaubnis, 7000 Soldaten für die kaiserliche Armee zu rekrutieren. Dieser Schritt dokumentierte einen wachsenden Einsatz, der aber zunächst nicht direkt zum Tragen kam. Die neuen Kräfte reichten bald nicht mehr aus, um das Kräfteverhältnis zugunsten des Kaisers zu ändern.

Als Kaiser Matthias starb, nahmen die Ereignisse eine unerhörte und gefährliche Wendung. Der Böhmische Krieg wurde zur Reichsangelegenheit. Man konnte ihn nicht mehr von der Kaiserwahl trennen. Ferdinands Wahlstimme war mit der Wenzelskrone verbunden. Alle Fürsten und Stände, nicht nur die Kurfürsten, waren von diesem Krieg betroffen. Im Mai 1619 drängten die mährischen Anhänger der Prager Direktoren mit Hilfe böhmischer Truppen die Markgrafschaft zum Krieg. Wien war nunmehr feindlichen Angriffen ausgesetzt, zumal sich in Ungarn eine immer stärker werdende Opposition bildete, die einen Bruch mit dem König anstrebte. Das Reich wurde zum Tummelplatz von Interessen, Ambitionen und Unruhen. Der Kurfürst von Sachsen zögerte, aber auch er dachte an die Wenzelskrone. Der Herzog von Savoyen verzichtete schließlich, aber die Kurpfalz versuchte Bayern zur Reichskandidatur zu bewegen.

Im Sommer geriet die Lage außer Kontrolle. Am 31. Juli 1619 vereinigten sich Böhmen, Schlesien, die beiden Lausitzen und Mähren gegen Ferdinand. Am 15. August schloß diese neugegründete Konföderation ein Bündnis mit den protestantischen Ständen Ober- und Niederösterreichs, während Bethlen Gábor zu den Waffen griff und in Ungarn einmarschierte.[18] Das entscheidende Ereignis trat am 17. August ein, als die Stände die Königswahl Ferdinands von 1617 aufhoben und die Krone dem Pfalzgrafen anboten. In Reaktion darauf, daß das ganze Reich, vielleicht ganz Europa, vom Krieg bedroht schien, wählten alle Kurfürsten, auch der Kurpfälzer, am 28. August 1619 Ferdinand zum Kaiser.

Friedrich zögerte lange, ehe er die böhmische Krone annahm. Viele Mitglieder der Union, auch Venedig, sein Schwiegervater Jakob I. und Maximilian von Bayern versuchten ihn davon abzubringen. Vergebens. Die Erfolge Bethlens in Ungarn und die Aktivitäten Anhalts hatten größeres Gewicht. Zum ersten Mal seit 1547 geriet ein Kurfürst in einen offenen Krieg gegen den Kaiser. Dabei war Friedrich das Haupt der Calvinisten, deren Konfession beim Augsburger Religionsfrieden von 1555 nicht anerkannt wurde.

Noch im Herbst 1619 war nicht absehbar, wie sich die Dinge entwickeln würden. Friedrich wurde in Prag gekrönt, aber er brachte dem Aufstand weder Truppen noch Geld. Der Landtag gewährte ihm nur geringe Macht, und die aggressive calvinistische Politik des neuen Königs, die zu Weihnachten den Prager Bildersturm zur Folge hatte, versetzte nicht nur die katholische

Minderheit, sondern auch die utraquistische Kirche und die Lutheraner in Unruhe. Würde Böhmen zu einem calvinistischen Königreich werden? Niemand kannte die Antwort auf diese Frage, aber sicher war, daß die Konföderation auf einen radikalen Konflikt überhaupt nicht vorbereitet war.

Auch die Habsburger hatten Enttäuschungen zu verkraften. Die Erneuerung der Liga und der Münchner Vertrag mit Maximilian (8. Oktober 1619) erschienen zunächst vielversprechend. Spanien hoffte, der Einmarsch von Ligatruppen werde Madrid einen eigenen militärischen Einsatz ersparen. Ferdinand selbst, vielleicht durch Oñate überredet, versprach dem Bayern die Verleihung der pfälzischen Kurwürde. Aber der pfiffige Maximilian war entschlossen, nicht in den Krieg einzutreten, solange die Spanier nicht selbst zu den Waffen griffen. Deshalb blieb die Liga untätig, als im November Ferdinand und Oñate in Wien in Gefahr gerieten.

In diesem Moment befanden sich die Stände und Bethlen in einer sehr günstigen Position. Mit 35 000 Infanteristen und 14 000 Reitern bedrohten sie Wien. Die 25 000 Kaiserlichen standen teils in Südböhmen, teils in der Umgebung Wiens. Doch Ferdinand wurde durch einen Ablenkungsangriff aus Polen gerettet, als in Madrid Oñates dringliche Hilferufe eintrafen. Deswegen entschloß sich der neue Minister Graf Zuniga, Truppen gegen Böhmen oder die Pfalz zu entsenden. Im Winter 1619/20 beherrschten die Spanier in zunehmendem Ausmaß die strategischen Wege von Italien und den Niederlanden nach Böhmen, darunter das Veltlintal zwischen Mailand und Tirol. Im Unterschied dazu standen ihre Gegner isoliert da. Jakob I. brachte, ohne selbst Hilfe zu leisten, die Union von einem Eingriff ab. Die einzige Hilfe für die Stände lag in der Rekrutierung von 5000 Soldaten in den Vereinigten Provinzen. Diplomatisch hatten die Habsburger also ihre Gegner bereits isoliert; militärisch hatten sie Verstärkung aus den Niederlanden und Italien auf den Weg gebracht. Ohne die spanische Unterstützung hätte Ferdinand alles verloren.

Bei diesem diplomatischen Wettlauf muß man auch die Rolle Frankreichs berücksichtigen.[19] Im Sommer des Jahres 1620 begrenzte die französische Vermittlung durch den Ulmer Vertrag (3. Juli 1620) den Krieg auf Böhmen und Österreich. Dieser Vertrag ersparte einen Krieg zwischen Liga und Union. Deswegen waren die Ligatruppen frei für den Feldzug gegen die Konföderation. Im August marschierten sie in Österreich ein. Im selben Jahr gelang es Ferdinand schließlich, die konkrete Hilfe der Reichsfürsten zu erhalten, welche Bucquoys Feldzug erleichterte. Im Norden griff Kurfürst Johann Georg von Sachsen, der ein kaiserliches Mandat empfangen hatte, die Lausitzen und die schlesischen Truppen an.[20] Damit war der Mechanismus des periodischen Kräfteausgleichs völlig zerstört. Der Sieg Habsburgs war gewiß noch nicht gesichert, aber er war nunmehr möglich geworden. Erst nach einem erschöpfenden Feldzug, der vom Streit mit Maximilian geprägt war, gelang dieser Sieg am 8. November 1620 am Weißen Berge bei Prag.[21]

Nationalhistorische Mythen

Diese vernichtende Niederlage der Stände wurde im 19. Jahrhundert zum Eckstein des tschechischen Nationalmythos. Sie wurde als Anfang des sogenannten »Temnos« (das heißt Finsternis) betrachtet. Die tschechische Historiographie beschreibt sie sehr oft als die Nationalkatastrophe, die das ganze Unglück des tschechischen Volkes erklärt.[22]

Diese noch heute weit verbreitete Auffassung darf man als falsch bezeichnen, denn die politischen und nationalen Fragen des 19. Jahrhunderts lassen sich nicht auf das 17. Jahrhundert übertragen. Die Geschichte Böhmens kann man nicht als ewigen Kampf zwischen Deutschen und Slawen deuten. Das ist schon deshalb nicht zulässig, weil die vier Länder der Wenzelskrone damals viel größer waren als das verkleinerte Königreich zur Zeit Franz Josephs oder als die Republik Masaryks. Diese Gebiete wurden von Tschechen, aber auch von anderen Slawen (in Schlesien und in den Lausitzen), von Deutschen oder besser Deutschsprachigen und von Juden bevölkert, ohne daß es National- oder Sprachkonflikte gegeben hätte. In dieser religiösen Gemengelage lassen sich die konfessionellen Grenzen schwerlich festlegen. Mit Sicherheit war der böhmische Aufstand kein schonungsloser Kampf zweier Nationalitäten, von denen die eine aggressiv, unterdrückend war und die andere ums Überleben kämpfte.

Ausgelöst wurde der Aufstand durch die Zerstörung von zwei lutherischen Kirchen, die von Deutschsprachigen erbaut waren. Der Fenstersturz gehört zwar zur tschechischen Tradition, aber die Opfer waren eigentlich böhmische Grundherren (die Grafen Martinic und Slawata, letzterer ein Konvertit aus der Brüdergemeine), und als Anstifter tat sich Graf Thurn hervor, dessen deutsch-italienische Familie sich in Böhmen erst im Jahrhundert zuvor niedergelassen hatte. Die beiden *Apologien* der Stände wurden gleichzeitig auf tschechisch und deutsch veröffentlicht. Der König, den die Stände wählten, war ein Deutscher. Und schließlich ist zu bemerken, daß die Ständearmee keine tschechische war, sondern (wie so viele Armeen jener Zeit) eine multiethnische Ansammlung von Söldnern, die oft lange auf den Sold warten mußten oder gar nicht bezahlt wurden. In dieser Armee kämpften auch Söldner, die von österreichischen und ungarischen Ständen angeworben waren.

Somit ist es nicht möglich, von der Katastrophe einer bestimmten Nation zu sprechen. Und worin lag die eigentliche Katastrophe? Die Schlacht am Weißen Berge war gewiß eine fürchterliche Niederlage, nicht nur für die Protestanten, deutschsprachige wie tschechische, nicht nur für Böhmen, sondern auch für Österreich. Deswegen dachten preußische Historiker zur Zeit Bismarcks, daß dieses Ereignis eine deutsche, das heißt eine protestantische Niederlage gewesen sei. Es ist auffallend, wie stark die Historiographie des Weißen Berges vom Kampf um die deutsche

Einigung beeinflußt wurde. Diese Schlacht ermöglichte die Gegenreformation (im Französischen heißt sie »katholische Wiedereroberung«), die Ferdinand schon in Innerösterreich einleitete, in Böhmen, Mähren und Österreich. Schlesien genoß eine Sonderstellung. Beide Lausitzen wurden an Kursachsen als Entschädigung gegeben; damit begann die Teilung des ehemaligen Königreiches der Luxemburger. Weil sich die Stände gegen den König auflehnten, wurde (kraft der Verwirkungstheorie) die Abschaffung der religiösen Privilegien der Stände für rechtens erklärt. Ferdinand fühlte sich von nun an nicht mehr an den bei seiner Königswahl geleisteten Amtseid gebunden. Symbolisch wurde der böhmische Majestätsbrief zerrissen.

Die Katastrophe war nicht die Niederlage bei Prag, sondern der Aufstand selbst. Die Schlacht am Weißen Berg und das, was ihr nachfolgte, waren nur dessen Ergebnisse. Als die bei dem Streit um den Majestätsbrief eingesetzten Defensoren der utraquistischen Kirche sich mit einigen Grundherren, die nach einer politischen Rolle streben, zu ihrem Unglück einigten, setzten sie den Majestätsbrief und das Schicksal der böhmischen und österreichischen Kirchen aufs Spiel. Was im Frühling 1618 nur ein Interpretationsstreit des Majestätsbriefes war, geriet tragischerweise zu einem unbedachten Aufstand und bald zu einem unvorbereiteten Krieg. Die Defensoren und ihre Anhänger glaubten, daß der Verzicht auf einen Teil ihrer Rechte zur Aufgabe aller Privilegien führen würde, die sie neun Jahre zuvor dem Kaiser mit Mühe abgerungen hatten. Das Ergebnis dieser gefährlichen Logik sowie des Ehrgeizes einiger Herren waren der Fenstersturz und die Einsetzung einer aufständischen Regierung.

Dieses verhängnisvolle Abenteuer war die eigentliche böhmische Katastrophe. Die protestantischen Stände vertrauten ihre Zukunft einigen verantwortungslosen Politikern an. Weder Thurn noch die Defensoren schätzen ihre politische und militärische Lage richtig ein – im Gegensatz zum mährischen Magnaten Karl dem Älteren von Zierotin, der kaisertreu blieb, obwohl er der

Brüderunität angehörte. Gewiß hatten Matthias und Ferdinand 1618 noch keine große Armee, aber die Union griff nicht zugunsten des Aufstandes ein, und Mähren schloß sich Prag nicht an. Mit dem Sturz von Kardinal Khlesl, der noch auf Verhandlungen gehofft hatte, war klar, daß die Habsburger nicht aufgeben würden. Damit mußten die Stände mehr tun, als nur eine Revolution fortzusetzen: Sie mußten einen Krieg führen. Aber womit? Sie traten die Flucht nach vorn an, um Geld, Truppen und Alliierte zu finden.

Der Aufstand muß als erster verhängnisvoller Fehler der Stände bezeichnet werden. Den Pfalzgrafen zum König zu machen war ein noch größerer Fehler. Wieder einmal hatte die böhmische Regierung die europäische Lage mißverstanden. Sie hoffte, daß ihr mit Kurfürst Friedrich die tatkräftige Unterstützung Englands, der Vereinigten Provinzen und der Union sicher sein würde. Aber sie irrte sich vollständig. Friedrich selbst wußte, daß die Mittel, die er vom Ausland nicht bekommen würde, ihm auch nicht von der Konföderation gewährt würden. So wuchs zwischen den Ständen und dem Prager Hof ein gefährliches Mißtrauen, das der Prager Bildersturm dann noch vergrößerte. In der Folge verprellte er die Utraquisten und Lutheraner, einte die katholische Minderheit und raubte die Prager Juden aus, um die Armee zu bezahlen.

Die Ständearmee, deren Stärke sich vor der Schlacht auf ungefähr 20 000 Soldaten belief, zerrüttete die Finanzen der Konföderation. Als diese Armee nicht mehr bezahlt wurde, schien sie den Ständen zugunsten des Königs bedrohlich zu werden. Sie verwüstete das Land, und ohne die Schlacht, so schrieb der Fürst von Anhalt, hätte sie wahrscheinlich Prag geplündert, wie es in jenen Tagen die Spanier mit Antwerpen getan hatten. Doch Anfang November 1620 war diese Flucht nach vorn nicht mehr möglich. Die Stände steckten bereits zu sehr in der Klemme. In dieser aussichtslosen Lage verwandelte sich auf dem Schlachtfeld die Meuterei eines Teils der Armee in Panik und Niederlage. Aber vielleicht wäre Friedrichs Herrschaft ohnehin zu Ende gegangen. Als er am 9. November 1620 Prag verließ, nannte man ihn den »Winterkönig«.

ERICH PELZER

14. Juli 1789 – Geschichte und Mythos eines denkwürdigen Tages

Für Historiker ist der 14. Juli 1789 ein schwieriges Thema. Zum einen hat dieser Tag wie kaum ein anderer der abendländischen Geschichte einen hohen Bekanntheitsgrad, und zum anderen ist er mit Symbolen und Geschichtsmythen durchtränkt, so daß eine präzise, historisch fundierte Annäherung zum Drahtseilakt wird. Geschichte und Mythos eines einzigen Tages bilden für sich genommen nicht nur einen spezifisch französischen Erinnerungsort; dieser Tag besitzt auch und vor allem eine universalgeschichtliche Dimension. Dieses welthistorische Datum ist uns allen zutiefst vertraut; jedenfalls glauben wir zu wissen, was für die Chiffre »Bastille« steht beziehungsweise an Bedeutungsgehalt überliefert ist. Die Bastille, diese ehemals finstere Zwingburg des Despotismus, die dem Ancien régime als Staatsgefängnis diente, wurde an jenem denkwürdigen 14. Juli 1789 vom Volk von Paris gestürmt. Damit begann die Französische Revolution.[1] Diese wiederum löste ein Bündel erstaunlicher Entwicklungen aus: die Bauernrevolution, die Abschaffung des Feudalsystems, die Erklärung der Menschen- und Bürgerrechte, Revolutionskrieg und Guillotine, Terrorherrschaft und Revolutionskalender, und schließlich Napoleon, der diese Revolution beenden und doch an ihren Prinzipien festhalten wird.

Die ganze Palette zukünftiger politischer Herrschaftsformen und Ideologien entfaltete sich ab 1789 wie in einem Drehbuch für politische Regisseure, weswegen die Französische Revolution nicht allein und ausschließlich, wie es Ernest Renan 1869 formulierte, den »Ruhm Frankreichs, eine vorzugsweise französische

Epopöe«[2] reflektiere, sondern in ihrem Kern unser aller Geschichte ist – unsere *Révolution mère*. Dennoch ist es heute keinesfalls leicht, ein historisch interessiertes Publikum, dessen Sinnen und Trachten mehr dem Frieden als dem Krieg verpflichtet ist, mit der Erinnerung an einen Vorgang zu konfrontieren, der mit Revolution, Gewalt, ja brutalen menschlichen Exzessen verbunden ist.

Wir beginnen – entgegen der üblichen Historikerpraxis – chronologisch von »hinten« und werfen einen Blick auf den frühen Abend des 14. Juli 1789. Es ist kurz nach 18 Uhr, die Bastille ist seit mehr als einer Stunde erobert, da wälzt sich eine etwa 2000 Personen starke mit Pistolen, Messern und Piken bewaffnete Volksmenge entlang der Seine-Quais in Richtung Rathaus. An der Spitze des Zugs treiben die Eroberer der Bastille gefangengenommene Festungsoffiziere und Schweizersoldaten vor sich her, die von wenigen einsichtsvollen Bewachern nur mühsam vor dem Zugriff der aufgewühlten Masse beschützt werden können. Kurz vor dem Rathaus erreicht der tausendfache Ruf nach Lynchjustiz seinen Siedepunkt. In der Arkade Saint-Jean kommt es zu einem Handgemenge um den Gouverneur der Bastille, den Marquis Delaunay, auf den sich der ganze Zorn des Volkes konzentriert. Schon auf dem ganzen Weg hierher war er gewalttätigen Drangsalierungen in Form von Beschimpfungen und Schlägen ausgesetzt gewesen, jetzt fordert man lautstark sein Leben. Man versucht ihm mit einem Säbel den Kopf abzuschlagen. Als dies nur teilweise gelingt, eilt ein Koch mit einem Messer herbei und trennt den Kopf des Gouverneurs vom Rumpf. Auf einer Pike wird sein blutiger Schädel wie eine Trophäe im Triumphzug durch die Straßen von Paris getragen.

Der arbeitslose Koch François-Félix Desnot gibt ein halbes Jahr später bei einem Verhör ebenso stolz wie unbekümmert zu Protokoll, Delaunay habe ihm einen Fußtritt in den Unterleib versetzt, was ihn wütend und tatbereit gemacht habe. Er habe geglaubt, eine patriotische Tat zu vollbringen und sich damit eine

Medaille zu verdienen. Bei seiner Schilderung des Hergangs läßt er kein Detail aus. Erst als man ihn auffordert, den Kopf für weitere Umzüge mit nach Hause zu nehmen, kommt er wieder zu sich. Aus Rücksicht auf die Gefühle seiner Frau deponiert er anschließend den Kopf beim Pariser Kriminalgericht. Der Anblick des blutigen Kopfes, so gibt er einsichtsvoll zu Protokoll, hätte bei ihr mit Sicherheit eine »Revolution« ausgelöst.[3] Aber Desnot war nur am politischen Ort der Bastille zur Revolution bereit, zu Hause – im Privaten – lehnte er revolutionäre Zustände ab.

In seinem sozialen und politischen Empfinden steht der Koch exemplarisch für den Typus des Bastillebezwingers. Das Gros der Angreifer setzte sich aus Handwerkern, Wirten, Kaufleuten, Arbeitern, aus Angehörigen kleingewerblicher Berufe zusammen. Die besonderen Zustände in der Hauptstadt, ein Klima der Angst, Unsicherheit und Not, veränderten nicht nur die »Dinge«, sondern auch die »Menschen«, wie es der Wahlmann Dusaulx zutreffend diagnostisierte: »Friedfertige Bürger, die nie ehrgeizige Pläne gehabt hatten, die keine Intrigen kannten und dem alten Regime treu waren, wurden nun gegen ihren Willen vom Sturm der Ereignisse mit fortgerissen.«[4] Die Umstürzler der alten Ordnung, die »Sieger« über den Despotismus, erschienen nach der Eroberung im Lichte von Helden.

Delaunay war nicht das einzige Opfer der unkontrollierten Volkswut. Drei Wachoffiziere, drei Invaliden und der Inhaber der obersten Polizeigewalt in Paris, Flessel les, wurden ebenfalls getötet, ihre auf Piken aufgepflanzten Köpfe dem Spott preisgegeben.[5] Der Journalist Camille Desmoulins, ebenfalls Augenzeuge, berichtet darüber zwei Tage später in einem Brief an seinen Vater: »Ich war beim ersten Kanonenschlag herbeigeeilt, aber, es grenzt ans Wunderbare, um halb drei Uhr war die Bastille schon genommen. [...] Derselbe Gardist, der im Sturm als erster nach oben gekommen war, verfolgt Herrn de Launay, packt ihn bei den Haaren und macht ihn zum Gefangenen. Man führt ihn zum Stadthaus und schlägt ihn unterwegs halbtot. Er ist so geschlagen worden, daß es mit ihm zu Ende gehen will; man gibt ihm auf dem Grèveplatz den Rest, und ein Schlächter schneidet ihm den Kopf ab. Den trägt man auf der Spitze einer Pike und gibt dem Gardist das Kreuz des heiligen Ludwig.«[6] Der Mann, der zwei Tage zuvor im Palais Royal die Bürger zu den Waffen gerufen hatte und damit das Signal zum Angriff gab, bereichert seine Schilderung um die Aura einer militärisch gerechtfertigten sakralen Tat.

Große und kleine Mythen entstehen

Lassen wir dieses Szenario Revue passieren, dann ist kein herzerfrischender Griff in die Vergangenheit angebracht; es besteht keine direkte Möglichkeit, heutige Ziele mit diesem uns fremden Tag zu legitimieren. Der 14. Juli rechtfertigt für sich genommen keineswegs die im nachhinein auf ihn bezogene Erklärung der Menschen- und Bürgerrechte wie auch die Prinzipien der demokratischen Repräsentativverfassung. Selbst das Wetter war an diesem Dienstag nicht so, wie Jules Michelet, der große Historiker des 19. Jahrhunderts, dies gern haben wollte: »Am 13. Juli dachte Paris nur an Verteidigung. Am 14. griff es an. Am 13. abends gab es noch Zweifel, und am nächsten Morgen waren sie verschwunden. Der Abend war voll Wirrnis, voll unmäßiger Wut. Der Morgen war strahlend und von grauenhafter Heiterkeit. Ein Gedanke erhob sich über Paris mit dem anbrechenden Tag, und alle sahen dasselbe Licht. Eine Erleuchtung der Geister und in jedem Herzen eine Stimme: ›Geh hin, und du wirst die Bastille nehmen!‹«[7] Über der französischen Hauptstadt schien keine strahlende Sonne, die Bastillestürmer erlebten statt dessen einen bedeckten und etwas windigen Sommertag.

Es besteht demnach eine große Diskrepanz zwischen dem anarchischen Ablauf des Ereignisses und seiner epochalen Bedeutung, die ihm nachträglich verliehen wurde. Hier setzt die kritische Beschäftigung mit dieser Revolution ein, und es gilt im folgenden zu fragen: Was sind die Hintergründe für die Erstürmung der Bastille, wie haben die Zeitgenossen sie gesehen und gedeutet, und schließlich, warum konnte gerade die Bastille einen so wirkungsmächtigen Mythos entfalten, der – mit 90jähriger Verzögerung – in Frankreich seit 1880 jährlich als Nationalfeiertag zelebriert wird?

Versuchen wir zunächst eine erste pauschale Einordnung dieses denkwürdigen Tages. Gemessen an anderen welthistorischen Ereignissen der Neuzeit wie der Eroberung von Konstantinopel (1453), der Entdeckung Amerikas (1492), Luthers Thesenanschlag (1517) oder der Landung des ersten Menschen auf dem Mond (1969), ist der 14. Juli 1789 ein Tag von kaum zu überschätzender Bedeutung. Ein besonderes Charakteristikum dieses Tages wird durch die Bruchlinie markiert zwischen einem Volk, das sein Interesse am nationalen Gemeinwohl noch zögernd und tastend artikuliert, und einem Volk, das mutig und siegesbewußt zum revolutionären Akteur avanciert. Am 14. Juli siegt die Entschlossenheit über die Zögerlichkeit, obsiegt die Tat über die Absicht, wird der schmale Grat zwischen Reform und Revolution, den die bürgerlichen Reformer der beiden letzten Jahrzehnte des Ancien régime um ihrer selbst willen respektiert hatten, auf breiter Front überschritten. Und was aus der Sicht des Dritten Standes mit Blick auf seine eigene Zukunft besonders wichtig ist: Bisher hatten dessen Vertreter im Namen des Volkes gesprochen, nun erhalten sie zum erstenmal die Legitimation durch das Volk. So gesehen besitzt der 14. Juli eine Scharnierfunktion zwischen Aufklärung und Revolution, indem das Volk von Paris sich willens zeigt, das Heft der Politik selbst in die Hand zu nehmen, um den komplizierten Zusammenhang von Ancien régime, Politisierung der aufgeklärten Öffentlichkeit, Wirtschafts- und Finanzkrise, Hungersnot und adligem Reformunwillen aufzulösen beziehungsweise mittels eigener Kraft abzustreifen. Das Faszinosum des Bastillesturms liegt inmitten eines schmalen, komplexen Zeitfensters, das sich zwischen dem 11. und dem 17. Juli in Paris öffnet und im Ergebnis die bisherigen Ordnungsinstanzen entmachtet und nicht zuletzt den König von Frankreich in die Hände der Bevölkerung von Paris bringt. Dieser Dramatik kann man sich auch über 200 Jahre später nur schwer entziehen.

Was aber allen Bedeutungszuweisungen zugrunde liegt, ist ein einzigartiger, unumkehrbarer Kernvorgang: Der 14 Juli stellt und löst die Machtfrage, die bislang weder in der Nationalversammlung von Versailles noch im Rathaus von Paris ernsthaft angegangen war. Zwar hatten sich die Vertreter des Dritten Standes kraft der unerschrockenen Haltung ihres Sprechers Mirabeau am 23. Juni geweigert, der königlichen Aufforderung, den Saal zu räumen, Folge zu leisten, woraufhin der König mit seinem lapidaren Satz: »Na, dann sollen sie bleiben!« einlenkte, um den Akt der Insubordination herunterzuspielen. Mochte man dieses Nachgeben des Königs noch als Strategie einstufen, am Abend des 14. Juli fruchtete keine royale Taktik mehr. An jenem Abend schrieb Ludwig XVI. in sein Tagebuch: »Nichts«. Eine magere Ausbeute für den obersten Repräsentanten des Staates an einem welthistorischen Tag, und zwar in zweifacher Hinsicht. Zum einen hatte er kein Wild erlegt, und zum andern stand er nicht mehr im Zentrum der Ereignisse, das sich an jenem Tag von Versailles nach Paris verlagert hatte. Von nun an bestimmte die Stadt Paris den weiteren Verlauf der revolutionären Ereignisse, Versailles wurde zum politischen Nebenschauplatz degradiert. Die Pariser Bewegung rettete die festgefahrene Situation der Abgeordneten des Dritten Standes in Versailles und entmachtete die königliche Prärogative. Der liberale Historiker Adolphe Thiers, dem die »unglücklichen Ereignisse des Tages«, der »Augenblick des Schreckens« und die »Trunkenheit des Sieges« zutiefst zuwider waren, schrieb die Geschichte dieses Tages noch ganz aus der Perspektive der in Permanenz tagenden Abgeordneten in Versailles.[8] Erst Jules Michelet, mit größerem zeitlichen Abstand und der Erfahrung der Revolution von 1830 sowie derjenigen von 1848 vor Augen, hob die Leistung des Volkes beim Umsturz besonders hervor; man muß sagen, er verklärte sie ins Mythische. Doch auch ohne die zahlreichen Deutungsversuche der Historiker kommt diesem Tag von Anfang an eine symbolische Bedeutung zu, die weit über die sichtbaren Veränderungen hinausreicht. Der 14. Juli steht nicht nur als Symbol für die entschiedene Machtfrage im Jahr 1789, er ist heute auch das Symbol akkumulierter Revolutionserfahrung und radikaler Veränderung im 19. und 20. Jahrhundert. Erst diese beiden Bedeutungen machen die Chiffre »14. Juli« entzifferbar.[9]

Für den Historiker bleibt das Phänomen eines einzigen Tages, der die Welt veränderte – und zwar in der Sicht der miterlebenden Zeitgenossen ebenso wie in der Beurteilung der Nachgeborenen. Den 14. Juli muß man nicht nachträglich erfinden, er entspringt der einmütigen Erkenntnis der Zeitzeugen noch am Abend dieses Tages und dem nachempfundenen Bewußtsein von Geschichtlichkeit vieler zeitgenössischer Beobachter in Frankreich selbst und im Ausland. Über diesen Tag konnte man einfach nicht hinweggehen. Dieser Tag ließ keine Art von Normalität zu; er beanspruchte das höchste Maß historischer Wertschätzung, nämlich die der schriftlichen und mündlichen Überlieferung. Die zahllosen Berichte, die aus innerem Antrieb oder aus beruflichen Gründen diesen Tag dokumentieren, sind nicht einheitlich, sondern höchst widersprüchlich, je nach Standpunkt, aus dem die jeweiligen Betrachter die geschehenen Dinge gesehen oder wahrgenommen haben. Ein Wahlmann, der im Rathaus die Bürgerwehr organisierte, sah die Dinge anders als einer, den der Hunger zur Plünderung des reichen Klosters St. Lazare oder zum Sturm auf die Bastille veranlaßte. Wer die Marter des royalen Despotismus im Gefängnis am eigenen Leib erlitten hatte, dem mochte die Erstürmung der Bastille gar als späte Genugtuung erscheinen. Nicht zuletzt sahen alle diejenigen, die vom alten System profitiert hatten, die Eroberung der Bastille als Morgenröte ihres eigenen Untergangs und ihre Zukunft in den denkbar düstersten Farben. Jeder Autor schrieb mehr oder weniger aus einer begrenzten Perspektive, die das Erlebte um das, was man auf der Straße kolportierte oder in den Zeitungen las, noch anreicherte. Die Motivation zum Schreiben hatte viele Gründe: zum einen die Verarbeitung des Erlebten, aber auch die Herausstellung der eigenen Leistung, und zum andern der seltene Anlaß, Ruhm zu ernten und sich als Sieger feiern zu lassen.

Aber in einem waren sie sich alle einig, nämlich Zeuge eines herausragenden, unvergleichlichen Tages gewesen zu sein. Am 15. Juli verkündete der Journalist Gorsas im *Courrier de Versailles* seinen Lesern: »Dieser gestrige Kampftag wird als ewig denkwürdig in den Festkalender unserer Geschichte eingehen. Er bereitet die größte und vielleicht glücklichste Umwälzung vor!«[10] Einen Tag später paßte sich der englische Botschafter Lord Dorset der allgemeinen Begeisterung seines Gastlandes an und berichtete aus Paris an seinen Minister, den Duke of Leeds: »Auf diese Weise, Mylord, hat sich die größte Revolution vollzogen, die es je in der Geschichte gab, und wenn man das Gewicht der Ergebnisse in Betracht zieht, hat sie verhältnismäßig wenig Blut gekostet. Von diesem Augenblick können wir Frankreich als ein befreites Land betrachten, den König als einen Monarchen mit sehr eingeschränkter Macht, und der Adel ist mit dem Rest der Nation auf das gleiche Niveau gerückt.«[11]

Der liberale Arzt Dr. Edward Rigby, ebenfalls Engländer, der sich als Tourist in Paris aufhielt, revidierte gar angesichts der Ereignisse seine vorherige englische Voreingenommenheit gegenüber den Franzosen und berichtete ähnlich stolz am 19. Juli nach Hause: »Ich bin Zeuge der außerordentlichsten Revolution gewesen, die vielleicht jemals in der menschlichen Gesellschaft stattgefunden hat. Ein großes und weises Volk kämpfte für Freiheit und die Rechte der Menschheit; sein Mut, seine Umsicht und Ausdauer sind mit Erfolg belohnt worden, und ein Ereignis, das zum Glück und Gedeihen von Millionen ihrer Nachkommen beitragen wird, ist mit sehr geringem Blutsverlust und mit einer Unterbrechung der Alltagsgeschäfte von nur wenigen Tagen eingetreten. Die Einzelheiten dieses wundervollen Ereignisses, von denen ich Zeuge gewesen bin, haben auf meinen Geist einen dauernden Eindruck gemacht, und es wird eine meiner größten Freuden sein, bei meiner Rückkehr Euch eingehend davon zu berichten.«[12]

Überall in Europa, nicht nur in Frankreich, wurde die Eroberung der Bastille als das Symbol für den Sturz des Ancien régime betrachtet. Selbst der konservative Schweizer Historiker Johannes von Müller, als Geheimrat in Diensten des Kurfürsten von Mainz, feierte genau einen Monat später die Eroberung als Sieg des Volkes: »Der 14. Juli zu Paris ist der schönste Tag seit dem Untergang der römischen Weltherrschaft.«[13] Noch euphorischer äußerte sich der Jugendfreund Goethes, Johann Heinrich Merck, aus Paris. Rückblickend schrieb er am 23. Januar 1791 an den Geheimen Kabinettssekretär Schleiermacher in Darmstadt: »Alles, was wir von Anfang der Dinge wünschten, ist wahr – und das andere alles erlogen und mit den Farben gemalt, die man bestellt hat [...] Die Umwandlung dieses Volkes ist unglaublich [...]. Paris aber übertrifft alle Erwartungen an Ganzheit der Gesinnung, an Größe der Bilder, an Festigkeit des Ausdrucks, an Durst nach Wahrheit, Tugend, Menschengefühl. Ich habe die Einnahme der Bastille, ein völlig Shakespearsches Drama, gesehn, das Goethe nicht besser hätte kalkulieren können. Ich bin in Tränen geschwommen, nicht sowohl wegen der Vorstellung der Dinge, sondern wegen der Teilnahme des Publikums.«[14] In seinen Memoiren erinnerte sich der französische Botschafter und intime Vertraute der Zarin Katharina II. in Sankt Petersburg, Louis-Philippe de Ségur, wie die Nachricht von der Eroberung der Bastille in der russischen Hauptstadt aufgenommen wurde: »Franzosen, Russen, Dänen, Deutsche, Engländer, Holländer, überhaupt alle Nationen wünschten einander auf öffentlicher Straße Glück, und umarmten sich gleichsam als hätte man sie von einer schweren Kette befreyt.«[15] Und der in Norwegen geborene und während der Befreiungskriege in Breslau lehrende Professor Henrik Steffens erinnerte sich gern an die Sätze seines Vaters, die dieser seinen Söhnen aus Freude über das Erlebte 1789 brieflich mitgeteilt hatte: »Kinder, ihr seid zu beneiden! Welch eine schöne und glückliche Zeit eröffnet sich euch.«[16]

»Am Abend dieses Tages«, so schreibt der Historiker Winfried Schulze, »werden die Menschen in Paris nach Worten ringen, um das Erlebte zu verarbeiten. An den Tagen danach werden sich aber auch einige Menschen das Leben nehmen, weil sie den Tod für unvermeidlich hielten, jedoch nicht die Kraft hatten, auf ihn zu warten, wie 1790 ein Beobachter notierte. Sie waren nicht in der Lage, diese elementare Veränderung ihrer Lebenswelt zu ertragen.«[17] In der Beurteilung von Ereignis und Folgen des Sturms auf die Bastille wichen die Stimmen zum Teil erheblich voneinander ab. Für die positive Wirkungsgeschichte von nachhaltiger Bedeutung waren die Worte Camille Desmoulins'. Er zog selbstbewußt einen biblischen Vergleich und lieferte die quasi-religiöse Formel für das Ereignis: »Der 14. Juli ist der Tag der Befreiung von der Knechtschaft Ägyptens und der Durchquerung des Roten Meeres. Er ist der 1. Tag des Jahres I der Freiheit.« Die gegenteilige Interpretation lieferte der Buchhändler Hardy, der den Akt der Befreiung zwar guthieß, aber die Mittel, die zu diesem Zweck angewandt wurden, relativierte: «Dieser Tag wurde für alle Böswilligen und die Feinde des Staates für immer der Tag der großen Unordnung, während man doch an diesem Tag unglücklicherweise Zeuge der göttlichen und menschlichen Rache für diese selben Böswilligen geworden war.»[18]

Der 14. Juli als »Inbegriff der Anarchie« war damit aus der Taufe gehoben, ein Prüfstein gesetzt, an dem sich Befürworter wie Gegner trefflich unterscheiden ließen. Hatten weitsichtige Beobachter wie der Graf Mirabeau oder der amerikanische Geschäftsmann Gouverneur Morris die blutigen Ereignisse vorausgesagt,[19] so beurteilte Chateaubriand die Folgen in kritischem Licht: »So erbärmlich oder so abscheulich ein Ereignis auch sein mag, es darf, wenn die Umstände ernst sind und sofern es Epoche macht, keinesfalls leicht genommen werden; was man bei der

Erstürmung der Bastille hätte sehen müssen (und was man damals übersah), war nicht der Gewaltakt, mit dem ein Volk sich befreite, sondern die Emanzipation als solche, als Ergebnis dieses Aktes. Man bewunderte, was man hätte verdammen sollen, nämlich das Ereignis, und man wollte die abgeschlossenen Geschicke eines Volkes nicht voraussehen, den Wandel der Sitten, der Vorstellungen, der politischen Kräfte, eine Erneuerung des Menschengeschlechts, dessen Ära die Erstürmung der Bastille als blutiges Jubelfest eröffnete. Der nackte Haß schuf Ruinen, aber unter diesem Haß verbarg sich der Geist, der zwischen diesen Ruinen die Grundlagen für ein neues Gebäude schuf.«[20]

Die Symbolik der Bastille

Die Bastille war im Laufe des 18. Jahrhunderts in der öffentlichen Meinung zum Symbol nicht nur einer willkürlichen Rechtspraxis, sondern auch eines ministeriellen Despotismus geworden. Sowohl um die Haftbedingungen als auch um die Umstände ihrer Eroberung rankt sich eine Fülle von Legenden, die hier kaum erwähnt oder gar korrigiert werden können. Seit zehn Jahren litt ein Großteil der Pariser Bevölkerung Hunger, seit zehn Jahren war die Teuerung endemisch geworden, und das erleichterte zweifellos das Moment der spontanen Anarchie. Aber das Volk dachte, als es die königliche Festung angriff, überhaupt nicht daran, die Opfer der Despotie zu befreien. Erst als der Abend anbrach, entsann man sich ihrer. Man mußte die Türen der Verliese aufbrechen, um triumphierend einen Erfolg zu erringen, den man nie beabsichtigt hatte. Die Namen der sieben Gefangenen klangen so wenig prominent, wie das Interesse der Stürmer an ihnen groß war. Unter den Gefangenen befanden sich zwei Verrückte, die man eiligst nach Charenton abschob, und vier Fälscher, die dank einer Protektion hierher gekommen waren. Das alles war nicht sehr ergiebig. Um trotzdem einen Erfolg vermelden zu können, sollte der berühmte Graf de Lorges, der angeblich jahrzehntelang in den finsteren Verliesen der Bastille geschmachtet haben soll, am 14. Juli befreit worden sein. Der so gefeierte »Greis, Held und Märtyrer« war allerdings ein reines Phantasieprodukt – es hat ihn nie gegeben. Der letzte prominente Häftling, der Marquis de Sade, war zehn Tage vor der Erstürmung in die Irrenanstalt Charenton außerhalb der Stadtmauern von Paris überführt worden, wo er am 2. Dezember 1814 im Alter von 74 Jahren starb. Übrig geblieben in diesem symbolischen Monument der ehemaligen Staatsgewalt waren Geisteskranke, also keine politischen Gefangenen.

Nicht die Opfer standen bei der Eroberung im Vordergrund, sondern die Symbole der Unterdrückung wie die Schlüssel der Bastille, die im Triumphzug durch die Stadt getragen wurden. Den Schlüssel des ersten Tores sandte Lafayette, der Held zweier Welten, später an den amerikanischen Präsidenten Washington. Damit bekundete Frankreich der Neuen Welt, wenn auch in Verkennung der anders gelagerten Ausgangsbedingungen, Hintergründe und Ziele des amerikanischen Unabhängigkeitskrieges, daß es seine Freiheit ebenfalls erkämpft hatte.

Fest steht, daß in dem Maße, wie die Bastille zum »Ort des Schreckens« hochstilisiert wurde, sich die Zahl der »Opfer der Despotie« immer mehr verringerte. Aufgrund der hohen Unterhaltungskosten, aber auch der allmählichen Entleerung der Bastille hatte man sogar in den letzten Jahren des Ancien régime Vorschläge unterbreitet, das gewaltige Festungsgebäude aus dem 14. Jahrhundert abzureißen, weil es zu teuer geworden war. Es hatte wenige Jahre vor seiner Erstürmung als Luxusgefängnis der guten Gesellschaft ausgedient. Nach den Protestanten, hochadligen Oppositionellen und intellektuellen Freigeistern beherbergte die Bastille im 18. Jahrhundert vorwiegend Schriftsteller, die mit regimekritischen Schriften hervorgetreten waren, aber auch Heiratsschwindler, Duellanten, religiöse Mystiker, Diebe, Wechselfälscher und Sittlichkeitsverbrecher. Einige der prominenten Insassen wie der diplomatische Vertreter Frankreichs in den Niederlanden,

Constantin de Renneville, der von 1702 bis 1713 in der Bastille einsaß, oder der Journalist Simon-Nicolas-Henri Linguet, dem die schonungslose Reportage von einem Pariser Zivilgericht in den siebziger Jahren des 18. Jahrhunderts eine zwanzigmonatige Bastille-Haft einbrachte, wurden aufgrund von anschließend veröffentlichten Skandalgeschichten über ihre Haftzeit zu nationalen Berühmtheiten. Es paßt demnach durchaus in das widerspruchsvolle Bild der Bastille, daß Schriftsteller nicht ungern einen Zwischenaufenthalt im Staatsgefängnis einlegten, um anschließend politisch-literarische Karriere machen zu können.

Aus den stilisierten Schilderungen der Gefangenen, die ihr Leben mit Ratten, Spinnen und Kröten teilen mußten, oft auch Folterungen ausgesetzt waren und insgesamt unter menschenunwürdigen Haftbedingungen zu leiden hatten, bildete sich sehr schnell der ideale Nährboden für phantastische Gerüchte, Verwechslungen und gezielte Fehlinformationen. Die Angreifer ihrerseits hatten nur ein unklares Bild von den tatsächlichen Verhältnissen in der Bastille. An einer umfassenden Aufklärung der vielen Legenden und Unwahrheiten waren sie nicht interessiert. Statt dessen zerstörten sie in ihrer verständlichen Wut das gutsortierte Archiv eines verhaßten Symbols. Auch wenn die revolutionäre Stadtverwaltung von Paris mit einer dreibändigen Dokumentation der Ereignisse versuchte,[21] den wuchernden Spekulationen Einhalt zu gebieten, so hatte sie doch selbst durch tagelange Suche nach verborgenen Gefangenen und unentdeckten Skeletten dem Mythos der Bastille maßgeblich Vorschub geleistet. Nur wenige Schachteln des Bastillearchivs konnten für die Nachwelt gerettet werden. Zahlreiche Einzelstücke der wertvollen Papiere wurden ab 1791 systematisch wieder zusammengetragen, große Teile der Schriftstücke erwarb der Attaché der russischen Gesandtschaft in Paris, die später in den Besitz des russischen Zaren Alexander I. übergingen und noch heute in Sankt Petersburg aufbewahrt werden. Erst ein größerer Fund eines Bibliothekars der Arsenalbibliothek in Paris im Jahr 1840 hat ganze Forschergenerationen in die

Lage versetzt, die zahlreichen Legenden zu widerlegen und die wahre Geschichte der Bastille ans Licht zu bringen.[22]

Wenn sich aus der objektivierbaren Sicht post festum die Bastille nicht als historischer Dampfkessel erweist, für den Zeitgenossen und Historiker sie lange gehalten haben, warum wurde sie dann angegriffen? Hier muß man zwischen langfristigen Ursachen und kurzfristigen, akzidentellen Anlässen unterscheiden. Unter die Rubrik der langfristigen Ursachen sind die verschiedenen Krisensymptome des Ancien régime anzuführen wie der schleichende Autoritätsverlust der Krone, die Spannungen innerhalb der Adelselite, die politische Diskussion über den Zustand von Staat und Gesellschaft, die von der Aufklärung ausgelöst worden war, und vor allem die latente Finanzkrise. Seit dem Regierungsantritt Ludwigs XVI. gaben die politisch Verantwortlichen immer wieder vor, die staatlichen und gesellschaftlichen Rahmenbedingungen von Grund auf zu reformieren. Der kleinste politische Gegendruck reichte oft aus, um so manchen ernsthaften Reformvorschlag wieder zunichte zu machen. Im Rhythmus von zwei oder drei Jahren folgte der Hoffnung auf eine Besserung der allgemeinen Lage die Frustration über den Anlaß und das Ausmaß der Verhinderung. – Revolutionen entstehen nicht aus Gründen von Armut und Elend oder akkumulierter staatlicher Misere, Revolutionen entstehen aufgrund von Enttäuschungen! Hinzu kam, daß die Gruppe der Enttäuschten längst nicht mehr auf Mitglieder der reformbereiten Elite beschränkt war; enttäuschte Hoffnungen waren zur kollektiven Angelegenheit eines ganzen Volkes geworden.

Zur zweiten Kategorie, den kurzfristigen, akzidentellen Anlässen, gehört ein Konglomerat verschiedener Faktoren, die für sich genommen singulär sind, aber sich inhaltlich im weiteren Verlauf der Ereignisse aufeinander beziehen. Es waren erstens die Wahlen zu den Generalständen im Frühjahr 1789. Die Wahlen der »Wahlmänner« von Paris lösten eine erste Welle der Politisierung aus, die auf der Ebene der Stadt und der 60 Wahldistrikte eine neue, höchst aktive politische Führungsschicht hervorbrachte. Die Stadt Paris stellte insgesamt 407 Wahlmänner, die einander in Versammlungen kennenlernten und über die anstehenden politischen Themen und Verfahrensfragen diskutierten. Die Gruppe verstand sich als eine alternative politische Führungsmannschaft, die sich nach den Wahlen keineswegs auflöste, wie sie es eigentlich hätte tun sollen, sondern alles daransetzte, um die Arbeit der Versailler Abgeordneten zu begleiten und zu kontrollieren. Wählen durften 1789 in Paris lediglich Bürger, die mindestens 6 Livres Steuern jährlich zahlten, was publizistisch von den ausgeschlossenen Nichtwählern kritisiert worden war.

Zweitens gab es ein Ereignis von eigentlich revolutionärem Ausmaß, die Verfassungsrevolution der Abgeordneten in Versailles. Am 17. Juni erklärte sich der Dritte Stand auf Antrag des Abbé Sieyès zur Nationalversammlung und schwor mit feierlichem Eid drei Tage später im Ballhaus, nicht eher auseinanderzugehen, bis Frankreich eine Verfassung habe. Die staatsrechtliche Umwälzung hatte sich ohne Anwendung von Gewalt vollzogen. Entscheidend war jetzt die Haltung des Königs, die überaus wankelmütig war, aber im geheimen durch die Verlegung von 16 Regimentern nach Paris, in denen vor allem Deutsche und Schweizer dienten, den Argwohn der Bevölkerung vor einem »aristokratischen Komplott« schürte. Die Stimmung in den Reihen der *Gardes Françaises* war aber alles andere als eindeutig loyal zur Krone, sondern nicht wenige sympatisierten mit der *opinion publique*, die in Flugschriften auf das traditionell schlechte Verhältnis zwischen Soldaten und Unteroffizieren einerseits und adligen Offizieren andererseits aufmerksam machte. »Der Offizier ist frei, der Soldat ist ein Sklave. Der Offizier fordert Ehrenbezeugungen und Pensionen, der Soldat verlangt nur sein Essen [...] Kurzum, sagen wir, daß der Offizier alles erhält, ohne etwas dafür zu tun, während der Soldat alles tut, ohne etwas dafür zu erhalten.«[23] Mit diesen agitatorischen Mitteln wurde in der Bevölkerung Stimmung gemacht.

Hinzu kam drittens die Entlassung Neckers und dreier weiterer Minister am 11. Juli. Kaum hatte sich die Nachricht in der Hauptstadt verbreitet, bildeten sich in einzelnen Stadtteilen spontane Volksaufläufe. Als kurze Zeit später der königliche Befehl die Runde machte, daß die Stadttore geschlossen würden und sich größere Truppenteile im Anmarsch auf die Hauptstadt befänden, war dies für viele der Beweis für die Verschwörung der Aristokraten, die nichts unversucht lassen würden, um die Stadt zur Plünderung und zur Zerstörung freizugeben. Vereinzelt wurden daraufhin Bürgermilizen aufgestellt. Nach der Deutung von François Furet »stehen die Pariser nicht etwa auf, um die Nationalversammlung und ihre Errungenschaften zu retten; ihre Erhebung ist nur die logische Folge ihrer Entschlossenheit, sich selber zu retten.«[24]

Viertens: Im Palais Royal, jenem Zentrum der politischen Diskussion in der Stadt, das sich im Besitz des königlichen Bruders, des Herzogs von Orléans, befand, hatte sich eine bemerkenswerte Gruppe politischer Strategen und Publizisten zusammengefunden. Sie war zwar noch unorganisiert und schwankend in ihrer Zusammensetzung; gleichwohl muß sie wegen ihrer publizistischen Präsenz und ihres zunehmenden Gewichts als politische Kraft ersten Ranges angesehen werden. Camille Desmoulins rief am 12. Juli von dort aus die Bevölkerung auf, zu den Waffen zu greifen und sich zur Unterscheidung von anderen Truppenteilen die grüne Kokarde anzuheften, um eine »Bartholomäusnacht für die Patrioten« zu verhindern.[25] Am Tag danach zerstörte das Volk die Ämter des Stadtzolls und vertrieb die königlichen Steuereinnehmer. Während des ganzen Tages waren Tausende unterwegs auf der Suche nach Waffen. Gleichzeitig vollzog die Stadtverwaltung vor den Augen der Öffentlichkeit eine fundamentale Umwandlung. Die Wahlmänner der Pariser Distrikte bildeten einen Ständigen Ausschuß und organisierten zum Zweck der öffentlichen Sicherheit eine Bürgermiliz. Das war die Geburtsstunde der Nationalgarde. Und für den nächsten Tag war die Richtung bereits vorgegeben: Auf zur Bastille! Der abstrakte Hort des Despotismus hatte ein konkretes Gesicht bekommen.

Die verwickelten, höchst unübersichtlichen Vorgänge, die sich seit dem Morgen des 14. Juli in der Hauptstadt und insbesondere vor der Bastille abspielten, lassen sich stark verkürzt in zwei Phasen einteilen. In den frühen Morgenstunden zogen etwa 7000–8000 Bürger vor das Hôtel des Invalides und verlangten die Auslieferung der dort gelagerten Gewehre. Nach kurzem Warten wurde das schlecht bewachte Gebäude gestürmt. Etwa 32 000 Gewehre und 12 Kanonen fielen in die Hände der Belagerer. Anschließend zog eine kleinere Gruppe zur Bastille, um sich das Pulver für die Waffen zu besorgen. Dort trafen sie auf Bewohner der östlichen Stadtteile, die sich von den Kanonen der Bastille bedroht fühlten. Es war der Bevölkerung nicht verborgen geblieben, daß die Festung in den letzten Tagen in den Verteidigungszustand versetzt worden war. Am 7. Juli waren 34 Soldaten eines Schweizerregiments dorthin verlegt worden, und in der Nacht vom 12. auf den 13. Juli hatte man große Mengen Pulver aus dem benachbarten Arsenal in die Festung gebracht. Zuerst ließ man sich in Verhandlungen mit dem Festungskommandanten Delaunay über das Zurückziehen der Kanonen ein. Die Beauftragten der Wahlmänner von Paris verlangten ebenfalls die Übergabe der Festung unter die Kontrolle der Stadt. Der Festungskommandant Delaunay, der keine Kenntnis davon hatte, daß sich die Armee bereits am 12. Juli aus Paris zurückgezogen hatte, und zudem nur über eine kleine Garnison von 80 Invaliden und 30 Schweizergarden verfügte, gehorchte seinen Befehlen und gab den Abgesandten des Rathauses sein Wort, nicht zu schießen, solange er nicht angegriffen werde.

Erst gegen 15 Uhr änderte sich die Lage entscheidend, als eine 300 Mann starke Abteilung der übergelaufenen *Gardes Françaises* mit vier aus den Invaliden erbeuteten Kanonen an der Bastille eintraf und sich anschickte, das Haupttor der Festung zu beschießen. Nachdem es zwei Bürgern gelungen war, sich auf ein vorgelagertes Wachhaus zu schwingen, um mit Äxten die Ketten der Zugbrücke zum Einsturz zu bringen, stürmte die Volksmenge über die Brücke in den ersten Vorhof der Bastille. Daraufhin eröffneten die Verteidiger das Feuer auf die Angreifer. Delaunay, von seinen Invaliden gedrängt, verlor jetzt völlig die Fassung, nachdem er erkannt hatte, welches Unheil ein Beschuß von außen im Pulvermagazin anrichten konnte. Nachdem er keine Möglichkeit mehr sah, die Festung zu verteidigen, bot er gegen 17 Uhr aus dem Haupttor die Kapitulation der Festung gegen die Forderung nach freien Abzug an. Diese Forderung wurde von den Angreifern offensichtlich gebilligt, und in einer nicht genau zu klärenden Verwirrung wurde das Tor der Festung von innen geöffnet. Nun konnten die Angreifer, etwa 800-900 Männer und Frauen, hineinströmen. Um 17.15 Uhr blieb das Uhrwerk der Bastille stehen, und die lange Reihe der Massaker setzte ein, die auf Jahre hinaus alle großen Tage der Revolution verdunkeln und der Gegenrevolution als Zeugnis für ihre Ablehnung des Umsturzes dienen werden.

Aus der Schilderung wird ersichtlich, daß die Bastille nicht militärisch erobert wurde, sondern sich ergab, so wie es der Kanzler Pasquier in seinem Augenzeugenbericht festhielt.[26] Selbst der wegen seiner revolutionären Überzeugung unverdächtige Jean-Paul Marat schilderte den Fall der Bastille im wenig heldenhaften Gewand: »Die Bastille, die schlecht verteidigt war, wurde genommen von einigen Soldaten und einer Rotte Elender, in der Mehrzahl Deutsche oder Provinzler. Die Pariser, stets neugierig und geschwätzig, liefen aus Neugier herbei.« Ein ähnliches Urteil über die Gruppe der Bastillestürmer hat auch Pasquier überliefert.[27] Die Bilanz des Kampfes um die Bastille lag bald vor: sieben Tote auf der Seite der Verteidiger, 98 Tote und 60 Verwundete auf der Seite der Angreifer. Nachdem die Bastille gefallen war, dauerte es ein halbes Jahr, bis aus zuvor unbekannten Angreifern offizielle »Sieger« wurden. Durch öffentliche Bekanntmachung erging ein Meldegebot an die Bevölkerung – versehen mit Belohnungen in

Form von Pensionen und Auszeichnungen. Daraufhin meldeten sich insgesamt 863 Angreifer, die sich in die Liste der »vainqueurs de la Bastille« eintragen ließen.[28] Am 6. Februar 1790 stellte der Abgeordnete Dusaulx, selbst Augenzeuge der Ereignisse, die »Sieger der Bastille« in der Nationalversammlung vor. Noch im Jahr 1874 wurden Jahrespensionen an Bastillesieger ausbezahlt.[29]

Der Mythos der Erstürmung der Bastille am 14. Juli 1789 gilt allgemein und im besonderen in Frankreich als das Paradebeispiel einer revolutionären Staatsgründung. Zugleich ist die politische Kultur im Mutterland der Revolution seit dem emphatischen Gründungsakt von 1789 geradezu mit Mythen durchsetzt. Das ganze 19. Jahrhundert ist davon erfüllt, und nachhaltige Spuren der revolutionären Gründungsmythen haben sich im Alltag und in der politischen Praxis bis heute erhalten: Die nationale Revolutionsparole: »Liberté Égalité Fraternité«, die Nationalflagge, die Trikolore: der 14. Juli als Nationalfeiertag, die Nationalhymne: die Marseillaise.[30] Alle vier sind wesentliche Elemente der republikanischen Nationalsymbolik, die nicht unmittelbar und durchgängig den historischen Tatsachen der Revolutionszeit entspricht, sondern zu wesentlichen Teilen das Ergebnis kollektiver Deutungen, Stilisierungen und Mystifizierungen darstellt. Sie wurden erst 90 Jahre später, nachdem sich die Dritte Republik nach innen und außen konsolidiert hatte, 1879/1880 offiziell zu national-republikanischen Symbolen erhoben. Daraus folgt, daß sich ihre identifikations- und konsensstiftende Kraft mit großer sozialer Reichweite erst entfalten konnte, als die Leitbilder aus der Revolution faktisch wie moralisch noch eindeutiger, noch heroischer, noch einzigartiger dargestellt wurden, als sie es tatsächlich gewesen waren.[31]

Nie ernsthaft in Frage gestellt und zum Kernbereich von Frankreichs nationaler Symbolik gehörend sind zwei Typen des revolutionären Gründungsmythos: die Erstürmung der Bastille und der ihr zeitlich vorangehende berühmte Ballhausschwur vom 20. Juni 1789. Fragt man danach, worauf sich die Symbolkraft der Bastille gründet, worin eigentlich die epochemachende, freiheitsstiftende Leistung des 14. Juli besteht, so sind mehrere Faktoren ausschlaggebend. Drei davon scheinen mir wesentlich zu sein: Zum einen verkörpert die Bastille in der Vorstellungswelt ihrer Erstürmer ein furchterregendes Konkretum, den vermeintlich ebenso rechtlosen wie tyrannischen Staatskerker des Ancien régime. Zum andern erobert das Volk selbst diese als uneinnehmbar gehaltene Festung des Despotismus und überantwortet die Hauptschuldigen einer gerechten Justiz. Und schließlich geht mit der Eroberung der Stolz auf die »Vainqueurs« einher, die Bezwinger der Bastille, die zu neuen Helden der Freiheit hochstilisiert werden.

Zum Mythos wird die Bastille aber erst, weil es sie als Symbol der Tyrannei innerhalb kurzer Zeit nicht mehr gibt. Einen Tag nach der Eroberung begann der wichtigste »Verkäufer« des Bastille-Mythos, der Bauunternehmer Pierre-François Palloy, mit dem Abriß der Festung. In einem Akt kollektiver Erinnerung wurden anschließend die Steine als selbstverfertigte Votivbilder in kleine Bastillen ummodelliert und über das ganze Land verteilt. Der Ort selbst wurde in den »Platz der Freiheit« umgewidmet. 1790, am ersten Jahrestag des Bastillesturms, werden hier die öffentlichen Gedenkfeiern abgehalten, und 1830 wird auf dem ehemaligen Platz der Bastille in einer Zeit republikanischer Prosperität die Freiheitssäule errichtet, die zugleich die neuen »Vainqueurs« ehrt, die Gefallenen der Julirevolution. Die Bastille, das sollte deutlich werden, ist demzufolge das Ergebnis eines kollektiven Mystifizierungsprozesses, der auch historische Elemente der nationalen Kollektiverinnerung an den 14. Juli einschließt, eine ebenso konsistente wie facettenreiche Formation, in der sich alle Teilaspekte wechselseitig stützen. Bastille und 14. Juli wurden vor allem deshalb zu nationalen Mythen, weil sie zwei Grundvoraussetzungen erfüllten: zum einen politisch-historisch hochgradig relevant, zum andern prägnant und zugleich umfassend genug zu sein, um weitgefächerte Identifikationsmöglichkeiten zu bieten.

Die semantische Umwidmung der Bastille setzte allerdings bereits Ende des 17. Jahrhunderts ein. Aus der »forteresse«, der Festung, wurde in der Mitte des 18. Jahrhunderts »prison de l'état«, das Staatsgefängnis, und schließlich »cachot du despotisme«, Kerker des Despotismus. Dazu beigetragen haben die vielen Berichte von Gefängnisinsassen, die in der Regel Kritiker des Absolutismus waren und mit ihren Greuelberichten für entsprechende Verbreitung sorgten.

Die Erhebung zum Nationalsymbol

Wir haben es folglich mit einem langfristigen Mystifizierungsprozeß zu tun, der im 18. Jahrhundert vorbereitet, seit 1789 landesweit verbreitet, im 19. Jahrhundert schrittweise erneut offiziell anerkannt wird und heute nicht mehr wegzudenken ist. Seit 1789 symbolisiert die Bastille den Bruch mit dem Ancien régime und den Mythos einer zukunftsoffenen Neugründung Frankreichs. Wie eminent wirksam die Zäsurideologie der Revolutionäre in den nachfolgenden Jahrhunderten gewesen ist, beweist die orthodoxe Sanktionierung des Gründungsmythos durch die französische Geschichtswissenschaft. Der Erfolg des Bastille-Mythos liegt wohl darin begründet, daß er zwei Mythen in einem verbindet: nämlich einen Bedrohungs- und Verschwörungsmythos, der über das Feindbild transportiert wird, mit einem säkularen Erlösungs- und Heldenmythos, in dem das Volk als Kollektivheld in Erscheinung tritt.[32]

Weniger geeignet für Mythenbildungen waren zunächst weitere wichtige republikanische Gründungsakte der Revolutionszeit, der Tuileriensturm, die Hinrichtung Ludwigs XVI. und die Einführung des republikanischen Kalenders. Sie waren zu kontrovers; sie standen, ohne daß es den Begriff bereits gab, für die »Deux France«, so daß weniger umstrittene symbolträchtige Ereignisse und Zeichen den Vorzug erhielten. Unter diesem Stigma stand ursprünglich auch das Panthéon. Dieser nationale »lieu de mémoire« der Revolution entsprach beispielsweise mehr dem allgemein verbreiteten Bedürfnis nach »Gloire« als dem inhaltlichen Einverständnis mit den »Grands Hommes«. Die politischen Wechselfälle der Revolution ließen keinen Raum für ein allgemeingültiges, dauerhaftes Gedenken an ihre Helden. Nur wenige verblieben auf Dauer, andere kamen hinzu, und einige wurden nach kurzem Aufenthalt aus dem Ruhmestempel der Nation wieder ausgestoßen (Marat, Mirabeau).

Ähnlich verhält es sich mit der berühmten Revolutionsdevise »Freiheit, Gleichheit, Brüderlichkeit«. Sie kann nur bedingt, entgegen der hartnäckigen Überzeugung vieler Franzosen und Historiker, als das politische Vermächtnis der Revolution gelten. Wohl tauchte diese berühmte Trias in den Anfangsjahren zwar gelegentlich auf, aber sie blieb zunächst gegenüber dem gemäßigten Wahlspruch «La Nation – La Loi – Le Roi» und ab 1793 gegenüber der radikalrevolutionären Losung «Liberté, Égalité ou la Mort» hoffnungslos in der Minderheit. Erst die allmählich fortschreitende Republikanisierung Frankreichs im Lauf des 19. Jahrhunderts, wesentlich getragen von den Republikanern der 1848er Revolution und den laizistischen Volksschullehrern der frühen Dritten Republik, verhalf ihr zum Durchbruch, wobei die Betonung jetzt eindeutig auf »Fraternité« lag. Dieser ernüchternde Befund trifft auch auf die personifizierte Verkörperung der Republik, der Marianne, zu, die trotz der Jakobinermütze, die sie zu tragen pflegt, erst in der 1830er Revolution ihre volle Wirksamkeit entfaltete. Die Marianne entstand und entwickelte sich zunächst als Allegorie, bevor sie in Form von Büsten und Gemälden die Rathäuser der Provinz eroberte.[33]

Frankreich hat sich lange Zeit schwergetan und einige Unterbrechungen in Kauf genommen, um die Erstürmung der Bastille im Bewußtsein seiner Staatsbürger zu verankern. Entsprechend schwierig gestaltete sich auch die Belohnung der »Sieger der Bastille« – unter ihnen übrigens ein Dutzend Deutsche. Die Liste der »Vainqueurs de la Bastille« verzeichnet in alphabetischer Reihenfolge folgende Eintragungen von Personen deutscher Herkunft: Alf (Markdorf, Schwaben) Jägerregiment; Curtius (auch Kreutz, Künstler); Filet (Moselkern, Trier); Gizen (Düsseldorf, Jäger); Hermann (Wendelsheim, Gendarm); Huff (Kreuznach, Gendarm); Mayer (Meyer aus Köln, Brigadier); Reitmayer (Gendarm); Uphoff (Herkunft und Tätigkeit unbekannt); Weber (Vebert aus Eyershausen, Franken); Vener (Wener aus Feblisheim, Schwaben).[34]

Der relativ hohe Anteil von Deutschen an der Erstürmung der Bastille ist nicht erstaunlich, wenn man bedenkt, daß sich etwa 4000 deutsche Handwerker in der Vorstadt St. Antoine niedergelassen hatten. Nachdem Napoleon 1804 den »Vainqueurs de la Bastille« die Aufnahme in die neugeschaffene Ehrenlegion verwehrt hatte, schlug die Stunde der inzwischen alt gewordenen Sieger nach der Julirevolution im Jahr 1831. Fünf Überlebende stellten 42 Jahre nach ihrer Heldentat einen Antrag auf eine Staatspension. Begünstigt wurde ihr pekuniäres Ansinnen durch die Politik des Bürgerkönigs Louis-Philippe, der zu Beginn seiner Herrschaft ein pseudorevolutionäres Klima zur eigenen Herrschaftslegitimierung schuf, bevor er 1840 den Napoleonkult mit der Rückführung der Gebeine Napoleons aus Sankt Helena entscheidend beförderte. Während der Julimonarchie genossen die alten Veteranen aus der Revolutionszeit und der napoleonischen Kriege höchste öffentliche Wertschätzung.

Im Jahr 1832 wurde in beiden Kammern des Parlaments erbittert darüber gestritten, ob den noch lebenden »Siegern« eine Pension für ihre patriotische Tat zugestanden werden solle oder ob man mit dieser nachträglichen Belohnung nicht unnötig falsche Signale an die unter Napoleon und während der Restaurationszeit zurückgekehrten Emigranten liefere. Für seine ehemaligen Kombattanten sprach sich der 75jährige Marquis de Lafayette aus, während ausgerechnet der Sohn des Herzogs von La Rochefoucauld-Liancourt dagegen votierte. Dessen Vater hatte in der Nacht vom 14. zum 15. Juli 1789 den unwissenden König belehrt, die Erstürmung der Bastille nicht länger als Revolte abzutun, sondern als Revolution zu akzeptieren. In der Diskussion geriet die Entscheidung über eine lächerliche Geldsumme sehr schnell zur Nebensache,[35] sie entwickelte sich in der Deputiertenkammer zu einem Forum historischer Disputation über den Stellenwert der Revolution innerhalb der eigenen Geschichte. Auch wenn letztlich keine endgültige Klärung, ob die berühmten Worte aus dem Jahr 1789 wirklich gewechselt wurden, erreicht wurde, so machte die Diskussion nur zu deutlich, daß Ereignis und Folgen der großen Revolution nach wie vor den Anlaß zu kontroversen emotionalen Äußerungen und unterschiedlichen Wertvorstellungen lieferte.[36]

Wenn es eine Botschaft aus dem Bastillesturm gibt, dann ist sie aus ihrem ambivalenten Ergebnis abzuleiten. Die Beschäftigung mit der Französischen Revolution gewährt uns einen Blick in die ungewisse Zukunft der modernen Welt und läßt uns unsere komplexe, zweideutige Welt besser erkennen. Neben den Menschenrechten liegt die Schreckensherrschaft, neben der bürgerlichen Verfassung erkennen wir die Wohlfahrtsdiktatur, die Vernichtung der »Feinde der Revolution« und die schreckliche Demokratisierung des Krieges; neben der Souveränität des Volkes steht die Möglichkeit der Militärdiktatur. Es ist die Vergegenwärtigung dieser bedrohlichen Nachbarschaft, die uns bis heute den Grund für den suchenden und kritischen Blick zurück in das Jahr 1789 liefert. Der 14. Juli ist demnach zweierlei: Zum einen ist er ein welthistorischer Tag, der gewissermaßen zum Inventar der modernen Gesellschaft gehört, und zum andern ein Tag, der innerhalb der republikanischen Liturgie Frankreichs bis heute einen bedeutenden Platz einnimmt.

CARL-LUDWIG HOLTFRERICH
Währungskrisen in der Zwischenkriegszeit

Ein englischer Journalist hat einmal gesagt, es gebe drei Dinge, die einen Mann zum Wahnsinn treiben könnten: der Alkohol, Frauen und die Beschäftigung mit Währungsfragen. Das ist natürlich stark übertrieben, aber Währungsfragen sind in der Tat eine komplexe Materie. Währungsentwicklungen hinsichtlich ihrer Ursachen und Wirkungen zu durchschauen fällt auch dem gebildeten Laien nicht leicht. Selbst vielen Historikern sind die Hintergründe von Währungskrisen rätselhaft, besonders die der dramatischen in der Zwischenkriegszeit.

Die Zwischenkriegszeit hat praktisch nichts ausgelassen, was an Währungskrisen, an nationalen Währungsstandards und an internationalen Währungssystemen denkbar ist, darin nicht unähnlich den politischen Entwicklungen jener Zeit. Für die wirtschafts- und politikwissenschaftliche Forschung, die im Unterschied zu den Naturwissenschaften keine kontrollierten Experimente durchführen kann, sind die wechselnden Währungsverhältnisse der zwei Jahrzehnte zwischen den beiden Weltkriegen in Kombination mit den politischen Umbrüchen ein ideales Feld, auf dem sie die Stichhaltigkeit ihrer Theorien prüfen und Lehren für die Gestaltung der Gegenwart gewinnen können.

Daß Geld eine wichtige Sache sein kann, ist für jeden eine Alltagserfahrung. Kurt Tucholsky hat es – übrigens während der Zwischenkriegszeit – einmal folgendermaßen ausgedrückt: »Nationalökonomie ist, wenn die Leute sich wundern, warum sie kein Geld haben. ... Für Geld kann man Waren kaufen, weil es Geld ist, und es ist Geld, weil man dafür Waren kaufen kann. Doch ist diese Theorie inzwischen fallengelassen worden. Woher das Geld kommt, ist unbekannt.«

Aber warum ist die Stabilität des Geldes, das heißt einer Währung, so wichtig? Dazu müssen wir zunächst die drei Funktionen des Geldes betrachten, nämlich als Tauschmittel, als Recheneinheit und als Wertaufbewahrungsmittel. Mit der Erfindung des Geldes als allgemeines Tauschmittel wurde die Schwierigkeit der Tauschpartnersuche in der ursprünglichen Natural-Tauschwirtschaft überwunden. Das bedeutete einen Quantensprung für die Produktivität des Wirtschaftens, wissenschaftlich ausgedrückt: eine enorme Senkung der sogenannten Transaktionskosten. Das gleiche gilt für das Geld als Recheneinheit, also für die Kalkulation von Kosten und Gewinnen, von Aufwand und Ertrag sowie für den Vergleich von Preisen, Löhnen und Einkommen jeder Art vor der Entscheidung zu einem Kauf, einer Investition, einem Arbeitsvertrag. Nur stabile Währungsverhältnisse lassen Kalkulationen zu, mit denen die stets knappen wirtschaftlichen Ressourcen am effektivsten genutzt werden können. Als Wertaufbewahrungsmittel schließlich ist das Geld die zeitliche Brücke zwischen Einnahmen und Ausgaben, sozusagen die liquideste Form der Vermögenshaltung.

Das Dilemma von Kaufkraftänderungen einer Währung, von Inflation und Deflation, liegt darin, daß in allen drei Bereichen das Geld seine Funktionen nicht mehr optimal ausfüllen kann. Beim Tausch geht man in Zeiten großer Inflationen zu Geldsurrogaten über, zum Beispiel zu einer Zigarettenwährung, wie von 1945 bis zur Währungsreform 1948. Gerechnet wird in anderen, für stabil gehaltenen Werten, beispielsweise in einer Auslandswährung. Als Wertaufbewahrungsmittel wird Geld in inflationären Zeiten zugunsten von Sachwerten abgestoßen und in einer Deflation zu Lasten der Nachfrage nach Gütern und Diensten gehortet, mit möglicherweise verheerenden Folgen für die Entwicklung der Produktion und der Beschäftigung. Insofern gehört neben der Herstellung der Vollbeschäftigung die Sicherung der

Währungsstabilität zu den wichtigsten Aufgaben der modernen Wirtschaftspolitik.

Dies waren Vorbemerkungen. Nun sind zunächst die Turbulenzen der deutschen Währung vom Ersten zum Zweiten Weltkrieg mit einer Darstellung des Hintergrunds zu behandeln, nämlich der politischen und gesellschaftlichen Entwicklungen, daran anschließend der Währungskrisen in Deutschland. Sodann sind die Erscheinungsformen und Krisen des internationalen Währungssystems in der Zwischenkriegszeit aufzuzeigen. Daraus läßt sich dann zusammenfassen, welche Lehren aus den verheerenden währungspolitischen, wirtschaftlichen und allgemein politischen Erfahrungen der Zwischenkriegszeit für die Gestaltung der Nachkriegsordnung vor allem von amerikanischer Seite gezogen wurden. Zum Abschluß wird es um Lehren für die heutige Wirtschaftspolitik gehen, um Stoff zur Beurteilung der Frage zu liefern, inwieweit die kürzlich populären Vergleiche zwischen der Wirtschaftspolitik des Reichskanzlers Heinrich Brüning (1930–1932) und des heutigen Bundeskanzlers Gerhard Schröder schief oder richtig liegen.

Gesellschaft, Politik und Währung 1918–1939

Keiner hat es so treffend ausgedrückt wie Joseph Alois Schumpeter, einer der bedeutendsten Wirtschaftswissenschaftler des 20. Jahrhunderts, »daß sich im Geldwesen eines Volkes alles spiegelt, was dieses Volk will, tut, erleidet, ist, und daß zugleich vom Geldwesen eines Volkes ein wesentlicher Einfluß auf sein Wirtschaften und sein Schicksal überhaupt ausgeht. Der Zustand des Geldwesens eines Volkes ist ein Symptom aller seiner Zustände.«[1] Die Währungsentwicklung ist also auch ein Spiegelbild der politischen und gesellschaftlichen Zustände und Entwicklungen. Amerikanische Historiker haben die Zwischenkriegszeit als Teil des zweiten »Dreißigjährigen Krieges« gesehen, als kalten Krieg, eingerahmt von zwei heißen. Auf deutscher Seite dominierte der

Kampf gegen den Versailler Vertrag mit seinen Reparationsverpflichtungen, ein außenpolitisches Ziel, das eigentlich alle politischen Parteien und Gruppierungen verfolgten, freilich keine so extrem und gewaltbereit wie die Hitler-Partei. Innenpolitisch blieb die Weimarer Republik das ungeliebte Kind der Revolution von 1918. Der Mehrheit der Deutschen und besonders den deutschen Eliten blieb sie wesensfremd. In der großen Staats- und Wirtschaftskrise nach 1929 übernahmen die republikfeindlichen Parteien sogar die Mehrheit im Reichstag.

Von innenpolitischer Stabilität war die Republik aber auch vorher nicht gekennzeichnet. Von 1919 bis zu Hitlers Machtergreifung im Januar 1933 gab es 20 verschiedene Regierungen, und der Reichstag wurde achtmal neu gewählt. Von der Revolution 1918 bis zum Ende der Hyperinflation Mitte November 1923, als die Rentenmark eingeführt wurde, markierten Aufruhr, Putsche, separatistische Bewegungen und Generalstreiks die Fragilität der Republik. Freikorps und die Reichswehr hatten 1919 und im Frühjahr 1920 linksextremistische Gegner der Republik niedergekämpft, zuletzt die »Rote Armee« im Ruhrgebiet mit mindestens 50 000 bewaffneten Arbeitern. Weit über 1000 von ihnen kamen ums Leben. Aus Sicherheitsgründen mußte die verfassunggebende Nationalversammlung 1919 in Weimar statt Berlin tagen.

Auch von rechts drohte im März 1920 Gefahr: der Kapp-Putsch in Berlin, der die Reichsregierung zur Flucht nach Dresden zwang, und eine Art Staatsstreich durch Ritter von Kahr in Bayern, das daraufhin zum Sammelbecken der Rechtsextremisten wurde. Das Ruhrgebiet wurde Anfang 1923 von französischen und belgischen Truppen besetzt. Das Reich drohte zu zerfallen. 1923 schossen in vielen Teilen des Reiches erneut Deutsche auf Deutsche. Im Innern herrschten bürgerkriegsähnliche Zustände. Auf dem Höhepunkt der Großen Inflation versuchte sich der noch unbekannte Adolf Hitler zusammen mit Erich Ludendorff, der neben Paul von Hindenburg Chef der Obersten Heeresleitung

Tabelle 1: Daten zur Inflations- und Wirtschaftsentwicklung 1914–1923

	Lebenshaltungskostenindex (jeweiliger Durchschnitt 1913 = 100)	Zentralbankgeldmenge (in Mrd. Mark) am Jahresende	Jährlicher Anstieg der kurzfristigen (»schwebenden«) Schulden des Reiches (in Mrd. Mark)	Wachstumsrate der Wirtschaft (real, in %)	Arbeitslosenquote (in %)
1913	100	7,2		4	
1914	103	10,2	2,6	-4	7,2
1915	129	11,9	2,8	0	3,2
1916	169	15,9	6,5	-4	2,2
1917	252	24,8	16,0	-4	1,0
1918	313	43,6	26,6	0	1,2
1919	437	63,6	31,2	-18	3,7
1920	1.043	99,3	66,4	3	3,8
1921	1.337	149,0	94,3	8	2,8
1922		1.679,0	1.248,0	4	1,5
Januar	2.041				
Juni	4.147				
Dezember	68.506				
1923		760×10^{12}	192×10^9	-13	
Februar	264.300				5,2
Juli	3,8 Mio.				3,5
November	66 Bio.				23,4
Dezember	125 Bio.				28,2

Quellen: siehe C.-L. Holtfrerich/H. James/M. Pohl, Requiem auf eine Währung.
Die Mark 1873–2001, (2001), S. 110.

im Ersten Weltkrieg gewesen war, am Abend des 8. November 1923 im Münchner Bürgerbräukeller an einem Putsch gegen die Reichsregierung.

Danach, von 1924 bis 1929, trat eine Beruhigung der politischen Verhältnisse ein. Auch in dieser Zeit war die deutsche Währung ein Spiegelbild der politischen und gesellschaftlichen

Tabelle 2: Daten zur Währungs- und Wirtschaftsentwicklung 1924–1947

Jahr	Lebenshaltungskostenindex (Jahresdurchschnitt 1913 = 100)	Zentralbankgeldmenge (in Mrd. RM) am Jahresende	Jährlicher Anstieg der Schulden des Reiches (in Mrd. RM, zum Ende des Haushaltsjahres am 31. März)	Wachstumsrate der Wirtschaft (real, in %)	Arbeitslosenquote (in %)	Nettokapitalimporte (einschl. über Restposten der Zahlungsbilanz, in Mrd. RM)
	1	2	3	4	5	6
1924	104,1	2,40	0,48		4,9	2,9
1925	112,9	3,43	0,39		3,4	3,1
1926	113,1	4,19	-0,46	2,8	10,0	0,6
1927	117,8	5,11	0,29	9,9	6,2	3,8
1928	120,8	5,56	-0,04	4,4	6,3	4,1
1929	122,6	5,68	1,31	-0,4	8,5	2,3
1930	117,9	5,30	1,55	-1,4	14,0	0,5
1931	108,4	5,38	1,83	-7,7	21,9	-2,7
1932	96,0	4,02	0,23	-7,5	29,9	-0,5
1933	93,9	4,20	0,40	6,3	25,9	-0,6
1934	96,4	4,78	1,30	8,6	13,5	0,1
1935	97,9	5,22	1,50	9,4	10,3	0,1
1936	99,1	5,90	7,20	8,8	7,4	
1937	99,6	6,47	6,60	10,8	4,1	
1938	100,0	9,64	6,00	10,2	1,9	
1939	100,5	13,60	11,90	8,1	0,5	
1940	103,6	16,40	12,70	-0,1	0,2	
1941	106,1	22,70	38,00	3,3		
1942	108,8	29,90	50,30			
1943	110,3	41,20	59,60			
1944	112,6	62,30	77,30			
1945	115,1		105,60			
1946	125,7					
1947	134,4					

Quellen: siehe C.-L. Holtfrerich/H. James/M. Pohl, Requiem auf eine Währung.
Die Mark 1873–2001, (2001), S. 111.

Bedingungen. Weil der Zeitraum von 1924 bis 1929 von größerer Stabilität gekennzeichnet war als die Jahre zuvor, zeigte sich auch die 1924 eingeführte Reichsmark zunächst im Gewand relativ großer Wertbeständigkeit (vgl. Tabellen 1 und 2). Der Dawes-Plan war im Sommer 1924 als völkerrechtlicher Vertrag in Kraft getreten. Er sah nicht nur eine vorläufige Begrenzung der deutschen Reparationsverpflichtungen vor, sondern auch einen internationalen Kredit an Deutschland, die sogenannte Dawes-Anleihe. Außerdem war eine Erneuerung der deutschen Währungsverfassung vereinbart worden.

Diese und die durch die Dawes-Anleihe international anerkannte Kreditwürdigkeit Deutschlands führten in der zweiten Hälfte der zwanziger Jahre zu einem gewaltigen Zustrom ausländischen, besonders amerikanischen Kapitals nach Deutschland (Tabelle 2). Auch in anderer Weise war Vertrauen in die Stabilität der politischen und gesellschaftlichen Verhältnisse zurückgekehrt. Mit den Locarno-Verträgen von Ende 1925 und dem Beitritt Deutschlands zum Völkerbund Anfang 1926 kam zum Ausdruck, daß das Deutsche Reich in die Völkerfamilie der westlichen Welt als gleichberechtigtes Mitglied aufgenommen worden war.

Auch innenpolitisch trat eine Beruhigung ein. In der Reichstagswahl vom Dezember 1924 verloren die Parteien der extremen Rechten und Linken zugunsten der bürgerlichen Parteien und der SPD. Nach dem Tod des ersten Reichspräsidenten Friedrich Ebert wurde am 26. April 1925 Generalfeldmarschall Paul von Hindenburg, der legendäre Held des Ersten Weltkriegs, in einer Direktwahl zum Reichspräsidenten gewählt. Als »Ersatzkaiser«, der sich zur Weimarer Verfassung bekannte, versöhnte er Teile der eigentlich antirepublikanischen Monarchisten, die vor allem in der Deutschnationalen Volkspartei politisch beheimatet waren, wenn nicht mit dem parlamentarischen System an sich, so doch mit dem von ihm repräsentierten »Präsidialsystem« der Weimarer Verfassung.[2] Denn der Reichspräsident konnte nach

Artikel 48 der Verfassung in Notsituationen ohne Zustimmung des Parlaments Gesetze erlassen. Davon wird weiter unten noch die Rede sein.

Zum ersten Mal war in der zweiten Hälfte der zwanziger Jahre in Deutschland von einem »Wirtschaftswunder« die Rede. Im Zuge einer Rationalisierungswelle, in der Unternehmer nach amerikanischem Vorbild die deutsche Wirtschaft umstrukturierten, stieg die Produktivität mit etwa doppelt so hohen Raten wie in der Vorkriegszeit. Im internationalen Wettbewerb konnte Deutschland mit höheren Exportwachstumsraten aufwarten als die Wirtschaft seines großen europäischen Rivalen Großbritannien. Es gab zwar höhere Arbeitslosigkeit als in der Inflationszeit (vgl. Tabellen 1 und 2), aber verglichen mit den Raten im heutigen Deutschland war sie relativ moderat. Die Einführung der Arbeitslosenversicherung im Jahr 1927, eine der großen sozialen Errungenschaften der Weimarer Republik, milderte das Los der Betroffenen. Sie löste die 1919 eingeführte Erwerbslosenfürsorge ab, die Bedürftige auf niedrigerem Niveau unterstützt hatte.[3]

Aber die relative Stabilität der Wirtschaftsentwicklung und der Währung zwischen 1924 und 1929 war sehr unsicher. Deutschland lebte nämlich »auf Pump«. Im Unterschied zu den USA heute, die ihre großen Leistungsbilanzdefizite und die Stärke des Dollarwechselkurses ebenfalls aus anhaltenden großen Kapitalimporten aufrechterhalten können, war damals Deutschland gegenüber dem Ausland nicht in seiner eigenen, sondern – wie ein Entwicklungsland heute – in Auslandswährung verschuldet, und zwar sowohl hinsichtlich der Reparationsverpflichtungen als auch der durch Kapitalimporte entstandenen Schulden. Das heißt, die deutsche Volkswirtschaft würde gegenüber den ausländischen Gläubigern relativ schnell zahlungsunfähig, wenn der Kapitalzustrom vom Ausland versiegen oder sich gar in einen Kapitalabfluß verwandeln würde.

Genau diese Entwicklung zeichnete sich seit 1929 ab (Tabelle 2). So wie die Welle der Kapitalimporte zuvor das Schiff der deutschen Wirtschaft und Währung nach oben getragen hatte, ließ das Wellental es nunmehr wieder nach unten gleiten. Medizinisch ausgedrückt: Der Patient war am Tropf ausländischer Kapitalinfusionen scheinbar wieder genesen. Als ihm der Tropf der Kapitalzuflüsse entzogen wurde, zeigten sich seine Krankheitssymptome erneut. Als man ihm dann auch noch Blut entzog, weil in der Weltwirtschaftskrise ein Kapitalabfluß einsetzte, machte er eine lebensbedrohliche Krise durch.

Die Kapitalimporte Deutschlands wurden schon ab der zweiten Jahreshälfte 1928 geringer. Dies hatte einerseits mit Entwicklungen innerhalb Deutschlands zu tun: starke Lohn- und Gehaltserhöhungen mit der Folge von Defiziten in den öffentlichen Haushalten. Andererseits spielten Vorgänge in dem Land, aus dem die meisten Kredite nach Deutschland flossen, den USA, eine Rolle. Dort war 1928 nach dem langen Wirtschaftsaufschwung der »goldenen zwanziger« Jahre mit entsprechenden Wertsteigerungen für Aktien und Immobilien ein Spekulationsfieber für diese Vermögenswerte ausgebrochen. Auch Leute, die vorher nie etwas mit diesen Anlagen zu tun gehabt hatten, kauften sie oft fast vollständig auf Kredit, obwohl die laufenden Erträge die Zinsen für die Kredite meist nicht deckten. Der Kalkül war spekulativ. In ihrer Euphorie erwarteten die Anleger ständige Wertsteigerungen. Diese sollten auch dann, wenn gar kein Eigenkapital eingesetzt würde, nicht nur die Zinsen auf die aufgenommenen Kredite decken, sondern darüber hinaus zu Vermögensgewinnen führen, praktisch aus dem Nichts.

Die amerikanische Zentralbank (FED) zog zur Bekämpfung dieser spekulativen Blase die monetäre Bremse und erhöhte seit 1928 den Diskontsatz. Seitdem waren zwei Mechanismen am Werk, die den amerikanischen Kapitalexport bremsten. US-Bürger investierten lieber in den boomenden amerikanischen Aktien- und Immobilienmarkt als in ausländische, auch deutsche Anleihen. Und wegen der restriktiven Geldpolitik der FED schrumpfte die Zinsdifferenz zwischen dem amerikanischen und dem deutschen

Geldmarkt, was auch die kurzfristigen Kapitalexporte aus den USA nach Deutschland schrumpfen ließ.[4] Der gesamte Vorgang ist ein Paradebeispiel dafür, daß in weltmarktintegrierten Volkswirtschaften mit konvertiblen Währungen und freiem Kapitalverkehr die binnenländische Entwicklung nicht nur von der eigenen Wirtschafts- und Geldpolitik, sondern von unbeeinflußbaren Entwicklungen im Ausland, besonders in den dominierenden Ländern, stark abhängig ist.

Hinzu kam eine Erschütterung des Vertrauens von Kapitalanlegern in die wirtschaftliche Zukunft Deutschlands aufgrund der im Frühjahr 1929 begonnenen Verhandlungen über den Young-Plan. Es wurde befürchtet, daß sich die beiden Seiten nicht auf einen abschließenden Reparationsplan einigen könnten.[5] 2 Mrd. RM Auslandskredite sollen deshalb kurzfristig abgerufen worden sein.[6] Nur durch Hilfen, die die Reichsbank von anderen Zentralbanken erhielt, konnte eine sichtbare Währungskrise 1929 verhindert werden.

Der Zentrumspolitiker Heinrich Brüning wurde am 30. März 1930 von Hindenburg mit dem Amt des Reichskanzlers betraut. Obwohl er aus dem Lager der staatstragenden Weimarer Parteien stammte, sollte er den Charakter der Weimarer Demokratie grundlegend verändern. Die Verfassungsväter von Weimar hatten neben das in westlichen Demokratien übliche »Parlamentssystem« das »Präsidialsystem« als eine »Reserveverfassung« gestellt, eine Konzession an die zahlreichen Skeptiker gegenüber einem parlamentarischen System mit seinem Zwang zur Koalitionsbildung, mithin zu Kompromissen zwischen den Parteien. Artikel 48 der Weimarer Verfassung erlaubte dem Reichspräsidenten, bei einer erheblichen Störung oder Gefährdung der öffentlichen Sicherheit und Ordnung anstelle des Parlaments und ohne dessen Zustimmung Gesetze zu erlassen.

Als Brüning für ein Haushaltsgesetz Mitte Juli 1930 keine Mehrheit im Reichstag finden konnte, ließ er die Vorlage am 16. Juli 1930 durch zwei Notverordnungen des Reichspräsidenten Hindenburg Gesetz werden. Der Reichstag nahm sein Recht wahr, diese durch Mehrheitsbeschluß außer Kraft zu setzen, woraufhin Hindenburg den Reichstag auflöste. Die Reichstagswahl am 14. September 1930 stärkte die extreme Rechte und Linke. Der Stimmenanteil der NSDAP stieg von 2,6 auf 18,3 Prozent, für die KPD von 10,6 auf 13,1 Prozent. Alle anderen Parteien mußten zum Teil erheblich Federn lassen.

Brüning regierte seitdem mit einem Minderheitskabinett, das allerdings von der SPD toleriert wurde. Bis zum Ende seiner Amtszeit im Mai 1932 waren Mehrheiten für die Verabschiedung von Gesetzen im Reichstag nicht mehr zu finden. Die Anwendung des Notverordnungsrechts des Reichspräsidenten war zum Dauerzustand geworden. Der Parlamentarismus als Eckpfeiler der Demokratie war damit ausgehöhlt. Die parlamentarische Demokratie war einem zwar verfassungskonformen, aber autoritären Präsidialsystem zum Opfer gefallen.

Die Weltwirtschaftskrise und die deutsche Wirtschaftspolitik in der Brüning-Zeit sollten sich auf die Stabilität der deutschen Währung verhängnisvoll auswirken. 1930 löste der Young-Plan die vorläufige Regelung des Dawes-Plans für die Reparationszahlungen ab und sah einen endgültigen Zahlungsplan mit einer letzten Rate im Jahr 1988 vor. Eine Young-Plan-Anleihe an Deutschland sollte den Beginn erleichtern. Noch verbindlicher als im Dawes-Plan von 1924 hatte sich das Deutsche Reich verpflichtet, die Parität der Reichsmark nicht zu ändern, also an einem festen Wechselkurs festzuhalten. Am 7. März 1930 trat Reichsbankpräsident Hjalmar Schacht, der den Young-Plan-Vertrag mitausgehandelt und mitunterzeichnet hatte, aus Protest dagegen zurück. Er begründete dies damit, daß der Young-Plan für Deutschland eine Deflation und damit eine Wirtschafts- und Währungskrise heraufbeschwören würde, eine zutreffende Einschätzung, wie sich herausstellen sollte. Schacht, der als Garant der Währungsstabilität seit dem Ende der Hyperinflation großes Ansehen im In- und Ausland genoß, stellte sein Wissen und seine Reputation in den folgenden Jahren in den Dienst der radikalen und extremistischen Rechten, besonders sichtbar auf dem Treffen der »nationalen Opposition« (NSDAP, DNVP und andere rechte Gruppen) in Bad Harzburg am 11. Oktober 1931.

Andererseits war für Brüning eine Krise »nicht so unwillkommen«[7], und zwar im Hinblick auf das alles übrige dominierende außenpolitische Ziel in Deutschland: die Beseitigung der Reparationen und der »Schmach« des Versailler Vertrages. Selbst die von der Regierung unabhängige Reichsbank sah dies im Vordergrund ihrer Politik.

Der Welthandel geriet 1930 in die Abwärtsspirale. Von Januar 1930 bis Januar 1933 schrumpfte sein Wert um rund 65 Prozent[8], teils wegen des drastischen Preisverfalls, teils wegen des schwindenden Handelsvolumens. Die Nachfrage nach deutschen Exporten ging entsprechend zurück. Nachdem die reichlichen Kapitalimporte als Devisenquelle für die Zahlung der Reparationen und für die Finanzierung der zuvor beträchtlichen Importüberschüsse im Jahr 1930 versiegt waren, wäre eine Steigerung der deutschen Exporterlöse die einzige Möglichkeit gewesen, um auch weiterhin die Devisen für den Reparationstransfer und für die Aufrechterhaltung der Importtätigkeit zu beschaffen. Statt dessen trat das Gegenteil ein.

Dennoch gelang es der deutschen Wirtschaft, in den Jahren von 1930 bis 1933 Exportüberschüsse zu erzielen, weil die deutschen Importe noch stärker einbrachen als die Exporte, nämlich um fast 70 Prozent zwischen 1929 und 1933. Die Exportüberschüsse reichten aber vorn und hinten nicht, um den Schuldendienst an das Ausland und die vereinbarten Reparationsraten zu zahlen. Diese bedeutete wegen des weltweiten Preisverfalls eine erheblich höhere reale Last für die deutsche Wirtschaft, als wenn die Preise stabil geblieben wären. Die gesamte Entwicklung erschütterte natürlich das Vertrauen in die deutsche Währung, zumal die Reichsbank die Devisenlücke durch den Einsatz ihrer Reserven füllen mußte.

Die Weltwirtschaftskrise mit den geschilderten Konsequenzen für Deutschland war für die Reichsmark schon Belastungsprobe genug, um sie vom Pfad der Stabilität, aber diesmal in Richtung der Deflation statt Inflation, abzubringen. Ein Wiederaufleben der Kapitalimporte hätte Linderung bedeutet. Statt dessen führten die geschilderten innenpolitischen Entwicklungen in die Gegenrichtung. Als Reaktion auf das Ergebnis der Reichstagswahlen im September 1930, das Brüning ein Regieren mit ordentlichem Gesetzgebungsverfahren im Reichstag nicht mehr ermöglichte, war das Vertrauen in die Stabilität der politischen Verhältnisse und in die Sicherheit von Kapitalanlagen in Deutschland zusätzlich erschüttert. Massive Rückzüge von Auslandskapital und Kapitalflucht aus Deutschland waren die unmittelbare Folge.[9]

Die Kreditwürdigkeit Deutschlands wurde auch dadurch erschüttert, daß es 1931 und 1932 der Regierung nicht mehr gelang, die öffentliche Sicherheit und Ordnung zu gewährleisten. Die Braunhemden der SA marschierten trotz Verbot durch die Straßen Berlins und anderer Städte. Mord, Straßenterror und Schlägereien zwischen Links- und Rechtsextremisten nahmen zu. Auch verschärften sich die außenpolitischen Spannungen, als die Brüning-Regierung zusätzlich zu ihrer Forderung nach einem Ende der Reparationen das Projekt einer Deutsch-Österreichischen Zollunion sowie den Bau eines neuen Typs von Panzerkreuzer verfolgte.

Der Staatsstreich des Brüning-Nachfolgers Franz von Papen gegen Preußen sollte nur das Vorspiel für das sein, was folgte, als Hindenburg am 30. Januar 1933 Adolf Hitler das Amt des Reichskanzlers antrug. Der »alte Herr«, Reichspräsident und Generalfeldmarschall des Ersten Weltkriegs, hatte sich lange dagegen gesträubt, dem »böhmischen Gefreiten« die Regierungsgeschäfte anzuvertrauen, obwohl die NSDAP bei der Reichstagswahl vom 31. Juli 1932 mit 37,4 Prozent die mit Abstand stärkste Partei geworden war und diese Position – trotz einiger Verluste – mit 33,1 Prozent in der Reichstagswahl vom 6. November 1932 gehalten hatte.

Daß die Außenpolitik des Nazi-Regimes, sowohl bei der Beseitigung der Folgen des Versailler Vertrages als auch gegenüber Deutschlands kleinen Nachbarstaaten, aggressiver war als die aller Vorgängerregierungen der Weimarer Republik, ist zur Genüge bekannt. Deutschlands Austritt aus dem Völkerbund 1935, in den es 1926 aufgenommen worden war, symbolisiert, daß das Regime auf internationale Konfrontation statt Kooperation setzte. Auf wirtschaftspolitischem Gebiet kam dies auch in der Autarkiepolitik des Dritten Reiches zum Ausdruck. Die Ideologie des Liberalismus, auf der die westlichen Demokratien fußten, wurde von den Nationalsozialisten ebenso verachtet und bekämpft wie der Marxismus und Kommunismus.

Auch innenpolitisch herrschte weiterhin Terror. Der Unterschied zu vorher bestand nur darin, daß er jetzt als Staatsterror betrieben wurde: Überfälle auf jüdische Geschäfte, Konzentrationslager und Inhaftierung ohne Gerichtsverfahren, Ermordung Oppositioneller und eigener Parteigänger, wie im Röhm-Putsch 1934, Kristallnacht 1938, rassistisch motivierte Mordaktionen in den besetzten Ländern des Ostens und schließlich die Vernichtung von sechs Millionen europäischen Juden während des Zweiten Weltkriegs. Hinter der Fassade von Ordnung und Sauberkeit in der »gleichgeschalteten« deutschen Gesellschaft verübte das Regime die schlimmsten Verbrechen und Menschenrechtsverletzungen der Neuzeit.

Die relative Wertbeständigkeit der Reichsmark während des Dritten Reiches war dementsprechend ihrerseits auch nur Fassade. Der Wechselkurs der deutschen Währung wurde nur dank einer rigorosen Devisenbewirtschaftung stabil gehalten. Soweit die Reichsmark an ausländischen Devisenbörsen gehandelt wurde, geschah dies mit großen Abschlägen. Der offizielle Lebenshaltungskostenindex zeigte zwar relative Preisstabilität im Inland an (Tabelle 2). Aber diese war das Ergebnis des Preisstopps von 1936. Als zum Staatsterror im Inland mit dem Angriff auf Polen der Einsatz von »Terrorwaffen« (z. B. Stukas) im europäischen

Ausland hinzukam, begann das Geld seine üblichen Funktionen weitgehend zu verlieren. In der Kriegswirtschaft waren behördliche Genehmigungen, Bezugsscheine, Lebensmittelkarten und ähnliches wichtiger als das ohnehin im Übermaß vorhandene Geld. Die Maßlosigkeit der Machtansprüche des Regimes spiegelte sich in der Maßlosigkeit der Geldproduktion, wie schon im Ersten Weltkrieg. Mit dem Untergang des Dritten Reiches war auch die Mark ein zweites Mal ruiniert.

Währungskrisen

Die Finanzierung des Ersten Weltkriegs in Deutschland fast ausschließlich aus der Notenpresse legte den Grundstein für die Große Inflation der Nachkriegszeit. Dazu kam aber entscheidend die deutsche Niederlage 1918, mit dem Versailler Vertrag und seinen Reparationsforderungen. Finanzminister Karl Helfferich hatte zwar noch während des Weltkriegs im Reichstag verkündet: »Das Bleigewicht der Milliarden haben die Anstifter des Krieges verdient; sie mögen es durch die Jahrzehnte schleppen, nicht wir.«[10] Das blieb ein Traum. Statt dessen verkündete der britische Politiker Sir Eric Geddes im Dezember 1918: »Wir werden aus Deutschland herausholen, was man nur aus einer Zitrone pressen kann, und noch etwas mehr … . Ich will es an die Wand drücken, bis es quietscht.«[11]

Auch die Entwicklungen im Innern Deutschlands belasteten die Währungsstabilität, nämlich die Revolution und die wackeligen Anfänge der Weimarer Republik, mit bürgerkriegsähnlichen Zuständen bis zum Frühjahr 1920. Der innenpolitische Kampf um die Verteilung der zusätzlichen Steuerlasten wegen Reparationen und mehr Sozialstaat endete im »Inflationskonsens«, der auf eine Enteignung der Sparer und Geldvermögensbesitzer hinauslief. Schon John Maynard Keynes hat damals die Inflation als Besteuerungsmittel gesehen. Er schrieb: »Die Methode ist verrufen, aber ihre Wirksamkeit bis zu einem gewissen Grade ist unbestreitbar. Eine Regierung kann durch dieses Mittel leben, wenn sie durch kein anderes mehr leben kann. Es ist diejenige Form der Besteuerung, der das Publikum am schwersten auszuweichen vermag und die selbst die schwächste Regierung durchsetzen kann, auch wenn sie sonst nichts mehr durchsetzen kann.«[12] So war es denn auch. Die Weimarer Regierungen finanzierten bis zum völligen Zusammenbruch der Mark im November 1923 einen Großteil der Staatsausgaben aus der Notenpresse. Die Reichsbank ging diesen ruinösen Weg im vollen Bewußtsein der Konsequenzen auch dann noch mit, als sie auf Betreiben der alliierten Siegermächte im Mai 1922 von der Reichsregierung unabhängig gemacht worden war. Man hatte nämlich entdeckt, daß sich Deutschland mit der Großen Inflation den Alliierten im Zustand finanzieller Auswegslosigkeit präsentieren und von ihnen einen Abbau der Reparationslasten fordern konnte, während gleichzeitig die Defizitfinanzierung über die Notenpresse den von den Weimarer Parteien gewünschten erheblichen Ausbau des Sozialstaats ermöglichte.

Ein erster großer Wertverfall der Mark bis zum Frühjahr 1920 war die Folge, was sich an den wieder freien Devisenmärkten im Wechselkurs gegenüber dem Dollar immer sofort zeigte. Die Preissteigerungen im Inland gingen in dieselbe Richtung, blieben aber hinter dem Wechselkursverfall zurück. Daraus ergaben sich Wettbewerbsvorteile für die deutsche Wirtschaft, besonders gegenüber Ländern mit stabiler Währung, wie den USA. Die Rückkehr der USA zum Protektionismus 1921/1922 war teilweise die Folge dieser neuen Konkurrenz der Deutschen und auch anderer europäischer Volkswirtschaften mit entwerteten Währungen. Für Deutschland aber waren der Wechselkursverfall nach außen und dem nachhinkend die Inflation im Innern das Schmiermittel, das die Wirtschaft bis Ende 1922 auf Touren hielt und Vollbeschäftigung sicherte.

Allerdings trat zwischendurch – während die Notenpresse in Deutschland unaufhörlich weiterlief und im Ausland eine schwere, aber relativ kurze Wirtschaftskrise eintrat – eine erstaunliche Phase relativer Währungsstabilität im März 1920 ein. Bis zum Mai 1921, als im Londoner Ultimatum die bis dahin noch offengehaltene Reparationsforderung fixiert wurde, schwankten sowohl der Wechselkurs der Mark als auch die Preise im Inland um eine fast horizontale Trendlinie. Die Regierung entdeckte zu ihrer Überraschung, daß sich Ausländer in Mark engagierten in der Erwartung, die extrem starke Abwertung der deutschen Währung würde korrigiert und sie würden einen Währungsgewinn realisieren. Keynes, der angesichts des rapiden Geldmengenwachstums – theoretisch korrekt – gegen die Mark spekuliert hatte, wäre in dieser Phase fast ruiniert worden, hätte ihm nicht sein deutscher Freund Carl Melchior vom Bankhaus Warburg in Hamburg ausgeholfen. Am Ende lag er richtig. Die Höhe der Reparationsforderungen ließ ab Mai 1921 die deutsche Währung wieder auf Talfahrt gehen; denn Deutsche flohen mit ihrem Kapital in stabilere Währungen. Nachdem im Juni 1922 das sogenannte Morgan-Komitee der Reparationskommission von langfristigen Krediten an Deutschland abgeraten hatte, solange die Reparationsforderungen nicht reduziert seien, wozu besonders Frankreich nicht bereit war, brachen alle Dämme. Denn jetzt verloren auch die Ausländer das Vertrauen in die deutsche Währung und versuchten, ihre früheren Mark-Engagements aufzulösen. Das waren rund 15 Mrd. Goldmark gewesen, weit mehr, als Deutschland in umgekehrter Richtung an Reparationen geleistet hatte. Die sogenannte Hyperinflation setzte ein. Sie bedeutete mehr als 50 Prozent Preissteigerung pro Monat und verwandelte die spekulativen Auslandskredite endgültig in ein Geschenk an die deutsche Volkswirtschaft. Sie endete mit der Währungsreform im November 1923 bei einem Stabilisierungskurs von einer Billion Mark zu einer Vorkriegsgoldmark.

Für die Deutschen war 1923 ein Katastrophenjahr. Es begann mit der Ruhrbesetzung durch französische und belgische Truppen im Januar 1923 wegen einiger Rückstände bei den Reparationssachleistungen und des daraufhin von der Reichsregierung unterstützten passiven Widerstands. Ein Großteil der Energieproduktion Deutschlands fiel aus. Im Sommer wollten die Landwirte ihre Ernte nicht gegen wertloses Geld verkaufen. Deutschland drohte bei vollen Scheuern zu verhungern. Seuchen und andere Krankheiten wegen Ernährungsmangel traten besonders unter der städtischen Bevölkerung auf.

Im August 1923 lenkte die Reichsregierung ein. Sie beendete den passiven Widerstand und begann, die Währungsstabilisierung vorzubereiten. Die am 15. November eingeführte, ebenfalls nicht goldgedeckte »Rentenmark« wurde mit drakonischen Einsparungen im Reichshaushalt und einer entschlossenen Reichsbankpolitik stabil gehalten, bis dank der Dawes-Anleihe im Spätsommer 1924 die gold- und devisengedeckte Reichsmark mit einer Garantie fester Wechselkurse eingeführt wurde. Die »goldene Bremse an der Kreditmaschine«[13] war wieder in Funktion. Sie sollte sich später aber auch als Fluch erweisen. Die zweite große Währungskrise in Deutschland während der Zwischenkriegszeit war nämlich von genau entgegengesetzter Art: ein Prozeß der Deflation statt Inflation. Und wieder ging es erster Linie um den Kampf gegen die Reparationen.

Als der Kapitalzufluß aus dem Ausland nach Deutschland 1929 versiegte, geriet der internationale Kreislauf der Zahlungsströme in Gefahr, just in dem Jahr, als die Reichsregierung mit 2,5 Mrd. RM die höchste Reparationsrate unter dem Dawes-Plan zu zahlen hatte. Deutschland hatte in der zweiten Hälfte der zwanziger Jahre Reparationen an die alliierten Siegermächte in Europa gezahlt. Diese waren in deren Schuldendienst auf die interalliierte Verschuldung, letztlich in die USA, geflossen, ebenfalls Verbindlichkeiten zwischen Regierungen. Aus den USA wiederum war privates Geld und Kapital nach Deutschland geströmt, das den ganzen Kreislauf in Gang hielt. Als es ausblieb, war Deflation in Europa die Folge, das inzwischen fast komplett zum Goldstandard zurückgekehrt war. In Deutschland mußte man die Währungsreserven angreifen, um vorübergehend die Reparationen noch zahlen zu können. Die Reichsführung hoffte auf Erleichterung durch den Young-Plan, der am 17. Mai 1930 in Kraft trat und den Dawes-Plan ablöste.

Die jährlich zu zahlende Reparationssumme wurde auf anfangs 1,64 Mrd. RM vermindert. Aber die dort vereinbarten Reparationsraten sollten bis 1988 laufen. Im Juni 1930 wurde eine Young-Anleihe der Reichsregierung in Höhe von 1,2 Mrd. RM mit dem relativ günstigen Nominalzinssatz von 5,5 Prozent im Ausland emittiert, die frisches Kapital nach Deutschland brachte, als die erste Halbjahresrate des Young-Plans nur 0,68 Mrd. RM betrug. Auch wurde die ausländische Kontrolle über die Geldpolitik in Deutschland aufgehoben, die mit dem Dawes-Plan 1924 eingeführt worden war. Die Bank für Internationalen Zahlungsausgleich (BIZ) in Basel als Zentralstelle aller wichtigen Notenbanken zur Abwicklung der Zahlungsströme und zur »Kommerzialisierung«, das heißt Privatisierung, der deutschen Reparationsschuld über Anleiheemissionen, wurde gegründet, eine Kooperationsstelle, die ihre größte Bedeutung erst nach dem Zweiten Weltkrieg erlangte.

Aber aufgrund der stark fallenden Weltmarktpreise während der Weltwirtschaftskrise sollte die reale Entlastung Deutschlands gegenüber der letzten Dawes-Plan-Rate wesentlich geringer ausfallen als erwartet. Die deutsche Zahlungsverpflichtung war diesmal in Reichsmark und nicht mehr in Goldmark festgelegt. Aber im Gegenzug mußte sich die deutsche Seite verpflichten, die Parität der Reichsmark in Gold gesetzlich festzulegen und unverändert zu lassen. Als Teil des völkerrechtlichen Young-Plan-Vertrags war den Deutschen somit die Möglichkeit einer Abwertung der Reichsmark genommen, es sei denn, man hätte in neuen Verhandlungen mit den Vertragspartnern deren Zustimmung zu einer Paritätsänderung eingeworben.

Nachdem die kommunistische und besonders die nationalsozialistische Partei aus den Reichstagswahlen vom September

1930 mit großen Stimmengewinnen hervorgegangen waren, hatte Deutschland seine Kreditwürdigkeit im Ausland verloren. Hans Luther, der Schacht an der Spitze der Reichsbank abgelöst hatte, war nicht nur nicht mehr in der Lage, neue Auslandskredite im notwendigen größeren Umfang zu beschaffen, sondern sah sich massiven Abzügen kurzfristiger Auslandseinlagen bei deutschen Banken ausgesetzt.

Das lief auf einen Verlust an Währungsreserven hinaus. Diese waren zwar wegen der Young-Anleihe Ende 1930 mit 2,7 Mrd. RM an Gold und Devisen noch ungefähr auf der Höhe des Vorjahres, aber dann schrumpften sie auf nur noch 1,2 Mrd. Ende 1931 und 0,9 Mrd. RM Ende 1932, zu wenig, um den Deckungsvorschriften des Bankgesetzes zu genügen.

Die Wirtschaftskrise in Deutschland und im Ausland wurde zunächst für einen Konjunktureinbruch gehalten, aus dem die Wirtschaft alsbald wieder herauswachsen würde. Und in der Tat gab es in den ersten vier Monaten des Jahres 1931 Anzeichen einer Konjunkturbelebung. Dann brach Mitte Mai 1931 durch die Bekanntgabe internationaler Stützungskredite an die Österreichische Kreditanstalt mit einem Run der Einleger die Bankenkrise in Österreich aus, mit Rückwirkungen auf die Position der Großbanken in Deutschland. Auch sie verloren Einlagen, sowohl von Inländern als auch von Ausländern. Von einigen Firmenkunden der Banken, beispielsweise der Karstadt AG und dem Nordstern Versicherungskonzern, wurden gefährliche Schieflagen bekannt.[14]

Gleichzeitig schritt die Haushaltspolitik auf ihrem Restriktionskurs mit Brünings zweiter Notverordnung zur Sicherung von Wirtschaft und Finanzen am 5. Juni 1931 weiter fort, mit der die Löhne und Gehälter im öffentlichen Dienst und die Arbeitslosenunterstützungen noch einmal gekürzt und eine neue Krisensteuer eingeführt wurde. Die Drohung wichtiger Parteien des Reichstags (KPD, SPD und Zentrum), dem Kanzler das Regieren mit Notverordnungen unmöglich zu machen, und unglückliche

Äußerungen Brünings zur Reparationsfrage hatten die massive Kapitalflucht beschleunigt.

Auch auf Empfehlung ausländischer Zentralbanken erhöhte die Reichsbank am 13. Juni 1931 mitten in der Deflation ihren Diskontsatz von 5,0 auf 7,0 Prozent. Diese Erhöhung der Zinsdifferenz zum Ausland sollte die Kapitalflucht, die auch von Deutschen betrieben wurde, abbremsen. Für die Konjunkturaussichten in Deutschland mit bereits etwa 4,5 Mio. Arbeitslosen war dieser Schritt jedoch kontraproduktiv. Er bedeutete nämlich einen Realzins für Notenbankkredit, der wegen des Preisrückgangs (18 Prozent seit 1929) weit höher lag als 7 Prozent. Die Diskontsatzerhöhung konnte die Kapitalflucht nicht nachhaltig abschwächen. In den beiden Monaten Mai und Juni 1930 verlor die Reichsbank mit 805 Mio. RM fast ein Drittel ihrer verbliebenen Währungsreserven an Gold und Devisen. Der Generalrat der Reichsbank war gezwungen, am 7. Juli 1931 der Unterschreitung der 40-prozentigen Gold- und Devisendeckung des Reichsbanknotenumlaufs zuzustimmen.[15] Die vorgeschriebene Deckung konnte bis zum Ende der Reichsmarkwährung 1948 nie wieder hergestellt werden.

Am 20. Juni 1931 wurde das einjährige Hoover-Moratorium auf alle Schulden zwischen Regierungen, also auf die Reparations- und interalliierten Schulden, bekanntgegeben. Die französische Regierung, deren Zustimmung für das Inkrafttreten erforderlich war, konnte sich unter amerikanischem Druck erst am 6. Juli dazu entschließen. Reichsbankpräsident Luther hatte am 25. Juni in Verhandlungen mit der BIZ und den Zentralbanken Englands, Frankreichs und der USA einen kurzfristigen Kredit von 100 Mio. Dollar (= 420 Mio. RM) beschafft, aber schon nach zehn Tagen hatte die Reichsbank diesen Betrag durch das Fortschreiten der Kapitalabzüge wieder verloren.

Die Währungskatastrophe war endgültig nicht mehr aufzuhalten, nachdem am 1. Juli 1931 die Verluste des Nordwolle-Konzerns, eines der größten Textilunternehmen Deutschlands, und etwa eine Woche später die daraus folgenden Schwierigkeiten der Darmstädter und Nationalbank (Danatbank), eine der Berliner Großbanken mit Jakob Goldschmidt an der Spitze, in der Öffentlichkeit bekannt geworden waren. Die Danatbank hatte von allen Großbanken zuvor die stärkste Expansionspolitik betrieben, war also größere Risiken eingegangen als die anderen Großbanken und litt deshalb am stärksten unter den Kreditausfällen.

Reichsbankpräsident Luther flog am 9. Juli – es war das erste Mal, daß eine führende Persönlichkeit aus dem deutschen politischen Leben per Flugzeug ins Ausland reiste – nach London, Paris und Basel zur BIZ, um einen weiteren Auslandskredit, diesmal in Höhe von einer Milliarde Dollar, einzuwerben, aber vergeblich. Dem Run ihrer Kunden auf die Einlagen hätte die Danatbank nur durch eine weitere Liquiditätshilfe der Reichsbank standhalten können. Als diese verweigert wurde, mußte Goldschmidt am Samstag, dem 11. Juli, öffentlich erklären, daß die Danatbank ab dem folgenden Montag ihre Auszahlungen einstellen und ihre Schalter schließen werde. Als daraufhin an diesem 13. Juli 1931 ein Run auf alle Kreditinstitute einsetzte, mußten überall die Auszahlungen mehr oder weniger stark rationiert werden. Das Reichskabinett beschloß sofort, per Notverordnung für den 14. und 15. Juli zwei »Bankfeiertage« zu verkünden, an denen die Wertpapierbörsen und Schalter aller Banken außer der Reichsbank geschlossen blieben. Inzwischen hatte nämlich auch die Dresdner Bank ihre Zahlungsunfähigkeit erklärt.

Die Reichsbank erhöhte in diesen hektischen Tagen den Diskontsatz auf 10 Prozent. Der Lombardsatz, der bis dahin nur einen Prozentpunkt über dem Diskontsatz gelegen hatte, wurde sogar auf 15 Prozent angehoben. Zwei Wochen später zog die Reichsbank die Kreditbremse noch einmal kurzzeitig an: auf 15 Prozent Diskontsatz und 20 Prozent Lombardsatz ab dem 1. August 1931. Danach begann das Ende der Periode seit 1924, in der die Zinspolitik der Reichsbank vor allem im Dienste der Verteidigung des Goldstandards und des Wechselkurses gestanden hatte. Denn trotz des anhaltenden Drucks auf die deutsche Währung wurden in mehreren Schritten jeweils der Diskont- und der Lombardsatz auf immer noch 7 beziehungsweise 8 Prozent bis zum 8. März 1932 und wegen des anhaltenden Preisverfalls auf immer noch hohe 5 respektive 6 Prozent am Ende der Brüning-Regierung im Mai 1932 zurückgeführt. Erst nach den von der Papen-Regierung eingeleiteten Arbeitsbeschaffungsmaßnahmen wurden mit 4,0 Prozent Diskont- und 5,0 Prozent Lombardsatz ab dem 22. September 1932 wieder einigermaßen niedrige Sätze erreicht, an denen sich auch im Wirtschaftsaufschwung des Dritten Reiches nichts mehr ändern sollte.

Jedenfalls war die »goldene Bremse an der Kreditmaschine«, die 1924 neu installiert worden war, 1931 wieder abmontiert worden. Als eine Art außenwirtschaftliche Absicherung, die Spielräume für binnenwirtschaftliche Konjunkturpolitik eröffnete, war nämlich seit dem 15. Juli 1931 auf der Basis des bestehenden Wechselkurses die Devisenbewirtschaftung eingeführt worden. Unter diesem Schirm hätte die Senkung des Zinsniveaus zur Ankurbelung der Binnenwirtschaft viel schneller und stärker erfolgen können und müssen. Daß die Reichsregierung sich damals gegen eine Abwertung der Reichsmark entschied, hatte drei Gründe: erstens, die deutsche Seite hätte den Young-Plan-Vertrag gebrochen, was sie wegen der angestrebten Verhandlungen über eine Streichung der Reparationen nicht riskieren wollte; zweitens, alle in Auslandswährung kontrahierten deutschen Schulden wären in Reichsmark gerechnet bei einer Abwertung gestiegen. Dies hätte die im Ausland verschuldeten öffentlichen Kassen belastet und viele private Auslandsschuldner zusätzlich in den Bankrott getrieben, und drittens bestand die im nachhinein kaum haltbare Befürchtung, daß nach den noch frischen Erfahrungen mit der Großen Inflation jede deutsche Währungsabwertung als Symptom einer neuen Inflation gedeutet werden konnte.

Die Devisenbewirtschaftung sollte für den Rest der Reichsmarkzeit bestehen bleiben. Zusätzlich zum Hoover-Moratorium für die Reparationsschulden erleichterte ein zunächst auf sechs Monate abgeschlossenes und dann immer wieder verlängertes Stillhalteabkommen für die kurzfristige private Auslandsverschuldung der deutschen Banken gegenüber Banken in den Gläubigerländern, besonders in England, die Situation. Die gesamte deutsche Auslandsverschuldung (ohne Reparationen) betrug Ende Juli 1931 23,8 Mrd. RM, davon 13,1 Mrd. RM kurzfristig.[16] Dem standen als deutsche Forderungen an das Ausland nur 8,4 Mrd. RM, davon 3,4 Mrd. RM kurzfristig, gegenüber.[17]

Erst am 5. August 1931 konnte nach mehrfacher stufenweiser Lockerung der Auszahlungsbeschränkungen der normale Zahlungsverkehr im Inland von den deutschen Kreditinstituten wieder aufgenommen werden. Die Börsen wurden sogar erst am 3. September wieder geöffnet. Am 28. Juli 1931 war auf Anregung der Reichsbank und mit Mitteln des Reiches, der Deutschen Golddiskontbank und anderer Institute die Akzept- und Garantiebank gegründet worden. Sie hatte die Aufgabe, durch ihre »dritte Unterschrift« Wechselmaterial der Banken »reichsbankfähig« zu machen und so den in Liquiditätsschwierigkeiten befindlichen Kreditinstituten einen neuen Zugang zum Reichsbankkredit zu verschaffen. Diese Liquiditätsspritze, die bis zum Jahresende 1931 1,6 Mrd. RM erreichte, diente dem ihr zugewiesenen Zweck erfolgreich. Als nämlich die Bankkunden merkten, daß die Banken ihnen jede gewünschte Summe ihrer Einlagen auszahlen konnten, hörte auch der inländische Run auf die Banken in der zweiten Jahreshälfte 1931 auf.

Nun mußten noch die angeschlagenen Häuser, besonders die Danatbank und die Dresdner Bank, saniert werden. Die Reichsregierung und die Reichsbank widmeten sich dieser Aufgabe ab Februar 1932, indem sie die beiden Banken fusionierten und die aufnehmende Bank, die Dresdner Bank, durch Zuführung öffentlicher Gelder und Übernahme des größten Teils des Aktienkapitals vorübergehend verstaatlichten. Daraus resultierten später die besonders starken Verstrickungen der Dresdner Bank in die finanziellen Machenschaften des Nazi-Regimes bis in den Zweiten Weltkrieg. »Wer marschiert hinter dem ersten Tank? Das ist der Dr. Rasche von der Dresdner Bank!« hieß es scherzhaft-kritisch in Kundenkreisen während des Krieges über die Auslandsaktivitäten der Bank. Obwohl die »Dresdner« schon 1937 wieder voll privatisiert worden war, kooperierte sie auch noch danach besonders eng mit dem Nazi-Regime.

Daß die Reichsbank unter der Leitung von Hans Luther ihre zinspolitischen Spielräume nicht aggressiver zur Ankurbelung der deutschen Konjunktur nutzte, lag wohl daran, daß Brüning und Luther gemeinsam das Ende der Reparationen als höchstes Ziel deutscher Politik anstrebten.[18] Die Wirtschaftskrise in Deutschland durfte nach ihrer Ansicht nicht zu Ende gehen, solange dieses Ziel nicht erreicht war. Luther war im Dezember 1930 »begeistert« und versprach »Unterstützung seitens der Reichsbank bis zum äußersten«, als ihm Brüning unter vier Augen und dem Siegel absoluter Verschwiegenheit mitgeteilt hatte, es »müsse eine scheinbar planlose Deflationspolitik durchgeführt werden, um die Welt selbst zu einer Initiative für [die] Streichung der Reparationen zu zwingen«.[19] Schon am 6. Oktober 1930 hatte Brüning in einem Gespräch mit Hitler geäußert, Deutschland müsse in die Lage kommen, »jederzeit die Weltkrise zu benutzen, um durch sie einen Druck auf alle übrigen Mächte auszuüben«. Ein zwei- bis dreijähriges Moratorium für die Reparationszahlungen sei »keine Lösung, man müsse aufs Ganze gehen«.[20] Und zur Bankenkrise im Juli 1931 meinte er: »Das Bizarre, scheinbar Unmögliche wurde erreicht: das größte Schuldnerland ... wurde zum finanziellen Nervenzentrum der Welt, auf das alle andern, wollten sie nicht selbst dem Siechtum verfallen, dauernd Rücksicht nehmen mußten. Aus der Krankheit konnten wir unsere Waffe machen.«[21]

Damit war in Erfüllung gegangen, was Reichsaußenminister Stresemann schon 1925 vorhergesehen hatte: »Man kann auch stark sein als Schuldner; man muß nur genug Schulden haben, ... man muß so viel Schulden haben, daß der Gläubiger seine eigene Existenz gefährdet sieht, wenn der Schuldner zusammenbricht. ... Diese wirtschaftlichen Dinge schaffen Brücken politischen Verständnisses und künftiger politischer Unterstützung.«[22]

Luther, der am 16. und 17. September 1931 an einer geheimgehaltenen Konferenz von Experten aus Politik und Wissenschaft über die Möglichkeiten und Folgen einer Kreditausweitung teilgenommen hatte, sah zu diesem Zeitpunkt noch keine Möglichkeit, Arbeitsbeschaffungsprogramme durch eine Kreditausweitung der Reichsbank zu finanzieren.[23] Gerade dies wurde in den Monaten danach in der Öffentlichkeit vielfach gefordert. Über 1000 Pläne für Währungsprojekte, die konjunkturankurbelnde Maßnahmen ermöglichen sollten, waren damals der Reichsbank zugeleitet worden, der Berliner Handelshochschule sogar 20 000.[24]

Auf der politischen Bühne waren vor allem die Nationalsozialisten Anhänger einer solchen Strategie. Ihr geldpolitischer Experte (und Mitglied des Reichstags 1924 bis 1936), Gottfried Feder aus dem linken Spektrum der Partei, der die These von der »Zinsknechtschaft« der Deutschen und vom »schaffenden« und »raffenden« Kapital (= Kapital der produzierenden Wirtschaft gegenüber Finanzkapital) am Ende des Ersten Weltkriegs entwickelt und danach in das Parteiprogramm der NSDAP eingeschleust hatte, vertrat mit seinem »Feder-Geld« zur Ankurbelung der Wirtschaft genau diese Linie. Der Unmut gegen den orthodoxen Reichsbankpräsidenten ging so weit, daß Luther am 9. April 1932 auf einem Bahnsteig des Potsdamer Bahnhofs in Berlin Opfer eines Attentats wurde. Die Gemeinschaftstat zweier selbsternannter Geldtheoretiker, die den Nationalsozialisten und ihren kredittheoretischen Vorstellungen nahestanden, verletzte ihn allerdings nur leicht.[25]

Als der Paukenschlag der Lösung des britischen Pfundes vom Goldstandard am 21. September 1931 die Welt aufgeschreckt hatte und danach das Pfund um etwa 20 Prozent nach unten floatete, erhob sich erneut die Frage, ob die deutsche Währung dieser Abwertung folgen sollte. Brüning behauptet in seinen Memoiren zwar, daß er mit Luther die geheime Absprache gehabt habe, eine entsprechende Abwertung der Reichsmark erst nach der Streichung der Reparationen vorzunehmen[26], aber einstweilen galten gegen einen solchen Schritt die obengenannten Argumente weiter, obwohl von britischer Seite und von seiten der BIZ den Deutschen die Abwertung der Reichsmark damals nahegelegt wurde, während sie von Frankreich und den USA nach wie vor abgelehnt wurde.

Um den Verlust an internationaler Wettbewerbsfähigkeit der deutschen Wirtschaft zu kompensieren, der durch die Pfundabwertung eingetreten war, griff Brüning nun zu den härtesten Deflationsmaßnahmen seiner Regierungszeit. Das deutsche Preis- und Lohnniveau sollte um 20 Prozent gesenkt werden, um beim Wechselkurs – real gerechnet – wieder mit Großbritannien gleichzuziehen. Die dritte Notverordnung zur Sicherung von Wirtschaft und Finanzen vom 6. Oktober und die vierte vom 8. Dezember 1931 dienten diesem Ziel. Löhne und Gehälter, Preise und sogar Zinssätze wurden per Dekret herabgesetzt.

Das Ausmaß dieser Maßnahmen kommt symbolisch darin zum Ausdruck, daß neben dem 5-Pfennig-Stück ein 4-Pfennig-Stück eingeführt wurde, während der Preis eines Brötchens entsprechend gesenkt wurde. Die staatlichen Investitionen, Subventionen an die private Wirtschaft und die Sozialausgaben wurden weiter stark gekürzt. Im Jahr 1932 brachte Brüning den Reichshaushalt dadurch zwar annähernd zum Ausgleich, aber die Investitionstätigkeit wurde so stark gedämpft, daß die Nettoinvestitionen in Deutschland negative Werte erreichten. Gleichzeitig stieg die Arbeitslosenzahl 1932 auf über 6 Mio. Personen, ein idealer Nährboden für die extremistischen Parteien in den Reichstagswahlen 1932.

Die Nationalsozialisten witterten Morgenluft. In ihrer Presse etikettierten sie Brünings Notverordnungen als »Konjunkturabkurbelungspolitik« und erarbeiteten gleichzeitig Pläne für eine expansive Geldpolitik.[27] Die Tragik der Weimarer Republik liegt darin, daß ausgerechnet die extreme Rechte die Ursachen der Verschärfung der Wirtschaftskrise in Deutschland, nämlich die gleichzeitig restriktive Geld- und Haushaltspolitik, richtig erkannte, während die staatstragenden Parteien der Weimarer Republik Brünings Maßnahmen weitgehend mittrugen, weil sie befürchteten, daß expansive wirtschaftspolitische Maßnahmen eine erneute Inflation in Deutschland zur Folge haben müßten.

Wie unsinnig die deflatorischen Maßnahmen vom Ansatz her waren, hätte schon daran erkannt werden können, daß eine 20-prozentige Preissenkung eine entsprechende Erhöhung des Realwerts aller inländischen Schulden und ihrer Verzinsung bedeutete. Die verordnete Zinssatzsenkung von 5 auf 4 Prozent, die zu Brünings Maßnahmenpaket gehörte, fiel demgegenüber kaum ins Gewicht. Wer konnte und wollte unter solchen Umständen in Deutschland noch Kredit für Investitionszwecke aufnehmen? Die gedrückten Preise trieben Landwirte mit ihren bestehenden hohen Grundschulden reihenweise in die Zahlungsunfähigkeit. Von ihnen erhielten die Nationalsozialisten in den beiden Reichstagswahlen von 1932 besonders viele Wählerstimmen. Zusammen mit den Kommunisten, die ebenfalls zulegten, hatten sie alle demokratischen Parteien zusammengenommen in die Minderheit gedrängt.

So sehr es mit der deutschen Wirtschaft unter der nationalsozialistischen Herrschaft ab 1933 aufwärts ging, jedenfalls was Wirtschaftswachstum und Beschäftigung betraf, so einfach läßt sich die Währungssituation von 1933 bis 1939 charakterisieren. Es herrschte eine Dauerwährungskrise. Bei eingeschränkten Export- und fehlenden Kapitalimportmöglichkeiten seit der Weltwirtschaftskrise waren Devisen Mangelware. Deshalb mußten die Importe auf das Notwendigste beschränkt werden. Bei fortdauernder Devisenbewirtschaftung wurde ein rigoroses System der

Außenhandelslenkung eingerichtet, mit behördlichen Genehmigungen für die Einfuhr bei entsprechender Zuteilung der benötigten Devisen und einem Ablieferungszwang für Exportdevisen. Die Folge dieser Dauerwährungskrise war die Autarkiepolitik des Dritten Reiches, also der Rückzug aus der internationalen Arbeitsteilung mit all den daraus sich ergebenden Produktivitätsverlusten. Dem Mangel an der gewohnten Importware versuchte das Regime im Vorgriff auf die spätere Kriegswirtschaft durch »Erzeugungsschlachten« in der Landwirtschaft und die Ankurbelung der Produktion aller möglichen »Ersatzstoffe«, wie künstlicher Kautschuk und synthetisches Benzin, zu begegnen. Auch im Inland ging die Währungsstabilität verloren, diesmal wieder in Richtung Inflation. Die Löhne und Preise drohten nämlich seit dem Erreichen der Vollbeschäftigung 1936 aus dem Ruder zu laufen. Mit dem Lohn- und Preisstop desselben Jahres wurden die vorhandenen Knappheitserscheinungen verschleiert. Die Reichsbank unter ihrem Präsidenten Schacht warnte die Regierung vor der Fortsetzung der inflationären Rüstungsfinanzierung, zuletzt im Januar 1939 so stark und deutlich, daß Hitler das gesamte Reichsbankdirektorium entließ. Nachdem er zuvor schon die Unabhängigkeit der Reichsbank von der Regierung beseitigt hatte, gab es gegen die inflationäre Finanzierung des Zweiten Weltkriegs in noch größerem Ausmaß als des Ersten kein Halten mehr.

Das internationale Währungssystem 1918–1939: Thema und vier Variationen

Hinsichtlich des internationalen Währungssystems waren nach dem Ersten Weltkrieg die Anstrengungen aller Länder darauf gerichtet, zu einem stabilen Wechselkurssystem mit Golddeckung wie in der Zeit vor 1914 zurückzukehren. Denn was zunächst vorherrschte, wurde als krisenhaft angesehen. Fast alle Währungen Europas floateten gegenüber dem US-Dollar, der einzigen bedeutenden Währung, die auf dem Goldstandard geblieben war. Auf einer Konferenz des Völkerbundes wurde 1922 in Genf beschlossen, auch goldgedeckte Devisen als Währungsdeckung zuzulassen, um der Knappheit der Weltgoldbestände – besonders angesichts der erheblich höheren Preisniveaus als vor dem Krieg – Rechnung zu tragen. Im Laufe der zwanziger Jahre kehrten alle europäischen Länder zum Golddevisenstandard und damit zu festen Wechselkursen zurück. Man glaubte, damit die Voraussetzung für eine dynamische Entwicklung des Welthandels geschaffen zu haben. Die Weltwirtschaftskrise zerstörte diese Hoffnung. Die deutsche Währung verlor in der Bankenkrise 1931 trotz des Festhaltens an der Goldparität durch die Einführung der Devisenbewirtschaftung ihre Konvertibilität und stand fortan unter staatlicher Kontrolle. Die britische Regierung gab kurz darauf den Goldstandard auf und ließ das Pfund Sterling abwärts floaten. Selbst die USA entschlossen sich 1933 unter Präsident Franklin D. Roosevelt, den Dollar vom Goldstandard zu lösen und abzuwerten. Nur Frankreich und einige kleinere Goldblockländer hielten noch am Goldstandard fest. Aber angesichts der unterschiedlichen Abwertungsraten anderer Länder, der Devisenbewirtschaftung Deutschlands und vor allem des explodierenden Protektionismus bei schrumpfendem Welthandel war dies von geringem Wert, nach heutigem Forschungsstand sogar von großem Nachteil. Denn es ist festgestellt worden, daß die Länder mit frühzeitiger Abwertung ihrer Währungen, wie England, weniger unter der Weltwirtschaftskrise zu leiden hatten als andere, die sich erst später oder gar nicht dazu durchringen konnten.[28]

Jedenfalls wurde das internationale Währungssystem seit 1931 als unerwünschtes Chaos empfunden, als Symptom für den Zusammenbruch der internationalen Zusammenarbeit, und es wurde neben dem zunehmenden Protektionismus als ein wesentlicher Grund für die Schrumpfung des Welthandels und den schließlich fatalen Nationalismus der dreißiger Jahre gesehen, der in Japan und Deutschland die Militarisierung und die Aggressionspolitik einleitete, die in den Zweiten Weltkrieg mündete.

Das internationale Währungssystem zeigte sich während der Zwischenkriegsjahre in vier Varianten:

1. 1919 bis etwa Mitte der zwanziger Jahre: Flexibilität der meisten Wechselkurse, was als krisenhafter Zustand empfunden wurde;
2. Mitte der zwanziger Jahre, als das britische Pfund zum Goldstandard zurückkehrte, bis 1931 als Golddevisenstandard mit festen Wechselkursen, was damals für internationale Währungsstabilität gehalten wurde;
3. 1931 bis 1933: Abkehr vom Goldstandard der beiden wichtigsten Schlüsselwährungen britisches Pfund und US-Dollar mit Abwertungswettläufen auch anderer Währungen, erneut als Währungskrise empfunden;
4. 1933 bis 1939: Herauslösen ganzer Teile der Weltwirtschaft aus der internationalen Arbeitsteilung und damit auch der Währungskooperation, besonders der Staaten, die aktiv eine Autarkiepolitik betreiben, wie Japan und Deutschland, nachdem sie ihre Währungen zuvor schon mit Devisenbewirtschaftungsmaßnahmen aus dem Verbund konvertibler Währungen herausgelöst hatten.

Lehren für das internationale Währungssystem nach 1945

Das Versagen der stärksten Wirtschaftsmacht der Welt, der USA, die verwaiste Führungsrolle in der Weltwirtschaft vom geschwächten Großbritannien zu übernehmen, d. h. wirtschaftspolitische Verantwortung nicht nur für die Entwicklung der Binnen-, sondern auch der Weltwirtschaft zu übernehmen, ist nicht erst von Kindleberger als die zentrale Ursache der weltweit teils verheerenden wirtschaftlichen und politischen Entwicklungen der Zwischenkriegszeit erkannt worden.[29] Schon während des Zweiten Weltkriegs hat die amerikanische Regierung gesehen, daß sie für die Fehlentwicklungen des internationalen Währungs- und Handelssystems nach dem Ersten Weltkrieg verantwortlich war. Sie hatte die Zollmauern erhöht und es damit den Schuldnerländern Europas erschwert, auf dem US-Markt die Dollars zu verdienen, die sie für die Bedienung ihrer Schuldverpflichtungen gegenüber den USA benötigten. Sie hatte den Kapitalstrom seit 1929 versiegen lassen, als wegen der beginnenden Weltwirtschaftskrise Europa am stärksten darauf angewiesen war. Sie hatte sich dem Versuch europäischer Länder auf der Londoner Weltwirtschaftskonferenz im Sommer 1933 widersetzt, feste Wechselkurse im internationalen Währungssystem wiederherzustellen und dem Abwertungswettlauf ein Ende zu setzen. Meines Wissens gibt es kein anderes Beispiel in der Geschichte, bei dem eine Regierung so konsequent Lehren aus historischen Erfahrungen gezogen hat wie dieses.[30] Noch während des Krieges, 1944, berief die US-Regierung eine internationale Konferenz nach Bretton Woods in New Hampshire ein, auf der die Rückkehr zu einem System fester, aber – im Gegensatz zum Goldwährungsstandard – notfalls anpassungsfähiger Wechselkurse für die Nachkriegszeit beschlossen wurde. Die Anpassungsfähigkeit bei fundamentalen Ungleichgewichten sollte den Ländern mit relativ weniger Preisstabilität schmerzhafte deflationäre Anpassungsprozesse ersparen, zumal die Notwendigkeit autonomer Konjunkturpolitik im Interesse der Sicherung der Vollbeschäftigung jetzt allseits anerkannt wurde. Der internationale Währungsfonds (IWF) wurde als eine Art Weltzentralbank geschaffen. Er wurde von den Mitgliedsländern, besonders von den USA, mit erheblichem Kapital ausgestattet. Das sollte den Mitgliedsländern bei Zahlungsbilanzschwierigkeiten, in Währungskrisen also, unter Auflagen zur Verfügung stehen, damit sie nicht mehr gezwungen wären, in solchen Situationen – praktisch mit dem Rücken zur Wand – kurzfristig zu Protektionismus, Devisenbewirtschaftung oder Währungsabwertungen zu greifen oder die Anpassung durch eine stets arbeitsplatzvernichtende Deflation herbeizuführen. Der IWF wurde zu einem Forum für die internationale Währungskooperation und hat seine Funktion bis heute nicht verloren, obwohl das Bretton Woods-System mit dem Übergang zu allgemein flexiblen Wechselkursen 1973 zu Ende ging. Parallel dazu nahmen die USA ihre weltwirtschaftliche Führungsrolle auch auf zwei anderen Gebieten wahr. Mit der Schaffung des GATT 1948 verpflichteten sie sich und die anderen Mitgliedsländer auf eine in der Geschichte beispiellose, bis heute anhaltende Politik der Handelsliberalisierung und kehrten damit ihrem nach dem Ersten Weltkrieg noch praktizierten Protektionismus endgültig den Rücken. Dazu kam, daß die USA mit hochdotierten staatlichen Hilfsprogrammen Kapital nach Europa transferierten, dadurch zum Abbau der »Dollarlücke« und zum Wiederaufbau der europäischen Volkswirtschaften entscheidend beitrugen, unmittelbar nach 1945 mit der sogenannten GARIOA-Hilfe, die besonders Westdeutschland zugute kam, und dann ab 1948 mit der Marshallplanhilfe, die die USA auch als Druckmittel zum Abbau der innereuropäischen Handelshemmnisse einsetzten. So entstanden die OEEC und die EZU. Die Schaffung eines gemeinsamen Marktes für Europa wurde von den USA nicht mehr – wie nach dem Ersten Weltkrieg – als Bedrohung, sondern als Vorteil im Sinne außenpolitischer und außenwirtschaftlicher Stabilität angesehen.[31] Mit dieser Einstellung haben die USA den europäischen Einigungsprozeß bis hin zur kürzlich geschaffenen einheitlichen Währung begleitet.

Lehren für die heutige Wirtschaftspolitik

Die Politiker Oskar Lafontaine und Michael Glos sowie der Historiker Arnulf Baring haben im Herbst 2002 Gerhard Schröders Politik mit der des Reichskanzlers Heinrich Brüning verglichen, der – trotz gegenteiliger Absicht – zu den Wegbereitern des Hitler-Regimes gezählt wird. Besonders die Kanzlergattin, Frau Schröder-Köpf, hat sich darüber empört gezeigt.

Bundeskanzler Schröder hat sicherlich überhaupt nicht die Absicht, einem Diktator zur Macht zu verhelfen. Auch hat er nicht die Möglichkeit, wie Brüning auf verfassungsmäßiger Grundlage mit Hilfe von Notverordnungen unter Ausschaltung des Parlaments quasi-diktatorisch zu regieren, übrigens von der damaligen SPD im Reichstag toleriert. Im Gegensatz zu den Reichstagswahlen 1932 hat die letzte Bundestagswahl erneut gezeigt, wie stabil die Demokratie bei uns verankert ist. Den extremistischen Parteien ist eine klare Abfuhr erteilt worden. In diesem Sinn hat Frau Schröder-Köpf mit ihrer Empörung recht.

Ich meine allerdings, daß der Schröder-Brüning-Vergleich gar nicht darauf abzielt, das Gespenst einer neuen Diktatur an die Wand zu malen, sondern vielmehr darauf, zu fragen, ob eine Politik des Defizitabbaus durch Steuererhöhungen und Ausgabeneinsparungen inmitten einer großen Wirtschaftskrise, einschließlich der versteckten, rund 6 Millionen Arbeitslosen wie 1932 unter Brüning, zu einer Lösung der wirtschaftlichen und finanziellen Probleme beitragen kann. Und in diesem rein wirtschaftspolitischen Sinn ist – bei allen Unterschieden im Detail – der Vergleich legitim und sinnvoll. Brüning war es durch zahlreiche Steuererhöhungen sowie neue Steuern (z. B. eine Bürgersteuer als Kopfsteuer und sogar eine Limonadensteuer) und drastische Sparmaßnahmen auf der Ausgabenseite, bis hin zur Kürzung der Beamtengehälter, 1932 tatsächlich gelungen, den Reichshaushalt annähernd auszugleichen. Wie wir heute sehr genau wissen, hat dies die Wirtschaftskrise vertieft, nicht gemildert. Der Brüning-Schröder-Vergleich zielt darauf ab, dieser Lehre der Geschichte Beachtung zu verschaffen.

Ich habe bereits darauf hingewiesen, daß Brüning ein außenpolitisches Interesse an der Verschärfung der Krise hatte, nämlich die Welt davon zu überzeugen, daß die Reparationsschulden Deutschlands gestrichen werden müßten. Hinter seiner »scheinbar planlosen« Deflationspolitik kann man insofern noch eine Absicht und einen Sinn erkennen. Aber wo der Sinn einer solchen selbstquälerischen Politik heute liegen soll, ist unklar. Die jetzt geplanten Einsparungen in den öffentlichen Haushalten und die zusätzlichen Steuerbelastungen der Bürger werden uns der Einhaltung des Defizitkriteriums des europäischen Stabilitäts- und Wachstumspakts, mit der sie begründet werden, nicht entscheidend näher bringen. Denn ihre bremsende Wirkung auf die Konjunktur wird zusätzliche Löcher in die Staatskasse reißen. Der Ausweg wäre der von Brüning und bisher jedenfalls auch von der Schröder-Regierung verschmähte, nämlich die Sanierung der Staatsfinanzen und die Überwindung der Wirtschaftskrise mit ihrer Rekordarbeitslosigkeit nicht eines zu Lasten des anderen in Angriff zu nehmen, sondern mit einer Strategie beide gleichzeitig anzugehen. Diese Strategie heißt »konsequente Wachstumspolitik«. Alle derzeit auf dem Tisch liegenden Steuer- und Sparvorschläge müßten ausschließlich nach diesem Kriterium sortiert und zusätzliche müßten eingebracht werden. Wenn das Wirtschaftswachstum, wie bei den Amerikanern in den neunziger Jahren, anspringt und die Arbeitslosigkeit überwunden wird, können wir ohne Ausgabenkürzungen und neue Steuern sogar Überschüsse in den Staatshaushalten, einschließlich der Sozialhaushalte, realisieren oder den Versprechungen der Politiker auf Entlastung der Bürger von Steuern und Sozialabgaben Glaubwürdigkeit verleihen.

BERNHARD R. KROENER

Der 20. Juli 1944: ein dramatisches Ereignis der europäischen Geschichte?

Das gescheiterte Attentat auf Hitler am 20. Juli 1944 stellt zweifellos ein dramatisches Ereignis der deutschen Geschichte des 20. Jahrhunderts dar. Es ist aber durchaus fraglich, ob es einen vergleichbaren Rang in der europäischen Geschichte beanspruchen kann. Wenn man die Geschehnisse aus der intentionalistischen Perspektive der Verschwörer betrachtet, dann mußten die von den Epizentren in Ostpreußen und Berlin ausgehenden Erschütterungen zwangsläufig zum Einsturz der deutschen Machtpositionen in Westeuropa führen. Vielleicht mehr noch als das Geschehene hat das Gewollte seither die öffentliche Wahrnehmung bestimmt.

Die historisch-kritische Rezeption des Ereignisses wurde von Anfang an überlagert von einer nachzeitigen politischen Instrumentalisierung. Daraus resultierte eine nicht unproblematische Verengung des Erkenntnishorizonts, in dem sich politisch-programmatische Zielvorstellungen und eine an den Ergebnissen orientierte Beurteilung weithin unvereinbar gegenüberstanden. Friedrich Georgi, der Schwiegersohn des im Zentrum des militärischen Widerstandes agierenden Generals Friedrich Olbricht, der als junger Major die Ereignisse am 20. Juli in Berlin unmittelbar erlebt hatte, überschrieb seinen später veröffentlichten Bericht mit den Worten seines Schwiegervaters: *Wir haben das Letzte gewollt*. Otto John, auch er ein Angehöriger des Widerstandes, wenngleich eher an der Peripherie tätig, lieferte mit dem Titel seiner Erinnerungen *Falsch und zu spät* quasi die extreme realhistorisch an Zielsetzung und Ergebnis des Attentats orientierte Gegenposition.

Zwischen diesen beiden Polen einer ernsthaften Auseinandersetzung mit der Geschichte des militärischen Widerstandes bewegte sich von Anfang an die öffentliche Diskussion. Insofern wird auch verständlich, daß die Ereignisse des 20. Juli bislang keine nachhaltige traditionsstiftende Kraft in der deutschen Erinnerungskultur entwickeln konnten. Die Publizistin und Herausgeberin der *Zeit* Marion Gräfin Dönhoff konstatierte daher noch 1995 die schmerzhafte Erkenntnis, daß die gescheiterte Tat »in den Herzen der Deutschen nie Wurzeln schlagen konnte«.

Die Erinnerung an den deutschen Widerstand verbindet sich in der öffentlichen und offiziellen Wahrnehmung mit dem Datum 20. Juli 1944. Damit wird dem militärischen Widerstand eine Leitfunktion im Kontext der mit dem Aufbegehren gegen den Nationalsozialismus verbundenen nationalen Erinnerungskultur zugemessen. Die Wahl des Bendlerblocks in Berlin als Ort der zentralen Ausstellung zum deutschen Widerstand und die an dieser Stelle und im Gefängnis Plötzensee in Berlin stattfindenden Gedenkveranstaltungen zum 20. Juli markieren die herausgehobene Rolle, die dem militärischen Widerstand gegenüber den vielfältigen anderen Widerstandsgruppen und Einzelpersönlichkeiten bereits sehr früh zuerkannt wurde.

Welche Elemente des militärischen Widerstandes, so ist zu fragen, legitimieren diese besondere Akzentuierung? Liefert bereits die Attentatshandlung an sich eine plausible Begründung, so wäre auch des Schreiners Johann Georg Elser entsprechend zu gedenken, der bereits unmittelbar nach Kriegsausbruch, im November 1939, die Tötung Hitlers mit Hilfe eines im Münchener Bürgerbräukeller plazierten Sprengsatzes zu erreichen suchte. Hinsichtlich ihrer unbestreitbar überragenden moralischen Qualität ist die Widerstandstätigkeit anderer gesellschaftlicher Gruppen, etwa aus der Arbeiterschaft, den Kirchen oder der Jugend keineswegs geringer zu veranschlagen. Die besondere Akzentuierung des militärischen Widerstandes und seiner Vertreter resultiert gleichermaßen aus der historischen Faktizität wie aus seiner nachzeitigen politischen Instrumentalisierung.

Damit rückt die Rezeptionsgeschichte des Widerstandes nach der Niederlage in den Blick. Bereits unmittelbar nach Kriegsende begannen Freunde und überlebende Weggefährten der Attentäter vom 20. Juli in den Vertretern des militärischen Widerstandes die Exponenten eines anderen, eines besseren Deutschlands zu erkennen. Hatten die barbarischen Verbrechen des Dritten Reiches den Ausschluß Deutschlands aus dem Kreis der zivilisierten Nationen gerechtfertigt, so suchte man mit der wiedergewonnenen, wenngleich eingeschränkten Souveränität den demokratischen Neubeginn und die Aufnahme der beiden deutschen Staaten in die bipolare Welt unter Hinweis auf den Widerstand auch historisch zu legitimieren.

Insofern lag es in der jungen Bundesrepublik nahe, den Widerstand von Vertretern der nationalkonservativen Eliten für die demokratische Identitätsstiftung nutzbar zu machen, zumal deren Angehörige sich bald nach 1945 wieder anschickten, die Schaltstellen zu besetzen. Dieses Bemühen wurde um so dringlicher, als der westdeutsche Staat begann, seine Vertreter in internationale Gremien zu entsenden. Die Forderung nach einem erneuten deutschen Wehrbeitrag machte deutlich, daß zumindest das Offizierkorps der noch zu bildenden deutschen Streitkräfte ausnahmslos aus Offizieren würde bestehen müssen, die noch wenige Jahre zuvor dem Dritten Reich gedient hatten. Damit erhielt die Frage nach dem Umfang individueller und kollektiver Schuld und Verstrickung in die nationalsozialistischen Greuel gerade bei den Angehörigen der ehemaligen militärischen Elite eine besondere Brisanz. Die Ehrenerklärung des amerikanischen Oberbefehlshabers Dwight D. Eisenhower gegenüber den deutschen Soldaten, die sich nicht unmittelbar an Kriegsverbrechen beteiligt hatten, wurde ergänzt durch die mit innenpolitischer Zielsetzung vorgetragene Gedenkrede von Bundespräsident Theodor Heuss 1954 aus Anlaß des Zehnjahresgedenkens des 20. Juli

1944, in welcher er die moralische Integrität und den Vorbildcharakter gerade auch der militärischen Attentäter würdigte.

Die wissenschaftliche Erforschung des deutschen Widerstandes und besonders der Ereignisse des 20. Juli 1944 wurde in der öffentlichen Wahrnehmung von Anfang an gleichsam überlagert durch eine zunehmende politische Erwartungshaltung. Seit den fünfziger Jahren erfolgte in beiden deutschen Staaten eine gezielte Einbindung in die jeweilige kollektive politische Sinnstiftung, wobei man in West und Ost, wenn auch mit unterschiedlicher ideologischer Zielsetzung, reklamierte, die Ziele des Widerstandes zur moralischen Richtschnur des aktuellen politischen Handelns erhoben zu haben. Die damit einhergehende Instrumentalisierung des historischen Ereignisses und seiner Protagonisten ließ zwangsläufig ein heroisches Gemälde entstehen, in dem die Farben Weiß und Schwarz dominierten. Ihm fehlten die vielfältigen Grautöne, welche die Palette des Historikers bereithält, die aber in der Illustration einer politischen Inszenierung merkwürdig blaß und wenig tauglich erscheinen.

Es kann nicht verwundern, daß in den folgenden Jahrzehnten gegen diese moralische Rigidität Vorbehalte angemeldet wurden. Darin war jedoch der Vorbildcharakter des Widerstandes von einer grundsätzlich oppositionellen Gesinnung gegen den Nationalsozialismus von Anfang an und einer demokratischen Überzeugung im Sinne des Grundgesetzes abhängig gemacht worden. So unterlag auch dieser Rezeptionsansatz dem grundlegenden Fehler, dem jede Interpretation historischen Geschehens aus politischer Absicht zum Opfer fällt: Sie erhebt die moralischen Kategorien und den Erfahrungshorizont der Gegenwart zum Maßstab der Beurteilung der Vergangenheit.

Zweifellos liegt die historische Bedeutung des Attentats vom 20. Juli 1944 unbeschadet seines Scheiterns gerade darin begründet, daß in ihm Angehörige der als autoritätsgläubig und staatstreu angesehenen nationalen und konservativen Eliten zum Mittel des »Tyrannenmordes« gegriffen haben, um den Bestand und die Selbstachtung der Nation zu retten. Daraus ergibt sich zwangsläufig, daß ihr Weg in den Widerstand nicht von vornherein und geradlinig auf das Attentat hinführte. Viele ihrer Exponenten waren zunächst mit unterschiedlicher Intensität in die nationalsozialistische Herrschaftspraxis verstrickt gewesen und hatten sich erst allmählich, häufig durch Schlüsselerlebnisse befördert, von der Kooperation mit dem Regime zur ultimativen Konfrontation hin entwickelt – ein vielfach schmerzlicher, von Skrupeln, Unsicherheit und Resignation begleiteter Prozeß, in dem retardierende und akzelerierende Phasen einander abwechselten, ehe er seinen gewaltsamen Kulminationspunkt erreichte. In der Überwindung internalisierter, autoritätsfixierter Denktraditionen zugunsten individueller Gewissensentscheidungen liegt die besondere Leistung des nationalkonservativen Widerstandes, der einer ideologisch angelegten a-priori-Heilsgewißheit entbehren mußte. Damit verbinden sich hinsichtlich der Bedeutung des 20. Juli als epochales Ereignis der deutschen Geschichte zwei zentrale Überlegungen:

Die hier vorgenommene Definition des nationalkonservativen Widerstandes impliziert, daß diese Form oppositionellen Verhaltens zeitabhängig unterschiedlich intensiv gewesen ist und – dies scheint besonders wichtig – nicht zwingend und ausschließlich auf eine gewaltsame Beseitigung Hitlers hinauslaufen mußte.

Geht man davon aus, daß in einem totalitären Regime die Ablösung der herrschenden Machtelite nur durch die Inhaber des Gewaltmonopols – also zumindest im Kriege – durch die Streitkräfte erfolgen kann, dann folgt daraus die Überlegung, ob es nicht neben dem Attentat noch alternative Möglichkeiten einer gewaltsamen Veränderung der bestehenden Verhältnisse gegeben haben könnte. Damit rücken die Handlungsspielräume und -alternativen derjenigen Akteure des 20. Juli ins Licht der Betrachtung, die zwar in Gegnerschaft zum Regime standen, aber das Attentat zu diesem Zeitpunkt als »falsch und zu spät«, um die Formulierung von Otto John noch einmal aufzunehmen, abgelehnt haben.

Auch wenn dem Versuch, das Attentat als den Königsweg des Widerstandes mit intentionalen Handlungsalternativen zu konfrontieren, in methodischer Hinsicht ebenso große Schwierigkeiten gegenüberstehen, wie die Gefahr nicht auszuschließen ist, mißverstanden zu werden, soll im folgenden ein solches Wagnis unternommen werden. Dabei war die Überlegung entscheidend, wonach gerade im nationalkonservativen militärischen Milieu der Billigung eines bewaffneten Staatsstreichs unter den Bedingungen des Krieges und unter Einschluß des »Tyrannenmordes« erhebliche mentale, das heißt erfahrungs- und sozialisationsspezifische Widerstände entgegenstanden. Der Wunsch, möglicherweise auf einem anderen Wege zum Ziel zu gelangen, war daher in dieser Gruppe von Handlungsträgern weitaus intensiver ausgeprägt.

Die bisherige Widerstandsforschung hat ihr Augenmerk und ihre Perspektive der Beurteilung stets aus dem Blickwinkel der Attentäter und ihrer Motive auf die Ereignisse gerichtet. Gerade weil ihr Handeln den nachfolgenden Generationen zum Vorbild dienen sollte, wurden sie in gleißendes Licht getaucht, während die anderen Akteure fast zwangsläufig in ihren tief dunklen Schlagschatten verbannt wurden. Die Ereignisse des 20. Juli 1944 lassen sich in ihrer vollen Bedeutung aber nur entschlüsseln, wenn wir die unterschiedlichen Motive der Beteiligten, ihre Handlungsmöglichkeiten und -grenzen und ihr persönliches Verhältnis zueinander zu entschlüsseln vermögen.

Generaloberst Fromm – eine Gestalt voller Rätsel

Einer von ihnen, dessen Entscheidungen von zentraler Tragweite für den Verlauf des Staatsstreichs gewesen sind, war der Chef der Heeresrüstung und Befehlshaber des Ersatzheeres, Generaloberst Fritz Fromm.[1] Das Schicksal, das ihn traf, müßte eigentlich jeden Historiker elektrisieren und das Bemühen wecken, die Beweggründe aufzudecken, welche das Verhalten dieses Offiziers bestimmt haben. Sein Lebensweg eröffnet eine Perspektive auf Varianten widerständigen Verhaltens und liefert möglicherweise einen weiteren Schlüssel zu einer vertieften historisch-kritischen Beurteilung der Ereignisse des 20. Juli 1944. Fromm verantwortete die Erschießung der vier führenden Vertreter des militärischen Widerstandes, wurde noch in der Nacht zum 21. Juli 1944 durch Himmler in vorläufigen Gewahrsam genommen, im September 1944 durch den Ehrenhof aus der Wehrmacht entlassen, im März 1945 in einem nur wenige Tage dauernden Prozeß vor dem Volksgerichtshof wegen Feigheit zum Tode verurteilt und am 12. März 1945 im Zuchthaus Brandenburg erschossen. Soweit die bizarren Windungen eines Lebensweges, dessen einzelne Stationen nicht recht zueinanderpassen wollen.

Die Literatur zum militärischen Widerstand hat Fromm bisher nur im Spiegel nachzeitiger Beurteilungen wahrgenommen, wobei die Interpretation fast ausschließlich an seinem Verhalten am 20. Juli selbst angelegt wurde. In diesem Zusammenhang stoßen wir auf ein zentrales Problem der gesamten Widerstandsforschung: den fast vollständigen Mangel an zeitgenössischen, das heißt zeitgleichen Quellenbelegen. Verschwörer hinterlassen in der Regel keine detaillierten Aufzeichnungen über ihre Pläne und Aktivitäten. Die wenigen überlieferten Papiere sind gekennzeichnet durch die ständige Gefährdung des Lebens, der sich ihre Verfasser ausgesetzt sahen. In dieser Situation werden die Urteile über diejenigen, die ihnen zurückhaltend oder kritisch gegenübertraten, unbewußt mit größerer Schärfe gefällt, was unweigerlich die Gefahr einer späteren Fehlinterpretation vergrößert. Andere Quellen entstammen dem Unterdrückungsapparat selbst, dessen Agenten dazu neigten, ihre Ermittlungsergebnisse aufzuwerten. Hinzu kommt, daß die der Mittäterschaft Verdächtigen aus wohlverstandenem Selbstschutz bemüht waren, ihren Teil der Verantwortung weitaus geringer darzustellen als von den anderen, die ihr Leben bereits verloren hatten.

Die Überlebenden schließlich haben in der Nachkriegszeit unser Bild von den entscheidenden Stunden des Attentats und seines Zusammenbruchs besonders nachhaltig geprägt. Nicht selten erliegt selbst der Historiker der Faszination eines Augenzeugenberichts. Es sind aber Zweifel angebracht, ob jeder, der sich zum Teil mit großem zeitlichen Abstand an seine Widerstandshandlungen und die seiner Freunde zu erinnern meinte, ein zutreffenden Bild des Gesehenen wiederzugeben in der Lage war. Das Erinnern stellt einen schöpferischen Akt dar, in dem sich erinnerliche und aktuell empfundene Handlungsnotwendigkeiten miteinander verschleifen. Hinzu kommt, daß die Überlebenden die ernsthafte moralische Verpflichtung verspürten, ein Vermächtnis erfüllen zu müssen, indem sie den Nachlebenden ein uneingeschränkt positives Bild derer übermittelten, die den Tod erlitten hatten, der an ihnen selbst vorübergegangen war. Aus dieser Spannung heraus fochten sie einen emotional aufgeladenen Kampf um die richtige Konstruktion von Erinnerung aus, einen Kampf, in dem nicht nur die Gegner, sondern auch andere, denen man vorwarf, sich nicht nachdrücklich genug für die richtige Sache engagiert zu haben, unnachsichtig weiterverfolgt wurden. Dieses Verhalten läßt sich durchaus begreifen, aber es ist für die Rekonstruktion historischer Sachverhalte keineswegs hilfreich.

Der Drang nach Idealisierung einerseits und Verteufelung andererseits führte dazu, daß die Beurteilung nach beiden Richtungen gleichermaßen einseitig ausfiel. So wurde Fromm neben der Feigheit, die ihm bereits die Richter des Volksgerichtshofs angelastet hatten, von seiten der Zeitzeugen des Widerstandes Ruhmgier und Faulheit ebenso unterstellt wie der Vorwurf erhoben, er habe stets nur seinen eigenen Vorteil gesucht. Weitere zweifelhafte Epitheta werfen ihm vor, er habe auf beiden Schultern getragen, sei janusköpfig gewesen, ein Konjunkturritter und Opportunist. Aus allen diesen historischen Deutungen läßt sich ein einziger Sachverhalt zweifelsfrei herausschälen: Der Befehlshaber des Ersatzheeres stand mit den Vertretern des militärischen Widerstandes offenbar in Kontakt. Diese Feststellung provoziert zwangsläufig bestimmte Nachfragen: Seit wann bestanden diese

Verbindungen? Was versprach man sich auf seiten des Widerstandes von der Zusammenarbeit mit diesem Mann? Und welche Rückwirkungen ergaben sich aus diesem Verhältnis auf den Ablauf der Ereignisse des 20. Juli 1944?

Dem Chef der Heeresrüstung und Befehlshaber des Ersatzheeres unterstand der gesamte personelle Ersatz der Wehrmacht im Heimatkriegsgebiet und zum Teil auch in den besetzten Gebieten. Er war damit der militärische Dienstvorgesetzte von etwa einer Million Heeressoldaten, ein gewaltiges Machtpotential, auch wenn in Rechnung gestellt werden muß, daß dazu die Lazarette und ihre Verwundeten ebenso gezählt wurden wie die Beschäftigten in Dienststellen, Depots, Werkstätten und Schulen. Fromm, dem auch von seinen Gegnern ein klarer, analytischer Verstand nachgesagt wurde und der als der intelligenteste Technokrat der Wehrmacht galt, hatte seine Fähigkeit zu vorausschauender Analyse bereits im Oktober 1941 unter Beweis gestellt, als er Generalfeldmarschall von Brauchitsch, zu diesem Zeitpunkt noch Oberbefehlshaber des Heeres, mit einer Denkschrift konfrontierte, in der er unmißverständlich zum Ausdruck brachte, daß die Verluste des Heeres an der Ostfront inzwischen einen Umfang erreicht hätten, angesichts dessen eine Fortsetzung des Krieges nicht mehr verantwortet werden könne. Fromm drängte auf einen Verhandlungsfrieden, der nach seinem Dafürhalten nur so lange mit Erfolg hatte angestrebt werden können, als das Reich noch territoriale Faustpfänder in der Hand hielt. Als erster höherer Offizier der Wehrmacht hatte er damit eine Forderung erhoben, die in jeder Hinsicht quer zu den Vorstellungen eines rassenideologischen Vernichtungskrieges stand, wie ihn das Regime betrieb. Nachdem er die Heeresführung im Frühjahr 1942 mit weiteren Ausarbeitungen konfrontiert hatte, in denen er, wenngleich verklausuliert, immer wieder Konsequenzen aus einer unzureichenden personellen und materiellen Versorgungslage gefordert hatte, entschied er sich im Spätsommer 1942, angesichts der sich immer schwieriger gestaltenden Nachschublage des Ostheeres vor Stalingrad, eine weitere zentrale Denkschrift erarbeiten zu lassen. Hierin forderte er die militärische Führung erneut auf, den Krieg umgehend zu beenden.

Diesmal erhielt Hitler in seiner Eigenschaft als Oberbefehlshaber des Heeres Fromms Denkschrift. In den Augen der obersten politischen und militärischen Führung hatte es Fromm damit in einer kritischen Situation an der erforderlichen Siegeszuversicht fehlen lassen. Das Regime verlor jedes Vertrauen in seinen »starken Mann im Heimatkriegsgebiet«, eine Bezeichnung, die Hitler noch ein Jahr zuvor in bezug auf Fromm verwendet hatte. Der Befehlshaber des Ersatzheeres hatte sich in seinem Verhalten fast lehrbuchartig wie ein Angehöriger der nationalkonservativen militärischen Funktionselite verhalten, einer Gruppe militärischer Professionals, die schon lange keine politische Machtelite mehr darstellten und sich auch bewußt nicht als solche empfanden. Er hatte dem Nationalsozialismus aus einer Teilidentität der Ziele heraus gedient und sich verpflichtet gesehen, seinen Dienstvorgesetzten über Mängel in seinem Arbeitsbereich unverzüglich Meldung zu erstatten. Die zweifache Forderung nach einem Verhandlungsfrieden ging jedoch deutlich über den Rahmen erlaubter dienstlicher Kritik hinaus und offenbarte damit bereits eine Form loyaler Opposition. Züge einer opportunistischen Gesinnung oder gar von Feigheit lassen sich aus diesem Verhalten auf keinen Fall ablesen, eher ihr Gegenteil.

Da Fromm mit einer fast zwanzigjährigen Erfahrung als Organisationsfachmann nicht ohne weiteres ersetzt werden konnte, griff das Regime zu dem probaten Mittel, der Entlassung die funktionale Entmachtung vorausgehen zu lassen. Nachdem bereits im Februar 1943 die Befehlsbefugnisse über die motorisierten Ersatztruppen und die Ausbildungseinheiten der Panzertruppe an Guderian übertragen worden waren, folgte wenig später die Übernahme der wehrgeistigen Rüstung im Ersatzheer durch das Oberkommando der Wehrmacht. Schließlich setzte Keitel einen eigenen Rationalisierungskommissar für die im Heimatkriegsgebiet stationierten Verbände und Einrichtungen ein. Im August 1943 wurde Fromms engster Mitarbeiter, Friedrich Olbricht, als Chef des Allgemeinen Heeresamtes zugleich Chef eines neu gebildeten Wehrersatzamtes im Oberkommando der Wehrmacht. Gleichzeitig begann Himmler durch die Übernahme des Reichsinnenministeriums sein Gewaltmonopol im Reich auszudehnen, sekundiert von Bormann, der über die Gauleiter in ihrer Eigenschaft als Reichsverteidigungskommissare die staatlichen Funktionen der Parteiorganisation weiter ausbaute. In dieser Situation begann der Befehlshaber des Ersatzheeres für den militärischen Widerstand interessant zu werden. Dieser suchte sich im Winter 1942/43 aus dem Bereich der Heeresgruppe Mitte an der Ostfront einen wirksameren Ausgangspunkt für seine Aktivitäten im Reichsgebiet. Man ließ durch Fritz-Dietlof Graf von der Schulenburg bei Fromm sondieren. Demnach war er bereit, nicht nur den geplanten Attentatsversuch auf Hitler auf dessen Rückflug von der Ostfront hinzunehmen, sondern brachte sich in seiner Eigenschaft als Befehlshaber des Ersatzheeres selbst ins Spiel. Nach kurzem Überlegen erklärte er jedoch wenig später seinem Konfidenten, daß die isolierten Attentatsplanungen wenig sinnvoll waren. Am besten wäre es, so Fromm, wenn »die Sache mobmäßig behandelt und vorbereitet« würde.

Der Weg zum Widerstand

Vor dem Hintergrund seiner vorausgegangenen Lagebeurteilungen und der daraufhin erfolgten Entmachtung schwenkte Fromm Anfang 1943 auf die Linie des Widerstandes ein, wobei er die bisherigen Planungen jedoch für wenig erfolgversprechend hielt. Von der kritischen Kooperation mit dem Regime hatte er über eine kurze Phase loyaler Opposition zur verdeckten Konfrontation mit dem Regime gefunden. Der Hinweis auf ein mobmäßiges, das heißt mobilmachungsmäßiges Vorgehen deutet auf die im Laufe des Jahres 1943 verstärkten Planungen zur Mobilisierung der Ausbildungs- und Ersatzeinheiten in der Heimat unter dem Stichwort »Walküre« hin. Als Chef des Allgemeinen Heeresamtes oblag Olbricht die Vorbereitung der entsprechenden Maßnahmen, die er aber als Fromms Untergebener nur mit dessen Zustimmung bearbeiten lassen konnte.

Das Mißtrauen, das Fromm von seiten des OKW entgegenschlug, blieb nicht ohne Rückwirkungen auf sein Verhältnis zu Olbricht. Ehe dieser in seiner Doppelfunktion auch unmittelbar Keitel unterstellt worden war, hatten sie vertrauensvoll zusammengearbeitet. Fromm, der den Attentatsplänen reserviert gegenüberstand und auch die Personalpolitik der Verschwörer kritisch beurteilte, bezeichnete – zweifellos nicht ganz zu Unrecht – Witzleben als einen »müden Feldmarschall«, mit dem man ihm nicht kommen solle. Infolgedessen reduzierte sich der Gesprächskontakt zwischen Fromm und dem militärischen Widerstand; er brach jedoch nie völlig ab. Fromm wie Olbricht verfolgten jeweils ihre eigenen Wege, ohne den anderen in die Karten schauen zu lassen. Im Sommer 1943 vertraute Fromm seinem Freund, dem Industriellen Hermann Bücher, an, daß er das Führerhauptquartier zernieren und ausheben könne, wenn er über drei zuverlässige Divisionen des Heimatheeres verfüge; doch die besitze er nicht. An seine ihm ergebene Chefsekretärin hatte er anläßlich des Diktats von Beurteilungsnotizen über die ihm unterstehenden Befehlshaber in den Wehrkreisen die vielleicht rhetorisch zu verstehende Frage gerichtet, wem von denen er denn vertrauen könne, worauf sie ihm geantwortet haben will: »Keinem«.

Fromm beurteilte die Lage im Sommer 1943 durchaus zutreffend, wenn er feststellte, daß die Verbände des Heimatheeres auf der Basis von Fernschreibebefehlen nicht in Bewegung gesetzt werden könnten, um die amtierende Reichsregierung festzusetzen. Wegen der nationalsozialistischen Durchdringung des Offizierkorps und der sich zunehmend verschärfenden Kriegslage hielt er es für unwahrscheinlich, daß das Heer in seiner Gesamtheit einen gewaltsamen Staatsstreich widerspruchslos hinnehmen würde. Fromm wurde in seiner Haltung durch die Mahnungen des todkranken ehemaligen Chefs der Heeresleitung Kurt von Hammerstein-Equord unterstützt, der die Besucher, die an sein Krankenbett geeilt waren, unter ihnen auch Fromm, beschwor: »Kinder, macht um Himmels willen keinen Kapp-Putsch.« Mit Hammerstein, der zu den wenigen Offizieren gehörte, die aus ihrer Ablehnung gegenüber dem Regime von Anfang an kein Hehl gemacht hatten, verband Fromm eine bis in die frühen zwanziger Jahre zurückreichende vertrauensvolle Beziehung. Nach ihrer Ansicht würden bürgerkriegsartige Zustände in der Heimat, während sich die Front in härtesten Abwehrkämpfen befand, weder von der Bevölkerung noch von den Feldverbänden verstanden und mußten den vielleicht noch vorhandenen, wenngleich minimalen politischen Bewegungsspielraum der nationalkonservativen militärischen Widerstandsgruppe endgültig vernichten. Dementsprechend teilte Fromm die Einschätzung der Verschwörer nicht, die davon ausgingen, daß der Tod Hitlers das Offizierskorps und die Truppe zu einem weitgehend problemlosen Loyalitätswechsel veranlassen werde.

Offenbar seit Mitte 1943 arbeitete Fromm daher auf eine alternative Form der Machtübernahme hin, die man als »loyalen Staatsstreich« bezeichnen könnte. Er ließ Olbricht unter dem Stichwort »Walküre« Mobilmachungspläne für das Heimatheer ausarbeiten, die nach offizieller Lesart dann wirksam werden sollten, wenn gegnerische Fallschirmlandungen im Heimatkriegsgebiet erfolgten oder größere Aufstände von Fremdarbeitern drohten. Daß Olbricht zusammen mit Stauffenberg für diese Planungen geheime Zusatzbefehle entwarf, deren Grundlage ein gelungenes Attentat auf Hitler darstellte, blieb Fromm verborgen, auch wenn er über die Absicht einer gewaltsamen Beseitigung Hitlers durchaus im Bilde war. Seine eigenen Pläne gingen offenbar in eine andere Richtung. Sobald der Gegner die Grenzen des Reiches überschritten hatte, wurde das Heimatkriegsgebiet zum

Operationsgebiet. Damit ging nach den bestehenden gesetzlichen Regelungen die vollziehende Gewalt, das heißt die Kontrolle aller staatlichen Einrichtungen, auf die militärische Führung, in diesem Fall den Befehlshaber des Ersatzheeres, über. Das bedeutete die Möglichkeit einer legalen Machtübernahme durch das Militär im Augenblick höchster Gefahr für das Reich, der sich auch, so kalkulierte Fromm, die Bevölkerung nicht widersetzen konnte. Damit ließ sich eine rechtliche Grauzone umgehen. Für die schwankenden militärischen Führer bestand die Möglichkeit, sich im Rahmen der geltenden Rechtsvorschriften den neuen Verhältnissen anzuschließen.

Während die junge Generation des militärischen Widerstandes der individuellen Gewaltaktion den Vorzug gab, wollte Fromm augenscheinlich seinen Handlungsspielraum als militärischer Befehlshaber nutzen. Als Vertreter der älteren Generation und Angehöriger einer anderen militärischen Befehlsebene bevorzugte er eine etatistische Lösung. Sie eröffnete ihm die Möglichkeit, die Fäden der Entscheidung in der Hand zu behalten. Zudem mußte er keine weiteren Konfidenten einweihen und sich angesichts der zunehmenden Überwachung, der er sich von seiten der Wehrmachtführung und des Regimes ausgesetzt sah, keine Blöße geben.

Es war eine besondere Tragik des militärischen Widerstandes, daß die Vertreter der beiden Richtungen widerständischen Verhaltens zwar voneinander wußten, nicht aber bereit waren, einander vertrauensvoll zu offenbaren. Im Lichte dieser Vorgeschichte, die in der Forschung bisher nicht oder nur in unzusammenhängenden Einzelbildern bekannt war, erhält das Verhalten Fromms während der kritischen Tage im Juli 1944 eine deutlich abweichende Akzentuierung. Es erscheint daher methodisch weiterführend, die Darstellung und Beurteilung der Ereignisse einmal nicht aus der Perspektive der Attentäter und ihrer Helfer zu leisten, sondern aus dem Blickwinkel des Befehlshabers des Ersatzheeres. Dieser Perspektivenwechsel eröffnet die Möglichkeit, nicht nur die Interpretation der bekannten Quellenzeugnisse kritisch zu hinterfragen, sondern auch bisher als eher marginal und unbedeutend eingeschätzte Äußerungen neu zu gewichten. In einigen besonders erhellenden Aspekten läßt sich dieser methodische Zugriff vorführen.

Ende Juni 1944 hatte Stauffenberg seinen Dienst bei Fromm als dessen Chef des Stabes angetreten. Er war damit zu seinem engsten Mitarbeiter geworden. Am 15. Juli fuhren Fromm und Stauffenberg ins Führerhauptquartier, um Hitler und dem OKW den Stand der bisherigen Vorarbeiten zur Aufstellung der geplanten »Sperrdivisionen« vorzutragen. Bei dieser Gelegenheit teilte Hitler dem Befehlshaber des Ersatzheeres mit, daß die Zusammensetzung und personelle Führung dieser als Elitedivisionen geplanten Verbände, die wenig später die Bezeichnung »Volksgrenadierdivisionen« erhalten sollten, Himmler in seiner Eigenschaft als Reichsführer SS übertragen wurden. Diese Weisung Hitlers machte Fromm unmißverständlich klar, daß sein Einfluß nicht nur erneut beschnitten wurde, sondern – weitaus gefährlicher –, daß der Reichsführer SS sich anschickte, auch wesentliche Teile des Ersatzheeres zu übernehmen. Dabei ging es nicht nur darum, im Fall einer Bedrohung des Reichsgebietes das Gewaltmonopol im Heimatkriegsgebiet vollständig unter die Kontrolle der SS zu bringen. Himmler wollte in der Tat die Ersatzgestellung der Wehrmacht eigenverantwortlich kontrollieren. Seit der Katastrophe von Stalingrad fochten Goebbels und Himmler einen verdeckten, aber erbitterten Kampf darüber aus, mit welchen Mitteln der totale Krieg eher zum Erfolg geführt werden könne. Während Goebbels die erforderlichen Zwangsmaßnahmen durch die Kraft von Überredung und Überzeugung zu befördern suchte, vertraute Himmler in erster Linie auf die Instrumente von Überwachung und Repression.

Zugleich konnte kein Zweifel darüber bestehen, daß nach dem Zusammenbruch der Heeresgruppe Mitte im Osten und dem Durchbruch der Angloamerikaner aus den Brückenköpfen der Invasionsfront ins Innere Frankreichs sowie ihrem unverminderten Vormarsch in Mittelitalien der Zeitpunkt nicht mehr fern war, an dem die Alliierten Reichsgebiet betreten würden. Damit rückte auch für Fromm der Zeitpunkt näher, an dem er handeln mußte. Ihm war klar, daß ein Kampf um die unaufhaltsam verrinnende Zeit bevorstand. Wurde er zuvor von seinem Posten abgelöst, waren alle Überlegungen hinfällig. Es mußte also in erster Linie darum gehen, die nächsten Wochen, vielleicht auch ein oder höchstens zwei Monate im Amt zu bleiben. Auf keinen Fall durften Hitler und seiner Umgebung vor diesem Zeitpunkt ein Anlaß geboten werden, das Kommando über das Ersatzheer in andere, das heißt in Himmlers Hände zu legen.

Bei seiner Rückkehr am Abend des 15. Juli erfuhr Fromm, daß Olbricht ohne sein Wissen den Voralarm für »Walküre« ausgelöst hatte. Die Verschwörer hatten damit gerechnet, daß Stauffenberg bereits an diesem Tag die Bombe zünden würde. Da der Einsatz des Ersatzheeres im Innern nur durch Hitler und in dessen Auftrag über das OKW durch Fromm ausgelöst werden durfte, setzte diese wenige Stunden später wieder rückgängig gemachte Maßnahme, die Olbricht geistesgegenwärtig als Übungsalarm deklariert hatte, Fromm verständlicherweise in größte Erregung. Er maßregelte Olbricht, dem er zweifellos verdeutlicht haben dürfte, welche Folgen sein eigenmächtiges Handeln unter Umständen nach sich ziehen konnte.

Das Attentat

Wenige Tage später, am 20. Juli, befand sich Stauffenberg wegen der Sperrdivisionen erneut im Führerhauptquartier, diesmal ohne Fromm, weil nur organisatorische Details zu verhandeln waren. Kurz vor 16 Uhr erließ Oberst Mertz von Quirnheim, der Stabschef des Allgemeinen Heeresamtes, nachdem er telefonisch über das Gelingen des Attentats informiert worden war, erneut Vorbefehle für »Walküre«. Sein Vorgesetzter Olbricht, der über diese Eigenmächtigkeit seines Mitarbeiters nicht unterrichtet war, begab sich währenddessen zu Fromm, um diesen über die dramatischen Vorgänge in Rastenburg ins Bild zu setzen. Olbrichts Meldung überraschte Fromm offenbar nicht. Er hatte seit dem ersten Walkürealarm vom 15. Juli in der Gewißheit gelebt, daß in nächster Zeit wohl etwas geschehen werde. Obgleich er das Attentat als den falschen Weg zur Veränderung der Verhältnisse abgelehnt hatte, konnte er nur hoffen, daß es gelang, wenn er es schon nicht verhindern konnte. War Hitler tot, ließ sich, in weitherziger Auslegung der Bestimmungen, auch ohne Genehmigung der obersten Führung »Walküre« ausrufen. Fromm mußte sich daher zunächst Klarheit über die Situation verschaffen. Der Telefonkontakt ins Führerhauptquartier, den Olbricht selbst vermittelte, brachte die Nachricht von Hitlers Überleben. Das bedeutete die denkbar ungünstigste Variante des Geschehens. Keitels Frage: »Wo ist eigentlich ihr Stabschef Stauffenberg?« ließ Fromm erkennen, daß der Verdacht bereits in eine bestimmte Richtung ging. Stauffenberg, der Attentäter, war sein engster Mitarbeiter, um dessen Versetzung er noch wenige Wochen zuvor gebeten hatte. Fromm, der seit Jahren in den Augen der politischen Führung als unsicherer Kandidat galt, hatte den Attentäter bewußt in seine unmittelbare Umgebung gezogen. Zu Recht würde keiner seiner Gegner an einen bedeutungslosen Zufall glauben.

Fromm hatte seit Ende 1941 offen die Kriegspolitik des Regimes kritisiert, war Anfang 1943 ins engere Umfeld des Widerstandes gezogen worden, hatte die Aktivitäten der Attentäter und ihrer Freunde gedeckt und ihre Ziele gutgeheißen, wenngleich er mit ihnen in Form und Zeitpunkt der Ausschaltung Hitlers nicht einig war. Fromm muß sich in diesem Augenblick bereits bewußt gewesen sein, daß er seinen Posten kaum mehr retten konnte, hoffte wohl aber noch, das Ersatzheer als innenpolitisches Machtzentrum der Heeresführung zu behalten. Die Situation stand auf des Messers Schneide. Die Schergen hatten bereits die richtige Spur gefunden, und Himmler würde seine Begehrlichkeiten auf das Ersatzheer ungezügelt geltend machen.

Olbricht selbst, durch die Mitteilung Keitels verunsichert, kehrte zunächst in sein Büro zurück, wo gegen 16.30 Uhr Stauffenberg und sein Ordonnanzoffizier von Haeften eintrafen. Stauffenberg überzeugte Olbricht, daß Keitel gelogen habe, und gemeinsam suchten sie erneut Fromm auf, um diesen nun endlich zur Freigabe der Alarmbefehle für »Walküre« zu veranlassen, die nur in seinem Namen abgesetzt werden konnten. Doch in der Überzeugung, daß das Attentat gescheitert war, und angesichts des Verdachts, den man im Führerhauptquartier bereits gegen ihn und seine Umgebung hegte, durfte Fromm, wollte er seine Befehlsbefugnis über das Ersatzheer nicht preisgeben, keinen Schritt mehr ohne Rückendeckung des OKW tun. Daher weigerte er sich zu Recht, weitere Maßnahmen zu ergreifen, bevor einwandfrei feststand, daß Hitler tot war.

In dieser Situation erklärte Olbricht, zweifellos um seinen Befehlshaber zum Handeln zu zwingen, man habe die Vorbefehle für »Walküre« bereits ausgelöst. Fromm war entsetzt. Die Befehle liefen nicht nur in den Wehrkreisen, sondern auch in den Fernschreibestellen des OKW auf. In den Augen des Regimes mußte es so aussehen, als habe der am Sieg zweifelnde Fromm durch seinen Stabschef ein Attentat auf Hitler verüben lassen, sich über das Gelingen telefonisch erkundigt und schließlich trotz der Versicherung, daß Hitler noch am Leben war, die Alarmierung des Ersatzheeres befohlen. Die Schlinge zog sich rasch zu.

Ohne ihn darüber in Kenntnis zu setzen, hatten die Verschwörer in seine Befehlsbefugnisse eingegriffen und in seinem Namen kompromittierende Alarmbefehle abgesetzt. Er dagegen hatte ihre Aktivitäten in den vergangenen Jahren gedeckt, ihnen noch wenige Tage zuvor eindringlich untersagt, »Walküre« auszulösen. Jetzt hatten seine engsten Mitarbeiter, die über seine gefährdete Position im Umkreis Hitlers genau informiert waren, ihn bewußt einem Verdacht ausgesetzt, dessen Folgen für ihn tödlich sein konnten. Die Forschung zum 20. Juli vertritt bis heute die Ansicht, Fromm hätte sich in dieser Situation gleichwohl mit den Attentätern solidarisieren müssen. Unter den gegebenen Umständen hätte es dazu einer geradezu übermenschlichen Selbstentäußerung bedurft. Wie es scheint, verlangen wir von den politisch-militärischen Eliten vorangegangener Generationen weitaus mehr ethisch-moralisches Stehvermögen als von den führenden Vertretern unserer heutigen politischen Kultur.

Indem er Stauffenberg befahl, sich angesichts seiner gescheiterten Mission selbst zu töten, glaubte Fromm die Situation noch retten zu können. Vielleicht ließ sich die Lage damit doch noch einigermaßen beherrschen. Der Attentäter wurde zum Einzeltäter gestempelt, der voreilige Mertz konnte später kriegsgerichtlich gemaßregelt werden. Als Stauffenberg diese Konsequenz ablehnte, hatte Fromm keine andere Wahl, als auch ihn zu verhaften. Nach einem kurzen Wortwechsel fielen von seiten der Verschwörer dann die folgenschweren Worte: »Wenn hier jemand in Schutzhaft genommen wird, dann sind Sie es, Herr Generaloberst.« Fromm, der daraufhin versuchte, zu seiner Pistole zu gelangen, die er mit dem Koppel an die Garderobe gehängt hatte, wurde von den anwesenden Offizieren gewaltsam daran gehindert. Schließlich drängten ihn zwei aus dem Vorzimmer hinzutretende junge Offiziere mit vorgehaltener Pistole aus dem Raum. Dieser gewaltsame Angriff, der keineswegs so harmlos gewesen ist, wie er in der Regel dargestellt wird, wie Fromms dabei zerbrochener Siegelring verrät, hat diesen Offizier, der seine militärische Sozialisation und damit die ethischen Grundlagen seines militärischen Ehrenstandpunkts noch im Kaiserreich erhalten hatte, tief getroffen. Die Dramatik jener Ereignisse, aber auch die Schmach, die Fromm empfinden mußte, als er durch seine eigenen Mitarbeiter unter körperlicher Gewaltanwendung und mit gezogener Waffe arretiert wurde, läßt den Betrachter auch über 60 Jahre nach den Ereignissen nicht unberührt.

Beide Seiten befanden sich in einer Zwangssituation, die ihnen keine Alternative ließ. Die Verschwörer hatten das Letzte gewagt und mußten, wollten sie ihre Sache nicht bereits zu diesem Zeitpunkt verlorengeben, die Mobilisierung des Ersatzheeres durchführen. Ebenso glaubte Fromm, das Scheitern des Attentats vor Augen, nicht anders handeln zu können.

Im Führerhauptquartier und in der Spitze des Regimes reagierte man genauso, wie Fromm befürchtet hatte. Himmler wurde sofort zum Befehlshaber des Ersatzheeres ernannt. Die SS übernahm damit eine Schlüsselposition in der Heeresführung, während Bormann die Parteiorganisation alarmierte. Goebbels hielt in seinem Tagebuch fest, daß »Generaloberst Fromm nicht nur mit von der Partie, sondern das eigentliche Haupt der Verschwörung gewesen ist«. In diesem Zusammenhang ist auf eine weitere quellenspezifische Besonderheit hinzuweisen. Das Tagebuch des Reichsministers für Volksaufklärung und Propaganda umfaßt keine täglichen Aufzeichnungen, in denen der Minister die Ereignisse und Stimmungen des Augenblicks festhielt, sondern redigierte Texte, die bereits mit dem Ziel einer späteren Veröffentlichung angefertigt wurden. Da Goebbels die vorliegende Lagebeurteilung bis zum April 1945 nicht korrigierte, ist davon auszugehen, daß er bis zum Untergang des Regimes überzeugt blieb, Fromm sei der eigentliche Drahtzieher des Attentats gewesen. Das Todesurteil, das gegen ihn im März 1945 gefällt wurde, sollte also einen führenden Vertreter des Widerstandes treffen, der, wie Goebbels sich später ausdrückte, so schlau gewesen war, seine Spuren zu verwischen, indem er seine Mitwisser vor ihrer Vernehmung durch den SD töten ließ.

Kehren wir abschließend zu diesem letzten Akt des Dramas zurück. Zwischen 17 Uhr und etwa 23 Uhr befand sich Fromm allein in seiner Dienstwohnung im Obergeschoß des Bendlerblocks, deren Eingang von einem Offizier bewacht wurde. Sechs lange Stunden, in denen der Befehlshaber des Ersatzheeres Gelegenheit hatte, die unterschiedlichen Wirkungsszenarien der entstandenen

Lage gedanklich durchzuspielen. Gerade wenn das Bild von Fromm als einem kühlen Analytiker zutrifft, dann hat die persönliche Erschütterung und Betroffenheit, die durch die als schmählich und ehrenrührig empfundene Behandlung in ihm ausgelöst worden war, sicherlich sein späteres Verhalten mitbestimmt. Es dürfte aber gerade hinsichtlich der zu erwartenden Folgen des Attentats ergänzt worden sein durch ein stärker rationales Kalkül. In seinem Mittelpunkt stand das Schicksal wenn nicht der eigenen Person, so doch zweifellos des ihm anvertrauten Befehlsbereichs.

Die Forschung hat das Gewicht der Kommandogewalt bei der Beurteilung widerständischen Verhaltens nicht immer ausreichend gewürdigt. Die Attentäter handelten als ihrem Gewissen verantwortliche Individuen, deren Entscheidung direkte Rückwirkungen auf sie selbst und ihre Familien besaßen. Ihre militärische Verantwortung, insbesondere die der jüngeren Stabsoffiziere unter ihnen, war in der Regel begrenzt, so daß ihre Tat keine unmittelbaren Auswirkungen auf die Truppe oder die Organisationsautonomie ihres Befehlsbereichs oder Wehrmachtteils ausüben konnte. Auf der Ebene der höheren militärischen Führer stellte sich die Situation dagegen deutlich anders dar. Ein Befehlshaber als Angehöriger des Widerstandes vermochte zwar seine Befehlsgewalt als Aktivposten in die Widerstandsplanung einzubringen, aber er riskierte bei einem Scheitern auch, daß das Regime aus eben dieser Überlegung diese Schaltstelle dann besetzte. Dies gilt für die Beurteilung des Verhaltens der Feldmarschälle von Kluge und Rommel ebenso wie für die weitgehend selbständigen Amtschefs wie etwa Canaris und Fromm. Somit dürfte weniger die persönliche Kränkung als vielmehr die Sorge um das weitere Schicksal des Ersatzheeres sowie unaufhebbare Handlungszwänge die Entscheidungen, die Fromm nach seiner Befreiung noch in der Nacht traf, bestimmt haben.

Das rätselhafte Ende

Durch ein Standgerichtsurteil wurden Stauffenberg, Olbricht, Mertz von Quirnheim und von Haeften zum Tode verurteilt und im Hof des Bendlerblocks hingerichtet. An dieser bis heute immer wieder vorgetragenen Darstellung ist zweierlei auffällig. Das Standgericht, wenn es denn zusammengetreten sein sollte, wofür es spätere Hinweise, aber keine schlüssigen Belege gibt, hat zumindest wichtige, in der Militärstrafprozessordnung festgelegte Verfahrensschritte nicht beachtet. Es ist daher auch fraglich, ob ein Urteil überhaupt gefällt wurde. Es ist weiterhin auffällig, daß Fromm die Mitglieder des militärischen Widerstandes, deren er habhaft wurde, unterschiedlich behandelt hat. Seinem kurzzeitigen Nachfolger, Generaloberst Hoepner, bot er an, sich durch den Freitod der Verfolgung zu entziehen. Als dieser ablehnte und zu erkennen gab, er könne alles erklären, ließ Fromm ihn ins Wehrmachtgefängnis Lehrter Straße abführen. Auch Generaloberst Beck erhielt die Gelegenheit, seinem Leben ein Ende zu setzen. Nur die vier Offiziere, die Fromms Befehlsbereich angehörten und an dem vorausgegangenen Gewaltakt gegen ihren Befehlshaber beteiligt gewesen waren, wurden schließlich durch einen Peloton des Wachregiments erschossen.

Fromms Einlassung: »So meine Herren, jetzt mache ich es mit Ihnen so, wie sie es heute mittag mit mir gemacht haben«, läßt vermuten, daß Fromm glaubte, seine durch den Vertrauensbruch, die Meuterei und schließlich die Gewaltsamkeit beschädigte Ehre als Offizier und Befehlshaber nur durch einen derartigen atavistisch anmutenden Reinigungsakt wiederherstellen zu können. Dagegen spricht jedoch die Art, mit der er den Offizieren Gelegenheit gab, sich zu verabschieden, die eher Mitgefühl denn Distanz erkennen läßt. Dennoch drängte er zur Eile, mußte er doch befürchten, daß SS-Verbände das Gebäude umstellen und besetzen würden, noch bevor der letzte Akt des Dramas zu Ende gegangen war.

Das Regime hat gegen Fromm später den Vorwurf der Feigheit konstruiert, weil er keinen Versuch unternommen habe, aus seinem Gewahrsam zu fliehen, um Hilfe herbeizuholen. Zeitzeugen und die historische Forschung vermuten dagegen, er habe in erster Linie Mitwisser getötet. Dieser Befund ist zweifellos zutreffend, wenngleich die damit einhergehende Begründung: um sich selbst in Sicherheit zu bringen, eindeutig falsch ist. So haben die Vernehmungen der Gestapo und des SD in den folgenden Wochen bestätigt, daß die Gruppe der in die Verschwörung verwikkelten Offiziere in seinem eigenen Befehlsbereich weitaus größer war, als die vier hingerichteten Offiziere zunächst vermuten ließen. Dieser Umstand war auch Fromm nicht unbekannt. Es war ihm also gar nicht möglich, seine Mitwisser auszuschalten. Opportunismus und Feigheit scheiden damit als Motive seines Handelns aus, es sei denn, man überschreitet den Grat, der Besonnenheit von Feigheit trennt.

Auf den ersten Blick ist man geneigt, als Motiv für die Hinrichtungen eine abgrundtiefe persönliche Demütigung zu unterstellen, eine Art Kurzschlußhandlung, durch die Fromm sich durchaus ohne Not einem erheblichen Verdacht aussetzte. Ein derartiges Verhalten paßt allerdings nicht zu einem Mann, der als kühl, rational und als analytischer Kopf beschrieben wird und der sechs Stunden Zeit hatte, alle Alternativen seines Handelns durchzuspielen. Schließlich wurde bereits unmittelbar nach dem 20. Juli und angesichts des Schicksals der im August 1944 hingerichteten Offiziere, wie etwa des Feldmarschalls von Witzleben, deutlich, daß Fromm unbewußt den Verschwörern ein furchtbares Schicksal unter Folter, Strang und Fleischerhaken erspart hatte. Doch selbst wenn man die Lebensgeschichte dieses Offiziers akribisch rekonstruiert und die Persönlichkeit in all ihren Schattierungen, Brüchen und Widersprüchen zu entschlüsseln versucht, wird nicht mit letzter Sicherheit zu klären sein, welche Motive Fromm entscheidend beeinflußt haben. Die eindeutige Schuldzuweisung, die nach dem ersten Augenschein der

Ereignisse so unzweifelhaft erscheint, will auf den zweiten Blick nicht mehr recht befriedigen. Letztlich wiegt die Verantwortung des Historikers gerade angesichts des Schicksals kontrovers beurteilter Persönlichkeiten besonders schwer. Wir können nicht ausschließen, daß Fromm in zutreffender Einschätzung, daß das Leben der Verschwörer nicht zu retten war, ihnen nicht unbewußt, sondern bewußt ein Schicksal erspart hat, dessen grausamer Verlauf ihm zweifellos vor Augen stand, wenngleich er die Details nicht ermessen konnte. Allein der Verzicht auf eine Vorsilbe verändert dabei das Bild vollständig, das der Nachwelt von diesem Offizier überliefert wird.

Der Befehlshaber des Ersatzheeres befand sich in einem gleich dreifach tragischen Dilemma. Da Hitler nicht getötet werden konnte, war eine zentrale Voraussetzung des Erfolgs entfallen. Angesichts der Fromm bekannt gewordenen Ernennung Himmlers zum Befehlshaber des Ersatzheeres konnte, ja durfte der Generaloberst sich dem offensichtlich gescheiterten Unternehmen, selbst wenn er es gewollt hätte, nicht anschließen. Mit einer derartigen Entscheidung hätte er seinen gesamten Befehlsbereich im allgemeinen und die Mitarbeiter im Bendlerblock im besonderen des Verdachtes heimlicher Mitwisserschaft ausgesetzt. Angesichts der ihm bekannten Offiziere seines Stabes und des Allgemeinen Heeresamtes, wie etwa Hermann Kaiser, die Funktionen im Widerstand wahrnahmen oder zumindest oppositionell eingestellt waren, mußte es ihm in erster Linie darum zu tun sein, die dem Regime inzwischen bekannten Verschwörer als isolierte Einzeltäter darzustellen. Hinsichtlich ihres weiteren Schicksals hatte Fromm formal nur das Recht der Festnahme, mit den Folgen, die ihm zweifellos vor Augen gestanden haben dürften. Das fiktive Standgericht und die anschließenden Exekutionen waren eindeutig rechtswidrig und mußten Fromm zwangsläufig in den Verdacht der Mitwisserschaft bringen. Daß er sich dennoch zu diesem ihn erheblich belastenden Schritt entschloß, läßt vermuten, daß er sich den Verschwörern verbunden fühlte. Wenn er deren

Tod nicht verhindern konnte, so glaubte er ihnen dessen Grausamkeiten ersparen zu können. Möglicherweise hat er zugleich mit dieser Entscheidung eine nach außen hin wirksame plakative Selbstreinigungsfähigkeit des Heeres vorzuführen gesucht, die ihm weniger sein Leben, aber doch vielleicht seinen Befehlsbereich vor einer Zerschlagung durch die SS retten konnte.

Fromm selbst hätte sich wahrscheinlich nicht als Widerstandskämpfer bezeichnet, dazu fehlte ihm der Zugang zur moralischen Dimension unbedingter Gegnerschaft. Das Regime war dagegen offenbar überzeugt, in ihm einen Kopf des Widerstandes vor sich zu haben, und behandelte ihn entsprechend. Sein Verhalten hatte seit 1941 hierzu einen begründeten Verdacht geliefert.

Bei der Beurteilung der Rolle von Generaloberst Fromm für den 20. Juli 1944 stößt die Ereignisgeschichte an deutliche Grenzen. Erst die komplexe Betrachtung einer Lebensgeschichte öffnet bisweilen Deutungshorizonte, die bei der Konzentration auf das dramatische Ereignis an sich und der damit verbundenen rezeptionsgeschichtlichen Erwartungshaltung verlorenzugehen drohen. Im Fall des Generaloberst Fromm gibt die Geschichte dann eine Möglichkeit preis, wonach dieser dem deutschen Widerstand näher stand, als wir es uns bisher eingestehen wollten.

KLAUS-JÜRGEN MÜLLER

Der Algerienkrieg: Katastrophe für Paris – Herausforderung für Bonn

Dieser letzte Kolonialkrieg Frankreichs war in mehrfacher Hinsicht eine Katastrophe.[1] Es waren vier Charakteristika, die diesen Krieg kennzeichnen. Er war erstens ein Krieg, der sieben Jahre dauerte (1954–1962) und doch kein Krieg sein durfte. Offiziell wurde er nur als »opération de maintien de l'ordre«, als eine Aktion gegen »Terroristen« in einem Teil des französischen Mutterlandes, bezeichnet, denn die drei algerischen Departements galten staatsrechtlich als Teil des metropolitanen Frankreichs. Es war zweitens nur bedingt ein Dekolonisationskrieg, denn für die bereits über mehrere Generationen dort ansässige europäische Bevölkerung von nahezu einer Million war dieses Gebiet Heimat. Allerdings lebte die mehr als 8 Millionen Menschen umfassende autochthone Bevölkerung weitestgehend in rechtlicher, sozialer und ökonomischer Ungleichheit. Es war drittens ein dreifacher Krieg, nämlich zunächst ein franko-algerischer Krieg; sodann ein algero-algerischer Krieg, nämlich eine brutale Auseinandersetzung zwischen dem radikaleren FLN (Front de la Libération Nationale) und dem älteren Mouvement Nationale Algérien (MNA) und schließlich ein franko-französischer Krieg, also ein französischer Bürgerkrieg, der das politische System der IV. Republik zerstörte und die Anfänge der gaullistischen V. Republik wesentlich prägte. Und es war viertens ein Guerillakrieg und damit ein klassisches Beispiel für die Entgrenzung des Krieges, für den Paroxysmus eines grausamen Kampfes von Terror und Gegenterror bei erbarmungsloser Einbeziehung der Zivilbevölkerung von beiden Seiten.

Dieser Konflikt fand seine offizielle Erledigung im März 1962 durch die Abkommen von Evian. Sie brachten Algerien die völkerrechtliche Unabhängigkeit. Machtpolitisch hatte de Gaulle mit dem Frieden von Evian eine schwärende Wunde an Frankreichs Körper ausgebrannt, einen militärisch und finanziell Kräfte verzehrenden Konflikt beendet. Er hatte die internationale Isolierung Frankreichs aufgelöst und für sein Land neuen Handlungsspielraum gewonnen. Er sah nunmehr den Weg frei zu einer Politik der »grandeur«, gegründet auf die Force de Frappe, auf die Sonderstellung Frankreichs in der UNO und die Siegermachtstellung in Deutschland. Langfristig waren die Voraussetzungen dafür geschaffen, daß die gaullistische V. Republik allmählich eine solide Verwurzelung in der französischen Nation fand.

Politisch-moralisch indessen war der Algerienkrieg eine nationale Katastrophe. Er endete mit der dritten Niederlage Frankreichs nach 1940. Er brachte den Verlust des letzten bedeutenden kolonialen Territoriums; vor allem aber verursachte de Gaulles Politik der Beendigung des Krieges um jeden Preis ein tiefes nationales Trauma. Diese Kriegsbeendigung zwang die europäische Bevölkerung zu einem fluchtartigen Exodus, sie verhinderte nicht, daß viele hundert Europäer bei der Machtübernahme des FLN verschleppt und ermordet wurden. Mehr noch: Frankreich lieferte in kalter Staatsraison den größten Teil der einheimischen Hilfstruppen (»les harkis«) der grausamen Rache des FLN aus. Die Armee war tief verletzt, sah sich in ihrer Ehre bis ins Mark getroffen, hatte sie doch den einheimischen Hilfstruppen Frankreichs Schutz und Hilfe versprochen. Hohe Militärs sahen sich zur Rebellion, gar zu Attentatsversuchen gegen den Staatspräsidenten getrieben. Dieser Krieg verunsicherte, ja spaltete die Nation tief. Der Riß ging durch nahezu alle politischen Gruppierungen, verwirrte die traditionellen Frontstellungen. Er hinterließ ein Trauma, von dem die »Algerien-Generation« – immerhin waren rund zwei Millionen Franzosen auf die eine oder andere Weise in Algerien eingesetzt – bis heute nicht genesen ist.

Die in den Abkommen von Evian festgelegte umfassende Amnestie für die von beiden Seiten begangenen Verbrechen fügte sich zwar in die seit den Religionskriegen in Frankreich traditionelle Politik des Schlußstriches ein, aber das Ergebnis war eine jahrzehntelange Tabuisierung. Tabu war der Charakter des Konflikts (erst 1999 wurde er auf Antrag des Abgeordneten Jacques Floch durch Votum des Parlaments als Krieg anerkannt); tabu war das Phänomen der Staatsverbrechen (Folter; Nichtverfolgung bzw. Duldung von Verbrechen an Franzosen wie an Algeriern); tabu waren überhaupt die Modalitäten des Anti-Terror- und Guerillakampfes. Diese Tabus betrafen die öffentliche Moral. Alle wußten Bescheid, aber keiner sagte etwas.[2]

Wohl rief der Algerienkrieg schon früh ein beachtliches publizistisches, literarisches und wissenschaftliches Echo hervor. Und das war schon recht früh zu vernehmen. Seit 1955 erschienen über 2000 Bücher über den Krieg, schon 1957 gab es erste kritische Berichte, 1958 kam es zu Protesten von staatlichen Amtsträgern, 1960 von hohen kirchlichen Instanzen, seit den achtziger Jahren gibt es zunehmend eine solide wissenschaftliche Forschung. Gleichwohl herrschte offiziell nicht nur Schweigen, sondern die Staatsgewalt versuchte auch mit vielerlei Mitteln, den trügerischen Konsens über ein nationales Tabu aufrechtzuerhalten. Indessen war es, wie eine bekannte Formulierung lautet, eine Vergangenheit, die nicht vergehen wollte (»Le passé qui ne passe pas«). Immer wieder kam es zum Wiederaufbrechen des Verdrängten, zum »retour du refoulé«, zuletzt in der seit Herbst 2000 aufflammenden Debatte über Folter und Vergewaltigungen in diesem Krieg. Diese Debatte stürzte die Überlebenden erneut in Kontroversen, während die politische Elite sich krampfhaft um Schadensbegrenzung bemühte. Doch all dies ist bekannt, oft analysiert und häufig dargestellt.

Bonn und der Algerienkrieg

Allerdings blieb lange Zeit unbekannt, daß die Bundesrepublik Deutschland erheblich von diesem Konflikt betroffen war.[3] Wie konnte es dazu kommen? Inwiefern war er eine der großen Herausforderungen der deutschen Außenpolitik? Hatte Bonn damals nicht andere, größere Sorgen als diesen verspäteten Kolonialkrieg nördlich der Sahara?

In der ersten Hälfte des Konflikts standen für Bonn und die deutsche Öffentlichkeit noch die Verträge von Paris und Rom dominierend im Vordergrund. Die fast zeitliche Koinzidenz der Unterzeichnung der Pariser Verträge und des Ausbruches des Algerienkrieges wurde in der Bundesrepublik zunächst nicht wahrgenommen. Die Deutschen waren verständlicherweise fixiert auf die Wiedergewinnung einer – wenn auch noch etwas eingeschränkten – Souveränität. Für sie ging es in erster Linie um die Einbindung in die westliche Allianz, um eine neue westeuropäische Ordnungsstruktur und vor allem darum, einen geachteten, gleichberechtigten Platz in der westlichen Bündnisgemeinschaft zu erlangen. In der zweiten Phase des Krieges war es dann die Berlinkrise mit ihrem Höhepunkt des Mauerbaus ein Jahr vor dem Friedensvertrag von Evian, die die Öffentlichkeit in der Bundesrepublik in Atem hielt und Bonns Diplomatie und Politik dominierte.

Inwiefern war dann der Algerienkonflikt eine Herausforderung für die Bundesrepublik? Diese Frage ist lange Zeit gar nicht gestellt worden. Vor allem wurden die deutsch-französischen Beziehungen nahezu ausschließlich unter dem Aspekt der Aussöhnung der beiden einstigen »Erbfeinde« und der Europa-Politik betrachtet. Zugleich wurde von der Geschichtswissenschaft völlig ausgeblendet, daß unser wichtigster westlicher Nachbar gerade damals mit der »Algerischen Tragödie« die schwerste nationale Krise seit Ende des Zweiten Weltkrieges zu bestehen hatte und daß dies für die Bonner Politik außergewöhnliche Schwierigkeiten mit sich brachte.

Diese langjährige wissenschaftliche Blindheit ist erstaunlich, war doch der Algerienkonflikt die erste große Bewährungsprobe für die Bündnisloyalität der gerade wieder souveränen Bundesrepublik! Gewiß, der Konflikt stand nicht an der Spitze der deutschen Problemhierarchie, aber seine internationalen Auswirkungen und seine europa- und bündnispolitischen Weiterungen machten ihn unausweichlich zu einem schwierigen Problemkomplex, mehr noch zu einem potentiellen Gefahrenherd deutscher Politik.[4]

In jenen Jahren hat sich jedoch der Stellenwert des französisch-algerischen Konflikts für die Bundesrepublik immer wieder gewandelt. In großen Zügen sind drei Phasen zu erkennen: Während einer ersten Phase war die Bundesrepublik noch nicht formell souverän. (Die Pariser Verträge traten erst am 5. Mai 1955 in Kraft.) Vor allem war die deutsch-französische Annäherung noch ein zartes Pflänzchen. Bonns internationaler Bewegungsspielraum und sein Gewicht im Bündnis waren noch sehr gering, seine vitalen Interessen eng begrenzt. Die Bundesregierung war zwar recht genau und auch ziemlich wahrheitsgemäß über das algerische Problem und über die aktuelle Lage in Algerien informiert. Aber sie maß den Ereignissen in Nordafrika noch keine besondere Bedeutung zu, weder für das deutsch-französische Verhältnis noch für die deutsche Außenpolitik insgesamt. Die offizielle französische These »Algerien ist Teil des Mutterlandes« wurde nicht in Frage gestellt. Das Problem galt als innerfranzösische Angelegenheit. So wurde Algerien in der Instruktion, die der neue deutsche Botschafter in Paris, Vollrad Freiherr von Maltzan, vor seinem Amtsantritt im April 1955 erhielt, überhaupt nicht erwähnt. Auch in einer umfassenden Lagebeurteilung des Botschafters vom Sommer jenes Jahres über die deutsch-französischen Beziehungen war Algerien kein Thema. Die überwiegend europazentrierte Betrachtungsweise der Bonner Politik blendete das Algerien-Problem vollkommen aus.

In einer zweiten Phase, etwa ab Jahresende 1955/1956, bekamen weltpolitische Veränderungen stärkeres Gewicht. Die Dritte

Welt hatte sich auf internationaler Bühne zu Wort gemeldet (Konferenz von Bandung, April 1955). Die Gründung des Bagdad-Pakts (zwischen Februar und November 1955) und sowjetische Reaktionen darauf machten den Nahen Osten und Nordafrika zu einer Region, die Bonn nicht länger ignorieren konnte. Die Grenzlage der Bundesrepublik im Ost-West-Konflikt wurde zunehmend von außereuropäischen Problemlagen beeinflußt. Deutsche Interessen in der arabischen Welt waren betroffen. Ein Perspektivwechsel drängte sich auf, und so rückte Algerien ins Bonner Blickfeld. Im Auswärtigen Amt kam es darüber zu einer Grundsatzdiskussion. Eine Gruppe von jüngeren Diplomaten um Paul Frank, den Botschaftsrat an der deutschen Vertretung in Paris, betonte den »überholten und engstirnigen Kolonialismus« Frankreichs und trat dafür ein, den französischen Dekolonisationsprozeß konstruktiv mit der europäischen und der deutsch-französischen Zusammenarbeit zu verbinden. Andere – wie Adenauers diplomatischer Chefberater Herbert Blankenhorn – sprachen sich jedoch nachdrücklich für eine sich vorsichtig zurückhaltende deutsche Politik aus.[5] Ihr Konzept war durch drei Momente bestimmt, einmal durch eine sehr pessimistische Einschätzung der französischen Problemlösungskapazität. Blankenhorn vertraute damals seinem Tagebuch an: »Wie will man Nordafrika halten, wenn man sich nicht entschließen kann, die überlebte koloniale Herrschaft endlich aufzugeben? ... Es dominiert in Paris schon wie so oft der ängstliche Rentnerverstand.« Zweitens war es der Zwang zur Rücksichtnahme auf die arabische Welt. Man müsse dort deutsche Wirtschaftsinteressen wahren, die staatliche Anerkennung der DDR verhindern und eine sowjetische Unterwanderung eindämmen. Drittens müsse Bonn angesichts des sowjetischen Drucks in Europa unbedingte Bündnistreue demonstrieren. Die Geschlossenheit der westlichen Allianz dürfe nicht beeinträchtigt werden. Alles sprach aus dieser Sicht dafür, von seiten der Bundesrepublik keine grundlegenden Initiativen in der Algerienfrage zu ergreifen. Diese Denkschule setzte sich durch.

So kam es in dieser Phase zu einer Art asymmetrischer Spagatpolitik. Eine Weisung des Auswärtigen Amtes formulierte das so: Oberste Richtlinie der Bundesregierung sei es, auf die Beziehungen zu den arabischen und asiatischen Mächten bis zu der Grenze Rücksicht zu nehmen, an der eine Gefährdung der deutschen Bündnisinteressen beginne. Diese Politik praktizierte man zum ersten Mal mit einigem Erfolg in der Suezkrise von 1956. Sie wurde bis zum Zerfall der IV. Republik im Frühsommer 1958 durchgehalten.

Die nächste Phase begann mit de Gaulles Machtübernahme seit Mai 1958 und dauerte bis zum Vertrag von Evian. Die Bundesrepublik löste sich von ihrer asymmetrischen Spagatpolitik in dem Maße, wie eine – wie auch immer geartete – Unabhängigkeit Algeriens wahrscheinlicher und die Aktivitäten des Ostblocks in Nahost intensiver wurden. Die Bundesregierung wurde jetzt zunehmend aktiver. Sie drängte bei den Alliierten auf eine konstruktive Araberpolitik des westlichen Bündnisses. Spätestens seit Sommer 1959 begann Bonn – bei fortdauernder grundsätzlicher Loyalität gegenüber dem französischen Bündnispartner – eine Haltung vorsichtiger Äquidistanz zwischen Paris und der algerischen Unabhängigkeitsbewegung einzunehmen. Das war besonders bemerkenswert, weil gerade damals die Berlinkrise gefährlich akut wurde. Diese neue Politik der Äquidistanz kam in einer vergleichsweise positiven Haltung gegenüber dem FLN und in selbstbewußten Reaktionen auf französische Demarchen und Pressionen zum Ausdruck. Wohl drängte Adenauer deutsche Journalisten, Geduld und Sympathie für de Gaulles Algerienpolitik zu haben. Gleichzeitig aber reagierte er auf französische Proteste wegen zunehmender FLN-Aktivitäten in der Bundesrepublik betont flexibel. Außenminister von Brentano befürwortete gar in einer Rede in München ziemlich unverhüllt eine Autonomie Algeriens. Vizekanzler Mende drückte im Februar 1960 die Hoffnung aus, daß in Algerien bald eine Lösung auf der »Grundlage des Selbstbestimmungsrechts und des Respekts vor den Rechten des Individuums« gefunden würde. Es ist nicht verwunderlich, daß gerade in dieser Phase die deutsch-französischen Beziehungen in nicht unerhebliche Turbulenzen gerieten. Bonns Handlungsspielraum veränderte sich zwar während des Konfliktes, blieb aber stets begrenzt. Sehr schematisch kann man fünf Dimensionen benennen, die diesen Handlungsspielraum mit je wechselnder Intensität bestimmten.

Erstens war die internationale Dimension durch den Ost-West-Konflikt bestimmt. Indirekt begrenzte das Verhältnis zur Dritten Welt, insbesondere zu den arabischen Ländern, Bonns Handlungsspielraum. Die arabisch-französische Polarisierung bot dem Ostblock in den Augen Bonns gefährliche Interventionsmöglichkeiten. Die Bundesregierung sah die geostrategische Stabilität der europäischen Südflanke durch den Algerienkonflikt gefährdet. Sodann ging es um den Alleinvertretungsanspruch der Bundesrepublik. Arabische Staaten drohten, die DDR anzuerkennen, falls Bonn nicht seine angebliche finanzielle und technologische Unterstützung der französischen Algerienpolitik aufgebe. Auf der anderen Seite war die Bundesrepublik in der Deutschlandfrage, speziell in der Berlinfrage, von Paris unmittelbar abhängig. Als eine der vier Siegermächte trug Frankreich nicht nur die Verantwortung für Gesamtdeutschland, es war vor allem der einzige westliche Verbündete, der in den Berlinkrisen (1958–1962) eine kompromißlos feste Haltung gegenüber Moskau einnahm. Das zwang die Bundesrepublik zur vorsichtigen Zurückhaltung gegenüber der französischen Algerienpolitik.

Damit wird die zweite, die bündnis- und europapolitische Dimension sichtbar. Sie betraf unmittelbar das Verhältnis sowohl zu Frankreich als auch zur Bündnisvormacht USA. Lange Zeit befürchtete der Kanzler ein Arrangement des einen oder des anderen Verbündeten mit der Sowjetunion auf Kosten der Bundesrepublik. In Paris hatte man ähnliche Alpträume bezüglich der Bundesrepublik. Das waren, wie Georges-Henri Soutou es genannt hat, die gegenseitigen arrière-pensées.[6] Entsprechend vorsichtig mußte

Bonn in der Gestaltung seiner Algerienpolitik sein. Gerade in der Suezkrise, die unmittelbar mit der Algerienfrage verbunden war, ging es direkt um bündnispolitische Interessen. Sie bot allerdings auch eine Chance: Die Dokumente des Auswärtigen Amtes zeigen, wie sehr die Bundesregierung in dieser Krise bemüht war, bündnispolitische Notwendigkeiten und die deutschen Interessen in der arabischen Welt in der Balance zu halten, gleichzeitig jedoch die mißliche Lage Frankreichs kühl berechnend zu nutzen.

Schließlich ergriff Adenauer die Gelegenheit beim Schopf, um Gewicht und Handlungsspielraum der Bundesrepublik bündnisintern zu vergrößern. Die Isolierung, in die Frankreich durch die militärische Intervention geraten war, nutzte er in eiskalter Machtpolitik aus, um von Frankreich Zugeständnisse in der Europa- und Militärpolitik zu erlangen. Dabei versuchte er, zwischen Washington und Paris zu vermitteln. Mehrfach hat er sich beim amerikanischen Präsidenten für die französische Position eingesetzt und, wenngleich vergebens, versucht, das Abstimmungsverhalten der USA in der UNO bei der Algerienfrage zu beeinflussen.

Diese Demarchen waren ein Ergebnis der Tatsache, daß die Staatsräson der Bundesrepublik nicht durch die Alternative »Frankreich oder USA« bestimmt wurde, sondern durch ein »Sowohl-als-auch«. Das begrenzte den deutschen Spielraum, bot aber auch Chancen. Die bündnispolitische Seite des Algerienproblems war ebenso offenkundig. Der Konflikt entwickelte sich NATO-intern »zu einer nicht unerheblichen Belastung«. Kanadier, Norweger und Dänen wollten in der UNO nicht länger als Verbündete Frankreichs stigmatisiert werden; sie drängten massiv auf eine Änderung der französischen Algerienpolitik. Adenauer nutzte dies, um nachdrücklich, wenngleich wenig erfolgreich, eine grundlegende Verbesserung der politischen Entscheidungsstrukturen im Nordatlantischen Bündnis zu verlangen.

Die dritte, die wirtschaftspolitische Dimension, kam schon relativ früh ins Spiel. Die französische Regierung war bestrebt, deutsche Mithilfe beim Aufbau von Rüstungsbetrieben in Algerien zu erlangen. In den entsprechend interessierten Kreisen der Industrie fanden diese Initiativen ein gewisses Echo. Die Bonner Regierung war jedoch extrem zurückhaltend. Die politische Lage in Algerien war noch zu ungeklärt, die Gefährdung deutscher Interessen zu groß. Später versuchte Frankreich mehrfach, deutsche Unterstützung zur Verwendung von Mitteln aus dem EWG-Entwicklungsfonds für Aufbauprojekte in Algerien zu erhalten. Die Bundesregierung wollte sich aber nicht dem arabischen Vorwurf aussetzen, den französischen Kolonialkrieg finanziell zu unterstützen. Zugleich war ihr die Überlegung nicht fremd, sich vorausschauend im frankophonen Afrika wirtschafts- und handelspolitische Vorteile zu sichern sowie einen künftig unabhängigen algerischen Staat wirtschaftlich an den Westen zu binden, auch wenn dessen gesellschafts- und wirtschaftspolitische Ausrichtung noch nicht geklärt war. Man erkannte die Bedeutung von Erdöl- und Erdgasvorkommen in der Sahara für die europäische Energieversorgung, aber auch deren künftiges Konkurrenzpotential für die europäische Steinkohleproduktion. Etwa im Jahr 1965 sei zu erwarten, so ein hochrangiger deutscher Diplomat auf einer Botschafterkonferenz, daß aus den Erdgas- und Erdölvorkommen der Sahara mehr als 50 Prozent der Energieeinheiten des europäischen Steinkohleaufkommens exportiert werden könnten.[7]

Das offenkundige Interesse der Bundesrepublik an einem wirtschaftlichen Engagement in einem unabhängigen Algerien veranlaßte die algerische Unabhängigkeitsbewegung zu dem Versuch, mit einer Zuckerbrot und Peitsche-Diplomatie politische Vorteile zu erringen. Die Algerische Provisorische Regierung im Exil (GPRA) gab zu verstehen, »das algerische Volk würde nie deutsch-französische Verträge über die Gewinnung von Sahara-Bodenschätzen anerkennen«, aber sie lockte Bonn auch mit interessanten künftigen Investitionsmöglichkeiten. Paris protestierte mehrfach gegen derartige Kontakte. Wieder stand die Bundesrepublik zwischen zwei Feuern. Es gelang ihr jedoch, ihre Haltung bis zur algerischen Unabhängigkeit in der Schwebe zu lassen.

Die vierte Dimension deutschen Handlungsspielraums betraf die Meinungsbildung in der Bundesrepublik selbst. Chancen und Begrenzungen der deutschen Algerienpolitik wurden innenpolitisch auf mehreren Ebenen deutlich. Zum einen wurden die Medien und die öffentliche Meinung gegenüber der französischen Kriegführung immer kritischer. Der Wandel der öffentlichen und der veröffentlichten Meinung veränderte die Legitimationsgrundlage des Krieges. Die Barbarisierung des Krieges wurde je länger, je mehr einseitig zu Lasten des französischen Verbündeten ausgelegt, während man den blutigen Terror des FLN weniger betonte. In den Protesten gegen Kriegsverbrechen und offenkundige Menschenrechtsverletzungen der französischen Seite bei gleichzeitiger Ausblendung von FLN-Verbrechen vermischten sich politische Absicht und ideologisch fixierte Parteilichkeit mit idealistischer, moralischer Empörung. Tenor der Medien: Frankreich, der Herold der Menschenrechte, disqualifiziere sich in Algerien als Partner der westlichen Wertegemeinschaft! Typisch dafür war ein Artikel der SPD-nahen »Allgemeinen Zeitung für Württemberg« vom 12. Mai 1961, in dem es hieß, die inhumanen französischen Anti-Terroraktionen könne man nicht durch Verweis auf entsprechende Taten der algerischen Rebellen rechtfertigen, denn solche Taten seien einer Nation mit dem kulturellen und intellektuellen Niveau Frankreichs unwürdig.

Innenpolitische Aspekte

Für die Bundesregierung war diese zunehmend einseitige Kritik angesichts ihrer starken Stellung nach den Wahlensiegen von 1953, 1957 und auch 1961 innenpolitisch kein besonders großes Problem. Allerdings mußte sie sich ständig mit sehr massiven französischen Beschwerden auseinandersetzen. Sie wies diese zwar mit dem Argument der Pressefreiheit zurück, aber für die deutsch-französischen Beziehungen wurde dieses Thema zu einer erheblichen politisch-psychologischen Belastung. Das galt ebenso für das dornige Problem der deutschen Fremdenlegionäre, das nicht aus der Medienberichterstattung verschwand. Hier ging es um die französischen Rekrutierungspraktiken, auch um desertierte deutsche Legionäre und deren von den deutschen Auslandsvertretungen in diskreter Kooperation mit FLN-Agenten organisierte Rückführung.[8] Auch das belastete das deutsch-französische Verhältnis zeitweise erheblich.

Auf einer zweiten Ebene kam die parlamentarische Opposition direkt ins Spiel. Sie war in der Algerienfrage tief gespalten und von der Algerienpolitik des Sozialisten Guy Mollet hochgradig irritiert. Dies wurde zunehmend von der Regierung instrumentalisiert. Von einem bestimmten Zeitpunkt an kann man geradezu von einer inoffiziellen Großen Koalition in der deutschen Algerienpolitik sprechen. Vor allem zur Abschirmung der deutschen Araberpolitik kam es »mit höchster Billigung« zu einem Zusammenspiel zwischen jenen Repräsentanten der Opposition, die sich für die arabisch-deutschen Beziehungen, insbesondere für die Sache des FLN engagierten, und den Vertretern des Auswärtigen Amtes, sogar des Kanzleramtes. Hier spielte vor allem der junge, 1957 in den Bundestag gewählte SPD-Abgeordnete Jürgen Wischnewski eine wichtige und – im Unterschied zu den einseitig auf den FLN fixierten deutschen Sympathisanten – eine sehr konstruktive Rolle.[9] Er baute, lange von der Parteiführung mißbilligt, ein immer enger geknüpftes Netzwerk von persönlichen Beziehungen in der arabischen Welt auf, insbesondere aber zu Vertretern des FLN. Mit seiner Hilfe kam es zu ersten diskreten Kontakten zwischen dem Auswärtigen Amt und dem FLN. Schließlich wurde der Abgeordnete zu einer Art inoffiziellem Verbindungsmann der Bundesregierung zum FLN. Auf diese Weise erhielt die Bundesregierung die Chance, etwa seit 1959 ihre Äquidistanzpolitik zwischen Paris und dem FLN in einer Paralleldiplomatie effektiv zu gestalten.

Eine analoge Arbeitsteilung wurde schließlich bei der Bewältigung des schwierigen Problems der algerischen Flüchtlinge in der Bundesrepublik angewandt. Rund 3000 Algerier hatten bis 1959/1960 in der Bundesrepublik Zuflucht gesucht. Im Interesse der Bundesrepublik mußte alles vermieden werden, daß daraus zusätzliche Belastungen für das Verhältnis zu Frankreich oder zu den arabischen Staaten erwuchsen. Viele kamen ohne gültige Papiere aus Frankreich, entweder um der dortigen polizeilichen Repression zu entgehen oder um Arbeit zu finden; andere baten um politisches Asyl, Studenten ersuchten um Stipendien. Damit diese Menschen nicht dem werbenden Einfluß der DDR erlagen, die mit Ausbildungsstipendien lockte, mußte man etwas tun. Der Bundesregierung waren jedoch weitgehend die Hände gebunden, denn formal handelte es sich um französische Staatsangehörige. Frankreich reklamierte daher deren exklusive Vertretung über seine Konsulate in der Bundesrepublik

In einem diskreten Zusammenspiel von Auswärtigem Amt und nicht-staatlichen Institutionen wie Gewerkschaften und kirchlichen Sozialeinrichtungen sowie studentischen Selbstverwaltungsorganen gelang es, pragmatische Lösungen zu finden. Ausbildungshilfen und Stipendien wurden besorgt, Arbeitsmöglichkeiten für illegal Eingereiste mit stillschweigender Duldung seitens der Behörden gefunden. Auch die deutsche Industrie vergab Ausbildungsstipendien. Der Bund stellte diskret Reisebeihilfen für Algerier zum Besuch der Weltjugendfestspiele zur Verfügung; die Jungsozialisten und die Gewerkschaftsjugend bauten sie in die deutsche Delegation ein. So bekam man die innenpolitischen Probleme einigermaßen in den Griff, setzte sich aber ständigen französischen Protesten aus.

Eine weitere Dimension war die trilaterale Diplomatie zwischen Bonn, Paris und den Arabern.[10] Hier spitzten sich die Dinge vor allem ab 1959/1960 zu, also just in der Phase der akuten Berlinkrise und der Kontroversen innerhalb des Bündnisses. De Gaulle versuchte damals, mit einer Mischung von massivem Militäreinsatz und flexibler Geheimdiplomatie eine halbwegs annehmbare bilaterale Lösung des Algerienproblems zu erzwingen. Dagegen setzte die Provisorische Algerische Regierung mit intensiver weltweiter Diplomatie auf eine Internationalisierung des Konflikts. Bonn war in Gefahr, zwischen alle Stühle zu geraten. In der Berlinkrise brauchte man den französischen Alliierten; in der Deutschlandfrage mußte man die arabischen Staaten von einer Anerkennung der DDR und einer Anlehnung an den Ostblock abhalten; angesichts einer in absehbarer Zeit zu erwartenden algerischen Unabhängigkeit mußte das künftige Verhältnis zu Algier vorausschauend konstruktiv gestaltet werden. Die Araber verlangten klare Unterstützung der algerischen Unabhängigkeitsbewegung, Paris dagegen bedingungslose Bündnissolidarität.

Damit wurde die Lage für die Bundesregierung äußerst schwierig. Der FLN entfaltete auf deutschem Territorium zunehmend eine intensive politische und auch militärisch bedeutsame Aktivität. Militärisch war bedeutsam, daß der FLN durch französische Erfolge gezwungen wurde, seinen Nachschub an Kriegsmaterial neu zu organisieren. Dieser wurde immer mehr mit Hilfe deutscher Waffenhändler organisiert, die ein internationales Netzwerk aufbauten, in dem sich auch manche problematische Figuren tummelten. Wegen günstiger juristischer Gegebenheiten bot sich Export oder Transit über deutsche Häfen an, wodurch die Bundesrepublik zwischen die Fronten zu geraten drohte.

Das Problem wurde dadurch noch kompliziert, daß deutsche Firmen in diese Länder völlig legal Waren lieferten, die sowohl zu zivilen als auch militärischen Zwecken benutzt werden konnten, wie etwa geländegängige Fahrzeuge, Sanitätskraftwagen und Funkgeräte. Die Bundesregierung hatte keine Handhabe, die Ausfuhr deutscher Rüstungs- und Ausrüstungsgüter nach Tunis und Marokko zu verhindern, von wo sie zweifellos an den FLN weitergereicht wurden. Die französische Botschaft protestierte laufend, aber vergeblich gegen diese Exporte.

Paris beließ es indessen nicht bei diplomatischen Protesten. Der französische Geheimdienst griff zu terroristischen Mitteln, sprengte in Häfen deutsche Schiffe und schreckte auf dem Territorium der Bundesrepublik auch vor tödlichen Attentaten gegen deutsche Waffenhändler nicht zurück. Die französische Kriegsmarine stoppte auf hoher See zahlreiche deutsche Handelsschiffe und durchsuchte sie, zwang sie gar zum Anlaufen französischer Häfen. Völkerrechtlich waren das klare Akte von Piraterie, weil es sich nach französischer Lesart bei dem Algerienkonflikt nicht um einen Krieg handelte. Die parlamentarische Opposition brachte diese inakzeptablen Praktiken einer verbündeten Macht mehrfach im Bundestag zur Sprache. Das Medienecho war stark und anhaltend. Die deutschen Reeder verlangten Entschädigung von Paris. Die Bundesregierung versuchte diese Probleme diskret auf diplomatischem Weg zu regeln. Ein Erfolg blieb allerdings aus. Die französische Regierung stellte sich auf den Standpunkt, solange die deutsche Regierung nicht fähig sei, Waffenlieferungen auf ihrem Territorium zu verhindern, müsse die französische Marine entsprechende Maßnahmen ergreifen. Vorschläge der Bundesregierung und deutscher Reeder für einen modus vivendi zur Berücksichtigung beiderseitiger Interessen wurde von den Franzosen ungerührt zurückgewiesen.

Politisch-diplomatisch war das heikelste Problem die Anwesenheit einer inoffiziellen Vertretung des FLN in der Bundesrepublik. Hierüber kam es zu langwierigen und bitteren Auseinandersetzungen zwischen Bonn und Paris. Die Vertretung war formal als Teil der tunesischen Botschaft in Bonn getarnt. Zeitweise war sogar die Europazentrale des FLN in Bonn angesiedelt. Sie steuerte die vielfältigen, oft propagandistischen, aber bisweilen auch illegalen oder gar kriminellen Aktivitäten des FLN auf dem Territorium der Bundesrepublik, wobei ihre deutschen Sympathisanten – »Kofferträger« genannt, weil sie sich mit Geld- und Materialtransfer befaßten – wichtige logistische Aufgaben übernahmen.[11] Das Auswärtige Amt spielte dabei ein waghalsiges Spiel.

Es informierte seine Botschafter in Afrika, »... daß die Hauptaktivität in bezug auf das Algerienproblem sich eigentlich im innerdeutschen Bereich« abspiele, und fügte ganz offen hinzu: »Wir dulden ... die Tätigkeit des FLN-Büros in der Tunesischen Botschaft.« Das war ein klares Bekenntnis zur Äquidistanzpolitik.

Es war kein Wunder, daß die französische Regierung massiv intervenierte. Sie verlangte im März 1959 vom Bundeskanzler nachdrücklich, der Tätigkeit des FLN-Büros in Bonn ein Ende zu machen. Adenauer reagierte ausweichend. Höhepunkt dieser zeitweise recht harten deutsch-französischen Debatte waren die Jahre 1960/1961, also genau jene Jahre, in denen nicht nur die Berlinkrise mit dem Bau der Mauer hochgradig gefährliche Formen annahm, sondern vor allem auch die innere Krise der V. Republik offenkundig geworden war.[12]

Französischer und arabischer Druck

Die französische Regierung reagierte immer empfindlicher, und je mehr Bonns Äquidistanzpolitik erkennbar wurde, desto massiver verlangte Paris vom deutschen Verbündeten Solidarität im Algerienkonflikt. Der französische Botschafter zögerte nicht zu behaupten, die Bundesregierung verhalte sich nicht so, wie man es von einem Bundesgenossen erwarten dürfe. Die »algerischen Zustände« wurden immer wieder zu einer starken Belastung des deutsch-französischen Verhältnisses. Der Bundeskanzler hütete sich im übrigen, diese Probleme auf seinen Treffen mit General de Gaulle anzusprechen. Entsprechende Anregungen des Auswärtigen Amtes wies er immer zurück. Indem er diese Auseinandersetzungen aus der obersten Entscheidungsebene offiziell heraushielt, sie aber gleichwohl beständig im Auge behielt, ermöglichte er die fortschreitende Äquidistanzpolitik in den Jahren des Algerienkonfliktes.

Die deutsche Diplomatie reagierte auf den doppelten Druck von seiten der französischen Diplomatie und der arabischen Staaten überlegt und flexibel. Der Chefvertreter des FLN in der Bundesrepublik Deutschland Malik Daklaoui (alias Keramane) mußte zwar die tunesische Botschaft verlassen, fand aber stillschweigend in der marokkanischen Vertretung Zuflucht. Über Wischnewski versprach der FLN, mit seinen Aktivitäten fortan nicht die öffentliche Ordnung der Bundesrepublik zu stören, was in Grenzen auch geschah. Französischen Protesten wegen Aktivitäten des FLN wich die Bundesregierung aus und verwies auf die föderale Struktur der Republik: Polizeilich seien die Landesregierungen zuständig. Diese behandelten jedoch das Problem entsprechend den bei ihnen herrschenden politischen Mehrheitsverhältnissen.[13] Die französische Forderung, den Bonner FLN-Vertreter als gefährlichen Top-Terroristen auszuliefern, wies das Auswärtige Amt mit dem Hinweis auf den politischen Charakter der unterstellten Delikte zurück. Politische Straftaten fielen nicht unter das Auslieferungsabkommen. Die französische Seite verneinte natürlich den politischen Charakter dieser Delikte.

Allzu heftige französische Proteste konterte die deutsche Diplomatie mit dem Argument der in diesem Abkommen festgelegten Gegenseitigkeitspflicht und deutete unmißverständlich die Möglichkeit deutscher Auslieferungsanträge im Zusammenhang mit Verbrechen des französischen Geheimdienstes in der Bundesrepublik an. Mehrfache und nachdrücklich vorgebrachte französische Vorschläge für eine Intensivierung der bilateralen polizeilichen Zusammenarbeit konnte die Bundesregierung zwar nicht ignorieren, aber sie verschleppte zunächst die Sache und ließ sie schließlich im Sande verlaufen: ein klares Indiz für den offenen Übergang Bonns zu einer dezidierten Äquidistanzpolitik zwischen Paris und Algier.

Das wurde ganz offenkundig in der sogenannten Malek-Affäre. Im April 1961 hatte der Generalbundesanwalt ohne Konsultation des Auswärtigen Amtes die drei höchsten FLN-Vertreter in Bonn wegen Geheimbündelei und anderer schwerer Delikte verhaftet. Die Bundesregierung gab diskret zu verstehen, es handele sich bei dem einen, Keramane alias Malek, um den künftigen Botschafter eines demnächst unabhängigen Staates Algerien. Dieser sei schon seit geraumer Zeit inoffizieller Gesprächspartner nicht nur des Auswärtigen Amtes, sondern auch von prominenten Vertretern der Koalitionsparteien gewesen. Aber die deutsche Justiz, penibel auf Einhaltung der Gewaltenteilung bedacht, beharrte auf dem Legalitätsprinzip.[14] Erheblicher außenpolitischer Schaden drohte der Bundesrepublik zu entstehen. Die Botschafter der arabischen Staaten und die algerischen Exilregierung protestierten sofort und energisch, ebenso der gerade in Bonn weilende Generalsekretär der Arabischen Liga. Die französische Regierung übte erheblichen Druck aus, um eine Auslieferung der drei zu erreichen. Im Quai d'Orsay erkannte man rasch, daß die Bundesregierung versuchte, die Justiz zu einer Freilassung der Algerier zu veranlassen. Sie warf Bonn daraufhin offen unaufrichtiges Spiel vor. Und das im Zeichen der akuten Berlinkrise!

In dieser unhaltbaren Situation formierte sich eine »Große Koalition der Vernunft«. Im Auftrag des Auswärtigen Amtes begaben sich die Abgeordneten Wischnewski (SPD) und Majonica (CDU) nach Genf, um Vertretern der algerischen Exilregierung die Lage zu erläutern. Das Kanzleramt erreichte die bedingte Freilassung der drei Algerier unter Zahlung einer hohen Kaution. Diese wurde durch Vermittlung Wischnewskis von den Gewerkschaften bereitgestellt – und zwar à fonds perdu, denn die drei wurden in einem Wagen mit Diplomatenkennzeichen zur österreichischen Grenze geleitet und verschwanden.[15] Frankreich protestierte in ungewohnt heftiger Form. Die algerische Exilregierung erklärte, welch großen Wert sie auf freundschaftliche Beziehungen zur Bundesrepublik lege.

Der Fall Malik war das gravierendste aller Vorkommnisse, die das deutsch-französische Verhältnis belasteten. Aber bis zur Unabhängigkeit Algeriens traten immer wieder Probleme auf, beispielsweise wegen eines Fernsehauftritts von FLN-Außenminister

Ben Kedda oder einer von der Liga für Menschenrechte organisierten pro-FLN-Wanderausstellung. Das führte zu starken Irritationen in den deutsch-französischen Beziehungen. Aber die Bundesregierung war nicht bereit, ihre vorsichtige Äquidistanzpolitik zugunsten der von Paris verlangten bedingungslosen Solidarität in einem Moment aufzugeben, in dem Frankreich insgeheim schon mit Vertretern der FLN verhandelte. Erst das Ende des Algerienkrieges machte die Bahn frei für ein weniger belastetes deutsch-französisches Verhältnis.

Als Resümee ist festzuhalten, daß der Algerienkonflikt zwar nicht im Zentrum deutscher Politik stand, aber er war doch die erste große Herausforderung der Bonner Außenpolitik nach der Wiedererlangung der Souveränität. Er wurde zu einem wesentlichen Faktor deutscher Außen- und Bündnispolitik, der zu keiner Zeit vernachlässigt werden durfte. Zeitweise beeinflußte er die deutsche Außenpolitik in erheblichem Maße. Er fand in zwei überaus schwierigen Phasen der Geschichte der jungen Bundesrepublik statt: zunächst während der allmählichen Wiedererlangung einer noch begrenzten Souveränität innerhalb des westlichen Bündnisses, dann in der Phase der gefährlichen Berlinkrise und der gleichzeitigen starken Irritationen im Bündnis. Eingezwängt zwischen divergierenden Interessen der beiden wichtigsten Bündnispartner USA und Frankreich sowie den Arabern, zudem an der Frontlinie des Ost-West-Gegensatzes liegend, gelang es der Bundesrepublik mit bemerkenswertem Geschick, eine insgesamt erfolgreiche Algerienpolitik zu gestalten, ohne daß ihre vitalen Interessen beeinträchtigt wurden.

Strukturelle Zwänge des internationalen Systems schränkten einerseits ihren Handlungsspielraum erheblich ein: der Ost-West-Konflikt, ihre prekäre Stellung im Bündnis, ihre begrenzte Souveränität, die ökonomischen Notwendigkeiten einer aufstrebenden Wirtschafts- und Handelsmacht. Aufgewogen wurden anderseits diese Handicaps wenigstens teilweise durch die Tatsache, daß auch Frankreich auf die Bundesrepublik, wenngleich in geringerem Maß, angewiesen war. Die gegenseitige Abhängigkeit war ein bisweilen irritierendes, letztlich jedoch stabilisierendes Strukturelement.

Hinzu kamen strukturelle Bedingungen des innenpolitischen Systems. Die Bundesregierung besaß eine solide Mehrheitsbasis im Parlament; die Opposition war intern gespalten und infolge der Spannungen zwischen französischen und deutschen Sozialisten gelähmt. Schließlich paßte sie sich dem außenpolitischen Grundmuster der Regierungspolitik an (Godesberger Programm 1959; Wehner-Rede 1960). Dadurch konnte die Regierung die zunehmend kritische öffentliche Meinung nicht nur vernachlässigen, sondern gegenüber dem französischen Verbündeten sogar taktisch instrumentalisieren.

Der ökonomische Faktor, zunehmend wichtig angesichts des wirtschaftlichen Aufschwungs der Bundesrepublik, war für die deutsche Algerienpolitik eher ambivalenter Natur. Einerseits mußte Bonn im Rahmen der deutschen Außenhandelsexpansion erhebliche Rücksicht auf die arabischen Staaten nehmen, mußte zudem französischen Anmutungen einer indirekten Finanzierung des Algerienkonflikts ausweichen; andererseits aber ermöglichte das beginnende Wirtschaftswunder eine ökonomische Unterfütterung der deutschen Diplomatie.

Auf der operativen Ebene konnten die strukturellen Handicaps deutscher Algerienpolitik, die ja immer auch Teil der deutschen Frankreichpolitik war, in einem gewissen Maße durch günstige Persönlichkeitsfaktoren ausgeglichen werden. Dazu gehörte das trotz aller Spannungen gute Verhältnis zwischen Adenauer und de Gaulle sowie ein bedeutsames personelles Netzwerk außerhalb der Strukturen offizieller Politik. Schließlich kamen schlicht diplomatisch-handwerkliche Faktoren hinzu. Die deutsche Diplomatie hat das strategische Konzept der Bonner Algerienpolitik mit Geduld und Geschmeidigkeit, ohne prinzipielle Positionen aufzugeben, aber mit kühlem Realismus, mit Augenmaß und ohne ideologische Scheuklappen operativ umgesetzt.

Das ist nicht wenig. So kann man die Algerienpolitik Bonns insgesamt als eine erfolgreich bestandene Bewährungsprobe in einer international wie bündnispolitisch schwierigen Phase der Geschichte der Bundesrepublik betrachten.

HANS-PETER SCHWARZ

Berlin als Zentrum dramatischer Ereignisse in der undramatischen Geschichte der Bundesrepublik Deutschland

Im Vergleich mit den letzten Jahren des Kaiserreichs im Ersten Weltkrieg, mit der Weimarer Republik, mit den zwölf Jahren nationalsozialistischer Diktatur, dem Zweiten Weltkrieg und den ersten Nachkriegsjahren ist die Geschichte der Bundesrepublik relativ undramatisch verlaufen. Relativ – denn natürlich hatte dieser Staat von Anfang an bis zum Jahr 1990 die Tragödien der Teilung, die Spannungen des Kalten Krieges und die periodisch verstärkte Gefahr zu ertragen, daß der Ost-West-Konflikt in einen Dritten Weltkrieg umkippen könnte mit fast völliger Vernichtung Deutschlands. Doch die Katastrophe blieb eben doch aus.

Daß dieser neue Staat seine Hauptstadt fern vom Sturmzentrum Berlin im ruhigen Pensionärs- und Universitätsstädtchen Bonn errichtete, erschien manchen von Anfang an symbolisch. Und als der immer mit der einen Hand streichelnde und mit der anderen kratzende Alfred Grosser schon in der Frühgeschichte der Bundesrepublik nach einer Formel zur Verdeutlichung der Tatsache suchte, daß sich zumindest die Westdeutschen auf dem Weg zivilisatorischer Normalisierung befanden, prägte er 1958 den Begriff »Die Bonner Demokratie«.[1]

Gewiß wies auch dieser neue, inzwischen geglückte Anlauf zur Demokratie jenes wohlbekannte, übliche Drama des Politikmachens auf, das die Tage, Wochen und Jahre jeder pluralistischen Demokratie kennzeichnet. Politik, so hat das der britische Politologe Bernard Crick einmal formuliert, geht immer nur mit Ach und Krach. Doch größtenteils handelte es sich dabei um jenen gedämpften Dauerstreit im Rahmen der Spielregeln des Grundgesetzes, der Geschäftsordnungen von Bundestag und Bundesrat sowie des vom Bundesverfassungsgericht statuierten Richter-Rechts – ein Dauerstreit, ohne den moderne Gesellschaften in bürokratisch verwalteter Muffigkeit und in Korruption ersticken würden. Die jeweilige Opposition in ihrem meist frustrierten Anrennen gegen die Regierungsparteien, Presse, Rundfunk und Fernsehen verstärken zwar die Polit-Dramen nach Kräften. Immer geht es angeblich um Krieg oder Frieden, um Aufstieg oder Niedergang, um friedlich-schiedliche Weiterentwicklung des Status quo oder Zerbrechen des sozialen Konsensus, und wenigstens in Wahlzeiten finden die parlamentarischen Dramen auch bei den zumeist apathischen Wählern einiges Interesse, aber von einer existentiellen Gefährdung und der entsprechend hochgradigen Emotionalisierung breiter Wählerschichten, welche die Epochen zwischen der »Urkatastrophe« des Ersten Weltkrieges und den tastenden Schritten der ersten Regierung Adenauer Anfang der fünfziger Jahre kennzeichneten, war mit Ausnahme kurzer Phasen in der ruhebedürftigen Bundesrepublik nur wenig zu spüren.

Die Bonner Demokratie und die heutige Berliner Republik war und ist, wenn ich das einmal so formulieren darf, ein vergleichsweise undramatisches politisches System, oder, formulieren wir es vorsichtiger: Es ist un-tragischer Staat, denn am Ende des Spiels liegen nicht die Leichen der Akteure auf der Bühne oder Walhalla geht in Flammen auf, vielmehr laufen die Dinge moderat weiter, vielleicht etwas besser und zumeist etwas schlechter. Wer einer realistischen Demokratietheorie anhängt, betrachtet jedoch ausgeprägte Apathie der Wählerschaft nicht unbedingt als Schaden, denn die Überdramatisierung von Politik ist vielfach ein Indiz, wenn nicht gar für Systemkrisen.

Immerhin kannte auch die Bundesrepublik ihre Psychodramen, die sich allerdings bei genauerem Zusehen vorwiegend nur in bestimmten politischen Subkulturen abspielten, welche auf die

Dauergefährdungen der technischen Welt, auf den globalen Kapitalismus, unser aller unabwendbares Schicksal, auf die von Regierungen oder gar Wählern in einzelnen Nationalstaaten gar nicht mehr steuerbaren weltwirtschaftlichen Prozesse, auf die Nuklearkriegsgefahren des Kalten Krieges oder auf die immer wieder da und dort ausgelösten regionalen Kriege nervöser, ängstlicher, moralisierender und aggressiver reagieren als die großen Mehrheiten apolitischer Wähler.

In der nunmehr schon langen Geschichte der Bundesrepublik sind hier in erster Linie erinnerungswürdig: die rasch in sich zusammensinkende Anti-Atomtod-Kampagne von 1958, die universitären Unruhen zwischen 1967 und 1972, das Aufflackern des RAF-Terrorismus von 1977, getragen von einem paar Dutzend krimineller Psychoten und ein paar tausend Sympathisanten, die heftigen Demonstrationen im Frankfurt der sechziger und der frühen siebziger Jahre gegen so vieles, in denen sich der heute im Nadelstreifenanzug bella figura machende Bundesaußenminister als Straßenkämpfer auszeichnete, die großen AKW-Demonstrationen von Wackersdorf und schließlich die großen pazifistischen Demonstrationen gegen die Raketenstationierung im Jahr 1983 und dann nochmals gegen die von den USA geführte Allianz im zweiten Golfkrieg des Jahres 1991.

Das war gewiß etwas, aber eben nicht allzu viel. Viel auffälliger ist, was sich zwischen 1949 und 1990 *nicht* abgespielt hat: *keine* Weltkriege oder auch nur Regionalkriege in Europa wie 1914-1918 und 1939-1945, *keine* bürgerkriegsähnlichen Zusammenstöße wie 1919, 1923 oder zwischen 1930 und 1933, *keine* umfassenden Bauerproteste, *kein* Versuch eines Putschs wie Kapp-Putsch oder Hitler-Putsch, *kein* Generalstreik oder sonstige große Streikbewegungen im Bergbau oder in den Zentren der Stahlindustrie, selbstverständlich erst recht *kein* totalitäres Regime mit Verfolgung und dann Vernichtung schutzloser Minderheiten, *keine* Agitation für die Heimkehr Deutscher ins Reich (nur das Drängen in der Saarfrage zwischen 1950 und 1955 erinnerte ein klein wenig an entsprechende frühere Unruhe), Revisionismus zwar von 1949 bis 1970 in bezug auf die an Polen gefallenen Ostgebiete, doch trotz aller östlichen Propaganda *keine* Spur von kriegsbereitem oder auch nur mit dem Gedanken an Krieg spielendem Revisionismus.

Viele Beobachter haben deshalb konstatiert, daß Stabilität und ein Stabilitätsstreben, dem alle anderen Ziele untergeordnet werden, ein, wenn nicht *das* Hauptmerkmal der Bundesrepublik sei. Das hatte und hat natürlich seinen Preis. Der englische Thriller-Autor John Le Carré, der die Deutschen gut kennt und ihnen lange nicht über den Weg traute, läßt seinen Helden in dem jüngst erschienenen Roman *The Constant Gardener* beim Besuch des grünen Milieus im ostwestfälischen Bielefeld die traurige Frage formulieren: »Wie lange dauert es noch, bis euer Deutschland nur ein langweiliges Land von vielen in Europa ist?«[2]

Dennoch (und damit bin ich nach diesem etwas ausgedehnten, in der Gesamtchoreographie aber nicht ganz überflüssigen Einstieg beim Thema Berlin): dennoch hatte auch die Bonner Demokratie ihre Dramenbühne. Sie lag gar nicht im eigentlichen Bundesgebiet, auch nicht so sehr in Bonn, wo sich nur die parlamentarischen Dramen abspielten, sondern in Berlin. Der Panoramablick über die lange Geschichte der Bundesrepublik läßt erkennen, daß, wenn überhaupt irgendwo, dann dort die eigentliche Dramenbühne lag, man könnte auch, unter Verwendung eines anderen Bildes, von einem Erdbebenzentrum sprechen.

In Berlin traten in erster Linie jene Spannungen an die Oberfläche, die aus der Teilung Deutschlands, aus dem Gegeneinander der Deutschlandmächte und aus der Feindschaft der beiden politischen Systeme in Deutschland resultierten, seit Beginn der Studentenbewegung in zunehmendem Maß auch innenpolitische Dramen und Krisen, die von West-Berlin aus auf das Bundesgebiet ausstrahlten.

Tiefere Zäsuren in der deutschen Geschichte nach 1945 waren in starkem Maß mit Berlin verbunden. Ich nenne sie nur knapp und werde sie gleich anschließend unter Rückgriff auf zeitgeschichtliche Mikroanalysen kommentieren:

- die Berlin-Blockade von 1948/1949, welche die bei den Westmächten, aber auch in den Westzonen Deutschlands anfangs nicht stark ausgeprägte Bereitschaft zur Gründung eines »Weststaates« (bald Bundesrepublik Deutschland genannt) unter Schutz und Oberaufsicht der Westmächte entscheidend verstärkte;
- der Aufstand vom 17. Juni 1953, der, wie wir heute wissen, auch zahlreiche andere Städte in der DDR erfaßt hatte, doch von den Medien in der Bundesrepublik und im Ausland fast ausschließlich als Berliner Ereignis perzipiert wurde und den überwältigenden Wahlsieg Adenauers am 6. September 1953 erheblich verstärkte, womit die immer noch labile Frühphase der Bundesrepublik abgeschlossen und die Ära Adenauer gewissermaßen bombensicher installiert war;
- dann die über mehr als vier Jahre, vom Dezember 1958 bis ins Frühjahr 1963 sich hinziehende Berlin-Krise, gipfelnd im Mauerbau am 13. August 1961 und gewissermaßen triumphal beendet durch Präsident Kennedys Berlin-Besuch im Juni 1963. Die Bedeutung der Berlin-Krise und des Mauerbaus für die Geschichte der Bundesrepublik kann gar nicht überschätzt werden;
- die Berliner Studentenbewegung mit dem vieles auslösenden Drama des Schah-Besuchs im Juni 1967 (mit der Erschießung des Studenten Benno Ohnesorg am 2. Juni 1967) und mit den Osterunruhen 1968 nach dem Attentat auf Rudi Dutschke;
- die außenpolitischen Dramen in Berlin waren vorerst zu Ende mit dem wenigstens öffentlich undramatisch zustandekommenden Berliner Viermächte-Abkommen von 1971 als der spürbarsten Legitimation ost-westlicher Entspannungspolitik bei gleichzeitiger Hinnahme des Nebeneinanders zweier deutscher Staaten für einen unabsehbaren Zeitraum (daß es mit

der Herrlichkeit der DDR nach 18 Jahren zu Ende sein würde, vermutete 1971 niemand);
- alsdann, ein heute fast vergessener Vorgang, der aber stark zu einer danach langanhaltenden Schwächung der SPD im ganzen Bundesgebiet beitrug: der Sturz des SPD-Senats in Berlin im Jahr 1981 nach drei Jahrzehnten fast uneingeschränkter Dominanz der Sozialdemokraten in Berlin, dies herbeigeführt durch den Unwillen breiter Wählerschichten über die linke Polit-Szene mit Hausbesetzungen und Randale sowie durch den Verdruß über die Korruptionsskandale, in die das SPD-Establishment verwickelt war. Die Wahl des CDU-Politikers Richard von Weizsäcker zum Regierenden Bürgermeister, nachdem die CDU bei den Berliner Wahlen 48 Prozent der Stimmen gewonnen hatte, ging dem Machtwechsel im Bund um mehr als ein Jahr voraus, wirkte aber psychologisch erheblich darauf ein. Es war symptomatisch, daß der Kanzlerkandidat der SPD, der im Frühjahr 1983 die Bundestagswahl verlor, Hans-Jochen Vogel war, der zuvor schon als Regierender Bürgermeister von Berlin falliert hatte;
- schließlich der 9. November 1989 mit Überwindung der Mauer, der den Anfang vom Ende der DDR, die Wiedervereinigung Deutschlands, die Auflösung des Ostblocks und den Rückzug der russischen Armeen aus Zentraleuropa zur Folge hatte, aber dann auch mittelfristig, wenngleich mit Verzögerungseffekt, die Verlagerung der Verfassungsorgane der undramatischen Bundesrepublik auf die einstige Dramenbühne Berlin.

Sind seither von Berlin noch weitere dramatische Impulse ausgegangen? Man zögert, dies zu bejahen. Im Jahr 1999 erfolgte zwar der Umzug von Bonn nach Berlin. Doch politisch blieb das weitgehend folgenlos. Man tut der neuen Hauptstadt mit der Feststellung kein Unrecht an, daß sich die Politik der Regierung Schröder oder der Opposition mit größter Wahrscheinlichkeit in Bonn nicht anders abgespielt hätte als in Berlin. Das Raumschiff Bonn, in dem sich die politische Klasse vergleichsweise abgehoben tummelte, ist bloß durch das Raumschiff Berlin-Mitte mit der daran angedockten Raumkapsel von Frau Christiansen in der Nähe des Zoos ersetzt worden.

Zu fragen wäre allerdings, ob sich nach dem Sturz Diepgens und der CDU über den Skandal bei der Berliner Landesbank und bei bereits alarmierender Schieflage des Haushalts, die auf einen Bankrott des Stadtstaates zuführt, in Berlin nicht ein weiteres Drama ankündigt, Vorbote dessen, was auch in anderen Großstädten, Ländern und vielleicht im Gesamtstaat auf uns zukommen könnte. Doch das sei im folgenden außer Betracht gelassen. Angesprochen sei nur der Zeitraum von 1948 bis 1990.

Diese Auflistung macht bezüglich der dramatisierenden Funktion Berlins im Kontext bundesdeutscher Geschichte zweierlei deutlich:

1. Berlin (dies eine eher banale Feststellung) wirkte als dramatischer Ort aufgrund der deutschen Teilung. Es war die Stadt, in der die Systemgegensätze von Ost und West aufeinander wirkten. Dabei war West-Berlin den Entwicklungen in der Bundesrepublik zweimal voraus, zuerst beim Aufflammen der ideologischen und machtpolitischen Konfrontation zwischen Ost und West seit 1946, und alsdann zunehmend seit dem Mauerbau als eine Stadt, von der aus starke Entspannungsimpulse auf das Bundesgebiet ausgingen. Seit Mitte der fünfziger Jahre, als es wirtschaftlich wieder gut ging und die Westintegration geglückt war, suchten viele Deutsche im Bundesgebiet die Tragödien der Teilung und die Existenzgefährdung durch einen damals noch nicht ausgeschlossenen Krieg in Deutschland so gut es eben anging zu verdrängen. In dieser Lage erinnerten die Dramen in Berlin periodisch daran, daß die schöne neue bundesdeutsche Welt erneut im »Kladderadatsch« enden könnte.

2. Mit einem gewissen Verzögerungseffekt führte dann seit Mitte der sechziger Jahre die Klaustrophobie und die besondere

soziale Zusammensetzung der Bevölkerung in West-Berlin zu Binnenkonflikten zwischen einer zu allem hin noch in sich selbst recht heterogenen linksradikalen Minderheit, die weit in die SPD hineinwirkte, und einer ruhebedürftigen Mehrheit von Kleinbürgern und Spießbürgern, die mit dem Status quo zufrieden waren, sich im Schatten der Mauer eingeigelt hatten und, wann immer sie konnten, an die Adria oder nach Mallorca ausflogen. Diese Westberliner Binnenkonflikte waren viel heftiger als die in der eigentlichen Bundesrepublik, heftiger auch als in den gleichfalls ziemlich unruhigen Großstädten Frankfurt und Hamburg. Dabei richtete sich das Medieninteresse eben nach wie vor stark auf Berlin mit der Folge, daß die Berliner Turbulenzen in den späten sechziger, den siebziger und den frühen achtziger Jahren ebenfalls auf die Bundesrepublik ausstrahlten und dort als eine Art Katalysator wirkten.

Soviel relativ allgemein. Lassen Sie mich jetzt zu jedem der knapp angetippten Vorgänge einige Feststellungen treffen, mit denen auf den zeitgeschichtlichen Forschungsstand einzugehen ist. Unnötig zu sagen, daß und weshalb die Berliner Dramenbühne von Anfang an bis heute durchgehend lebhaftes Forschungsinteresse gefunden hat.

Berlin-Blockade 1948/1949

Wir wissen es schon lange: Die Verhängung der Blockade durch Stalin war einer seiner größten diplomatischen Fehler. Als Reaktion auf die Ermächtigung der westdeutschen Ministerpräsidenten zur Errichtung eines Weststaats durch die Londoner Sechsmächtekonferenz Anfang Juni 1948 und auf die Währungsreform am 20. Juni 1948 wollte er zweierlei erreichen: vielleicht einen Verzicht des Westens auf diese einseitige Maßnahme oder zumindest einen Rückzug der westlichen Garnisonen, am liebsten beides, und das eine wie das andere mit weitgehenden psychologischen Rückwirkungen auf Westdeutschland und auf

Westeuropa. Allerdings wollte er dafür keinesfalls einen Krieg riskieren. Heute kennen wir das Protokoll einer Unterredung Stalins mit Pieck und Grotewohl im März 1948, wenige Monate vor Verhängung der Blockade, als Pieck darauf hinwies, die für Oktober 1948 in Berlin fälligen Wahlen könnten zu einer schmachvollen Niederlage der SED und zu einem psychologischen Erfolg der Westmächte führen. Stalins Antwort: »Versuchen wir es gemeinsam; vielleicht gelingt es, sie aus Berlin herauszuwerfen.«³

Statt dessen wurde das Gegenteil bewirkt. Wie wir wissen, zögerte man in den Westzonen ursprünglich, mit der Staatsgründung entschlossen voranzugehen. Ein paar Tage vor Verhängung der Blockade fand eine Konferenz der Ministerpräsidenten der drei Westzonen auf dem Rittersturz bei Koblenz statt, wo über die Annahme der Londoner Beschlüsse zur Errichtung eines westdeutschen Staates beraten wurde. Ein Faktor bei dem Zögern hatte damals einen Namen: Frau Louise Schroeder, seit 1947 amtierende Oberbürgermeisterin von Berlin. Sie plädierte für einen Kurs des vorsichtigen Abwartens in der Hoffnung darauf, die Vier Mächte könnten sich vielleicht doch noch wider alle Erwartungen einigen. Mit Rücksicht auf ihre Lagebeurteilung wollten die Ministerpräsidenten den ohnehin bedrängten Berlinern nicht noch größere Schwierigkeiten bereiten. Wie empört General Clay, damals der Hauptbefürworter eines »Weststaates«, darauf reagierte, ist in der schönen Clay-Monographie Wolfgang Kriegers nachzulesen.⁴

Ob sich die westdeutschen Repräsentanten nicht auch ohne die ein paar Tage später verhängte Blockade nunmehr fast vorbehaltlos auf den Kurs der Amerikaner und Briten eingelassen hätten, kann niemand sagen. Tatsache ist jedenfalls, daß die brutale Blockade jenen Sozialdemokraten um Ernst Reuter und den CDU-Politikern um Jakob Kaiser Oberwasser gab, die erkannt hatten, daß kein Weg um eine Konfrontation mit allerdings höchst ungewissem Ausgang herumführte. Nachdem sich die Westmächte, angeführt von den USA, zum Halten ihrer Sektoren und zur Luftbrücke entschlossen hatten, war es den Ministerpräsidenten und Parteiführern im deutschen Westen so gut wie unmöglich gemacht, deren Wünschen zu widerstreben. Denn mit der Berliner Blockade verwandelten sich urplötzlich (wenngleich zuerst nur in Berlin) die Westmächte aus Siegermächten zu Schutzmächten.

Es war dann Ernst Reuter, der die westlichen Ministerpräsidenten auf einer zweiten Konferenz – diesmal im Rheingau, auf Jagdschloß Niederwald – dazu drängte, das westliche Deutschland aus seinem unentschiedenen Status herauszuführen, sprich, den Parlamentarischen Rat einzuberufen, der eine Verfassung auszuarbeiten hätte. Politische und wirtschaftliche Konsolidierung des Westens, so Reuters Argument, sei der einzige Weg, eines Tages auch die Ostzone den Sowjets wieder entreißen zu können. Ein demokratisches und prosperierendes westliches Deutschland werde auf die Ostzone wie ein Magnet wirken – später sprach man diesbezüglich von einer Magnettheorie. (Bekanntlich erwies sich diese auch als zutreffend, doch erst nach Ablauf von 42 Jahren). Jedenfalls strahlte von jetzt an bis Mitte der sechziger Jahre von West-Berlin aus so etwas wie Frontstadt-Mentalität in die Bundesrepublik aus. Die West-Berliner waren nunmehr gut zwei Jahrzehnte lang von jetzt an die entschiedensten Vorkämpfer des Antikommunismus. Aus dem großen Drama der Berliner Blockade entwickelte sich in Bonn am Rhein erst der Parlamentarische Rat, dann die Bundesrepublik Deutschland.

Die plötzlich ausbrechende Krise aufgrund der Blockade hatte aber noch eine andere Konsequenz. Jetzt erst machte die Truman-Administration die USA zu einer veritablen Atommacht. Zuvor war viel Bluff im Spiel gewesen. Als sich beispielsweise die Ost-West-Beziehungen im April 1947 spürbar verschlechterten, hatte David Lilienthal, Präsident der Atomic Energy Commission (AEC), einem entsetzten Präsidenten Truman mitgeteilt, daß die USA derzeit über keine einzige sofort einsatzfähige Atombombe verfügten. Die während der Berlinkrise dann unter großem Propagandagetöse angeordnete Verlegung von 90 B29-Langstreckenbombern nach England war ein einziges Täuschungsmanöver. Der Verdacht wurde zwar erweckt, sie seien mit Kernwaffen ausgerüstet und einsatzbereit. Tatsächlich waren sie aber zum Transport von Atombomben noch gar nicht ausgerüstet.[5] Das Strategic Air Command befand sich vor Übernahme des Kommandos durch General Curtis LeMay im Oktober 1948 in sehr schlechter Verfassung. Doch das änderte sich rasch. Immerhin verfügten die USA im Januar 1949, als die Krise immer noch andauerte, bereits über 56 Atombomben.

Wichtig war auch, daß die Krise die Stimmung in der amerikanischen Öffentlichkeit kriegsbereit machte. Nachdem sich Truman am 28. Juni 1948 zum Halten Berlins entschieden hatte, zeigte eine repräsentative Umfrage, daß sich 80 Prozent der Befragten für ein Halten selbst auf das Risiko eines Krieges hin aussprachen, nur 11 Prozent für einen Rückzug. Der Kongreß und die Medien reagierten genauso.[6] Auch die Einstellung zu den Deutschen in den Westzonen begann sich nun zu ändern, vor allem beim Pressekonzern von Henry Luce, wenngleich auch das nunmehr aufkeimende Wohlwollen in erster Linie den standhaften Berlinern galt.

Wie der Krieg gemäß Heraklit der Vater aller Dinge ist, bewirkte das Kalte-Kriegs-Drama um Berlin denkbar weitreichende Entwicklungen.

Frühjahr und Sommer 1953

Wie ernsthaft Stalin 1952 das Angebot eines wiedervereinigten, blockfreien Deutschlands meinte, ist in Historikerkreisen bis heute umstritten, wenngleich seit längerem eine Mehrzahl gut informierter Forscher in Kenntnis der derzeit zugänglichen sowjetischen Quellen zu dem Schluß kommt, es habe sich dabei primär doch nur um einen propagandistischen Vorstoß gehandelt.

Anders sind aber die Vorgänge nach Stalins Tod im Frühjahr

1953 zu bewerten, die direkt zum 17. Juni führten. Gut informierte zeitgenössische Beobachter hatten damals schon geschrieben, im Kreml seien zwei Denkschulen erkennbar – die eine schien in der Tat immer noch einen Kompromiß in der deutschen Frage für denkbar zu halten und auch sichtlich darauf hinzuarbeiten, wohingegen die Exponenten der anderen Denkschule aus verschiedensten Gründen keinesfalls bereit waren, auf den kommunistischen Staat DDR zu verzichten. Bekanntlich hat Chruschtschow nach der Entmachtung und Hinrichtung des KGB-Chefs Berija diesem in seinen Erinnerungen vorgeworfen, er habe sich zusammen mit Malenkow dafür eingesetzt, den Beschluß über den Aufbau des Sozialismus in der DDR außer Kraft zu setzen. Er fügte fröhlich hinzu: »aber wir haben den einen (Malenkow) abgesetzt, den anderen erschossen und sind bei der Unterstützung eines sozialistischen Deutschlands geblieben«.[7] Gromyko und der KGB-General Sudoplatow, auch sie freilich trübe Quellen, haben dies gleichfalls behauptet.[8] Ulbricht sollte, so habe Berija geplant, beiseite geschoben und die DDR möglicherweise zu einer autonomen Provinz im wiedervereinigten Deutschland degradiert werden.

Ob der innersowjetische Willensbildungsprozeß im April und Mai 1953 überhaupt je ganz klar rekonstruierbar ist, bleibt abzuwarten. Dafür, daß die Chance zur Ingangsetzung eines Wiedervereinigungsprozesses im Frühjahr 1953 günstiger war als im Frühjahr 1952, spricht manches.

Der abrupte Kurswechsel in der DDR nach der Politbürositzung am 27. Mai 1953 ist jedenfalls eine Tatsache, genauso wie es eine Tatsache ist, daß im Gefolge dieser Maßnahmen der Aufstand vom 17. Juni den Sowjets ins Gesicht platzte und die beginnende sowjetische Bewegungspolitik diskreditierte. Anscheinend hat Ulbricht den Ausbruch der Unruhen verschuldet, indem er einerseits einigen Druck wegnahm, andererseits aber die Erhöhung der Arbeitsnormen um 10 Prozent davon aussparte.[9]

John L. Gaddis, der dieses Material diskutiert hat, meint, für den Versuch eines sowjetischen Kurswechsels in der Deutschlandfrage seien verschiedene Gründe bestimmend gewesen: die Fluchtwelle aus der DDR (120 000 allein vom Januar bis April 1953 als Folge der harten Sowjetisierungspolitik Ulbrichts) und die Sorge vor der Aufstellung deutscher Divisionen, in denen frühere Generale Hitlers maßgeblich figurieren würden, wobei, so die Annahme, auch die deutschen Truppen wohl früher oder später mit Atomwaffen ausgerüstet seien.

Sicherlich war die Verhaftung Berijas am 26. Juni, also genau neun Tage nach dem 17. Juni, auch und wohl in allererster Linie das Ende eines Machtkampfes, weil fast alle im Politbüro diesen mächtigen und verworfenen Mann fürchteten. Doch die Schwächung Berijas im Politbüro war eben doch eine Folge des 17. Juni. Paradoxerweise war es also ausgerechnet der Aufstand auf der Dramenbühne Berlin, der die vielleicht aussichtsreichsten Ansätze zum Kurswechsel in der deutschen Frage zunichte gemacht hat.

Auch im Westen rückte nun bis zu den Bundestagswahlen Anfang September Berlin ins Zentrum der Aufmerksamkeit. Kurz vor dem Aufstand, am 14. Juni, hatte Adenauer bereits vor vielen tausend Zuhörern im Augsburger Rosenau-Stadion unter Bezugnahme auf den »neuen Kurs« in der DDR frohlockt: »Das ist die Bankrotterklärung des kommunistischen Regimes in Deutschland« und hinzugefügt, es gelte jetzt, »die Bewegung in die Bahn zu lenken, die zu Frieden und Freiheit in ganz Deutschland führt«.[10] Als der Aufstand von den sowjetischen Besatzungstruppen niedergeschlagen war, flog er nach Berlin und rief am 23. Juni vor rund 100 000 Berlinern aus, die vor dem Schöneberger Rathaus zusammengeströmt waren: »Neben die Trauer, neben das Mitleid tritt der Stolz auf diese Helden der Freiheit. (...) Das ganze deutsche Volk hinter dem Eisernen Vorhang ruft uns zu, seiner nicht zu vergessen, und wir schwören ihm in dieser feierlichen Stunde: Wir werden nicht ruhen und wir werden nicht rasten – diesen Schwur lege ich ab für das ganze deutsche Volk –

bis auch sie wieder die Freiheit haben, bis ganz Deutschland wiedervereinigt ist in Frieden und Freiheit«.[11] »Wir werden nicht ruhen und rasten ...« – über die Aufrichtigkeit von Adenauers Wiedervereinigungspolitik ist schon viel gesagt und geschrieben worden. Tatsache ist jedenfalls, daß er sich später nicht einmal unter dem harten Druck der Berlin-Krise 1958–1963 bereit gefunden hat, die DDR anzuerkennen – auch wenn er für den schlimmsten Fall aller Fälle einige von Globke vorbereitete Pläne im Panzerschrank des Palais Schaumburg bereithielt.

Bis zum 17. Juni 1953 hatte Adenauer sichtlich gezögert, eine Deutschlandkonferenz der Vier Mächte für gut zu halten. Behende änderte er jetzt seine Taktik und begann seit Juli 1953 plötzlich auf eine baldige Ost-West-Gipfelkonferenz zu drängen – allerdings erst *nach* den Bundestagswahlen.

Doch im Bonner Bundeskanzleramt regierte nun für ein paar Tage das Prinzip Hoffnung. Herbert Blankenhorn, damals Adenauers engster Berater, präsentierte diesem kurz vor der Abreise zu einem westlichen Gipfel am 7. Juli 1953 auf der Bühlerhöhe einen Plan, der erkennen läßt, was jetzt insgeheim alles für möglich gehalten wurde:

1. die EVG wird als Rahmen *auch* für die Schaffung eines europäischen Sicherheitssystems für ein in Frieden und Freiheit wiedervereinigtes Deutschland gesehen;

2. in einer ersten Phase nach Errichtung einer gesamtdeutschen Regierung sollten sich die Briten und Amerikaner hinter den Rhein zurückziehen – nach Großbritannien, Spanien, Nordafrika, die Rote Armee hinter die Oder-Neiße-Linie, wobei ein UN-Kontrollapparat die Entmilitarisierung zu überprüfen hätte;

3. in einer weiteren Phase könnten sich alle Briten und Amerikaner an die Peripherie zurückziehen, die EVG würde bis zur Elbe reichen, das »neutrale Gebiet« der ehemaligen Ostzone würde um die Ostgebiete innerhalb der Grenzen von 1937 erweitert, die Flüchtlinge und Vertriebenen dürften zurückkehren, doch die vier Millionen jetzt dort lebender Polen könnten bleiben.[12]

Adenauer lehnte zwar eine Übermittlung der territorialen Präzisierungen des Sicherheitssystems ab; doch daß das Erdbeben in Berlin das engste Umfeld des Gründungskanzlers der Bundesrepublik, vielleicht sogar diesen selbst, aus damaliger Sicht zu ganz abenteuerlichen Überlegungen veranlaßte, ist nicht zu bestreiten. Berlin wurde in den Wochen nach dem 17. Juni zum Schauplatz einer großen Propagandaaktion. Die Eisenhower-Administration setzte ein Sofortprogramm zur Verteilung von Nahrungsmitteln und Kleidern an Bewohner in der DDR in Gang. Die Kirchen in der DDR sollten damit betraut werden. Als die DDR-Regierung das untersagte, erfolgte die Verteilung in den Westsektoren Berlins.

Im Januar des Jahres 1954 spielte sich dann in Berlin gewissermaßen die Anti-Klimax zum Drama des 17. Juni ab – die völlig ergebnislose Außenministerkonferenz der Vier Deutschland-Mächte.

Dann kehrte in Berlin für einige Jahre relative Ruhe ein. Die sowjetischen Chefdramaturgen – Chruschtschow, Bulganin – gingen nämlich, pointiert formuliert, ein paar Jahre auf Weltreise bei gleichzeitigem Hochfahren der sowjetischen Raketenrüstung und kehrten gewissermaßen erst fünf Jahre später wieder auf die Dramenbühne Berlin zurück.

Berlin-Krise 1958–1963

Noch viel stärker als die Vorgänge im Frühjahr und Sommer 1953 steht diese große Berlinkrise (eigentlich eine Abfolge von Krisen) seit langem im Zentrum der Forschung. Die daran beteiligten Forscher stützten sich lange Zeit nur auf amerikanische und britische Archivalien; seit Anfang der neunziger Jahren traten sowjetische und solche aus der DDR dazu. Wesentliche deutsche VS-Bestände sind noch nicht deklassifiziert.[13]

Worauf Chruschtschow mit seinem Ultimatum vom Dezember 1958 wirklich hinauswollte, ist nicht ganz klar. Hielt er es im Ernst für möglich, der Westen würde Berlin auf der schiefen Ebene einer »Freien Stadt« ins östliche Lager rutschen lassen? Hat er anfangs nicht die Gefahr einer Lage erkannt, die hätte eintreten können, wenn er der DDR-Regierung nach Ablauf des Ultimatums ohne Zustimmung der Westmächte die Kontrolle der Zufahrtswege übertragen würde? Hoffte er wirklich, die Westmächte und die Bonner Regierung könnten, um schlimmsten Situationen in Berlin zu entgehen, die Nichtanerkennungspolitik gegenüber der DDR irgendwie aufgeben? Und welche Rolle spielte dabei die Überlegung, den prinzipiellen Verzicht auf die Ausrüstung der Bundeswehr mit Atomwaffen zu erzwingen – ein Ziel, von dem der amerikanische Historiker Marc Trachtenberg, wie wir wissen, so viel hermacht – wobei er diesem Faktor für mein Dafürhalten zuviel Gewicht beimißt.[14]

Bei Prüfung der Motive neige ich dazu, Zubok und Pleshakov zuzustimmen, wenn diese an das Motto Napoleons erinnern: »on s'engage, puis on voit«.[15] Chruschtschow selbst soll seine Absichten einmal drastisch wie folgt formuliert haben: »Berlin sind die Testikeln des Westens. Immer, wenn ich möchte, daß der Westen aufschreit, drücke ich auf Berlin.«[16] Natürlich eröffnete der Druck auf die westalliierte und bundesdeutsche Präsenz in Berlin aus Moskauer Sicht einen ganzen Fächer von Möglichkeiten.

Walter Ulbricht spielte dabei, wie Michael Lemke, gestützt auf die SAPMO-Archivalien einleuchtend gezeigt hat, die Rolle des schneidigen Satrapen, der ständig bemüht ist, den Herrn und Meister zu kühnem, riskantem Vorgehen aufzureizen und deshalb immer wieder vertröstet oder ausgebremst werden muß.[17]

Alles in allem aber bekundeten die Vorstöße lange Zeit, daß sich die Sowjetunion zur Offensive stark genug fühlte, während die Berlinpolitik des Westens rein defensiv angelegt sein mußte.

Im Grunde machte nur der Mauerbau davon eine Ausnahme. Anfangs spielte nämlich auf sowjetischer Seite die Besorgnis wegen einer Destabilisierung der DDR durch die Massenflucht noch keine Rolle. Selbst 1959, während der ersten Krisenphase, verzeichnete man die niedrigste Fluchtquote überhaupt. Das änderte sich erst ab Frühjahr 1960, dann allerdings ganz dramatisch. 1960 lag die Fluchtquote bei etwa 200 000, 1961, vor dem 13. August, wechselten nochmals fast 160 000 Menschen in den Westen über. Von 1960 an standen somit die SED und die Sowjets unter zunehmendem Druck, gegen die Abwanderung aus der DDR, bei der diese viele qualifizierte Akademiker und Facharbeiter verlor, irgend etwas Durchschlagendes zu unternehmen.

Ulbricht versuchte auch bei dieser Gelegenheit, seinen Maximalzielen näher zu kommen und Moskau zu veranlassen, doch irgendwie die Republikflucht durch Sperrung des Luftverkehrs zu unterbinden[18], etwa indem man den Westen zwang, den gesamten zivilen Luftverkehr von West-Berlin nach Schönefeld zu verlagern.[19] Zugleich wurden wieder Planungen aufgegriffen, die – so wird berichtet – bis auf das Jahr 1952 zurückgingen, als die Fluchtwelle vergleichbar dramatisch angeschwollen war und der bald danach gestürzte MfS-Chef Zaisser den Bau einer Mauer erwogen haben soll.[20]

Die Sowjetunion, so gewinnt man aus den jetzt vorliegenden Arbeiten doch den Eindruck, ist an dieses riskante Problem nur zögernd herangegangen. Schließlich mußte jede Verwandlung der DDR in ein großes Gefängnis stark prestigemindernd wirken; zudem war bei einem derartigen Vorgehen ein neuer Aufstand in Berlin analog zu dem von 1953 zu befürchten.

Lange Jahre hat in diesem Zusammenhang auch bei den Historikern die Frage eine Rolle gespielt, ob die westlichen Regierungen von dem Plan des Mauerbaus wußten und ob es nicht bei größerer amerikanischer Entschlossenheit möglich gewesen wäre, dagegen vorzugehen.

In der Tat ist manches durchgesickert. Kennedy wußte Bescheid. Vor kurzem hat Merseburger in seiner gut recherchierten Brandt-Biographie fast beiläufig berichtet, daß auch der Regierende Bürgermeister Willy Brandt über das Vorhaben des Mauerbaus unterrichtet war – er kannte nur nicht den genauen Zeitpunkt.[21]

Aus heutiger Sicht ist das eine eher müßige Frage. Im tiefsten

Innern waren alle Verantwortlichen froh, daß das Drecksgeschäft der Abriegelung Berlins von der DDR selbst mit Rückendeckung durch die Sowjets vorgenommen wurde, ohne daß der Westen genötigt war, in Sachen freier Ausreise durch die Luftkorridore doch irgendwie einzuknicken.

Was wir heute über die östlichen Vorbereitungen wissen, zeigt deutlich, wie katastrophal jeder westliche Versuch gescheitert wäre, die Absperrungen in den ersten Tagen wegzuräumen. Ein solches Vorgehen hätte Ulbricht nur als erwünschtes Argument gedient, Chruschtschow doch für ein Vorgehen gegen die Verbindungswege zu gewinnen.

Auch die Frage, wann östlicherseits die Entscheidung zum Mauerbau fiel, ist heute relativ uninteressant. Nach Ausweis neuerer Dokumentenfunde hat man in der DDR unter strengster Geheimhaltung schon im Herbst 1960 mit ersten Überlegungen begonnen.[22] Zu vermuten ist, daß es Ulbricht im März 1961 am Rande einer Sitzung des Politisch Beratenden Rates (PBA) des Warschauer Pakt gelang, Chruschtschow davon zu überzeugen, daß radikal gegen das Ausbluten der DDR vorgegangen werden müsse. Spätestens Anfang Mai begannen die entsprechenden Planungen zwischen der NVA und den sowjetischen Streitkräften, wobei ganz allgemein verschiedenste Szenarien von Berlin-Krisen zugrunde lagen.

In unserem Zusammenhang seien in bezug auf die Berlin-Krise 1958–1963 zusammenfassend drei Aspekte unterstrichen:

1. Im Westen hatte die Blockade 1948/1949 für ein gutes Jahrzehnt eine Grundeinstellung kompromißloser Bekämpfung der sowjetischen Deutschland- und Berlinpolitik zur Folge. Die so ganz ausgeprägte anti-sowjetische Orientierung in der frühen Bundesrepublik hatte hier eine ihrer Wurzeln. Nicht zuletzt verband sich damit das zähe Festhalten an der Wiedervereinigungspolitik. Wie schon 1948/1949 verfügte die Sowjetunion (sekundiert oder scharf gemacht durch die DDR-Führung) in dem labilen, rechtlich umstrittenen Status Berlins über einen Hebel,

nicht allein die Freiheit in West-Berlin, sondern zugleich die komplizierten westlichen Rechtspositionen in der deutschen Frage auszuhebeln, also den Alleinvertretungsanspruch, die konsequente Weigerung, der DDR Staatsqualität zuzuerkennen, das Festhalten daran, daß der Status quo der Teilung Deutschlands und Berlins nur ein Provisorium sei, zudem ein Verstoß gegen das Selbstbestimmungsrecht und die Prinzipien der Demokratie, auch das Bestehen auf der Verantwortung aller Vier Mächte für eine Wiederherstellung der Einheit Deutschlands und anderes mehr. Jedes Nachgeben unter Druck auf West-Berlin mußte nach Meinung der Bundesregierung auf die schiefe Ebene führen mit denkbar weitreichenden Konsequenzen.

Der Druck auf die westlichen Positionen zwischen 1959 und 1962 führte zwar noch nicht zu formellen Veränderungen der westlichen Deutschlandpolitik. Er machte aber doch deutlich, daß in Großbritannien und in den USA Erosionsprozesse im Gang waren. Und nachdem der Mauerbau in Berlin die Teilung Deutschlands vollendet hatte, breiteten sich auch in der Bundesrepublik selbst die Zweifel aus, ob es wirklich realistisch sei, in der Wiedervereinigung so etwas wie ein wenigstens mittelfristig anzustrebendes Ziel zu sehen. Zeigte sich aber Perspektivlosigkeit bezüglich dieser Zielvorstellung, dann gerieten eben auch der Alleinvertretungsanspruch und die Nichtanerkennungspolitik auf den Prüfstand. Noch lag zwar vor allen Beteiligten eine längere Wegstrecke bis zur Akzeptanz deutscher Zweistaatlichkeit im Moskauer Vertrag und im Grundlagenvertrag. Aber die Richtung zeichnete sich doch ab. Für den Augenblick waren Chruschtschows Berlin-Offensiven zwar gescheitert, auf Dauer aber wirkte sich die völlige Abriegelung der Westsektoren zugunsten der sowjetischen Deutschlandpolitik aus. Die DDR wurde für fast drei Jahrzehnte halbwegs stabilisiert, die menschlichen Tragödien im geteilten Berlin erzwangen eine Politik der »kleinen Schritte«. So wie die West-Berliner Führung spätestens Mitte 1948 zur Erkenntnis gelangt war, daß vorerst nur kompromißlose Konfrontationpolitik die Freiheit in West-Berlin zu bewahren vermochte, kam dieselbe Führung jetzt zu der Einsicht, daß nur geduldige Entspannungspolitik, die aber zwangsläufig zur eingeschränkten Anerkennung der DDR führte, Berlin dauerhaft sichern sowie die menschlichen Fragen der Teilung erträglich machen konnte.

Und auch dies strahlte auf die gesamte Bundesrepublik aus, zumal der Regierende Bürgermeister Berlins, Willy Brandt, 1961 Kanzlerkandidat, seit 1964 SPD-Vorsitzender, 1966 zum Bundesaußenminister ernannt wurde, bevor er 1969 als Bundeskanzler der sozialliberalen Koalition den endgültigen Kurswechsel durchsetzte. Wer die in den *Akten zur Auswärtigen Politik der Bundesrepublik Deutschland* für die Jahre 1963 bis 1972 veröffentlichten Dokumente studiert[23], erkennt einerseits, wie unablässig Berlin in diesen Jahren im Zentrum der deutschen Diplomatie stand, andererseits doch auch, wie unaufhaltsam sich die Revision bisheriger Deutschlandpolitik durchsetzte. Ein Hauptargument dafür war und blieb der geographisch, staatsrechtlich und völkerrechtlich absurde Status West-Berlins.

2. Angesichts des heftigen und gefährlichen Drucks während der Berlin-Krise zwischen 1958 und 1963, dessen Bedrohlichkeit aus heutiger Sicht nur noch schwer nachzuempfinden ist, gehört es zu den bis heute in ihrer Bedeutung nicht gewürdigten Leistungen Adenauers, daß er diesen Tendenzen vier Jahre lang mit Härte, List und Tücke widerstand. Dabei kamen nicht nur scharfe sowjetische Pressionen ins Spiel, sondern auch ein gleichfalls sehr fühlbarer Druck der USA und Großbritanniens, die auf verschiedensten Feldern auf bundesdeutsche Kompromißbereitschaft drängten. »Mourir pour Berlin?« hieß es damals, so wie man 1939 »Mourir pour Danzig?« gefragt hatte. Wie schon seit langem bekannt, hatte zwar auch Adenauer seine Kompromißpapiere, eine sogenannte »Burgfriedenlösung«, bei welcher die DDR für zehn Jahre unter der Bedingung der Gewährung größerer Freiheiten anerkannt worden wäre. Doch hat er diese Überlegun-

gen nie offen auf den Tisch gelegt, er konnte vielmehr 1963 im Wissen aus dem Amt scheiden, der Retter des freien Berlin zu sein – allerdings auch wohlwissend, daß ihm niemand dies dankte oder dieses Verdienst ehrlich anerkannte.

3. Doch so wie sich auf der Dramenbühne in Berlin nach dem 17. Juni 1953 Adenauers Erdrutschwahlsieg vorbereitete, führte der Mauerbau vom 13. August 1961 in Verbindung mit den unsicheren und kritikwürdigen Reaktionen des Bundeskanzlers zum Verlust der absoluten Mehrheit, die noch im Juli 1961 nach Aussage der Umfragen schon so gut wie sicher schien. Berlindramen waren somit 1953 und 1961 wahlentscheidend.

1989/1990

Mit der Modus-vivendi-Regelung von 1971 war die außenpolitische Dramenbühne Berlins gewissermaßen wie in einem großen Theater mit Drehbühne weitgehend beiseite geschoben. Erst 1989 wiederholte sich dann erneut die Konstellation der Jahre 1953 und 1961. Nach Öffnung der Mauer, der eine Öffnung auch weiterer Grenzübergänge entlang der Demarkationslinie zur DDR folgte, wurde innerhalb weniger Monate deutlich, daß ohne Abriegelung Berlins die Bundesrepublik wie ein Magnet wirkte: wirtschaftlicher Magnet, der eine nicht einzudämmende Übersiedelung zur Folge hatte, desgleichen politischer Magnet.

Ich verzichte hier darauf, die schon oft dargestellten Gründe zu erörtern, die am Abend und in der Nacht des 9. November 1989 zur Öffnung der Grenzübergänge in Berlin führten.[24] Offensichtlich schätzt es der Weltgeist, die Weltgeschichte mit Hilfe von Informationslücken, von festgezurrten Befehlssträngen und von Fernsehbildern voranzubewegen. Wenn Berlin irgendwann in der Geschichte der Bundesrepublik die Dramenbühne war, auf der das Schicksal ganz Deutschlands zur Aufführung gelangte, dann in der Nacht des 9. November 1989.

Die Studentenbewegung

Wie man weiß, haben sich die Psychodramen der buntscheckigen linksradikalen Studentenbewegung nicht allein in Berlin abgespielt. Doch ist zu bezweifeln, ob sich die Unruhe des »roten Jahrzehnts« (Gerd Koenen)[25] im Bundesgebiet so rasch wie ein Lauffeuer ausgebreitet hätte ohne die Medienaufmerksamkeit, die sich Mitte und Ende der sechziger Jahre immer noch auf die Dramenbühne Berlin richtete.

Manchmal kommen dann auch Zufälle ins Spiel. Ein Schah von Persien, der in seinem Land eine harte Herrschaft ausübt, besucht im Verlauf einer Staatsvisite in der Bundesrepublik selbstverständlich nicht Marburg oder Tübingen, sondern die »Frontstadt« Berlin, auch wenn damals schon gut bekannt ist, daß es an der FU seit einigen Monaten politisch grummelt. Als es dann zur seither alltäglich gewordenen, damals aber neuartigen Randale kommt mit entsprechend grobem Knüppeleinsatz der Polizei und persischer Hilfskräfte, bei dem am 2. Juni 1967 ein Student erschossen wird, transportieren das die E-Medien in jede Wohnstube, und die Bewegung hat ihren Märtyrer. Ein vergleichbarer Vorgang mit verstärkten Unruhen ereignet sich dann nochmals Ostern 1968 anläßlich des Attentats eines Schwachsinnigen auf Rudi Dutschke.

Weshalb eine derartige Bewegung gerade in Berlin im Inland und im Ausland weit überdurchschnittliche Aufmerksamkeit fand, versteht sich in gewisser Hinsicht von selbst – die Stadt war längst zu einem symbolischen Ort geworden.

Doch kamen dabei noch eine Reihe weiterer Berliner Spezifika zum Tragen.

Was man später die 68er-Bewegung nannte (in Deutschland ist das ganz offenkundig eine 67er-Bewegung), nahm bekanntlich seinen Ausgang bei vielen tausend Studierenden, ein paar Dutzend Assistenten und einer Handvoll Professoren, die von den Ideen eines utopischen Sozialismus entflammt waren. Teilweise dienten auch die Konzepte und Demonstrationsformen der bereits seit Mitte der sechziger Jahre an kalifornischen Universitäten aufgetretenen Protestbewegung als Vorbild. Soziologische und philosophische Seminare (vor allem in Frankfurt) und politologische Seminare und Institute (in Marburg, Frankfurt, Heidelberg und eben in Berlin) fungierten in dieser Frühphase als Inkubations-, Organisations- und Agitationszentren. Das größte, berühmteste und von den meisten Studenten besuchte Zentrum war das Otto-Suhr-Institut an der Berliner Freien Universität, ursprünglich stark mit amerikanischem Geld gefördert, teilweise mit Professoren ausgestattet, die aus amerikanischem und englischem Exil zurückgekehrt waren. An diesem Institut war nun zu beobachten, wie eine zum Zweck der Reedukation, doch auch zur ideellen Auseinandersetzung mit dem kommunistischen Totalitarismus gegründete Einrichtung nach rund zehnjährigem Bestehen in ihr Gegenteil umfunktioniert wurde. Was eben über den tiefen Wandel der Berliner Politik in bezug auf den Ost-West-Konflikt angesprochen wurde, vollzog sich hier in kleinerem Maßstab, aber viel extremer und unkontrollierbar.

Zu den Besonderheiten an der FU und hier wiederum ganz ausgeprägt am Otto-Suhr-Institut gehörte der vergleichsweise hohe Anteil an Studierenden, die aus der DDR geflüchtet waren – manche mit allzu hohen Erwartungen an die westliche Demokratie, manche trotz Ablehnung des »real existierenden Sozialismus« in der DDR doch noch in marxistischen, ausgeprägt antikapitalistischen und anti-imperialistischen Kategorien denkend und durchweg stark in dieser Idee lebend, manche auch pazifistisch (dies teilweise gleichfalls ein Reflex auf den kommunistisch legitimierten Militarismus in der DDR, in steigendem Maß aber auch, weil Studenten aus dem Bundesgebiet nach Berlin strömten, um sich hier der Wehrpflicht zu entziehen). Diese ganze Alterskohorte aber war eben nicht wie die große Mehrzahl sonstiger Studenten politisch eher apathisch, vielmehr hochgradig politisierbar. Und wie man damals schon wußte und wie dies spätestens nach Öffnung der DDR-Archive noch besser dokumentierbar ist[26], gab es unter den DDR-Flüchtlingen auch eine ganze Reihe kommunistischer U-Boote. Von Anfang an waren die SED-Apparate mit von der Partie. In West-Berlin existierte zudem noch die Besonderheit der SEW, die amtlich zugelassen war, naturgemäß östlich gesteuert wurde und sich zusehends in die anti-amerikanische und anti-kapitalistische Agitation einklinkte.

Zu den Berliner Besonderheiten gehörte aber auch eine anderswo so nicht spürbare Polarisierung zwischen einer zwar politisch ruhebedürftigen, teilweise spießigen, aber gegenüber dem Osten politisch sehr wachen Bevölkerung mit damals noch entsprechender politischer Führung und der linksradikalen Bewegung. Als beispielsweise im März 1968 40 000 Vietnamkriegsgegner aus den Berliner Universitäten, aus den Universitäten des Bundesgebiets und aus ganz Westeuropa nach West-Berlin strömten, um unter Ho-Ho-Ho-Tschi-Minh-Rufen gegen die USA zu demonstrieren, wurde das von einer übergroßen Mehrheit der Berliner als unverschämte Provokation der amerikanischen Schutzmacht kritisiert.[27] Die Berliner Polizei gehörte dabei gleichfalls zu den Besonderheiten der dortigen Dramenbühne. In West-Berlin gab es damals an die 10 000 Schutzpolizisten, 3000 Mann Bereitschaftspolizei, 1700 Angehörige der Kripo und 5000 freiwillige Polizeireservisten – eine sehr große Zahl also, sie alle dafür ausgebildet, mit einer von Ost-Berlin ausgehenden Masseninvasion von Agitatoren, die vor dem 13. August 1961 stets zu erwarten war, fertigzuwerden. Der in vielen rötlichen Farben schillernden linksradikalen Studentenbewegung stand also eine antikommunistische Bereitschaftstruppe gegenüber, geleitet von dem knallharten, antikommunistischen Innensenator Lipschitz, auch er ein einstmaliger Emigrant[28], der so wie mancher Konservative in der seinerzeitigen SPD seinen politischen Weg als ein linker Sozialdemokrat begonnen hatte.

So herrschte auf beiden Seiten Bürgerkriegsbereitschaft, der Prügelszenen war kein Ende – das alles ein Festessen für die Medien. Alle Beteiligten, die linken Aktivisten wie deren Gegner, begriffen Berlin immer noch als etwas Besonderes – Frontstadt im nach wie vor andauernden Kalten Krieg oder aber ein in Europa ganz einzigartiges Experimentierfeld, wo die Ideologien und Organisationsformen einer neuen Gesellschaft zu erproben waren.

Rudi Dutschke, zeitweise der Wortführer dieser Bewegung, ein alles in allem recht überschätzter Mann, sah Westberlin als »Zwischenstadt« zwischen Ost und West, als Zentralbühne des Ost-West-Konflikts[29], als ein »Hongkong« in Mitteleuropa (in dem von Großbritannien regierten Hongkong versuchten eben die von Peking dirigierten Roten Garden die Macht zu ergreifen[30] – allerdings erfolglos). So heckten Dutschke und seine Genossen einen »Machtergreifungsplan« aus, und schon wenige Wochen nach dem berühmten 2. Juni 1967 faselte er davon, es sei »nicht mehr übermütiger Irrsinn, in dieser Stadt die Machtfrage zu stellen und positiv zu beantworten«.

Das Medienecho war, wie gesagt, überwältigend. Da Berlin über 20 Jahre hinweg als Vorzeigestadt des freien Westens und eines kämpferischen Antikommunismus galt, mußte die von 1967 an jahrelang medial eindrucksvoll inszenierte anti-amerikanische Agitationskulisse in der gesamten Bundesrepublik um so stärker wirken.

Das hatte allerdings auch ein leicht vorhersehbares Resultat. West-Berlin wurde von jetzt an bei einer breiten Öffentlichkeit in Westdeutschland zusehends unpopulär, auch dann, als sich Anfang der siebziger Jahre die Aufregung zu legen begann, teils weil man sich in Berlin an den Krach gewöhnt hatte, teils weil die Berliner Polizei zu flexibleren Einsatztaktiken fand, teils auch, weil es der SPD in den Jahren der Regierung Brandt gelang, wenigstens einen Teil der Protestbewegung politisch einzufangen – dies allerdings mit der Folge, daß in der Berliner SPD, die seit der

Blockade vom rechten SPD-Flügel dominiert wurde, der linke Parteiflügel zusehends mächtiger wurde mit entsprechendem Sympathieverlust bei den Wählern.

Berlin: Skandal- und Korruptionsbühne

Der vor allem von den Blättern des Springer-Konzerns, den die Linke von Anfang an als Buhmann erkoren hatte, sehr kritisch beobachtete Linksruck der SPD verband sich jetzt mit Problemen, die fast zwangsläufig auftreten, wenn sich eine Partei zu lange an der Macht befindet.

Von Anfang an war West-Berlin ein Subventions-Eldorado gewesen mit überbesetztem öffentlichen Dienst, überbesetzter Theaterszene und überbesetzten Universitäten. Subvention führt aber fast zwangsläufig zu politischer Korruption; werden erst einmal Einzelfälle ans Licht gezerrt (1975 der Skandal um den »Steglitzer Kreisel«, 1980 der Garski-Skandal), so diskreditiert das natürlich rasch die darin verwickelten Parteien. Später sollte das auch die CDU beim Scheitern der Großen Koalition unter Diepgen erfahren.

Ohnehin waren die Berliner Parteien bekanntermaßen innerparteilich überdurchschnittlich zerstritten; das galt ganz besonders für die SPD. Daß sich innerparteiliche Flügelkämpfe weltweit zumeist ganz zwangsläufig mit Korruption verbinden, wobei die jeweils verfeindeten Parteiflügel einander beim Aufdecken von Skandalen zerfleischen, gehört zum Proseminarwissen politologischer Studiengänge und war damals auch in Berlin zu beobachten.

Ein Sonderproblem, das wiederum in Berlin früher und sichtbarer auftrat, war die zunehmend bunte und von der Bevölkerung kritisierte »Szene« (Hausbesetzerszene, auch die Türkenszene in Kreuzberg).

Für das Image am problematischsten war aber, daß West-Berlin in der Bundesrepublik, doch auch von einer großen Mehrzahl der Berliner Wähler als Krawallmetropole verachtet wurde. So kam es beispielsweise am Palmsonntag, 12. April 1981, auf dem Kurfürstendamm wieder einmal zu schweren Ausschreitungen, gegen welche die Polizei aber nun nur noch mit großer Zaghaftigkeit einschritt. Denn die politische Linksentwicklung in der Berliner SPD hatte auch zu einem Kurswechsel bei Polizeieinsätzen geführt, zur sogenannten »Berliner Linie«, bei der man mit Krawallisten diskutierte, statt sie physisch zur Räson zu bringen – unter Inkaufnahme von erheblichem Sachschaden an Autos und an Schaufenstern. Der Wahlkampf Hans-Jochen Vogels ist damals durch die Palmsonntagskrawalle ruiniert worden mit der Folge eines großen Wahlerfolgs der CDU mit Richard von Weizsäcker.[31]

Kurz, die Probleme deutscher Großstädte in den späten siebziger und den achtziger Jahren wirkten in West-Berlin besonders explosiv und wurden im Bundesgebiet besonders kritisch wahrgenommen, weil Berlin als einstige Frontstadt im Kalten Krieg inzwischen als Experimentierfeld der Entspannung weiterhin höhere Aufmerksamkeit auf sich zog als etwa Frankfurt oder Hamburg, wo durchaus vergleichbare Probleme auftraten mit vergleichbarer Reaktion der Wähler.

Seit Beginn der Berliner Studentenunruhen war in Westdeutschland, wie eben erwähnt, während der späten sechziger und frühen siebziger Jahre eine zunehmend gereizte Anti-Berlin-Stimmung entstanden. Das verstärkte sich nun. Zudem war Berlin (West) ein Stadtstaat, so daß Wahlergebnisse mit nachfolgendem Regierungswechsel anders als etwa in Frankfurt, Köln oder München stärkere Beachtung fanden.

Zum Schluß deshalb noch ein Blick auf das Berlin-Image, das bei Umfragen im Bundesgebiet zu erkennen war.

Seit 1953 beispielsweise stellte Allensbach immer wieder dieselbe Frage: *Was denken Sie so über die Berliner?*[32]

Die Antworten sind aufschlußreich:

Überwiegend positiv:	Juni 1953: 51 %	Juli 1959: 58 %	April 1978: 41 %
ambivalent:	Juni 1953: 16 %	Juli 1959: 9 %	April 1978: 23 %
Überwiegend negativ:	Juni 1953: 19 %	Juli 1959: 12 %	April 1978: 13 %

Schließlich noch ein letztes Umfrageergebnis. Es illustriert deutlicher als alles andere, wie rasch die Bevölkerung in ihrer Mehrheit dramatische Vorgänge vergißt. 1981 stellte Allensbach die Frage: *Vor 20 Jahren, am 13. August 1961, ist in Deutschland etwas Wichtiges geschehen. Wissen Sie zufällig noch, was das war?*

Richtige Antwort (Errichtung der Berliner Mauer)

Juli 1981:	52 %
Vage Antwort	2 %
Falsche Angabe	2 %
Keine Angabe, weiß nicht	44 %

Verständlicherweise waren die Weiß-nicht-Antworten bei den 16–19 Jahre alten Befragten mit 52 % am höchsten. Doch auch bei denen, die 60 Jahre und älter waren, sagten 43 % »Weiß nicht«.

Soviel zum Thema »Die Dramenbühne Berlin in der undramatischen Geschichte der Bundesrepublik Deutschland«. Man erkennt, wie rasch in unserer von zahllosen Reizen überfluteten Spaßgesellschaft selbst ganz große menschliche und nationale Tragödien, zu denen der Mauerbau am 13. August 1961 doch zweifellos gehört, bei vielen recht schnell aus dem Gedächtnis verschwinden. Das menschliche Gehirn ist offenbar darauf trainiert, mit politischen oder auch anderen Dramen fertigzuwerden, indem es sie einfach vergißt. Für den Historiker ist diese Erkenntnis schmerzlich, für den um politische Bildung Besorgten bedenklich, für den Psychologen und Menschenkenner aber nicht weiter erstaunlich.

Anmerkungen

Karl-Joachim Hölkeskamp:
Die Schlacht von Marathon – Strandscharmützel
oder Geburtsschrei Europas?

1 Der folgende Text ist eine aktualisierte, gekürzte und sparsam dokumentierte Fassung meines Beitrages »Marathon – vom Monument zum Mythos«, in: D. Papenfuß, V. M. Strocka (Hgg.), Gab es das Griechische Wunder? Griechenland zwischen dem Ende des 6. und der Mitte des 5. Jahrhunderts v. Chr., 2001, 329–353. Generell grundlegend für das Thema sind die Arbeiten von M. Flashar, Die Sieger von Marathon – Zwischen Mythisierung und Vorbildlichkeit, in: ders., H.-J. Gehrke, E. Heinrich (Hgg.), Retrospektive. Konzepte von Vergangenheit in der griechisch-römischen Antike, 1996, 63–85; H.-J. Gehrke, Marathon (490 v. Chr.) als Mythos: Von Helden und Barbaren, in: G. Krumeich, S. Brandt (Hgg.), Schlachtenmythen. Ereignis – Erzählung – Erinnerung, 2003, 19–32; J. Wiesehöfer, »Griechenland wäre unter persische Herrschaft geraten...«. Die Perserkriege als Zeitenwende?, in: S. Bellmer, H. Brinkhaus (Hgg.), Zeitenwenden. Historische Brüche in asiatischen und afrikanischen Gesellschaften, 2002, 209–227. Auf diese Titel und die dort dokumentierten Quellenbelege und Literaturangaben wird in der Folge regelmäßig verwiesen. Vgl. zur Geschichte des Ortes zuletzt H. R. Goette, Th. M. Weber, Marathon. Siedlungskammer und Schlachtfeld – Sommerfrische und Olympische Wettkampfstätte, 2004, mit Abbildungen und weiteren Nachweisen. Die Jahresangaben verstehen sich v. Chr.

2 Geschichte der Kriegskunst im Rahmen der politischen Geschichte, Erster Teil: Das Altertum, (zuerst 1908) 1920, 63.

3 Marathon und die persische Politik (1951), in: F. Schachermeyr, Forschungen und Betrachtungen zur griechischen und römischen Geschichte, 1974, 85–119, insbesondere 92; 97; 112; 118f.; ders.,

Die Sieger der Perserkriege. Große Persönlichkeiten zwischen Beifall und Mißgunst. Zur Problematik des geschichtlichen Erfolges, 1974, 21; 22ff.; ders., Griechische Geschichte. Entwicklung und Zusammenbruch, 1980, 146f.

4 Griechische Geschichte von den Anfängen bis in die römische Kaiserzeit, 5. Aufl. 1977, 165; ders., Griechische Staatsmänner des 5. und 4. Jahrhunderts v. Chr., 1983, 21; 43; 44f. Vgl. dazu und zum folgenden Wiesehöfer, Perserkriege (Anm. 1) 217ff.

5 G. W. F. Hegel, Vorlesungen über die Philosophie der Weltgeschichte. Vollständige neue Ausgabe von G. Lasson, III. Band: Die griechische und die römische Welt, 1923, 616ff., insbesondere 619. Vgl. dazu Flashar, Marathon (Anm. 1) 74ff., der weitere Beispiele und Belege zusammengetragen hat; Gehrke, Marathon (Anm. 1) 26f.

6 Griechische Geschichte (Anm. 4) 165; 180f.

7 J. F. C. Fuller, A Military History of the Western World, new ed. 1988, 25.

8 Herodot 6, 105–117 (Herodot, Historien, Bd. I–II. Griechisch-deutsch. Hg. von J. Feix, 5. Aufl. 1995). Vgl. dazu J. A. S. Evans, Herodotus and the Battle of Marathon, in: Historia 42, 1993, 279–307; Flashar, Marathon (Anm. 1) 67f. mit weiteren Nachweisen in den Anm.

9 Vgl. Hölkeskamp, Marathon (Anm. 1) 331ff.; Wiesehöfer, Perserkriege (wie Anm. 1) 223ff., beide mit Nachweisen der Forschungsliteratur der letzten Jahrzehnte.

10 Vgl. dazu M. Zahrnt, Der Mardonioszug des Jahres 492 v. Chr. und seine historische Einordnung, in: Chiron 22, 1992, 237–279, hier 260ff.

11 Vgl. dazu Flashar, Marathon (Anm. 1) 72f.: N. A. Doenges, The Campaign and Battle of Marathon, in: Historia 47, 1998, 1–17, hier 4ff.

12 Vgl. dazu und zum folgenden zuletzt Doenges, Campaign (Anm. 11) 6ff. mit weiterer Literatur.

13 Collected Poems (1914–1947), 1948, 210: »Truth-loving Persians do not dwell upon/The trivial skirmish fought near Marathon«.

14 Th. Mommsen, Reden und Aufsätze, 1905, 123f.; 129 (Akademische Festrede zum 20. März 1884).

15 Herodot 7, 141–143. Vgl. die übrigen Belege bei J. Fontenrose, The Delphic Oracle. Its Responses and Operations, 1978, 124ff.; 316f.

16 Vgl. dazu J. Assmann, Kollektives Gedächtnis und kulturelle Iden-

tität, in: ders., T. Hölscher (Hgg.), Kultur und Gedächtnis, 1988, 9–19; ders., Das kulturelle Gedächtnis. Schrift, Erinnerung und politische Identität in frühen Hochkulturen, 1992, 48ff. und passim; ders., Religion und kulturelles Gedächtnis, 2000.
17 Vgl. dazu auch H.-J. Gehrke, Mythos, Geschichte und kollektive Identität. Antike exempla und ihr Nachleben, in: D. Dahlmann, W. Potthoff (Hgg.), Mythen, Symbole und Rituale. Die Geschichtsmächtigkeit der Zeichen in Südosteuropa im 19. und 20. Jahrhundert, 2000, 1–24; ders., Myth, History, and Collective Identity: Uses of the Past in Ancient Greece and Beyond, in: N. Luraghi (Ed.), The Historian's Craft in the Age of Herodotus, 2001, 286–313.
18 Herodot 7, 228, 1ff.
19 Plutarch, Aristeides 21, 1ff. (Plutarch, Große Griechen und Römer, Bd. Iff., eingeleitet und übersetzt von K. Ziegler, 1954). S. dazu K.-W. Welwei, Heroenkult und Gefallenenehrung im antiken Griechenland, in: G. Binder, H. Effe (Hgg.), Tod und Jenseits im Altertum, 1991, 50-70, hier 55ff.; 61f.; A. Chaniotis, Gedenktage der Griechen. Ihre Bedeutung für das Geschichtsbewußtsein griechischer Poleis, in: J. Assmann, Th. Sundermeier (Hgg.), Das Fest und das Heilige. Religiöse Kontrapunkte zur Alltagswelt, 1991, 123–145, hier 128ff.
20 Vgl. das bei Plutarch (Themistokles 8, 2) zitierte Pindar-Fragment sowie Pindars Erste Pythische Ode, Z. 75ff. und die Fünfte Isthmische Ode, Z. 48ff. (Pindar, Siegeslieder. Griechisch-deutsch, hg. übersetzt und eingeleitet von D. Bremer, 1992).
21 Aischylos, Perser 473ff. (vgl. auch 236ff.), sowie dann 780f. Aischylos, Tragödien und Fragmente. Hg. und übersetzt von O. Werner, 1969)
22 M. Weber, Wirtschaft und Gesellschaft. Grundriß der verstehenden Soziologie, 5. rev. Aufl., 1976, 809f., vgl. 744; 771; 804f. u.ö.
23 Vgl. dazu und zum Folgenden W. Gauer, Weihgeschenke aus den Perserkriegen, 1968; weitere Literatur bei Hölkeskamp, Marathon (Anm. 1) 337f. mit Anm. 42.
24 Nachweise bei Hölkeskamp, Marathon (Anm. 1) 338 mit Anm. 45.
25 Vgl. generell jetzt T. Hölscher, Feindwelten – Glückswelten: Perser, Kentauren und Amazonen, in: ders. (Hg.), Gegenwelten zu den Kulturen Griechenlands und Roms in der Antike, 2000, 287–320.
26 S. Herodot 6, 105, 1ff. und Pausanias 1, 28, 4 (Pausanias, Beschreibung Griechenlands, Bd. I – II. Übersetzt und mit einer Einlei-

tung und Anmerkungen versehen von E. Meyer, (1954) 1967 – gekürzt).
27 Geschichte des Peloponnesischen Krieges. Eingeleitet und übertragen von G. P. Landmann, 1960.
28 Pausanias 1, 32, 3–4.
29 Belege und Literatur bei Hölkeskamp, Marathon (Anm. 1) 341 mit Anm. 63.
30 Pausanias 1, 15, 1ff. Vgl. dazu grundlegend T. Hölscher, Griechische Historienbilder des 5. und 4. Jahrhunderts v. Chr., 1973, 50ff.; 78ff. und neuerdings H. Th. Grütter, Die athenische Demokratie als Denkmal und Monument: Überlegungen zur politischen Ikonographie im 5. Jh. v. Chr., in: W. Eder, K.-J. Hölkeskamp (Hgg.), Volk und Verfassung im vorhellenistischen Griechenland, 1997, 113–132, hier 117ff. mit weiteren Nachweisen.
31 Vgl. dazu grundlegend E. Stein-Hölkeskamp, Kimon und die athenische Demokratie, in: Hermes 127, 1999, 145–164.
32 Vgl. zu den Handlungsspielräumen athenischer Aristokraten in der Demokratie generell E. Stein-Hölkeskamp, Adelskultur und Polisgesellschaft. Studien zum griechischen Adel in archaischer und klassischer Zeit, 1989, 205ff.; dies. Kimon (Anm. 31) 157ff.; 161f. S. auch Gehrke, Marathon (Anm. 1) 21f.
33 Isokrates 4, 85 u. ö. (Übersetzung: Isokrates, Sämtliche Werke, Bd. I – II, übersetzt von Ch. Ley-Hutton, eingeleitet und erläutert von K. Brodersen, 1993, 1997).
34 Vgl. dazu und zum folgenden Hölkeskamp, Marathon (Anm. 1) 345f. mit den Anm. 91–93.
35 Herodot 9, 27,5, vgl. 6, 112, 3; 7, 10b und 139,5; Thukydides 1, 73, 4, vgl. 6, 83, 2.
36 Belege und Literatur bei Hölkeskamp, Marathon (Anm. 1) 346 mit Anm. 95.
37 Herodot 9, 27, 1ff.; Thukydides 1, 72ff.
38 Vgl. dazu Stein-Hölkeskamp, Kimon (Anm. 31) 147ff.; 156f. (dort auch die ältere Literatur).
39 Herodot 7, 161, 3; Plutarch, Kimon 7, 1ff. Vgl. die weiteren Nachweise bei Hölkeskamp, Marathon (Anm. 1) 348 mit Anm. 104.
40 Isokrates 4, 83, 85–87, 91ff. und 99; 5, 129 und 147; 12, 195; 16, 27; Demosthenes 18, 208; 23, 198; 60, 10f. Vgl. dazu Flashar, Marathon (Anm. 1) 70f.
41 Die Acharner 692ff.; Die Ritter 781ff. (Aristophanes, Sämtliche Ko-

mödien. Übertragen von L. Seeger..., 1968). Vgl. die weiteren Belege bei Hölkeskamp, Marathon (Anm. 1) 349 mit Anm. 107 und dazu Gehrke, Marathon (Anm. 1) 23.
42 Vgl. dazu Flashar, Marathon (Anm. 1) 71f.; Gehrke, Marathon (Anm. 1) 24f.

Martin Jehne
Über den Rubicon: Caesars Eröffnung des römischen Bürgerkrieges am 10. Januar 49 v. Chr.

1 Sueton, Caesar 31,1; Plutarch, Caesar 32,4. – Allgemein zu Caesar vgl. vor allem die grundlegende wissenschaftliche Biographie von M. Gelzer, Caesar. Der Politiker und Staatsmann, [6]1960 (unter Aufarbeitung der gesamten Quellenüberlieferung) und die hoch reflektierte und glänzend geschriebene Darstellung von Chr. Meier, Caesar, [3]1996. Meine eigene Sichtweise habe ich in einem kleinen Buch für ein breiteres Publikum dargelegt: M. Jehne, Caesar, [3]2004. Zum Verständnis der besonderen Situation der römischen Republik in der caesarischen Zeit ist grundlegend Chr. Meier, Res publica amissa. Eine Studie zu Verfassung und Geschichte der späten römischen Republik, [2]1980.
2 Sueton, Caesar 31,1; Plutarch, Caesar 32,3; Appian, bellum civile 2,35 (137).
3 Plutarch, Caesar 32,4. Nach Appian, bellum civile 2,35 (138) gab Caesar vor, er fühle sich nicht wohl, aber auch hier wird in seiner Abwesenheit weitergefeiert.
4 Sueton, Caesar 31,2; Plutarch, Caesar 32,5.
5 Plutarch, Caesar 32,5.
6 Sueton, Caesar 31,2.
7 Zur umstrittenen Lokalisierung des Rubicon vgl. den knappen Überblick bei N. Bertl, Il Rubicone, confine religioso e politico, e l'inizio della guerra civile tra Cesare e Pompeo, in: M. Sordi (Hg.), Il confine nel mondo classico (Contributi dell'Istituto di Storia Antica 13), 1987, 212 f.
8 So Sueton, Caesar 31,2. Nach Plutarch, Caesar 32,1-3 war eine Truppe Caesars schon unter dem Kommando des Hortensius nach Ariminum vorausgeschickt worden, was durchaus wahrscheinlich ist. Doch wird Caesar wohl kaum gänzlich ohne Bedeckung über

den Rubicon einmarschiert sein, andererseits konnte er nur unbemerkt aus Ravenna abreisen, wenn er nicht ein paar hundert Soldaten dabeihatte. Von daher macht es durchaus Sinn, daß ihn eine kleinere Abteilung am Rubicon erwartete (gegen G. Dobesch, Einige merkwürdige Überlieferungen über Caesar, in: Nachrichtenblatt der Archäologischen Gesellschaft Steiermark 1-2 [1999], 49 Anm. 134).

9 Sueton, Caesar 31,2: *etiam nunc, inquit, regredi possumus; quod si ponticulum transierimus, omnia armis agenda erunt.*
10 Sueton, Caesar 32: *tunc Caesar: eatur, inquit, quo deorum ostenta et inimicorum iniquitas vocat. Alea iacta est, inquit.*
11 Zur Version Plutarchs vgl. vor allem Dobesch, Überlieferungen (wie Anm. 8) 20-26, der argumentiert, daß Plutarchs Darstellung auf den Zeitgenossen Asinius Pollio zurückgeht.
12 Plutarch, Caesar 32,7. Vgl. Dobesch, Überlieferungen (wie Anm. 8) 22 f.
13 Als Inkarnation des Apollo deuten den Musiker L. Herrmann, Le prodige du Rubicon, in: Revue des Études Anciennes 37 (1935), 435-437; Berti, Rubicone (wie Anm. 7) 217. T. P. Wiseman, Crossing the Rubicon, and Other Dramas, in: Scripta Classica Israelica 15 (1996), 153 plädiert für Pan.
14 Lucan, Pharsalia 1,185-203. Vgl. zu Lucans Version u. a. R. A. Tucker, What actually Happened at the Rubicon?, in: Historia 37 (1988), 245-248 (im Vergleich zur sonstigen Tradition).
15 Lucan, Pharsalia 1,522-695; vgl. dazu Berti, Rubicone (wie Anm. 7) 221-231.
16 Vgl. für eine Abfassungszeit bis Sommer 47 knapp M. Jehne, Caesar und die Krise von 47 v. Chr., in: G. Urso (Hg.), L'ultimo Cesare. Scritti riforme progetti poteri congiuri. Atti del convegno internazionale, Cividale del Friuli, 16-18 settembre 1999, 2000, 164-169 (mit der älteren Literatur). Außerdem R. T. Macfarlane, *Ab inimicis incitatus*: On Dating the Composition of Caesar's *Bellum Civile*, in: Syllecta classica 7 (1996), 107-132, der für eine abschnittweise Komposition parallel zu den Ereignissen plädiert und begründet, der erste Teil (bellum civile 1,1-33) sei noch vor dem Aufbruch nach Spanien im April 49 entstanden und gleich publiziert worden.
17 Caesar, bellum civile 1,6,1-8,1.
18 Caesar, bellum civile 1,7,8: *conclamant ... milites ... sese paratos esse imperatoris sui tribunorumque plebis iniurias defendere.*

19 Zu den Wirkungsabsichten hinter Caesars *bellum civile* vgl. knapp Jehne, Krise von 47 (wie Anm. 16) 165–169.
20 Caesar selbst berichtet, daß die Tribunen erst in Ariminum, also nach dem Einmarsch, zu ihm stießen (bellum civile 1,8,1), doch er behauptet, seine Kriegsrede an die Truppe schon in Ravenna gehalten zu haben (bellum civile 1,7,1–8,1; vgl. auch Appian, bellum civile 2,33 [133]), während dies nach Cassius Dio 41,4,1; Lucan, Pharsalia 1,231–396; Sueton, Caesar 33 erst in Ariminum geschah. Für die Korrektheit der Chronologie bei Lucan tritt A. F. Wensler, Lucan und Livius zum Januar 49 v. Chr. Quellenkundliche Beobachtungen, in: Historia 38 (1989), 251–253 ein.
21 Das Überraschungsmoment als bewußtes Kalkül Caesars und die dazu notwendige Geheimhaltung betonen Sueton, Caesar 31,1; Plutarch, Caesar 32,1–3; Pompeius 60,1 f.; Appian, bellum civile 2,33 (137).
22 Vgl. Berti, Rubicone (wie Anm. 7) 218. Zum Werk des Oppius (und vermutlichen Spuren bei Plutarch, Sueton und anderen) G. B. Townend, C. Oppius on Julius Caesar, in: American Journal of Philology 108 (1987), 325–342. Daß die Darstellung des Balbus hinter der recht caesarfreundlichen Präsentation bei Sueton steht, hält Dobesch, Überlieferungen (wie Anm. 8) 49 Anm. 131 für möglich.
23 Vgl. Berti, Rubicone (wie Anm. 7) 218; für Plutarch auch oben Anm. 11. Zu Asinius Pollio z. B. J. André, La vie et l'œuvre d'Asinius Pollion, 1949; G. Zecchini, Asinio Pollione: Dall'attività politica alla riflessione storiografica, in: Aufstieg und Niedergang der römischen Welt II 30.2 (1982), 1265–1296.
24 Vgl. Wiseman, Rubicon (wie Anm. 13) 152–158.
25 Die nachfolgend referierten Ereignisse sind allgemein bekannt. Für eine gute Darstellung der Entwicklungen der späten römischen Republik vgl. K. Christ, Krise und Untergang der späten römischen Republik, [3]1996; speziell zur Gewalt A. W. Lintott, Violence in Republican Rome, 1968; W. Nippel, Aufruhr und »Polizei« in der römischen Republik, 1988.
26 Vgl. H. Strasburger, Caesar im Urteil seiner Zeitgenossen (1953), [2]1968.
27 Horaz, carmina 2,1,1–8.
28 Vgl. zu den Neuregelungen J. Murphy, Pompey's Eastern *Acta*, in: Ancient History Bulletin 7 (1993), 136–142; A. N. Sherwin-White, Roman Foreign Policy in the East 168 B.C. to A. D. 1, 1984, 226–234; 257–259; R. M. Kallet-Marx, Hegemony to Empire. The Devel-

opment of the Roman *Imperium* in the East from 148 to 62 B. C., 1995, 323-334.
29 Vgl. Chr. Meier, Pompeius' Rückkehr aus dem Mithridatischen Kriege und die Catilinarische Verschwörung, in: Athenaeum 50 (1962), 103-125.
30 Dabei tat sich besonders Pompeius' Vorgänger im Kampf gegen Mithradates hervor, L. Licinius Lucullus, der in Pompeius denjenigen sah, der ihm den Sieg im Osten gestohlen hatte, und jetzt ein Wortführer des gegen Pompeius gerichteten Kurses war (vgl. Cassius Dio 37,49,3-50,1; Appian, bellum civile 2,9 [31 f.]; Velleius Paterculus 2,40,5; Plutarch, Lucullus 42,5 f.).
31 M. Pupius Piso 61 und L. Afranius 60 verdankten ihre Consulate wesentlich der Unterstützung des Pompeius, ohne daß sie seine Interessen wesentlich fördern konnten, vgl. dazu R. S. Williams / B. P. Williams, Cn. Pompeius Magnus and L. Afranius: Failure to Secure the Eastern Settlement, in: Classical Journal 83 (1988), 198-206.
32 Eine von Pompeius unterstützte *rogatio* des Tribunen L. Flavius über Landverteilungen scheiterte 60 (Cicero, ad Atticum 1,18,6; 19,4; 2,1,6; Plutarch, Caesar 31,2; Cassius Dio 37,50,1-6). P. Panitschek, Die Agrargesetze des Jahres 59 und die Veteranen des Pompeius, in: Tyche 2 (1987), 141-154 bezweifelt allerdings, daß Pompeius 60/59 sonderlich von der Frage bewegt war, wie er seine Veteranen versorgen könne, und daß diese Veteranen der Hauptmotor für Caesars Siedlungsgesetze gewesen seien.
33 Zu Caesars Karriere bis zum 1. Consulat vgl. neben den oben in Anm. 1 zitierten Biographien vor allem H. Strasburger, Caesars Eintritt in die Geschichte (1938), in: ders., Studien zur Alten Geschichte I, 1982, 181-327.
34 Plutarch, Caesar 13,3 f.; Appian, bellum civile 2,9 (33); Sueton, Caesar 19,2; Livius, periocha 103; Velleius Paterculus 2,44,1 f.; Florus 2,13,9-11. Die Bezeichnung »Erstes Triumvirat« ist in der Moderne allgemein verbreitet, taucht aber so in den Quellen nicht auf. Der Terminus nimmt Bezug auf das sog. »Zweite Triumvirat", das Caesars Adoptivsohn Octavian, M. Antonius und M. Aemilius Lepidus im Jahr 43 miteinander vereinbarten. Doch ist dieses Triumvirat strukturell etwas anderes, weil es durch einen Volksbeschluß zu einem regelrechten Amt mit sehr weitreichenden Vollmachten erhoben wurde, d. h. diese drei trugen seit 43 für fünf

Jahre die Amtsbezeichnung *triumviri rei publicae constituendae* (Dreimännerkollegium zur Befestigung des Staates), während es sich bei der Vereinbarung von 60/59 um eine informelle Absprache dreier Privatmänner handelte, in der Politik miteinander zu kooperieren.

35 Die Forderungen der Steuerpächter: Cicero, ad Atticum 1,17,9; 2,1,8; de officiis 3,88; Sueton, Caesar 20,3; Appian, bellum civile 2,13 (47 f.); Cassius Dio 38,7,4; vgl. zum Hintergrund E. Badian, Zöllner und Sünder. Unternehmer im Dienst der römischen Republik (engl. 1972), 1997, 134–143.

36 Sueton, Caesar 19,1.

37 Cassius Dio 38,2,1–3,3; Plutarch, Caesar 14,1–3.

38 Plutarch, Caesar 14,9; Pompeius 48,2; Cato minor 32,3 f.; Lucullus 42,6; Appian, bellum civile 2,11 (38–41); Dio 38,6,1–3; Sueton, Caesar 20,1; Cicero, in Vatinium 5; 22.

39 Zur *lex Vatinia de provincia Caesaris* vgl. Gelzer, Caesar (wie Anm. 1) 77 f. (mit den Quellen).

40 Es ist nicht klar überliefert, daß all diese Projekte tatsächlich *leges Iuliae*, also Gesetze Caesars, waren, gerade für die Ratifizierung der *acta* des Pompeius (vgl. Appian, bellum civile 2,13 [46]; Plutarch, Pompeius 48,4; vgl. aber Cassius Dio 38,7,5) wird auch eine *lex Vatinia* vermutet, vgl. L. G. Pocock, *Lex de actis Cn. Pompeii confirmandis: lex Iulia or lex Vatinia?*, in: CQ 19 (1925), 16–21; Murphy, Pompey's Eastern *Acta* (wie Anm. 28) 137; 141 (der im übrigen meint, es sei sehr viel Materie für ein einziges Gesetz). Doch ist kaum vorstellbar, daß sich Caesar die Urheberschaft hätte aus der Hand nehmen lassen; er wollte natürlich selber *auctor* des Gesetzes sein, auf das es Pompeius primär ankam, und sich so den großen Feldherrn intensiver verpflichten.

41 Das wurde offen betont, wie der Ausspruch des M. Livius Drusus (Volkstribun 122, Consul 112) zeigt, daß jeden, der der *res publica* Gewalt angetan habe, die Strafe dafür ereilt habe, Cicero, orator 213 f.: *O Marce Druse, patrem appello ... tu dicere solebas sacram esse rem publicam ... quicumque eam violavissent, ab omnibus esse ei poenas persolutas ...*

42 Ti. Gracchus hatte betont, daß der Volkstribun dazu da sei, die Rechte des Volkes zu verteidigen; wer dies nicht tue, sei überhaupt kein Volkstribun (Plutarch, Ti. Gracchus 15,1–9).

43 Cicero, de provinciis consularibus 46: *... cum ab illis aliquotiens*

condicio C. Caesari lata sit ut easdem res alio modo ferret, qua condicione auspicia requirebant, leges comprobabant, ...
44 Cicero, de domo sua 40. Zur Annullierung von fehlerhaft durchgebrachten Gesetzen durch den Senat vgl. K. Heikkilä, *Lex non iure rogata*: Senate and the Annulment of Laws in the Late Republic, in: Senatus populusque Romanus. Studies in Roman Legislation (Acta Instituti Romani Finlandiae 13), 1993, 117-142.
45 Chr. Meier, Das Kompromiss-Angebot an Caesar i. J. 59 v. Chr., ein Beispiel senatorischer ›Verfassungspolitik‹, in: Museum Helveticum 32 (1975), 197-208.
46 Ebd. 204.
47 Die Übertragung der Narbonensis an Caesar geschah per Senatsbeschluß auf Antrag des Pompeius, nachdem der dortige Statthalter Metellus Celer überraschend gestorben war, Sueton, Caesar 22,1; Cicero, ad Atticum 8,3,3.
48 Zu den Verbindungen zwischen den Militäraktionen in Gallien und der römischen Innenpolitik vgl. vor allem U. Maier, Caesars Feldzüge in Gallien (58-51 v. Chr.) in ihrem Zusammenhang mit der stadtrömischen Politik (Saarbrücker Beiträge zur Altertumskunde 29), 1978.
49 Vgl. Chr. Meier, Caesars Bürgerkrieg, in: ders., Entstehung des Begriffs ›Demokratie‹. Vier Prolegomena zu einer historischen Theorie (edition suhrkamp 387), 1970, 118-126; K. Raaflaub, Dignitatis contentio. Studien zur Motivation und politischen Taktik im Bürgerkrieg zwischen Caesar und Pompeius (Vestigia 20), 1974, bes. 143-152.
50 Vgl. Meier, Caesars Bürgerkrieg (wie Anm. 49) 112-118. W. Will, Julius Caesar. Eine Bilanz, 1992, 179-182 vertritt die Ansicht, Caesaranhänger wie Caesargegner seien durch hohe Verschuldung in den Bürgerkrieg getrieben worden, der ihre einzige Chance zur Sanierung der Finanzen gewesen sei.
51 Römische Politiker genossen während der Ausübung von Ämtern und Funktionen des Staates in der Regel Immunität vor Anklagen.
52 Wie D. Timpe, Die Bedeutung der Schlacht von Carrhae, in: Museum Helveticum 19 (1962), 104-114 dargelegt hat, ist die Niederlage des Crassus bei Carrhae 53 v. Chr. für die Römer keineswegs zu einem Trauma geworden oder als ein Ereignis empfunden worden, für das man möglichst bald an den Siegern Rache nehmen sollte; aber natürlich bot die beachtliche militärische Macht der Parther

und ihr großer Sieg in der Schlacht genügend Stoff, um ein römisches Eingreifen für notwendig zu erklären, und das war das Material, aus dem ein geschickter Propagandist wie Caesar, der auf der Suche nach einem weiteren spektakulären Auftrag war, ein großes Kommando hätte formen können. Das Dakerreich des Burebista scheint 49/48 noch in Expansion begriffen gewesen zu sein (vgl. G. Dobesch, Zur Chronologie des Dakerkönigs Burebista, in: R. Göbl, Die Hexadrachmenprägung der Groß-Boier. Ablauf, Chronologie und historische Relevanz für Noricum und Nachbargebiete, 1994, 51-68), doch reichte diese Machtbildung schon aus für die Konstruktion eines Bedrohungsszenarios.

53 D. R. Shackleton Bailey, Cicero's Letters to Atticus I, 1965, 38-40; E. S. Gruen, The Last Generation of the Roman Republic, 1974, 494 f. haben die Ansicht vertreten, Caesar habe gar keinen Prozeß gefürchtet und schon gar keine Verurteilung, doch sind die Argumente überzeugend entkräftet worden von R. J. Rowland Jr., Caesar's fear of prosecution in 49 B.C., in: Liverpool Classical Monthly 2 (1977) 165 f.; vgl. auch Raaflaub, Dignitatis contentio (wie Anm. 49) 144-147; P. A. Brunt, Cicero's *officium* in the Civil War, in: Journal of Roman Studies 76 (1986), 17 f.; K. M. Girardet, Caesars Konsulatsplan für das Jahr 49: Gründe und Scheitern, in: Chiron 30 (2000), 686 f.; 707 f.; G. R. Stanton, Why did Caesar cross the Rubicon?, in: Historia 52 (2003), 67-94. Bezeichnend ist der von Asinius Pollio kolportierte Ausspruch Caesars auf dem Schlachtfeld von Pharsalos nach seinem blutigen Sieg, Sueton 30,4: *hoc voluerunt; tantis rebus gestis Gaius Caesar condemnatus essem, nisi ab exercitu auxilium petissem* (vgl. Plutarch, Caesar 46,1 f.). Gegen die Historizität allerdings C. T. H. R. Ehrhardt, Crossing the Rubicon, in: Antichthon 29 (1995), 30-36, doch wie Stanton (s. o.) gezeigt hat, gibt es so viele Hinweise auf Caesars Gefühl, einen Prozeß fürchten zu müssen, daß jedenfalls der Inhalt des Ausspruchs glaubwürdig ist. Zu dem Diktum auch S. Grazzini, Considerazioni intorno ad alcuni detti di Cesare, in: Acta Classica Universitatis Scientiarum Debrecenensis 28/29 (2002/03), 89-92.

54 Vgl. zu den Geschehnissen im Detail vor allem die gründliche Analyse von Raaflaub, Dignitatis contentio (wie Anm. 49) 56-79.

55 Dagegen argumentiert Ehrhardt, Rubicon (wie Anm. 53) 30-33, die Verurteilung eines erfolgreichen Militärs sei auch in Rom für den Betroffenen keineswegs eine unerträgliche Zumutung gewesen.

Doch geht Ehrhardt letztlich, wie auch seine Parallelen zeigen, von modernen rechtsstaatlichen Vorstellungen aus, die es natürlich niemandem erlauben, die Streitkräfte einzusetzen, wenn er sich ungerecht behandelt fühlt. Aber das römische Adelsethos war doch bei aller Staatsbezogenheit etwas anderes. Zudem hinken Ehrhardts römische Beispiele (S. 32) ganz gewaltig: Das Exil des großen Feldherrn Camillus ist wohl kaum historisch, und als Scipio Africanus Rom enttäuscht den Rücken kehrte, kommandierte er keine Truppen, so daß sich die Frage einer militärischen Gegenwehr gar nicht stellte. Und Sulla, der Truppen zur Verfügung hatte, ließ 88 marschieren, als man ihn in seiner Ehre und in seinem Ehrgeiz kränkte.

56 Vgl. auch G. Dobesch, Caesar und das »Unmögliche«, in: P. Kneißl / V. Losemann (Hgg.), Imperium Romanum. Studien zu Geschichte und Rezeption, Festschrift für K. Christ zum 75. Geburtstag, 1998, 169 f.; Will, Caesar (wie Anm. 50) 148.

57 Seine Anwesenheit bezeugt Plutarch, Caesar 32,7. Er gilt als relativ eigenständiger Historiker, vgl. etwa André, Asinius Pollion (wie Anm. 23), bes. 41–66.

58 Trotz Ehrhardt, Rubicon (wie Anm. 53) 33–36, der die Ansicht vertritt, Pollio habe in seinem Geschichtswerk vor allem den eigenen Opportunismus gerechtfertigt und sei daher keineswegs zuverlässig. Doch in der Rubicon-Szene gab es für Pollio nichts zu rechtfertigen außer vielleicht, daß er selbst anwesend war, und das hat er selbst betont. Für eine Deutung von Pollios Darstellung – soweit man sie erschließen kann – als subtil caesarkritisch vgl. Dobesch, Überlieferungen (wie Anm. 8) 23 f. Wie Pollio die Lage erfolgreicher Senatoren und damit vor allem die eigene in den veränderten Verhältnissen neu zu situieren suchte und wie er in seinem Geschichtswerk vor allem auch durch die Betonung der Autopsie Authentizitätsautorität entfaltete, stellt L. Morgan, The Autopsy of C. Asinius Pollio, in: Journal of Roman Studies 90 (2000), 51–69 dar.

59 Plutarch, Caesar 32,8; Pompeius 60,4; moralia 206 C; Appian, bellum civile 2,35 (140).

60 Vgl. Berti, Rubicone (wie Anm. 7) 215 Anm. 9 und Grazzini, Considerazioni (wie Anm. 53) 85 f. zu den Spuren dieses Sprichworts in der griechischen Literatur.

61 *Alea iacta est[o],* laut H. E. Butler / M. Cary, C. Suetoni Tranquilli Divus Iulius. Edited with an Introduction and Commentary, 1927, 85

und Grazzini, Considerazioni (wie Anm. 53) 84 stammt die Konjektur von Erasmus von Rotterdam.
62 E. Hohl, Cäsar am Rubico, in: Hermes 80 (1952), 248 f. ist der Ansicht, Asinius Pollio habe den griechischen Ausspruch Caesars ins Lateinische übersetzt und Sueton habe dann aus *esto* ein *est* gemacht, um den historischen Ausspruch mit seiner unhistorischen Wundererzählung zu verbinden. Doch ist die Überlegung, daß ein göttliches Zeichen den Sieg bedeutet und nicht mit einer offenen Lage wie in Caesars Diktum vereinbar ist, nicht zwingend, denn natürlich kann man die Götter mißverstehen; zudem ist nicht klar, ob der Gesamtsieg verheißen wird oder nur ein Anfangserfolg, kurz: die Menschen sind gut beraten, sich nicht allein auf gute Vorzeichen zu verlassen. Ähnlich glaubt Grazzini, Considerazioni (wie Anm. 53) 86-89, daß die überlieferte Form des Ausspruchs bei Sueton korrekt ist, da Sueton – bzw. seine Quelle(n) – in caesarfreundlicher Verklärung habe hervorheben wollen, daß durch göttliches Vorzeichen die Entscheidung unvermeidbar gefallen sei. Das ist möglich, der rückwärtsgewandte Sinn des Ausspruches in der bei Sueton überlieferten Version steht mit dessen Geschichte durchaus im Einklang. Doch wenn man überlegt, was Caesar tatsächlich am Rubicon gesagt haben könnte, so ist die vorwärtsorientierte Fassung bei Plutarch jedenfalls die einzig konsistente.
63 Vgl. zu den Verhandlungen und den Gründen des Scheiterns (mit ein wenig anderer Deutung) Raaflaub, Dignitatis contentio (wie Anm. 49) 262-276.
64 Vgl. die Analysen von H.-M. Ottmer, Die Rubicon-Legende. Untersuchungen zu Caesars und Pompeius' Strategie vor und nach Ausbruch des Bürgerkrieges (Militärgeschichtliche Studien 26), 1979, 19-22; 28-38, zu Recht in ihrer Bedeutung für die Beurteilung des Geschehens hervorgehoben von Ehrhardt, Rubicon (wie Anm. 52) 36-40. Daß das Eintreffen der beiden Unterstützungslegionen für den italischen Feldzug chronologisch nicht mit der Aussendung des Marschbefehls nach Gallien erst bei Bürgerkriegsausbruch vereinbar ist, sieht auch Th. P. Hillman, Strategic Reality and the Movements of Caesar, January 49 BC, in: Historia 37 (1988), 251 Anm. 16, aber ohne die Konsequenzen zu ziehen (und ohne Kenntnis der Arbeit von Ottmer).
65 Vgl. dazu knapp Jehne, Krise von 47 (wie Anm. 16) 154-156. Eine umfassende Analyse bietet H. Heinen, Rom und Ägypten von 51

bis 47 v. Chr. Untersuchungen zur Regierungszeit der 7. Kleopatra und des 13. Ptolemäers, Diss. Tübingen 1966, 69-165.
66 Vgl. vor allem K. M. Girardet, Die Ordnung der Welt. Ein Beitrag zur philosophischen und politischen Interpretation von Ciceros Schrift De legibus (Historia Einzelschriften 42), 1983, 227-235.
67 Gruen, Last Generation (wie Anm. 53) 494-505, bes. 504 f.; vgl. auch H. Botermann, Cato und die sogenannte Schwertübergabe im Dezember 50 v. Christus: Ein übersehenes Zeugnis für die Vorgeschichte des Bürgerkrieges (Sen. ep.mor. 14,12 f.; 95,69 f.; 104,29-33), in: Hermes 117 (1989), 62-85; dies., Denkmodelle am Vorabend des Bürgerkrieges (Cic. Att. 7,9): Handlungsspielraum oder unausweichliche Notwendigkeit?, in: Historia 38 (1989), 410-430.
68 Vgl. dazu M. Jehne, Krisenwahrnehmung und Vorschläge zur Krisenüberwindung bei Cicero, in: S. Franchet d'Espèrey / V. Fromentin / S. Gotteland / J.-M. Roddaz (Hgg.), Fondements et crises du pouvoir (Ausonius-Publications Études 9), 2003, 379-396.
69 Die Klassifizierung des politischen Systems der römischen Republik war gerade in den letzten Jahren sehr umstritten, wobei sogar die Position vertreten wird, daß es sich im wesentlichen um eine Demokratie gehandelt hat. Dieser Auffassung kann ich mich nicht anschließen, vgl. zur Problematik schon kurz M. Jehne, Einführung: Zur Debatte um die Rolle des Volkes in der römischen Politik, in: ders. (Hg.), Demokratie in Rom? Die Rolle des Volkes in der Politik der römischen Republik (Historia Einzelschriften 96), 1995, 1-9; für eine umfassende Würdigung der Debatte und zahlreiche Neuansätze vgl. jetzt K.-J. Hölkeskamp, Rekonstruktionen einer Republik. Die politische Kultur des antiken Rom und die Forschung der letzten Jahrzehnte (Historische Zeitschrift Beiheft 38), 2004.
70 Zum Patronagesystem vgl. etwa A. Wallace-Hadrill, Patronage in Roman Society: from Republic to Empire, in: ders. (Hg.), Patronage in Ancient Society, 1989, 63-87; T. Johnson / C. Dandeker, Patronage: relation and system, ebenda 219-242; gegen die Überschätzung der Bedeutung der Clientelen vgl. vor allem P. A. Brunt, Clientela, in: ders., The Fall of the Roman Republic and Related Essays, 1988, 382-442; 542 f.
71 Zu Sullas Dictatur und seinen Reformen vgl. Th. Hantos, Res publica constituta. Die Verfassung des Dictators Sulla (Hermes Einzelschriften 50), 1988. Sullas soziale Macht beruhte vor allem auf der Dankbarkeit der etwa 80 000 Soldaten, die er in Italien mit ei-

nem Stück Ackerland versorgt hatte, so daß sie ihm ihre ökonomische Existenz verdankten (auch wenn die Rückverwandlung von Soldaten in Bauern nicht sonderlich gut funktionierte); vgl. zur sullanischen Ansiedlung vor allem P. A. Brunt, Italian Manpower 225 B. C. – A. D. 14, 1971, 300–312; A. Keaveney, Sulla and Italy, in: Critica Storica 19 (1982), 499–544, bes. 515–544.

72 Zu Pompeius und seiner Ausnahmekarriere vgl. etwa M. Gelzer, Pompeius. Lebensbild eines Römers, 2. Auflage mit Nachträgen 1984; R. Seager, Pompey. A Political Biography, 1979.

73 Vgl. zum Anhang des Pompeius im Reich E. Badian, Foreign Clientelae (264–70 B. C.), 1958, 272–284.

74 Zu der *cura annonae* des Pompeius vgl. (neben der Literatur o. in Anm. 72) R. T. Ridley, Pompey's Commands in the 50's: How Cumulative?, in: Rheinisches Museum für Philologie 126 (1983), 136–148; P. Herz, Studien zur römischen Wirtschaftsgesetzgebung. Die Lebensmittelversorgung (Historia Einzelschriften 55), 1988, 46–54. K.M. Girardet, Imperia und provinciae des Pompeius 82 bis 48 v. Chr., in: Chiron 31 (2001), 187–190.

75 Vgl. schon Plutarch, Pompeius 49,6-9; zustimmend T. Loposzko, La famine à Rome en 57 avant J-Ch., in: Quaderni di Storia 5 (1979), 101–121; als Möglichkeit, die man nicht beweisen kann, bei P. Garnsey, Famine and Food Supply in the Graeco-Roman World. Responses to Crisis, 1988, 205 f. Kritisch dagegen C. Virlouvet, Famines et émeutes à Rome des origines de la République à la mort de Néron (Collection de l'École française de Rome 87), 1985, 42–48 mit guten Argumenten.

76 Für religiös-ideologische Monarchisierungstendenzen vgl. A. Alföldi, Caesar in 44 v. Chr., I: Studien zu Caesars Monarchie und ihren Wurzeln (Antiquitas III 16), 1985.

77 Vgl. zu Caesars Anhängerschaft M. Jehne, Der Staat des Dictators Caesar (Passauer Historische Forschungen 3), 1987, 226 f.; 332–363; speziell zu Caesars Wirken im Osten des Reiches Ph.-S. G. Freber, Der hellenistische Osten und das Illyricum unter Caesar (Palingenesia 42), 1993.

78 Caesar war in jeder römischen Provinz persönlich, außer in Creta et Cyrenae, vgl. Jehne, Staat (wie Anm. 77) 360 f. Als er im Frühjahr 46 aus Africa nach Rom zurückkreiste, nahm er, ohne daß dies von der Route her nahegelegen hätte, den Weg über Sardinien. Cicero kommentiert, Caesar inspiziere damit ein weiteres seiner

Güter, das schäbigste, aber er verachte es dennoch nicht (ad familiares 9,7,2). Diese sarkastische Bemerkung Ciceros zeigt, daß der Besuch von Provinzen durchaus als bewußte Politik wahrgenommen wurde.

79 Gegen die Vorstellung, die römische Republik sei nicht von Zeichen des Niedergangs geprägt gewesen, vgl. jetzt vor allem J. Deininger, Zur Kontroverse über die Lebensfähigkeit der Republik in Rom, in: Kneißl/Losemann (Hgg.), Imperium Romanum (wie Anm. 56) 123–136.

80 Vgl. zum Attentat auf Caesar und seiner Bedeutung M. Jehne, Die Ermordung des Dictators Caesar und das Ende der römischen Republik, in: U. Schultz (Hg.), Große Verschwörungen. Staatsstreich und Tyrannensturz von der Antike bis zur Gegenwart, 1998, 33–47; 256–261.

Hartmut Leppin
Demut und Macht.
Der Bußakt von Mailand Weihnachten 390

1 Theodoret, Historia ecclesiastica, HE 5,18,5. Vgl. zu dem Zusammenhang: H. Leppin, Theodosius der Große, Darmstadt 2003, S. 153ff.

2 Die christlichen Quellen suggerieren einen Zornesausbruch des Kaisers, was ihrer Anthropologie entspricht. Doch die Darstellung des wohlinformierten Paulinus von Mailand (V. Ambr. 24) läßt erkennen, daß der Entscheidung ein längerer Diskussionsprozeß vorausging.

3 Sozomenos, Historia ecclesiastica, HE 7,25,4.

4 Ambrosius, Epistulae e.c. 11 (51), 6.

5 Ambrosius, De obitu Theodosii 13.

6 Ruf. Historia ecclesiastica 11,18, der die Leistungen des Ambrosius durchaus anerkennt, vgl. 11,15; Augustinus, de civitate dei 5,26, ein großer Bewunderer des Ambrosius.

7 Ep. e.c. 11 (51).

8 Codex Theodosianus 9,40,13. R. Malcolm Errington, The praetorian prefectures of Virius Nicomachus Flavianus, Historia XLI 1992, 439–461, 448 ff. hat mit bemerkenswerten Gründen für eine Datierung auf 382 plädiert; doch scheinen mir die Einwände von J. F. Matthews, Codex Theodosianus 9. 40. 13 and Nicomachus Flavianus, Historia XLVI 1997: 196–213, 202 ff. überzeugend. Allerdings

läßt sich die Verbindung natürlich nur ziehen, wenn der Streit um das Massaker tatsächlich auf 390 zu datieren ist.
9 Grundlegend dafür nach wie vor W. Enßlin, Die Religionspolitik des Kaisers Theodosius d. Gr., SB Bayer., Phil.-hist Kl. 1953, 2, 73.
10 Eusebius von Caesarea, Historia ecclesiastica, HE 6,34. Eine andere Version der Geschichte bei Johannes Chrysostomos, Panegyricus in Babylam martyrem, 6.
11 Augustinus, De civitate Dei 5,26.
12 R. Schieffer, Von Mailand nach Canossa. Ein Beitrag zur Geschichte der christlichen Herrscherbuße von Theodosius dem Großen bis Heinrich IV., DA 28 (1972), 333-370, 340 ff.
13 Theodoret, Historia ecclesiastica 5,18,25.
14 Cassiodorus, Historia Gothorum 9,30,5 ff.

Knut Görich
Venedig 1177: Kaiser Friedrich Barbarossa und
Papst Alexander III. schließen Frieden

1 Ein Resümee langjähriger Forschungen zieht G. Althoff, Die Macht der Rituale. Symbolik und Herrschaft im Mittelalter, 2003.
2 Die Urkunden Friedrichs I., bearb. von H. Appelt, MGH Diplomata regum et imperatorum Germaniae 10.3, 1985, Nr. 687, S. 203 Z. 29.
3 C. Garnier, Zeichen und Schrift. Symbolische Handlungen und literale Fixierung am Beispiel von Friedensschlüssen des 13. Jahrhunderts, in: Frühmittelalterliche Studien 32 (1998), S. 263-287.
4 K. Görich, Die Ehre Friedrich Barbarossas. Kommunikation, Konflikt und politisches Handeln im 12. Jahrhundert, 2001, S. 229f.
5 Boso, Vita Alexandri III, in: Le Liber Pontificalis, Bd. 2, ed. L. Duchesne, 1892, S. 397-446, S. 439-443.
6 Romuald von Salerno, Chronicon, ed. C. A. Garufi (Rerum Italicarum Scriptores, Nuova edizione, 7.1), 1935, S. 283-294. Vgl. auch die deutsche Teilübersetzung: Aus der Chronik des Erzbischofs Romoald von Salerno, in: Italische Quellen über die Taten Kaiser Friedrichs I. in Italien und der Brief über den Kreuzzug Kaiser Friedrichs I., hg. und übers. von F.-J. Schmale (Ausgewählte Quellen zur deutschen Geschichte des Mittelalters, Freiherr vom Stein-Gedächtnisausgabe 17a), 1986, S. 308-371, S. 344-371.
7 Bernardo Maragone, Annales Pisani, a cura di M. L. Gentile (Rerum

Italicarum Scriptores, Nuova edizione, 6.2), 1936, S. 62 Z. 12 - S. 64 Z. 12.

8 De pace veneta relatio, ed. R. M. Thomson, An English Eyewitness of the Peace of Venice, 1177, in: Speculum 50 (1975), S. 21-32, S. 29-32.

9 Die Briefe Alexanders sind ediert in: Alexandri III Romani Pontificis Opera Omnia, Patrologiae cursus completus, ed. J.-P. Migne, Bd. 200, 1855; im einzelnen handelt es sich um Ep. 1304-1308, 1310 und 1314, Sp. 1130-1133, 1135f. und 1140. Den im sog. Liber Malonus überlieferten Brief der drei Kanoniker von St. Peter edierte erstmals H. Simonsfeld, Historisch-diplomatische Forschungen zur Geschichte des Mittelalters, Sitzungsberichte der philosophisch-philologischen und der historischen Classe der königlich bayerischen Akademie der Wissenschaften, München 1897, Bd. 2 Heft 2, S. 145-194, S. 190-194. Vorzuziehen ist: Le vite dei dogi di Marin Sanudo, a cura di G. Monticolo (Rerum Italicarum Scriptores, Nuova edizione 22.4), 1900, S. 326-339.

10 Mit Ausnahme des Briefes der drei römischen Kanoniker übersichtlich zusammengestellt bei A. T. Hack, Das Empfangszeremoniell bei mittelalterlichen Papst-Kaiser-Treffen (Forschungen zur Kaiser- und Papstgeschichte des Mittelalters. Beihefte zu J. F. Böhmer, Regesta Imperii 18), 1999, S. 648-669 sowie S. 540-546. - Mit den symbolischen Verhaltensweisen beim Frieden von Venedig beschäftigen sich außerdem: G. Althoff, Friedrich Barbarossa als Schauspieler? Ein Beitrag zum Verständnis des Friedens von Venedig (1177), in: Chevaliers errants, demoiselles et l'autre: höfische und nachhöfische Literatur im europäischen Mittelalter. Festschrift für X. von Ertzdorff, hg. von T. Ehlert, 1998, S. 3-20; Ders., Inszenierung verpflichtet. Zum Verständnis ritueller Akte bei Papst-Kaiser-Begegnungen im 12. Jahrhundert, in: Frühmittelalterliche Studien 35 (2001), S. 61-84, S. 79-81; Görich (wie Anm. 4), S. 167-177; J. Laudage, Gewinner und Verlierer des Friedens von Venedig, in: Stauferreich im Wandel. Ordnungsvorstellungen und Politik in der Zeit Friedrich Barbarossas, hg. von St. Weinfurter (Mittelalter-Forschungen 9), 2002, S. 107-130; S. Scholz, Symbolik und Zeremoniell bei den Päpsten in der zweiten Hälfte des 12. Jahrhunderts, in: ebenda, S. 131-148; St. Weinfurter, Venedig 1177 - Wende der Barbarossa-Zeit? Zur Einführung, in: ebenda, S. 9-25, S. 12f.; Ders., Papsttum, Reich und kaiserliche Autorität. Von Rom

1111 bis Venedig 1177, in: Das Papsttum in der Welt des 12. Jahrhunderts, hg. von E.-D. Hehl, I. H. Ringel und H. Seibert (Mittelalter-Forschungen 6), 2002, S. 77-99, S. 96f.; F. J. Felten, Kaisertum und Papsttum im 12. Jahrhundert, in: ebenda, S. 101-125, S. 106 mit Anm. 28.

11 Romuald von Salerno (wie Anm. 6), ed. Garufi, S. 284 Z. 18; ed. Schmale, S. 346.
12 Romuald von Salerno (wie Anm. 6), ed. Garufi, S. 284 Z. 22; ed. Schmale, S. 346.
13 Davon berichtet nur der englische Augenzeuge, vgl. De pace veneta relatio (wie Anm. 8), S. 31.
14 Ep. 1314 vom 6.8.1177 an den Erzbischof von Canterbury (wie Anm. 9), Sp. 1140.
15 Romuald von Salerno (wie Anm. 6), ed. Garufi, S. 285 Z. 13; ed. Schmale, S. 348.
16 Bernardo Maragone, Annales Pisani (wie Anm. 7), S. 62 Z. 35-37.
17 Historia ducum Veneticorum, ed. H. Simonsfeld, MGH SS 14, 1883, S. 72-97, S. 89 Z. 7.
18 Romuald von Salerno (wie Anm. 6), ed. Garufi, S. 285 Z. 18-19; ed. Schmale, S. 348.
19 Boso, Vita Alexandri III (wie Anm. 5), S. 440 Z. 14-16.
20 Die Urkunden Friedrichs I. (wie Anm. 2), Nr. 690, S. 209 Z. 12-13: *dominum Alexandrum in patrem spiritualem et summum pontificem recepimus.*
21 R. Röhricht, Ein Brief über die Geschichte des Friedens von Venedig (1177), in: Neues Archiv der Gesellschaft für ältere deutsche Geschichtskunde 17 (1892), S. 621-623, S. 622.
22 Chronicon Montis Sereni, ed. E. Ehrenfeuchter, MGH SS 23, 1874, S. 130-226, S. 156 Z. 39-45. Deutsche Übersetzung: Chronik vom Petersberg nebst der Genealogie der Wettiner, übers. von W. Kirsch, 1996, S. 53f.
23 Dazu Görich (wie Anm. 4), S. 17-27; jetzt auch H. Krieg, Herrscherdarstellung in der Stauferzeit. Friedrich Barbarossa im Spiegel seiner Urkunden und der staufischen Geschichtsschreibung (Vorträge und Forschungen, Sonderband 50), 2003, S. 243-263.
24 G. Althoff, *Compositio.* Wiederherstellung verletzter Ehre im frühen und hohen Mittelalter, in: Verletzte Ehre (wie Anm. 25), S. 63-76.
25 Dazu die grundsätzlichen Überlegungen von K. Schreiner und G. Schwerhoff, Verletzte Ehre – Überlegungen zu einem Forschungs-

konzept, in: Verletzte Ehre. Ehrkonflikte in Gesellschaften des Mittelalters und der Frühen Neuzeit, hg. von K. Schreiner und G. Schwerhoff (Norm und Struktur 5), 1995, S. 1-28; außerdem M. Dinges, Die Ehre als Thema der historischen Anthropologie. Bemerkungen zur Wissenschaftsgeschichte und zur Konzeptualisierung, ebenda, S. 29-62.

26 Dazu Görich (wie Anm. 4), S. 93-106 und 172f.; jetzt R. Deutinger, Sutri 1155. Missverständnisse um ein Missverständnis, in: Deutsches Archiv für Erforschung des Mittelalters 60 (2004), S. 97-133.

27 Die Nachweise bei Görich (wie Anm. 4), S. 160 mit Anm. 340.

28 Zum Reichstag von Besançon vgl. Görich (wie Anm. 4), S. 106-118 mit ausführlichen Literaturhinweisen. Seitdem erschienen: J. Miethke, Rituelle Symbolik und Rechtswissenschaft im Kampf zwischen Kaiser und Papst. Friedrich Barbarossa und der Konflikt um die Bedeutung von Ritualen, in: Ein gefüllter Willkomm. Festschrift für K. Schulz, hg. von F. J. Felten, S. Irrgang und K. Wesoly, 2002, S. 91-125, S. 115-120; E.-D. Hehl, Das Papsttum in der Welt des 12. Jahrhunderts. Einleitende Bemerkungen zu Anforderungen und Leistungen, in: Das Papsttum (wie Anm. 10), S. 9-23, S. 17-19; Felten (wie Anm. 10), S. 101-125, S. 116f.

29 G. Althoff, Huld. Überlegungen zu einem Zentralbegriff der mittelalterlichen Herrschaftsordnung, in: Ders., Spielregeln der Politik im Mittelalter. Kommunikation in Frieden und Fehde, 1997, S. 199-228.

30 Dazu mit den Quellennachweisen Görich (wie Anm. 4), S. 126-133.

31 Dazu Görich (wie Anm. 4), S. 157f. mit Anm. 329 und 331.

32 Boso, Vita Alexandri (wie Anm. 5), S. 422 Z. 2-11, das Zitat Z. 6-10: *Si ergo inter oves quas Deus beato Petro pascendas conmisit vult numerari, cur amplius differt eidem apostolorum principi cervicem suam flectere et catholice unitati se aggregare?*

33 De pace veneta relatio (wie Anm. 8), S. 29: *Rollandus sancte Romane ecclesie olim cancellarius a summo pontifice ad Alamanniam in legationem missus, ibi odium Frederici tunc comitis nobilissimi per increpationem quandam ab eo irreverenter sibi publice illatam graviter incurrit. Igitur post decessum imperatoris qui tunc temporis imperabat, ab omnibus electus est Fredericus atque propter morum honestatem ac eam quam maxime in armis gerebat animi probitatem imperator constitutus. Post non multum vero temporis decedente papa Romano, Rollandus qui et Alexander summum sacerdotium suscepit. Quod audiens imperator, ultra modum indi-*

gnatus est eique obedientiam seu subiectionis reverentiam exhibere recusavit. Auf eine Beleidigung Barbarossas durch Alexander III. spielt auch an: Gerhoch von Reichersberg, De investigatione Antichristi I 56, ed. E. Sackur, MGH Libelli de lite 3, 1897, S. 304-395, S. 365 Z. 34-36: *...Alexander vero quasi iudicium humanum dedignans aut forte, quod est credibilius, suspectam imperatoris, quem ipse in aliquo offenderat...*

34 De ruina civitatis Terdonae, ed. A. Hofmeister, Eine neue Quelle zur Geschichte Friedrich Barbarossas, in: Neues Archiv der Gesellschaft für ältere deutsche Geschichtskunde 43 (1922), S. 143-157, S. 155: *... sed velle solum urbis deditionem ob regis et sacri imperii gloriam et honorem.*

35 F. Güterbock, Le lettere del notaio imperiale Burcardo intorno alla politica del Barbarossa nello scisma ed alla distruzione di Milano, in: Bullettino dell'Istituto storico Italiano per il medio evo 61 (1949), S. 1-65, S. 63.

36 Magister Tolosanus, Chronicon Faventinum, ed. G. Rossini (Rerum Italicarum Scriptores, Nuova edizione, 28.1), 1939, cap. 61, S. 60 Z. 8-13: *civitatum rectores ad eum ex eius mandato venere, ei reverenciam omnem, ut clementissimo fideles domino, devotissime facientes: qui genibus flexis et collis illaqueatis / ante suos humiles procubuere pedes; / conversis gladiis capulos tribuere tenendos, / et sibi pars ensis tuta relicta fuit.* Dazu Görich (wie Anm. 4), S. 268f.

37 Romuald von Salerno (wie Anm. 6), ed. Schmale, S. 328; ed. Garufi, S. 278, Z. 1-5: *Cumque imperatori petitionem pape de componenda pace cum rege Sicilie usque ad annos quindecim, et de faciendis treuguis cum Lombardis usque ad annos sex per ordinem exposuissent, adversus eos vehementer indignatus infremuit, asserens illos in hoc tractatu pacis magis Alexandri pape honori et commodo, quam dignitati imperii providisse.*

38 Romuald von Salerno (wie Anm. 6), ed. Garufi, S. 282 Z. 34 - S. 283 Z. 5, ed. Schmale, S. 342-344. Vgl. W. Georgi, Wichmann, Christian, Philipp und Konrad: Die »Friedensmacher« von Venedig?, in: Stauferreich im Wandel (wie Anm. 10), S. 41-84; U. Schludi, Der Weg nach Anagni - Versuch einer Rekonstruktion, in: Mitteilungen des Instituts für Österreichische Geschichtsforschung 110 (2002), S. 281-328.

39 Romuald von Salerno (wie Anm. 6), ed. Garufi, S. 283 Z. 6-16; ed. Schmale, S. 344.

40 K. Görich, *utpote vir catholicus – tanquam orthodoxus princeps*. Zur Einholung Friedrich Barbarossas nach Venedig im Juli 1177, in: Von Sachsen bis Jerusalem. Menschen und Institutionen im Wandel der Zeit. Festschrift für W. Giese, hg. von H. Seibert und G. Thoma, 2004, S. 251-264.
41 Dazu mit Belegen Görich (wie Anm. 4), S. 169-171.
42 Dazu insb. P. Buc, Ritual and interpretation: the early medieval case, in: Early Medieval Europe 9 (2000), S. 183-210; Ders., The dangers of ritual: between early medieval texts and scientific theory, 2001. Außerdem C. Dörrich, Poetik des Rituals. Konstruktion und Funktion politischen Handelns in mittelalterlicher Literatur, 2002.
43 Romuald von Salerno (wie Anm. 6) berichtet, Barbarossa habe den Stratordienst ausgeübt und das Pferd *aliquantulum* am Zügel geführt; ed. Garufi, S. 285 Z. 24; ed. Schmale, S. 348.
44 Boso, Vita Alexandri III (wie Anm. 5), S. 440 Z. 10-12: *extra ecclesiam usque ad album caballum eum conduxit, et streuguam sibi fortiter tenuit. Cum autem frenum acciperet et stratoris officium vellet implere, pontifex, quia iter usque ad mare nimis videbatur prolixum, pro facto habuit quod affectuose voluit exhibere*.
45 Dazu Dörrich (wie Anm. 42), S. 67-69.
46 Der kaiserliche Vorwurf spiegelt sich bei Gerhoch von Reichersberg, dazu Hack (wie Anm. 10), S. 530-533; Görich (wie Anm. 4), S. 100-105; Miethke (wie Anm. 28), S. 120-122.
47 Vgl. Görich (wie Anm. 40), S. 264; damit revidiere ich meine in Görich (wie Anm. 4), S. 173 noch Bosos Darstellung verpflichtete Auffassung.
48 K. Schreiner, Vom geschichtlichen Ereignis zum historischen Exempel. Eine denkwürdige Begegnung zwischen Kaiser Friedrich Barbarossa und Papst Alexander III. in Venedig und ihre Folgen in Geschichtsschreibung, Literatur und Kunst, in: P. Wapnewski (Hg.), Mittelalterrezeption, 1986, S. 145-176; H. Zimmermann, Canossa 1077 und Venedig 1177, und Jahrhunderte danach (erstmals 1978), wiedergedruckt in: Ders., Im Bann des Mittelalters. Ausgewählte Beiträge zur Kirchen- und Rechtsgeschichte, hg. von I. Eberl und H.-H. Kortüm, 1986, S. 107-132.
49 Dazu Schreiner (wie Anm. 48), S. 154.
50 Dazu Schreiner (wie Anm. 48), S. 154.
51 Dazu Schreiner (wie Anm. 48), S. 155.

52 F. von Raumer, Geschichte der Hohenstaufen und ihrer Zeit, Bd. 2, 1823, S. 252.
53 Dazu Schreiner (wie Anm. 48), S. 164-166.

Stefan Weinfurter
Umsturz in Reich und Kirche:
Die Neuordnung am Beginn des 12. Jahrhunderts

1 Stefan Weinfurter, Reformidee und Reformpolitik im spätsalischen Reich, in: Ders. (Hg.), Reformidee und Reformpolitik im spätsalisch-frühstaufischen Reich, 1992, S. 1-45, hier 34ff.; Ders., Papsttum, Reich und kaiserliche Autorität. Von Rom 1111 bis Venedig 1177, in: Ernst-Dieter Hehl/Ingrid Heike Ringel/Hubertus Seibert (Hg.), Das Papsttum in der Welt des 12. Jahrhunderts, 2002, S. 77-99, hier 83ff.
2 MGH Constitutiones I, hg. von Ludwig Weiland, 1893, S. 140-142, Nr. 90.
3 Carlo Servatius, Paschalis II. (1099-1118). Studien zu seiner Person und seiner Politik, 1979.
4 Karl Leyser, Am Vorabend der ersten europäischen Revolution. Das 11. Jahrhundert als Umbruchszeit, in: Historische Zeitschrift 257, 1993, S. 1-28.
5 Johannes Laudage, Gregorianische Reform und Investiturstreit, 1993; Claudia Zey, Der sogenannte Investiturstreit, in: Stefan Weinfurter/Frank Martin Siefarth (Hg.), Macht und Ordnungsvorstellungen im hohen Mittelalter, 1998, S. 89-105; Werner Goez, Kirchenreform und Investiturstreit 910-1122, 2000.
6 Johannes Laudage, Priesterbild und Reformpapsttum im 11. Jahrhundert, 1984.
7 So Bernold von Konstanz, Chronik, hg. von Ian S. Robinson, Die Chroniken Bertholds von Reichenau und Bernolds von Konstanz 1054-1100, MGH Scriptores rerum Germanicarum, Nova Series 14, 2003, S. 436.
8 Hagen Keller, Schwäbische Herzöge als Thronbewerber: Hermann II. (1002), Rudolf von Rheinfelden (1077), Friedrich von Staufen (1125). Zur Entwicklung von Reichsidee und Fürstenverantwortung, Wahlverständnis und Wahlverfahren im 11. und 12. Jahrhundert, in: Zeitschrift für die Geschichte des Oberrheins 131, 1983, S.

123-162; Frank Martin Siefarth, Friedenswahrung im Dissens: Fürstenverantworung für das Reich in spätsalischer Zeit, in: Stefan Weinfurter/Franz Martin Siefarth, Macht und Ordnungsvorstellungen im hohen Mittelalter, 1998, S. 107-124.
9 Jutta Schlick, König, Fürsten und Reich (1056-1159), 2001, S. 26ff.
10 Brunos Buch vom Sachsenkrieg, hg. von Franz-Josef Schmale, Quellen zur Geschichte Kaiser Heinrichs IV., 1974, S. 334.
11 Keller, Schwäbische Herzöge (wie Anm. 8), S. 149.
12 Abbildung: Das Reich der Salier 1024-1125. Katalog zur Ausstellung des Landes Rheinland-Pfalz, 1992, S. 427.
13 *Rex hoc Rodulfus patrum pro lege peremptus / plorandus merito conditur in tumulo. Rex illi similis, si regnet tempore pacis, / consilio gladio non fuit a Karolo. / Qua vicere sui, ruit hic sacra victima belli. Mors sibi vita fuit. Ecclesiae cecidit:* Ernst Schubert/Peter Ramm (Hg.), Die Inschriften der Stadt Merseburg, 1967, S. 3.
14 Klaus Schreiner, Mönchtum zwischen asketischem Anspruch und gesellschaftlicher Wirklichkeit. Spiritualität, Sozialverhalten und Sozialverfassung schwäbischer Reformmönche im Spiegel ihrer Geschichtsschreibung, in: Hans-Martin Maurer/Franz Quarthal (Hg.), Speculum Sueviae. Festschrift für Hans Decker-Hauff, Bd. 2, 1982, S. 250-307.
15 Bernold von Konstanz, Chronik (wie Anm. 7), S. 436f. und 490f.
16 Wilfried Hartmann, Discipulus non est super magistrum (Matth. 10,24). Zur Rolle der Laien und der niederen Kleriker im Investiturstreit, in: Hubert Mordek (Hg.), Papsttum, Kirche und Recht im Mittelalter. Festschrift für Horst Fuhrmann, 1991, S. 187-200.
17 Otto Gerhard Oexle, Deutungsschemata der sozialen Wirklichkeit im frühen und hohen Mittelalter. Ein Beitrag zur Geschichte des Wissens, in: František Graus (Hg.), Mentalitäten im Mittelalter. Methodische und inhaltliche Probleme, 1987, S. 65-117.
18 Lampert von Hersfeld, Annalen, hg. von Adolf Schmidt/Wolfgang Dietrich Fritz, 1957, S. 164.
19 Manfred Groten, Die Stunde der Burgherren. Zum Wandel adliger Lebensformen in den nördlichen Rheinlanden in der späten Salierzeit, in: Rheinische Vierteljahrsblätter 66, 2002, S. 74-110.
20 Folker Reichert, Landesherrschaft, Adel und Vogtei, 1985.
21 Otto Gerhard Oexle, Die Gegenwart der Lebenden und der Toten. Gedanken über Memoria, in: Karl Schmid (Hg.), Gedächtnis, das Gemeinschaft stiftet, 1985, S. 74-107.

22 Stefan Weinfurter, Grundlinien der Kanonikerreform im Reich im 12. Jahrhundert, in: Franz Nikolasch (Hg.), Studien zur Geschichte von Millstatt und Kärnten, 1997, S. 751–770.
23 Erwin Frauenknecht, Die Verteidigung der Priesterehe in der Reformzeit, 1997.
24 Guido Maria Dreves, Gottschalk, Mönch von Limburg an der Hart und Propst von Aachen, ein Prosator des XI. Jahrhunderts, 1897, S. 145.
25 Urban Küsters, Formen und Modelle religiöser Frauengemeinschaften im Umkreis der Hirsauer Reform des 11. und 12. Jahrhunderts, in: Klaus Schreiner (Hg.), Hirsau. St. Peter und Paul, Bd. 2, 1991, S. 195–220.
26 Franz Felten, Hildegard von Bingen 1198–1998 oder: Was bringen Jubiläen für die Wissenschaft?, in: Deutsches Archiv 59, 2003, S. 165–193.
27 Vita Kaiser Heinrichs IV., hg. von Irene Schmale-Ott, in: Quellen zur Geschichte Kaiser Heinrichs IV., 3. Aufl. 1974, S. 446.
28 Ebd., S. 450.
29 Die Briefe Heinrichs IV., ebd., S. 133ff., Nr. 37ff.
30 Wie Anm. 27, S. 448.
31 Bernd Schneidmüller, Konsensuale Herrschaft. Ein Essay über Formen und Konzepte politischer Ordnung im Mittelalter, in: Paul-Joachim Heinig/Sigrid Jahns/Hans-Joachim Schmidt/Rainer Christoph Schwinges/Sabine Wefers (Hg.), Reich, Regionen und Europa in Mittelalter und Neuzeit. Festschrift für Peter Moraw, 2000, S. 53–87.
32 Ekkehard von Aura, Chronik, hg. von Franz-Josef Schmale, in: Frutolfs und Ekkehards Chroniken und die Anonyme Kaiserchronik, 1972, S. 206.
33 Ekkehard von Aura (wie Anm. 32), S. 284, Z. 25f.
34 Ebd., S. 288. Z. 6.
35 Stefan Beulertz, Das Verbot der Laieninvestitur im Investiturstreit, 1991, S. 132ff.
36 Jutta Krimm-Beumann, Der Traktat »De investitura episcoporum« von 1109, in: Deutsches Archiv 33, 1977, S. 37–83, Text S. 66–83; Dies., Sigebert von Gembloux und der Traktat de investitura episcoporum, 1976.
37 Gerhoch von Reichersberg, De investigatione Antichristi, hg. von Ernst Sackur, in: MGH Libelli de lite 3, Hannover 1897, Buch I, Kapitel 25, S. 333.

38 William L. North, Negotiating Public Orthodoxy in the »Pravilegium« Dispute of 1111/1112. The Evidence of Bruno of Segni, in: Susanna Elm/Eric Rebillard/Antonella Romano (Hg.), Orthodoxie, Christianisme, Histoire, 2000, S. 199-220.
39 Bernd Schneidmüller, *Regni aut ecclesie turbator*. Heinrich V. in der zeitgenössischen französischen Geschichtsschreibung, in: Franz Staab (Hg.), Auslandsbeziehungen unter den salischen Kaisern. Geistige Auseinandersetzungen und Politik, 1994, S. 195-220.
40 Gerd Althoff, Staatsdiener oder Häupter des Reiches. Fürstenverantwortung zwischen Reichsinteressen und Eigennutz, in: Ders., Spielregeln der Politik im Mittelalter. Kommunikation in Frieden und Fehde, 1997, S. 126-153.
40 Peter Classen, Das Wormser Konkordat in der deutschen Verfassungsgeschichte, in: Josef Fleckenstein (Hg.), Investiturstreit und Reichsverfassung, 1973, S. 411-460.

Heribert Müller
Die Befreiung von Orléans (8. Mai 1429).
Zur Bedeutung der Jeanne d'Arc für die Geschichte Frankreichs

Quellen

- Procès de condamnation de Jeanne d'Arc, éd. P. Tisset/Y. Lanhers, t. I-III, Paris 1960-1971.
- Procès en nullité de la condamnation de Jeanne d'Arc, éd. P. Duparc, t. I-V, Paris 1977-1988.
- Le Mistere du siege d'Orleans, éd. par V. Hamblin (Textes littéraires français 546), Genf 2002.
- Der Prozeß Jeanne d'Arc. Akten und Protokolle 1431-1456, übers. und hg. v. R. Schirmer-Imhoff (dtv 2909) München ^{5}2001.

Literatur

- C. Beaune, Jeanne d'Arc, Paris 2004.
- D. A. Fraioli, Joan of Arc. The Early Debate, Woodbridge 2000.
- Images de Jeanne d'Arc. Textes recueillis par J. Maurice/D. Couty (Actes du Colloque de Rouen 25-27 V 1999), Paris 2000.
- G. Krumeich, Jeanne d'Arc in der Geschichte. Historiographie – Politik – Kultur (Beihefte der Francia 19), Sigmaringen 1989.
- H. Müller, Karl VI. – Karl VII., in: J. Ehlers/H.M./B. Schneidmüller

(Hgg.), Die französischen Könige des Mittelalters. Von Odo bis Karl VIII. 888–1498, München 1996, 303–336.
- R. Pernoud/M.-V. Clin, Jeanne d'Arc, Paris 1986 (dt. Ausgabe: Johanna von Orléans. Der Mensch und die Legende [Bastei-Lübbe-Taschenbuch 61210] Bergisch Gladbach 1991).
- H. Steinbach, Jeanne d'Arc. Wirklichkeit und Legende (Persönlichkeit und Geschichte 78), Göttingen u. a. 1973.
- S. Tanz, Jeanne d'Arc. Spätmittelalterliche Mentalität im Spiegel eines Weltbildes (Forschungen zur mittelalterlichen Geschichte 33), Weimar 1991.
- H. Thomas, Jeanne d'Arc, Jungfrau und Tochter Gottes, Berlin 2000.

Artikel über Jeanne d'Arc in Fachlexika

- R. Aubert, in: Dictionnaire d'histoire et de géographie ecclésiastiques XXVII (2000) 915–922.
- Ph. Contamine, in: Lexikon des Mittelalters V (1991) 341 ff.
- U. Vones-Liebenstein, in: Lexikon für Theologie und Kirche V (^{3}1996) 763 f.

Hartmut Lehmann
Martin Luther und der 31. Oktober 1517

1 Weimarer Ausgabe, Briefe I, 110–112.
2 Weimarer Ausgabe, Briefe IV, 274f.
3 Wenn Martin Luther in seiner Schrift »Wider Hans Worst« (WA 51, 540f.) im Jahr 1541 bemerkte, seine Thesen seien seinerzeit binnen 14 Tagen in ganz Deutschland bekannt gewesen, läßt er offen, ob diese zwei Wochen ab dem 31. Oktober oder ab dem Zeitpunkt zählen, an dem die Thesen gedruckt vorlagen.
4 Zitiert nach Martin Brecht, Martin Luther. Sein Weg zur Reformation 1483–1521. Calw 1981, 196. Sinngemäß richtige, aber nicht wörtliche Übersetzung aus: Philippi Melanchthonis Opera, in: C. G. Bretschneider (Hg.), Corpus Reformatorum, Bd. 6 (Halle 1839) 161f.
5 Verschiedentlich wird in den Tischreden erwähnt, daß Luther davon gesprochen habe, er habe im Jahr 1517 den Kampf gegen das Ablaßwesen und den Papst begonnen. Siehe z. B. Weimarer Ausgabe, Tischreden II, Nr. 2455a, 467: »Anno 17. in die omnium sanctorum incepi primum scribere contra papam et indulgentias.« Ganz ähnlich auch Nr. 2455b. Wichtig ist der Hinweis, daß Luther in die-

ser Unterhaltung weder die Thesen ausdrücklich erwähnt noch daß er diese angeschlagen habe.
6 Sabine Rau, »Reformationsjubiläen und konfessionelle Identität in Hamburg«, Mitteilungen des Hamburger Arbeitskreises für Regionalgeschichte (HAR) 33 (1998) 23-38.
7 Zum Reformationsjubiläum 1617 siehe Hans-Jürgen Schönstädt, Antichrist, Weltheilsgeschehen und Gottes Werkzeug. Römische Kirche, Reformation und Luther im Spiegel des Reformationsjubiläums 1617. Wiesbaden 1978. Siehe auch Hans-Jürgen Schönstädt, »Das Reformationsjubiläum 1617. Geschichtliche Herkunft und geistige Prägung«, Zeitschrift für Kirchengeschichte 93 (1982) 5-57.
8 Zitiert bei Schönstädt 1978, 12.
9 Zitiert bei Schönstädt 1978, 16.
10 Siehe Schönstädt 1978, XIV-XXX.
11 Dazu ausführlich Schönstädt 1978, 200-303.
12 Zitiert bei Schönstädt 1978, 294.
13 Siehe zum folgenden Hans-Jürgen Schönstädt, »Das Reformationsjubiläum 1717. Beiträge zur Geschichte seiner Entstehung im Spiegel landesherrlicher Verordnungen«, Zeitschrift für Kirchengeschichte 93 (1982) 58-118.
14 Zitiert bei Schönstädt 1982, 69.
15 Zum Reformationsjubiläum 1817 siehe Rainer Fuhrmann, Das Reformationsjubiläum 1817. Martin Luther und die Reformation im Urteil der protestantischen Festpredigt des Jahres 1817. Bonn 1973; Lutz Winckler, Martin Luther als Bürger und Patriot. Das Reformationsjubiläum von 1817 und der politische Protestantismus des Wartburgfestes. Lübeck, Hamburg 1969; Wichmann von Meding, »Jubel ohne Glauben? Das Reformationsjubiläum von 1817 in Württemberg«, Zeitschrift für Kirchengeschichte 93 (1982) 119-160; Hans Wolter, »Das Reformationsjubiläum von 1817 in der Freien Stadt Frankfurt am Main«, Zeitschrift für Kirchengeschichte 93 (1982) 161-176.
16 Zitate nach Fuhrmann, 19ff.
17 Wichmann von Meding, 123.
18 Dazu Wichmann von Meding, 129 ff.
19 Dazu: Luthers Leben in Illustrationen des 18. und 19. Jahrhunderts. Kataloge der Kunstsammlungen der Veste Coburg. Hrsg. v. Joachim Kruse. Coburg 1980, 25-56.
20 Coburger Katalog Nr. 8.6, 42.

21 Ebda. Nr. 18.3, 61 sowie 65.
22 Ebda. Nr. 25.7, 79f.
23 Ebda. Nr. 33.1, 89f.
24 Siehe ebda. Nr. 34.4.1, 102; 36.3, 124f.; 38.3, 128; 41.6, 134; 42.6, 136; 56.4, 151; 58.9, 157; 59.3, 162; 59.14, 164, 62.a.5, 226.
25 Ebda. Nr. 62.16.1, 193.
26 Hier verwendet die 3. Auflage, Leipzig 1939, hrsg. v. Heinrich Bornkamm. Zitate 155f.
27 Zahlreiche Auflagen. Hier verwendet die 6. Auflage München 1959: Luther. Gestalt und Tat. Siehe 58.
28 Übersetzt und neu hg. v. Peter Schöttler: Martin Luther. Frankfurt/M., New York 1996. Siehe 85.
29 Here I stand. A Life of Martin Luther. New York o. J. Siehe 79.
30 Young Man Luther. A Study in Psychoanalysis and History. New York 1958. Siehe 227.
31 Heiko A. Oberman, Luther. Mensch zwischen Gott und Teufel. Berlin o. J. [1982] 368 (in der im Anhang gebrachten Zeittafel).
32 Zitat entnommen aus: Von der Kapelle zum Nationaldenkmal. Die Wittenberger Schloßkirche, hg. v. Martin Steffens u. Insa Christiane Hennen. Wittenberg 1998, 59. Siehe außerdem 151. 193.
33 Martin Luther und die Grundlegung der Reformation. Berlin 1917, 18.
34 Luther und Deutschland. Leipzig 1917, passim.
35 Zitiert von Martin Greschat, »Reformationsjubiläumsjahr 1917«, in: Wissenschaft und Praxis in Kirche und Gesellschaft 61 (1972) 423.
36 Ebda. 424f.
37 Zitiert von Gottfried Maron, »Luther 1917. Beobachtungen zur Literatur des 400. Reformationsjubiläums«, Zeitschrift für Kirchengeschichte 93 (1982) 14.
38 Dazu paßt vorzüglich, daß die Schloßkirchentüren in Wittenberg seit 1858 aus Metall waren. Denn nun erst dröhnen Luthers Hammerschläge so laut, daß sie, wie man glauben machen wollte, durch die ganze Welt zu hören waren. Den Hinweis auf Thor verdanke ich Peter Krüger.
39 Zitiert nach Heinrich Steitz, »Martin Luthers Ablaßthesen von 1517. Bericht über die Diskussion (1957–1965)«, Geschichte in Wissenschaft und Unterricht 16 (1965) 661. Siehe ferner Hans-Christoph Rublack, »Neuere Forschungen zum Thesenanschlag Luthers«, Historisches Jahrbuch 90 (1970) 329–343.

40 Hans Volz, Martin Luthers Thesenanschlag und dessen Vorgeschichte. Weimar 1959.
41 »Luthers Thesenanschlag – Tatsache oder Legende?«, Trierer Theologische Zeitschrift 70 (1961) 303–312; ders., Luther zwischen Reform und Reformation. Der Thesenanschlag fand nicht statt (1962). 3. Aufl. Münster 1968. Siehe ferner Iserloh, »Der Thesenanschlag fand nicht statt«, Geschichte in Wissenschaft und Unterricht 16 (1965) 675–682.
42 Dazu Steitz, 661–674.
43 Brecht, Martin Luther, 187–197.
44 So zum Beispiel Kurt Aland, Die 95 Thesen Martin Luthers und die Anfänge der Reformation. Gütersloh, 1983, 20, 24, 27. Sehr vorsichtig äußerte sich 1983 der marxistische Historiker Gerhard Brendler, Martin Luther. Theologie und Revolution. Eine marxistische Darstellung. Köln 1983, 107 zu den Thesen: »Am 31. Oktober oder 1. November soll er [Luther] sie an die Tür der Schloßkirche in Wittenberg angeheftet haben. Das Datum ist nicht auf den Tag genau verbürgt. Strittig ist auch, ob der Thesenanschlag in der Form, wie dies gemeinhin angenommen wird, überhaupt stattgefunden hat. Die Wahrscheinlichkeit spricht aber dafür ...«
45 Siehe zum Beispiel Handbook of European History. 1400–1600. Late Middle Ages, Renaissance and Reformation, hg. v. Thomas A. Brady, Heiko A. Oberman, James D. Tracy, 2 Bde., Leiden 1994–1995.

Olivier Chaline
Der Böhmische Krieg 1618–1620

1 G. Parker (Hg.), La Guerre de Trente ans, Paris, 1987, G. Barudio, *Der Teutsche Krieg 1618-1648*, Frankfurt, 1988.
2 J. Bahlcke, Regionalismus und Staatsintegration im Widerstreit. Die Länder der böhmischen Krone im ersten Jahrhundert der Habsburgerherrschaft (1526–1619), München, 1994.
3 A. Gindely, Geschichte des dreißigjährigen Krieges. Abt. 1. Geschichte des böhmischen Aufstands von 1618, Prag, 1869–1878, 3 Bde.
4 F. Matějek, Morava za třicetileté valky, Prag, 1992.
5 H. Sturmberger, Georg Erasmus Tschernembl. Religion, Libertät und Widerstand. Ein Beitrag zur Geschichte der Gegenreformation

und des Landes ob der Enns, Graz/Wien/Köln 1953; ders., Aufstand in Böhmen. Der Beginn des Dreißigjährigen Krieges, München/Wien 1959; J. Bérenger, Histoire de l'empire des Habsbourg, 1273–1918, Paris, 1990.
6 J. Bahlcke, Regionalismus, S. 456.
7 F. von Hurter, Geschichte Kaiser Ferdinands II., Schaffhausen, 1857–1864, 4 Bde; D. Albrecht, »Ferdinand II. (1619–1637)«, in: A. Schindling, W. Ziegler (Hg.), Die Kaiser der Neuzeit 1519–1918. Heiliges Römisches Reich, Österreich, Deutschland, München, 1990, S. 125–141.
8 T. Winkelbauer, Fürst und Fürstendiener. Gundaker von Liechtenstein, ein österreichischer Aristokrat des konfessionellen Zeitalters, München, 1999, S. 21–46 und 85–145.
9 F. Neuer-Landfried, Die katholische Liga: Gründung, Neugründung und Organisation eines Sonderbundes, 1608–1620, Kallmünz 1968.
10 S. Michalski, »Das Phänomen Bildersturm. Versuch einer Übersicht«, in: B. Scribner (Hg.), Bilder und Bildersturm im Spätmittelalter und in der frühen Neuzeit, Wiesbaden, 1990, S. 69–124.
11 C. P. Clasen, The Palatinate in European History 1555–1618, Oxford, 1966; Peter Wolf/Ernst Aichner (Hg.), Der Winterkönig. Friedrich von der Pfalz. Bayern und Europa im Zeitalter des Dreißigjährigen Krieges, Stuttgart 2003.
12 F. Yates, The Rosicrucian Enlightenment, London 1972; S. Bianchi, Signaturae rerum, Rom 1992.
13 J. Krebs, Christian von Anhalt und die kurpfälzische Politik am Beginn des dreißigjährigen Krieges (23. Mai 1618 – 3. Oktober 1618), Leipzig 1872.
14 D. Albrecht, Die Auswärtige Politik Maximilians von Bayern, 1618–1635, Göttingen 1962; ders., Maximilian I. von Bayern 1573–1651, München 1998; siehe auch Wittelsbach und Bayern. Kurfürst Maximilian I., München/Zürich 1980, 2 Bde.
15 J. Polišenský, Tragic Triangle. The Netherlands, Spain and Bohemia, 1617–1621, Prag 1992.
16 Alle Einzelheiten bei Gindely, *op. cit., passim*; P. Broucek, Feldmarschall Bucquoy als Armeekommandant 1618–1620«, in: Der Dreißigjährige Krieg. Beiträge zu seiner Geschichte, Schriften des Heeresgeschichtliches Museums in Wien, Bd. VII, Wien, 1976, S. 25–57; Kampf um Landeshoheit und Herrschaft im Osten Österreichs 1618 bis 1621, Militärhistorische Schriftenreihe, Bd. XV, Wien 1992.

17 B. Chudoba, Španělé na Bilé Hoře. Tři kapitoly z evropských dějin, Prag, 1945; P. Brightwell, The Spanish Origins of the Thirty Years' War, in: European Studies Review, Bd. IX, 1979, 409-431; »Spain and Bohemia: The Decision to intervene, 1619«, Bd. XII, 1982, S.117-141; »Spain, Bohemia and Europe, 1619-1621«, S. 371-399; E. Straub, Pax et Imperium. Spaniens Kampf um seine Friedensordnung in Europa zwischen 1617 und 1635, Paderborn 1980.

18 D. Amgyal, Gabriel Bethlen, in: Revue Historique, Bd., CLVIII, 1928, 19-80; M. Depner, Das Fürstentum Siebenbürgen im Kampf gegen Habsburg: Untersuchungen über die Politik Siebenbürgens während des Dreißigjährigen Krieges, Stuttgart 1938.

19 V.-L. Tapié, La politique étrangère française et le début de la guerre de Trente ans (1616-1621), Paris 1934.

20 F. Müller, Kursachsen und der böhmische Aufstand 1618-1622, Münster 1997.

21 J. Krebs, Die Schlacht am Weißen Berge bei Prag (8. November 1620) im Zusammenhange der kriegerischen Ereignisse, Breslau, 1879; O. Chaline, La bataille de la Montagne Blanche (8 novembre 1620). Un mystique chez les guerriers, Paris 2000.

22 Zum Beispiel der Franzose E. Denis, La fin de l'indépendance bohême, Bd. II, Les premiers Habsbourg, Paris 1890; J. Teige, H. Kuffner, J. Herain, Bilé Hoře. Osudnou udalost z českých dějin, Prag, 1921 oder später in der kommunistischen Zeit F. Kavka, Bílá Hora a České dějiny, Prag 1962. In jüngerer Zeit J. Petraň, Staroměstká exekuce, Prag 1975 und 1995.

Erich Pelzer
14. Juli 1789 – Geschichte und Mythos eines denkwürdigen Tages

1 Die nachfolgenden Ausführungen orientieren sich im wesentlichen an den Arbeiten von Winfried Schulze, Der 14. Juli 1789. Biographie eines Tages, Stuttgart 1989; ders., Der 14. Juli 1789 zwischen historischem Ereignis und nationalem Mythos, in: Geschichte, Politik und ihre Didaktik 18 (1990), S. 44-55; Hans-Jürgen Lüsebrink/ Rolf Reichardt, Die »Bastille«. Zur Symbolgeschichte von Herrschaft und Freiheit, Frankfurt/Main 1990; Guy Chaussinand-Nogaret, La

Bastille est prise. La Révolution française commence, Bruxelles 1988; Jacques Godechot, 14 Juillet 1789. La prise de la Bastille, Paris 1965.
2 Ernest Renan, in: Revue des Deux Mondes, 1. November 1869, S. 72.
3 J. J. G[uiffrey], Documents inédits sur le mouvement populaire du 14 juillet 1789 et le supplice de M. de Launay, Gouverneur de la Bastille, et de Berthier de Sauvigni, in: Revue Historique 1 (1876), S. 497-508, bes. S. 499-507. Vgl. ebenso J. Godechot, La prise de la Bastille, S. 298.
4 Jean-Joseph Dusaulx, Der Sturm auf die Bastille, zit. in: Friedrich M. Kircheisen, Die Bastille, Berlin 1927, S. 189.
5 Offiziell trug Flesselles den aus feudaler Zeit stammenden Titel eines Vorstehers der Pariser Kaufmannschaft. Vgl. dazu Rolf Reichardt, Die Bildpublizistik zur »Bastille« 1715 bis 1880, in: Die Bastille-Symbolik und Mythos in der Revolutionsgraphik, Mainz 1989, S. 23-70, bes. S. 31ff.
6 Gustav Landauer (Hg.), Briefe aus der Französischen Revolution, Bd. 1, Berlin ³1985, S. 103.
7 Jules Michelet, Geschichte der Französischen Revolution, Bd. 1. hg. von Jochen Köhler, Frankfurt/Main 1988, S. 130f.
8 Vgl. Adolphe Thiers, Geschichte der französischen Revolution, Bd. 1, Tübingen ²1848, S. 65-73, zit. S. 71.
9 Vgl. Winfried Schulze, Der 14. Juli 1789 zwischen historischem Ereignis und nationalem Mythos, S. 46.
10 Zit. nach Walter Markov, Revolution im Zeugenstand. Frankreich 1789-1799, Bd. 1. Leipzig 1982, S. 80f.
11 Jules Flammermont, Relations inédites de la prise de la Bastille, Paris 1885, S. 20.
12 Zit. in: Gustav Landauer (Hg.), Briefe aus der Französischen Revolution, Bd. 1, S. 134f.
13 Joseph Hansen (Hg.), Quellen zur Geschichte des Rheinlandes im Zeitalter der Französischen Revolution, Bd. 1, Bonn 1931, S. 383.
14 Claus Träger (Hg.), Die Französische Revolution im Spiegel der deutschen Literatur, Frankfurt/Main 1975, S. 887.
15 Louis-Philippe de Ségur, Denkwürdigkeiten, Rückerinnerungen und Anekdoten aus dem Leben des Grafen von Segür, Pair von Frankreich, Bd. 3, Stuttgart 1827, S. 371.
16 Henrik Steffens, Was ich erlebte, aus der Erinnerung niedergeschrieben, Bd. 1, Breslau 1840, S. 362.

17 Winfried Schulze, Der 14. Juli 1789 zwischen historischem Ereignis und nationalem Mythos, S. 46f.
18 Zit. in: Winfried Schulze, Der 14. Juli 1789, S. 192.
19 Morris berichtete am 18. April an Dr. John Jones: »In Paris lebt man in einer Art Wirbelwind, der einen so schnell im Kreise herumdreht, daß man nichts sehen kann. [...] Die Minister haben diese Stadt durch die Art, wie sie sie zur Wahl ihrer Vertreter zu den Generalstaaten berufen haben, geärgert, und zu gleicher Zeit ist das Brot teurer geworden, so daß, wenn sich am kommenden Montag, Dienstag und Mittwoch das Volk mit so was wie Hunger und Unzufriedenheit versammelt, der kleinste Funke alles in Flammen setzen würde.« (Landauer, Briefe, Bd. 1, S. 182).
20 François-René de Chateaubriand, Erinnerungen. Mémoires d'outre-tombe, hg. von Sigrid von Massenbach, München 1968, S. 108f.
21 Die Dokumentation erschien unter dem Titel *Mémoires historiques et authentiques sur la Bastille, dans une suite de près de trois cents emprisonnements, détaillés et constatés, par des pièces, notes, lettres, rapports, procès-verbaux trouvés dans cette forteresse, et rangés par époques depuis 1775 jusqu'à nous jours*, 3 Bde., London-Paris 1789, und wurde von dem Bibliothekar und Journalisten Jean-Louis Carra zusammengestellt.
22 Vgl. Franz Funck-Brentano, Die Bastille in der Legende und nach historischen Documenten, Breslau 1899.
23 Zit. in: Winfried Schulze, Der 14. Juli 1789 zwischen historischem Ereignis und nationalem Mythos, S. 49.
24 François Furet/Denis Richet, Die Französische Revolution, München 1968, S. 99.
25 Vgl. den Bericht Desmoulins' an seinen Vater vom 16. Juli 1789, zit. in: Gustav Landauer (Hg.), Briefe aus der Französischen Revolution, Bd. 1, S. 102.
26 Vgl. Funck-Brentano, Die Bastille, S. 27.
27 Ebd.
28 Vgl. Joseph Durieux, Les Vainqueurs de la Bastille, Paris 1911, S. 5. Einschließlich der Nachmeldungen überfaßte die endgültige Liste 954 Personen.
29 Vgl. Kircheisen, Die Bastille, S. 131, 183.
30 Vgl. Joseph Jurt, Symbolische Repräsentationen nationaler Identität in Frankreich und Deutschland nach 1789, in: Ruth Florack (Hg.), Nation als Stereotyp. Fremdwahrnehmung und Iden-

tität in deutscher und französischer Literatur, Tübingen 2000, S. 115–140.
31 Vgl. Rolf Reichardt, Die Stiftung von Frankreichs nationaler Identität durch die Selbstmystifizierung der Französischen Revolution am Beispiel der »Bastille«, in: Helmut Berding (Hg.), Mythos und Nation, Frankfurt/Main 1996, S. 133–163, bes. S. 135.
32 Vgl. Hans-Jürgen Lüsebrink/Rolf Reichardt, Die »Bastille«. Zur Symbolgeschichte von Herrschaft und Freiheit, Frankfurt/Main 1990.
33 Vgl. Rolf Reichardt, Die Stiftung von Frankreichs nationaler Identität, S. 136f.
34 Vgl. Joseph Durieux, Les Vainqueurs de la Bastille, Paris 1911, S. 266.
35 Louis-Philippe ordnete am 8. Mai 1832 die Zahlung einer jährlichen Pension in Höhe von 500 Francs an, vgl. Joseph Durieux, Les Vainqueurs de la Bastille, S. 10.
36 Vgl. Winfried Schulze, Der 14. Juli 1789 zwischen historischem Ereignis und nationalem Mythos, S. 53f.

Carl-Ludwig Holtfrerich
Währungskrisen in der Zwischenkriegszeit

1 J. A. Schumpeter, Das Wesen des Geldes, 1970, S. 1.
2 H. A. Winkler, Weimar. Die Geschichte der ersten deutschen Demokratie, 1993, S. 283f.
3 L. Preller, Sozialpolitik in der Weimarer Republik, 1978, S. 363–376.
4 Deutsche Bundesbank (Hg.), Deutsches Geld- und Bankwesen in Zahlen 1876–1975, 1976, S. 279, 322.
5 H. James, Deutschland in der Weltwirtschaftskrise 1924–1936, 1988, S. 276.
6 H. Brüning, Memoiren 1918–1934, 1970, S. 226.
7 Brüning, Memoiren, S. 286.
8 C. P. Kindleberger, Die Weltwirtschaftskrise 1929–1939, 1973, S. 179f.
9 H. James, The Reichsbank and Public Finance in Germany 1924–1933: A Study of the Politics of Economics during the Great Depression, 1985, S. 179–185.
10 K. Roesler, Die Finanzpolitik des Deutschen Reiches im Ersten Weltkrieg, 1967, S. 71.

11 J. M. Keynes, Die wirtschaftlichen Folgen des Friedensvertrages, 1920, S. 116.
12 J. M. Keynes, Ein Traktat über Währungsreform, 1924, S. 42.
13 J. A. Schumpeter, Die goldene Bremse an der Kreditmaschine, in: Die Goldwährung und der Bankkredit (= Kölner Vorträge, Bd. 1), 1927, S. 80–106.
14 Zur Entstehung und zum Verlauf der Bankenkrise und zu den politischen Reaktionen der Brüning-Regierung: K. E. Born, Die deutsche Bankenkrise. Finanzen und Politik, 1967.
15 H. Irmler, Bankenkrise und Vollbeschäftigungspolitik, in: Deutsche Bundesbank (Hg.), Währung und Wirtschaft in Deutschland 1876–1975, 1976, S. 286, 289.
16 Deutsche Bundesbank (Hg.), Deutsches Geld- und Bankwesen, S. 331.
17 Der Basler Reparationsbericht: Das Gutachten des Beneduce-Ausschusses, 1932, S. 45. Der vorherige Layton-Bericht war zu einem Schätzergebnis in fast gleicher Größenordnung gekommen. Siehe: Das Basler Gutachten über die deutsche Wirtschaftskrise. Der Layton-Bericht, 1931, S. 34.
18 H. Luther, Vor dem Abgrund 1930–1933. Reichsbankpräsident in Krisenzeiten, 1964, S. 157. H. Brüning, Memoiren 1918–1934, 1970, S. 221.
19 Brüning, Memoiren, S. 221.
20 Brüning, Memoiren, S. 193.
21 Brüning, Memoiren, S. 309.
22 G. Schulz, Von Brüning zu Hitler. Der Wandel des politischen Systems in Deutschland 1930–1933, 1992, S. 325.
23 K. Borchardt/H.-O. Schötz, Wirtschaftspolitik in der Krise. Die (Geheim-)Konferenz der Friedrich List-Gesellschaft im September 1931 über Möglichkeiten und Folgen einer Kreditausweitung, 1991, S. 300–304.
24 Luther, Vor dem Abgrund, S. 241.
25 Luther, Vor dem Abgrund, S. 242–245.
26 Brüning, Memoiren, S. 221, 367.
27 J. Block, Die Wirtschaftspolitik in der Weltwirtschaftskrise 1929 bis 1932 im Urteil der Nationalsozialisten, 1997.
28 B. Eichengreen/J. Sachs, Exchange Rates and Economic Recovery in the 1930s, in: Journal of Economic History, Bd. 45, 1985, S. 925–946. P. Temin, Lessons from the Great Depression, 1989.
29 Kindleberger, Die Weltwirtschaftskrise, S. 304–322.

30 H. B. Lary, The United States in the World Economy. The International Transactions of the United States During the Interwar Period (= U.S. Department of Commerce. Economic Series No. 23), 1943. L. Frühbrodt/C.-L. Holtfrerich, Die Neugestaltung der US-Wirtschaftspolitik nach 1945. Die Erfahrungen der Zwischenkriegszeit als Argument, in: Jahrbuch für Wirtschaftsgeschichte, 1998/I, S. 85–123.
31 B. Neuss, Geburtshelfer Europas? Die Rolle der Vereinigten Staaten im europäischen Integrationsprozeß 1945–1958, 2000.

Bernhard R. Kroener
Der 20. Juli 1944: ein dramatisches Ereignis der europäischen Geschichte?

1 Die hier ausgeführten Gedanken sind Ergebnis einer intensiven Beschäftigung mit der Persönlichkeit und dem Wirken von Generaloberst Fromm, die ihren Niederschlag in einer unlängst veröffentlichten Biographie gefunden haben: Bernhard R. Kroener, Der »starke Mann im Heimatkriegsgebiet«. Generaloberst Friedrich Fromm. Eine Biographie, Paderborn 2005. Auf Einzelnachweise konnte daher an dieser Stelle verzichtet werden.

Klaus-Jürgen Müller
Der Algerienkrieg:
Katastrophe für Paris – Herausforderung für Bonn

1 Im folgenden werden nur Literaturangaben zu ersten Orientierung gegeben. Gute, detailreiche Überblicksdarstellung: Bernard Droz et Evelyne Lever, Histoire de la Guerre d'Algérie, 1954–1962, Paris 1991 (erweiterte Ausgabe) und Thankmar von Münchhausen, Kolonialismus und Demokratie. Die französische Algerienpolitik 1945–1962, München 1977. Umfassende Behandlung des Problems unter Einbeziehung sozio-ökonomischer Aspekte, immer noch wichtig Hartmut Elsenhans, Frankreichs Algerienkrieg. Entkolonisierungsversuch einer kapitalistischen Metropole. Zum Zusammenbruch der Kolonialreiche, München 1974.
2 Vgl. die Formulierung von Prof. Merlin in *Le Monde* vom 26.6.2001: »Nous savions tous«, sowie die Aussage des Historikers und Jour-

nalisten Jacques Planchais: »Une opinion informée, mais largement indifférente« (*Le Monde* vom 4.12.2000).

3 Erste umfassende Untersuchung zu diesem Thema auf der Grundlage aller zugänglichen Archive: Jean-Paul Cahn et Klaus-Jürgen Müller, La République Fédérale d'Allemagne et la Guerre d'Algérie, 1954-1962. Perceptions, Implications et Retombées diplomatiques, Paris 2003. Erste Annäherungen an das Thema: Klaus-Jürgen Müller, Die Bundesrepublik und der Algerienkrieg, in: Vierteljahrshefte für Zeitgeschichte H. 4/1990, S. 609-641 und Ders., Le Réalisme de la République fédérale d'Allemagne, in: Jean-Pierre Rioux (Hg.), La Guerre d'Algérie et les Français, Paris 1990, S. 409-428. Einzelne Aspekte werden behandelt in: Klaus-Jürgen Müller, La guerre d'Algérie vue par la presse ouest-allemande, in: Relations internationales 15/1989, S. 177-185; Ders., Suez 1956. Die Bundesrepublik zwischen London, Paris und Washington, in: Frank Otto und Thilo Schulz (Hg.), Großbritannien und Deutschland. Gesellschaftliche, kulturelle und politische Beziehungen im 19. Und 20. Jahrhundert, Rheinfelden 1999, S. 195-210. Die Dissertation von Thomas Scheffler, Die SPD und der Algerienkrieg, Berlin 1995, behandelt die Haltung der parlamentarischen Opposition ebenso wie der dritte Teil der Habilitationsschrift von Jean-Paul Cahn, Le parti social-démocrate et la fin de la Quatrième République (Bern, 1996). Für den anschließenden Zeitraum wird das Thema in Teilen auch behandelt in der Arbeit von Reiner Marcowitz, Option für Paris? Unionsparteien, SPD und Charles de Gaulle 1958 bis 1969, München 1996.

4 Neueste umfassende Arbeit zu den deutsch-französischen Beziehungen: Ulrich Lappenküper, Die deutsch-französischen Beziehungen 1949-1963. Von der »Erbfeindschaft« zur »Entente élémentaire«, 2 Bde, München 2001, Band I: 1949-1958, Band II: 1958-1963.

5 Paul Frank, Entschlüsselte Botschaft. Ein Diplomat macht Inventur, Stuttgart 1981, und Herbert Blankenhorn, Verständnis und Verständigung. Blätter eines politischen Tagebuchs. 1949 bis 1979, Frankfurt/M. etc. 1980.

6 Hierzu vgl. Georges-Henri Soutou, L'alliance incertaine. Les Rapports politico-stratégiques franco-allemands, 1954-1996, Paris 1996 und Eckart Conze, Die gaullistische Herausforderung. Die deutsch-französischen Beziehungen in der amerikanischen Europapolitik 1958-1963, München 1995.

7 PA, Büro Staatssekretär, Bd. 342: Carstens, S. 57 ff. Vgl. auch die Ausführungen des deutschen General-Konsuls in Algier Hendus, ibid. S. 232 ff.
8 Eckard Michels, Deutsche in der Fremdenlegion 1870–1965: Mythen und Realitäten, 2. Aufl., Paderborn 1999.
9 Vgl. dessen Memoiren: Jürgen Wischnewski, Mit Leidenschaft und Augenmaß. In Mogadischu und anderswo. Politische Memoiren, München 1989.
10 Vgl. Sven Olaf Berggötz, Nahostpolitik in der Ära Adenauer. Möglichkeiten und Grenzen 1949–1963, Düsseldorf 1998.
11 Hierzu die weitgehend auf Zeitzeugen-Aussagen beruhende Arbeit von Claus Leggewie, Kofferträger. Das Algerienprojekt der deutschen Linken im Adenauerdeutschland, Berlin 1984.
12 Vgl. dazu allgemein Bernard Doz et Évelyne Lever, op. cit. sowie im einzelnen: Hervé Hamon et Patrick Rothmann, Les porteurs de valises. La résistance française à la Guerre d'Algérie, Paris 1979, Anne-Marie Duranton-Cabrol, Le temps de l'O.A.S. Brüssel 1995, und Jean-Pierre Rioux (Hg.), La Guerre d'Algérie et les intellectuels, Brüssel 1991, und Maurice Vaïsse, Alger 1961. Le Putsch, Brüssel 1983.
13 In Hamburg bestanden damals genauso wie in Köln um Wischnewski Aktivistenkreise, in denen SPD-Politiker wie Hellmut Kalbitzer und Peter Blachstein eine große Rolle spielten. Vgl. Hellmut Kalbitzer, Le Tiers-monde et les Puissances mondiales, Frankfurt/M. 1961.
14 Der Frankreichreferent des Auswärtigen Amtes bemerkte zum französischen Botschafter damals, die Bundesanwaltschaft wolle einen großen Prozeß gegen FLN-Organisationen wegen subversiver Aktivitäten führen, dazu benötige sie Malik als Zeugen: MAE, MLA, vol. 7, Bericht Botschaft Bonn Nr. 553/558 vom 6.2.1961. Fast gleichzeitig fand im April auch der Geldfälscher-Prozeß statt, den die Bundesanwaltschaft vor dem Osnabrücker Landgericht gegen die Munsteraner Sympathisanten des FLN angestrengt hatte, ebenso ein Prozeß vor dem Landgericht Stuttgart.
15 Auf dem am 20. 5. 1961 stattfindenden Treffen de Gaulle–Adenauer in Bonn wurden die algerischen Probleme nicht angesprochen. Adenauer hat lediglich bemerkt, daß eine Lösung des Algerienproblems eine Einigung in den militärischen Fragen erleichtern würde und eine stärkere französische Armee in Europa die Sicherheit al-

ler verstärke: MAE, Cabinet, Entretiens 1961; vgl. auch Soutou, op. cit., S. 179 ff. sowie MAE, MLA, vol. 7., Bericht Botschaft Bonn Nr. 2185/90 vom 19.5.1961.

Hans-Peter Schwarz
Berlin als Zentrum dramatischer Ereignisse in der undramatischen Geschichte der Bundesrepublik Deutschland

1 Alfred Grosser, La démocratie de Bonn, 1949–1957, Paris 1958 (dt.: Die Bonner Demokratie, Düsseldorf 1960).
2 John Le Carré, The Constant Gardener, London 2001, S. 323.
3 Vladislav Zubok/Constantine Pleshakov, Inside the Kremlin's Cold War, Cambridge 1997 (1996), S. 52.
4 Wolfgang Krieger, General Lucius D. Clay und die amerikanische Deutschlandpolitik 1945–1949, Stuttgart 1987, S. 429.
5 Zu diesem Aspekt unter Hinweis auf die Quellen und die Forschungsliteratur siehe Krieger, ibd., S. 390f.
6 Thomas Reuther, Die ambivalente Normalisierung. Deutschlanddiskurs und Deutschlandbilder in den USA, 1941–1955, Stuttgart 2000, S. 228.
7 Vladimir Nekrassow (Hg.), Berija. Henker in Stalins Diensten. Eine Karriere, Augsburg 1997, S. 323.
8 Pavel Sudoplatov u. a., Special Tasks, Boston 1994, S. 363f. Nach Zubok/Pleshakov, Inside the Kremlin's Cold War, S. 160f.
9 John Lewis Gaddis, We Now Know. Rethinking Cold War History, Oxford 130f.
10 Hans-Peter Schwarz, Adenauer. Der Staatsmann: 1952–1967, Stuttgart 1991, S. 82, nach Kölnische Rundschau, 15. 6. 1953.
11 Ibd., S. 84.
12 Ibd., S. 86f; nach Blankenhorn, Tagebuch, 7. 7. 1953, AAPD 1953, München 2001, S. 652f.
13 Für meine eigenen diesbezüglichen Forschungen im Kontext der Biographie Adenauers konnte zwar in vielen wichtigen Punkten Zitiergenehmigung erreicht werden, so daß aufschlußreiche Informationen zugänglich wurden; das kann aber die Originaldokumente nicht ersetzen.
14 Marc Trachtenberg, A Constructed Peace. The Making of the European Settlement 1945–1963, Princeton 1999.

15 Zubok/Pleshakov, Inside the Kremlin's Cold War, S. 199.
16 Gaddis, We Now Know, S. 140.
17 Michael Lemke, Die Berlinkrise 1958 bis 1963. Interessen und Handlungsspielräume der SED im Ost-West-Konflikt, Berlin 1995.
18 Ilko-Sascha Kowalczuk/Stefan Wolle, Roter Stern über Deutschland. Sowjetische Truppen in der DDR, Berlin 2001, S. 184.
19 So zuletzt noch Anfang Juli 1961, siehe Matthias Uhl/Armin Wagner, Ulbricht, Chruschtschow und die Mauer. Eine Dokumentation, München 2003, S. 32.
20 Hope M. Harrison, The Bargaining Power of Weaker Allies in Bipolarity and Crisis. The Dynamics of Soviet-East German Relations, 1953-1961, Ph D Columbia University, New York 1993, S. 201f.
21 Peter Merseburger, Willy Brandt 1913-1992: Visionär und Realist, Stuttgart 2002, S. 393f.
22 So beispielsweise Hans Bentzien, ab Februar 1963 Kulturminister der DDR (Meine Sekretäre und ich, Berlin 1995, S. 172ff.).
23 Akten zur Auswärtigen Politik der Bundesrepublik Deutschland, hg. im Auftrag des Auswärtigen Amts vom Institut für Zeitgeschichte, 1963-1972, München 1994-2003.
24 Dazu Hans-Hermann Hertle, Chronik des Mauerfalls. Die dramatischen Ereignisse um den 9. November 1989, 2. Aufl., Berlin 1996.
25 Gerd Koenen, Das rote Jahrzehnt. Unsere kleine Kulturrevolution 1967-1977, Köln 2001.
26 Hubertus Knabe, Die unterwanderte Republik. Stasi im Westen, München 2001 (1999), S. 182-233.
27 Dazu Rainer Röhl, Fünf Finger sind keine Faust, Köln 1974, S. 316f.
28 Jacques Schuster, Heinrich Albertz, Berlin 1997, S. 190.
29 Gretchen Dutschke, Wir hatten ein barbarisch schönes Leben, Köln 1996, S. 141.
30 Gerd Koenen, Das rote Jahrzehnt, S. 40.
31 Hans Jochen Vogel, Nachsichten, München 1996, S. 137. Siehe auch Dirk Rotenberg, Berliner Demokratie zwischen Existenzsicherung und Machtwechsel. Die Transformation der Berlin Problematik 1971-1981, Berlin 1995.
32 Allensbacher Jahrbuch der Demoskopie 1978-1983, hg. von Elisabeth Noelle-Neumann und Edgar Piel, Bd. VIII, München 1983, S. 214.

Bildnachweis

Der Verlag konnte trotz intensiver Bemühungen nicht alle Bildrechtinhaber ermitteln. Berechtigte Ansprüche richten Sie bitte an den Verlag.

akg-images: S. 127 (Jérôme da Cunha); S. 128 (VISIOARS), S. 143.
Rudolf Hungreder: S. 4, 5
Athen, Akropolis: Nike des Kallimachos (Rekonstruktion des M. Korres), nach R. Krumeich Bildnisse griechischer Herrscher und Staatsmänner im 5. Jahrhundert v. Chr. (1997) Abb. 18: S. 13
nach B. Stais, AM 18, 1893, 49: S. 15
nach B. Petrakos, Marathon (The Archeological Society at Athens, No. 155), Athen 1996, S. 29 (Rekonstruktion von I. Yarmenitis): S. 17
Modifiziert nach T. Hölscher, Griechische Historienbilder des 5. und 4. Jh. (Tafel 5): S. 19